21世纪高等院校
人力资源管理精品教材
Elaborate Textbooks on HRM for Higher Education

Compensation Management

薪酬管理

第四版
4th edition

卿　涛
郭志刚
谢梦影
王玉梅
徐　姗　／编著

东北财经大学出版社
Dongbei University of Finance & Economics Press
大　连

图书在版编目（CIP）数据

薪酬管理 / 卿涛等编著．—4版．—大连：东北财经大学出版社，2024.3

（21世纪高等院校人力资源管理精品教材）

ISBN 978-7-5654-5145-4

Ⅰ．薪…　Ⅱ．卿…　Ⅲ．企业管理-工资管理-高等学校-教材　Ⅳ．F272.923

中国国家版本馆CIP数据核字（2024）第044318号

东北财经大学出版社出版

（大连市黑石礁尖山街217号　邮政编码　116025）

网　址：http://www.dufep.cn

读者信箱：dufep@dufe.edu.cn

大连天骄彩色印刷有限公司印刷　东北财经大学出版社发行

幅面尺寸：185mm×260mm　字数：417千字　印张：19.25

2024年3月第4版　2024年3月第1次印刷

责任编辑：石真珍　张爱华　责任校对：刘贤恩

封面设计：张智波　版式设计：原　皓

定价：49.00元

教学支持　售后服务　联系电话：（0411）84710309

举报电话：（0411）84710523

如有印装质量问题，请联系营销部：（0411）84710711

总　序

改革开放以来，我国经济和社会发展取得了举世瞩目的巨大成就。从人力资源开发的角度来看，我国改革开放的一切成就无不得益于人性解放所爆发出的社会与经济能量。正是在市场经济条件下，人力资源向人力资本转化并不断积聚和集中，从而形成巨大的物质力量，推动了中国经济社会的强劲发展。确立建设人力资源强国战略和持续投入人力资本，是进一步推动国家发展、社会进步、人民生活水平提高的不竭动力。纵观历史，劳动力转化为商品、人力资源转化为人力资本的当代，是人类历史上最为辉煌的时代。从世界范围来看，所有发达国家都高度重视人力资本的投入，发展最快的发展中国家都处在人力资源利用效率最高的历史时期。展望未来30年，世界经济的竞争将是人力资本的较量，支撑中国和平崛起的根本动力是人力资源开发所释放出来的巨大能量。

中华人民共和国成立70多年尤其是改革开放40多年的历史，是一部转变人的分工角色、社会身份的历史，是不断解放人的思想、调整分配关系、提高人力资源利用效率的历史。因此，无论是短期设计还是从长计议，都必须深入贯彻以人为本的发展观，大幅度提高社会保障水平，大幅度提高劳动者的工资，积极转变人们的社会身份，把世界上最丰富的人力资源转化为人力资本，迅速增加人力资本的存量和总量，大力推进人力资源管理向人力资本经营转化。显然，人力资源开发与管理的理论研究和实际应用，是一项充满挑战和希望的伟大事业；建立具有中国特色、与国际接轨的人力资源开发与管理体系，是我们追求的宏大目标。

目前，我国高水平的人力资源管理专业人才与经济社会发展的需求之间存在很大缺口，编撰一套好的教材是推进人力资源管理专业发展和提升我国人力资源开发与管理水平的需要。为此，东北财经大学出版社组织多所知名高校人力资源管理专业的资深教师，联合打造了“21世纪高等院校人力资源管理精品教材”。本系列中各本书的主编均为学有成就的教授和博士生导师，他们丰硕的科研成果和教学经验，足以保证这套教材达到精品水平。

有优秀作者的大力支持，有策划者的努力付出，有良好的财经教育出版平台，相信本套教材的出版能创造很好的社会价值，对我国人力资源管理实践的发展、人力资源管理学科的发展和人力资源管理专业人才的培养产生积极的作用。

刘福垣

序 言

教育是一盏灯，照亮文明的道路；而教师，便是那持灯者，默默传递着知识的光。在当今这个迅速变化的时代，薪酬管理已成为企业战略的核心环节之一。在《薪酬管理》这本书中，我们看到的不仅是清晰的知识框架，更有众多本土企业在科学管理上孜孜不断的追求和砥砺前行的画卷。作为从事人力资源管理领域教学多年的工作者，我对本书产生了深刻的共鸣。书中对理论知识的介绍深入浅出，用词准确、易懂，并且与实际案例紧密贴合，体现了编写团队在本专业深耕多年的洞察和热忱。

最新修订版是对薪酬管理理论与实践的全面梳理，旨在为读者提供一个结构清晰、内容丰富、实用性强的学习资源。首先，本书在案例选择上表现出明显的用心。这些案例覆盖了多种行业背景和企业属性，使得本书内容极具实用性和广泛的适用性。作者们放弃了传统的以国外案例为主的做法，转而选择了更多贴近中国本土企业的实际案例。这种调整使得书中的内容更加符合中国市场的实际需求，增强了读者的共鸣感和本书的实用性。通过分析国内企业在薪酬管理上的成功经验与教训，读者能够更直观地理解薪酬管理的关键要素及其在实际操作中的应用。

其次，本书内容中针对当前管理现状的更新体现了编写团队的专业精神和责任感。在这个信息更新迅速的时代，过时的数据和政策不仅无益于学习，还可能导致误导。因此，作者们严格筛选最新数据和政策，确保本书内容的时效性和准确性。这不仅提升了本书的教育价值，也体现了作者们对教育质量的严格要求。

除此之外，本书的另一大特色是融合了思政元素，这是对当前教育环境的积极响应。通过在每章章后设立思政专栏，不仅丰富了本书内容，而且引导学生从更宏观的角度理解薪酬管理在社会发展中的作用，增强了学生的社会责任感和使命感。这种设计不仅有助于培养学生的综合素养，也反映了编写团队对于人才培养全面性的深刻理解。另外值得关注的是，本书在内容设计上紧跟时代步伐，加入了具有数字化和时代特色的内容。在数字经济和大数据时代背景下，这种更新使得本书内容更具前瞻性和实践指导性。学生不仅能学习到传统的薪酬管理理论，还能洞察到行业的未来趋势，为未来职业生涯的发展打下坚实基础。

综上所述，本书的此次修订，不仅是对专业知识的传授，更是一次对教育理念和教学方法的创新实践。编写团队不仅展现了对这一领域的深入理解，也体现了他们对教学工作的热情和责任。本书无疑将成为薪酬管理教学领域的重要资源，对学生、教师乃至业界专业人士都将提供有效的指导。

在深入研究《薪酬管理》时，我们不难发现，编写团队不仅对于薪酬管理理论有着深入的掌握，更重要的是他们对如何将这些理论有效地融入实际教学中具有独到的见解。本书的设计符合当下学生的特点，吸纳前沿的教学理念，采用了案例教学和互动式学习相结合的方式。通过真实的企业案例，学生能够直观地了解薪酬管理在实际运作中的应用，而互动式学习则激发了学生的思考和讨论，促进了理论知识与实践技能的有效结合。这种教学方法的采用，不仅使得本书内容更加生动和吸引人，也更加符合现代教育的趋势，增强了学生的学习兴趣和参与度。

在内容深度与广度上，编写团队也做出了精心的平衡。他们不仅介绍了薪酬管理的传统领域，如工资、奖金、福利等，也没有忽视新兴领域，如绩效管理、股权激励等。这种全方位的内容覆盖，使得本书不仅适合初学者，也能满足专业人士的深入学习需求。

本书结构严谨，清晰地界定了薪酬管理的各个方面。从基础的薪酬概念到复杂的薪酬结构设计，以及绩效管理和员工福利等，每一部分都条理清晰、步步深入。这样的结构布局不仅有助于读者逐步深化对薪酬管理各层面的理解，也展现了作者在教学设计上的深思熟虑和专业素养。

本书在案例选择和分析方面的精心策划尤其值得肯定。涵盖了多元化行业和组织的案例不仅展现了薪酬管理在不同文化和经济背景下的复杂性，还帮助读者更深入地理解薪酬策略在实际操作中的应用方式，以及如何根据特定组织需求和目标来设计和调整薪酬体系。这种结合案例的教学方式不仅提升了本书的实用性，也促进理论知识与实际经验的有效融合。

本书内容呈现的创新方式也值得称道。引入图表、数据分析和互动元素，使复杂的概念和理论更易于理解和掌握。这种多样化的展示手法不仅增加了学习的乐趣，也助力读者从不同视角深入理解薪酬管理的各项议题，进而全面掌握该领域知识。

本书在薪酬管理的伦理和责任方面的讨论，展现了编写团队对当前社会责任和企业道德的重视。在现代社会，薪酬管理不只是商业策略，更是企业文化和价值观的重要体现。本书不仅指导读者如何制定公正合理的薪酬政策，也强调了薪酬管理实施过程中的伦理和社会责任。

对未来薪酬管理趋势的前瞻性分析，是本书的一个突出特点。在全球经济和技术环境日新月异的大背景下，薪酬管理面临着新挑战和新机遇。作者对这些趋势的深入分析，为读者提供了如何适应变化并保持未来竞争力的宝贵洞见，对于准备进入或已经在薪酬管理领域工作的专业人士来说尤其珍贵。

本书通过综合当前的最佳实践和研究成果，为薪酬管理的教学和实践奠定了坚实基础。作者深入浅出的表达方式，让复杂的薪酬管理理论和策略易于初学者理解，同时对有经验的专业人士是极佳的参考资源。通过本书，我们可以看到教育工作者的用心良苦。他不仅是传授知识，更是在培养学生的思考能力和实践能力。他深知作为一名教师，他的责任不仅是教授知识，更是引导学生如何思考，如何将理论运用于实践，如何成为一个对社会有用的人。

最后，《薪酬管理》更是一份教育使命的体现。编写团队通过本书，传递了其对教育事业的热爱，对学生未来的关怀，以及对薪酬管理领域的深刻洞察。这是一本能够激发读者思考、引导他们探索未来的优秀教材，对于薪酬管理领域的学生和从业者来说，无疑具有重要的参考价值和启发意义。

上海交通大学安泰经济与管理学院教授、博导

海南大学国际商学院院长

唐宁玉

2024年2月

第四版前言

薪酬管理是现代企业人力资源管理的重要内容，企业薪酬管理的好坏直接关系到员工的利益和企业的发展。薪酬管理理念不正确、设计不合理、操作不恰当，将阻碍薪酬杠杆作用的发挥，造成人才流失，影响企业核心竞争力。加强薪酬管理，建立具有竞争力和激励性的薪酬体系，是现代企业人力资源管理的重要课题。

千秋基业，人才为本。党的二十大报告提出“教育、科技、人才是全面建设社会主义现代化国家的基础性、战略性支撑”，强调“必须坚持科技是第一生产力、人才是第一资源、创新是第一动力”。新修订的《中国共产党章程》也首次加入了“充分发挥人才作为第一资源的作用”的表述和要求。这些新表述、新要求为做好新时代的人才工作提供了科学指南和根本遵循。

薪酬管理是人力资源管理中一项重要的工作，本教材围绕“立德树人”根本任务，以习近平新时代中国特色社会主义思想和党的二十大精神为指引，在借鉴发达国家薪酬管理理论、总结我国薪酬管理理论研究成果及企业薪酬管理实践的基础上，结合编者长期的薪酬管理教学经验，全面介绍了薪酬管理的基本理论、制度和方法，突出了基础性、规范性、应用性、系统性和前沿性的特点，目的是为高校管理类专业学生、企业中高层管理者、人力资源管理实际工作者提供专业理论知识和实用的薪酬管理工具，培养读者具备进行人力资源管理工作所需要的沟通、合作等人际能力及领导力，强化责任意识、公平意识和竞争意识，培育健全的人格和健康的体魄，增强社会责任感、职业道德、创新精神及终身学习的能力和意识，树立正确的工作价值观，恪守工作规范，养成良好习惯。具体来讲，本教材体现了以下几个突出的特点：

（1）基础性。基于教材的定位，让读者了解与掌握基本概念、基本原理和基本方法，从整体章节的安排到具体内容的写作，都强调与保证把基本概念和基本原理讲准确、讲透彻，把基本方法讲清楚、讲明白，以此来帮助读者建立相对完善而清晰的薪酬管理知识基础。

（2）规范性。在突出“三基”的同时，注重学科知识的规范性尤为重要。这里讲的规范，不仅指知识本身的规范，也指知识学习、探索和传播过程的规范。因此，本教材不仅力求所写内容的规范，也力求形式的规范，帮助读者在习得知识的同时，习得学术规范，为进一步深造奠定基础。

（3）应用性。为了使本教材成为读者学习理论与开展实践的指南，编者兼顾理论与实际，每章都有引发思考的开章引例、正文中穿插的“学以致用”案例，以及综合性的章尾案例，在拓展知识的同时，引发读者更多的联想和思考，运用薪酬管理的理论知识分析企业的实际问题，增强读者对理论的理解和解决实际问题的能力。

（4）系统性。本教材作为薪酬管理专业的教材，坚持理论基础与操作应用相结合的原则，既明确薪酬是什么，又强调如何进行薪酬设计与管理，并介绍一些具体的薪酬制度和福利制度。本教材3篇的内容，从是什么到该如何做，再到实际中是如何做的，为读者勾画了一幅薪酬管理的系统的全景图。

（5）前沿性。本教材在追求作为教材的规范性、成熟性和完整性的同时，力求在薪酬管理的理论和实践方面反映出国内外最新的、前沿的研究成果，体现现代薪酬管理的发展动向与趋势。

本教材分为3篇共10章，每章均有学习目标、引例、本章小结、复习思考题、思政专栏、案例分析、推荐阅读资料和网上资源，以帮助读者带着问题学习薪酬管理的基本知识，并理解当前企业薪酬管理面临的困惑与难点。本教材对中国企业薪酬管理实践具有理论上的指导性和方法上的可操作性，是一本理论与实践紧密结合的教材，既适合作为管理类专业的本科生、研究生、MBA学员的专业课教材，也可作为各类企业的领导和管理人员的培训教材。为方便教学，本教材配有电子课件，请任课教师登录东北财经大学出版社网站（www.dufep.cn）查询并下载。

本教材自第一版问世以来，受到广大读者的欢迎，本次修订编者对全书的内容进行了适度修改，特别增加了本土经典案例，把过时的数据或政策表述替换为最新披露的内容，融入思政元素和党的二十大精神，同时加入数字化或其他具有时代特色的内容，使之与时俱进、日臻完善。本教材的顺利完成是写作团队分工合作、共同努力的结果。本教材第一版至第三版由卿涛和郭志刚担任主编，第四版由卿涛、郭志刚、谢梦影、王玉梅、徐姗共同编著。

在本教材的编写、修订过程中，我们参阅和借鉴了大量相关论文和书籍，还引用了一些已发表的案例，在此谨向相关作者表示感谢！同时，感谢东北财经大学出版社提供热情的帮助与支持，使本教材得以顺利出版。

由于编者水平有限，书中难免有不足之处，恳请读者批评指正。

编　者

2024年1月

目 录

第1篇　薪酬管理理论

薪酬，顾名思义，其本质是一种回报和补偿，是雇佣双方之间关系的体现。这种关系既是经济关系，即努力付出与经济回报之间的交换，又体现为社会关系，比如对交换过程是否公平的感知、交换中的情感关系等。因此，用礼物交换来比照薪酬内涵、用互惠原则来评价薪酬的合理性是十分恰当的。

由于薪酬具有丰富的内涵和外延，薪酬问题比较复杂和敏感。要建立科学、有效的薪酬管理体系就需要对薪酬进行系统的解构。第一篇是本书的基础部分，侧重对薪酬、薪酬理论以及薪酬形式等方面的介绍，主要阐明薪酬是什么、怎么理解薪酬以及薪酬有哪些表现形式等内容，通过对薪酬内在的深入分析，了解薪酬的运作机理，有利于把握薪酬的发展趋势以及对薪酬的应用创新。

本篇包括第1章、第2章和第3章的内容。

第1章 薪酬概述

学习目标

- 重点掌握薪酬的概念，薪酬设计的原则和程序；
- 掌握薪酬管理的策略；
- 理解薪酬的功能、模式及影响因素。

第1章课件

引例

腾讯的“职业里程碑”关怀方案

2021年11月9日，腾讯宣布再度升级员工“职业里程碑”关怀方案，从原来的入职“1年、10年、20年”3个节点升级为入职“1年、5年、10年、15年、20年、法定退休”6个重要节点。据了解，新增的“5年”节点对应权益为1份长期健康保障，即便员工从腾讯离职仍可继续持有，按照腾讯当前用工年龄结构预估，该项福利可覆盖员工范围较广。

另一值得关注的“15年”节点对应权益为“终身健康保障”和“长期服务回馈权益”，前者为公司赠予1份终身健康保险，后者含长期服务纪念礼品、长期服务感谢金、长期服务荣誉金。其中，长期服务感谢金为6个月固定工资；而长期服务荣誉金共有“服务年限金”和“50%的未解禁股票期权”两个方案，员工可自由选择其一。值得关注的是，是否提前解锁“长期服务回馈权益”由腾讯员工自主申请，权益标准参照此前腾讯推出的“退休福利”。这意味着，对于满足15年入职年限且尚未达到法定退休年龄的腾讯员工，将可以自由选择是否“提前退休”，开启新的人生历程。不提前解锁该项权益的员工，可以继续在腾讯的职场生涯之旅，并获得更好的保障。

物质需求不是唯一需求

腾讯执行董事、董事会主席兼首席执行官马化腾曾说：“对于腾讯而言，业务和资金都不是最重要的，业务可以拓展和更换，资金可以吸引和调配，唯有人才是不可轻易替代的，人才是腾讯最宝贵的财富。”在我国经济发展的推动下，当代企业的市场竞争形势越演越烈，人力资源管理是当代企业管理中的重要组成部分，直接影响企业的核心竞争力。而如何通过合理的薪酬福利制度留住人才，成为企业人力资源管理的一大重点和难点。要留住人才，需要重视员工体验的提高。而影响员工体验的因素，不仅是员工的物质需求能否得到满足，还有员工的精神需求的满足情况，尤其是员工对于安全感、情感、尊重和自我实现需求的满足情况。

腾讯为员工提供多种福利补贴，主要是为了给员工创造舒适的工作环境与工作氛围，充分满足员工对于安全感、情感和尊重的需求，并帮助员工实现工作与生活的平衡。腾讯会定期为员工举办团队建设活动和年度旅游，旨在通过这些团体活动促进员工成长、提升部门整体管理水平、培养团队精神、优化组织结构等，有效地支持企业整体业务的发展，推动企业使命与愿景的实现。在一年一度的家属开放日，腾讯会邀请员工的家属到公司进行参观，让家属了解员工的工作情况以及腾讯文化，让“小家”做客腾讯“大家”。

此外，腾讯通过完善的员工发展机制，从制度上保证了员工在公司内有多条通道发展，员工的自我实现需要能够得到满足。早在公司人数不过千人的时期，即2004年年底，腾讯就开始引进了国内顶级的培训机构，共同打造了员工职业发展体系，建立了员工管理和专业“双通道”的职业发展体系，即所有员工可以根据自己的特长和兴趣，可以选择走管理的发展路线，也可以选择走技术、设计、产品、市场等专业发展通道，在专业通道上发展可以获得与在管理通道上发展相同的认可和回报，避免了“千军万马去走管理独木桥”的发展瓶颈。

把员工当作企业首要财富

员工不愿意离开公司，是员工满意度高的最直接的表现。其中既有腾讯“股票期权”的功劳，即让每一位员工分享企业发展的红利，又有“职业里程碑”关怀方案这种能在更大程度上保障员工整个生命周期的福祉的因素，而且这一方案对于追求更自由的职业生涯的员工来说，其意义更是不容忽视。

要把员工当作企业的首要财富，把员工当作家人，员工才会把企业当作家，员工的满意度和敬业度才会得到提高。例如，腾讯成立了一系列协会，腾讯乒乓球协会、腾讯足球协会、腾讯篮球协会、腾讯网球协会、腾讯羽毛球协会、腾讯摄影协会、腾讯音乐协会、腾讯舞蹈协会、腾讯电影公社等，员工在工作之余可以一起进行交流和探讨；腾讯每个月还会为各部门提供活动经费，供员工开展各种活动。在员工餐上，腾讯邀请业内优质合作伙伴为员工提供卫生和营养的中式快餐、丰盛的西式简餐、各类咖啡饮品、自助餐以及会议茶歇等便捷的用餐服务；对于加班的员工，腾讯还会贴心地提供丰盛的夜宵，让员工感受腾讯大家庭的温暖。腾讯提供宽敞舒适的办公空间、设计漂亮的沙发茶几、小巧实用的咖啡机、琳琅满目的饮品和零食等，为员工营造休息放松、互通感情、会客洽谈的场所。腾讯为员工提供便捷的免费班车，班车根据各地地域性特点进行线路分布安排，以满足员工的上下班乘车需求。这些措施切实提升了腾讯员工的体验，对员工的满意度、敬业度和服务质量的提高都起到了促进的作用，也进一步使企业的竞争力得到提高。

资料来源 [1] 蓝鲸财经.腾讯升级员工“职业里程碑”关怀方案，员工入职满15年可自由选择是否提前退休［EB/OL］.（2021-11-09）［2023-09-25］. https：//www.sohu.com/a/500011890_250147.［2］伊丽莎白惠．学腾讯：让人眼红心热的福利补贴［EB/OL］.（2022-11-28）［2023-09-25］. https：//zhuanlan.zhihu.com/p/587293117.

腾讯宣布升级员工“职业里程碑”关怀方案，给予满足15年入职年限且尚未达到法定退休年龄的腾讯员工关于是否“提前退休”的自由选择权，其中包含深刻的管理内涵。本章将从比较宏观的视角阐述薪酬的基本概念和分类，薪酬设计的基本原则和程序，薪酬管理的基本策略和目标，以及薪酬的基本功能、模式以及影响因素等。

1.1 薪酬的概念及功能

1.1.1 薪酬的概念

根据美国著名薪酬管理专家米尔科维奇的观点，不同国家对薪酬概念的认识往往不同。社会、股东、管理者和员工等不同利益群体对薪酬概念的界定也存在较大的差异。如果要从薪酬管理的角度给薪酬下一个定义的话，可以将其界定为：雇员作为雇佣关系中的一方所得到的各种货币收入，以及各种具体的服务和福利之和。从这个定义可以看出，米尔科维奇主要把薪酬看作雇主和雇员之间的一种价值交换。

美国的薪酬管理专家约瑟夫·J. 马尔托奇奥在其所著的《战略薪酬》一书中，将薪酬界定为：雇员因完成工作而得到的内在和外在的奖励。他还将薪酬划分为外在薪酬和内在薪酬。内在薪酬是雇员由于完成工作而获得的满足感，是精神形态的报酬；外在薪酬则包括货币奖励和非货币奖励。这种对薪酬的定义，更多的是将薪酬作为企业奖励员工从而吸引、保留和激励员工的一种手段与工具来看待。

在本书中，我们将薪酬定义为：组织对它的员工为组织所做的工作或贡献，包括他们实现的绩效，付出的努力、时间、学识、技能、经验与创造，所付给的相应的回报，其实质是一种公平的交易或交换关系，是员工在向所在组织让渡其劳动或劳务使用权后获得的报偿。

1.1.2 薪酬的功能

从总体上看，薪酬的功能是使一个组织能够吸引、激励和保留组织所需的人力资源，从而保证组织正常运行，实现组织的预定目标。在理论界与实践工作中，人们通常认为，薪酬具有保障、调节与社会信号、激励三大功能。

1）经济保障功能

劳动是员工脑力和体力的支出，员工作为企业劳动力要素的提供者，企业只有给予足够的补偿，才能使其不断投入新的劳动力。从经济学的角度来说，薪酬实际上就是劳动力的价格，其作用就在于通过市场将劳动力配置到各种不同的用途上。在市场经济条件下，薪酬收入是绝大部分劳动者的主要收入来源，对于劳动者及其家庭的保障作用是其他任何保障手段无法替代的。薪酬对于员工的保障作用不仅体现在它要满足员工的吃穿住行等方面的基本生存需要，还体现在它要满足员工的娱乐、教育、培训等方面的发展需要。总之，员工薪酬水平的高低对于员工及其家庭的生存状态和生活方式所产生的影响是非常大的。

2）调节与社会信号功能

调节功能主要是从宏观角度解释薪酬在调节社会人力资源方面发挥的作用。在现代社会中，由于人员在企业之间甚至在地区之间频繁流动，因此在相对稳定的传统社会中用来确定一个人的社会地位的那些信号，如年龄、家族势力等，逐渐衰弱，而薪酬作为流动社会中的一种市场信号则很好地说明了一个人在社会上所处的位置。换言之，员工所获得的薪酬水平除了其所具有的经济保障功能以外，实际上还在向其他人传递着一种信号，人们可以根据这种信号来判定员工的家庭、朋友、职业、受教育程度、生活状况甚至宗教信仰以及价值取向等。不仅如此，在一个企业内部，员工的相对薪酬水平往往也代表了员工在企业内部的地位和层次，从而成为对员工的个人价值和成功进行识别的一种信号。因此，员工对这种信号的关注实际上反映了员工对于自身在社会以及企业内部的价值的关注。从这方面来说，薪酬的社会信号功能也是不可忽视的。实际上，习惯和传统的力量能在薪酬决策中占据一席之地，其主要原因也在于地位问题。

3）心理激励功能

从人力资源管理的角度看，薪酬应主要体现和发挥它的激励功能。所谓激励功能，是指企业用来激励员工按照其旨意行事，调动其积极性、创造性的功能。在市场经济条件下，对员工的激励除了精神激励（员工自我价值的实现）外，主要是物质利益的激励。现实生活中，员工一方面要追求自身的价值、主人翁感和认同感，另一方面更重视追求实在的利益，而劳动则是员工获取收入以提高自己生活水平的基本手段。在这种情况下，企业通过各种具体工资（包括奖金）形式，把收入与员工对企业的劳动贡献联系起来，劳动收入（包括工资收入）就能发挥激励功能。正如美国著名比较经济学家埃冈·纽伯格所指出的："不管采用什么样的激励结构，这种结构要有效，就必须同所要影响的当事人的目标函数相一致。"①

1.2 薪酬的模式及影响因素

1.2.1 薪酬的组成和模式

根据经济性薪酬各个部分的刚性和差异性的不同，我们可以将整个坐标平面分成四个象限，如图1-1所示。其中，薪酬的刚性是指薪酬的不可变性，薪酬的差异性是指薪酬各个部分在不同员工之间的差异程度。

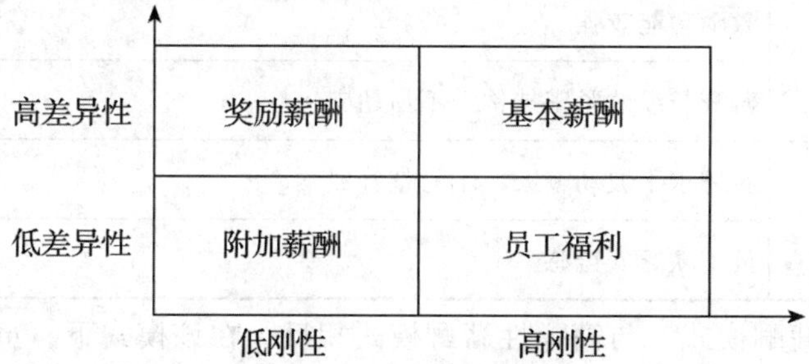

图1-1 薪酬的组成

① 刘军胜．薪酬管理实务手册［M］．2版．北京：机械工业出版社，2005：7.

1）薪酬组成

（1）基本薪酬（或基本工资）：处于第一象限，具有高刚性和高差异性。这说明不同岗位的员工的基本薪酬之间差异明显，而且每个人的基本薪酬既不容易增加，也不能随意扣减。

（2）奖励薪酬（或奖金）：处于第二象限，具有高差异性和低刚性。这说明不同员工的工作绩效不同，员工的绩效越高，其奖金就越高，而且能力要求、责任等不同的岗位上的奖金也会有差异。同时，随着企业的发展和战略目标的转移，企业奖金的整体水平也会呈现弹性。

（3）附加薪酬（或津贴）：处于第三象限，具有低刚性和低差异性。这说明附加薪酬会随着企业效益、工资水平、岗位责任、物价水平等客观环境因素而做出相应调整甚至取消，因而具有低刚性。但是，它一旦作为一种制度确立下来，就必须对从事同一种职务的员工一视同仁，不论其绩效高低，都要对同样的工作条件给出相同水平的补偿，因而具有低差异性。

（4）员工福利：处于第四象限，具有高刚性和低差异性。这是因为福利是人人都可以享受的利益，其设置的目的就是长期稳定员工和发展组织，所以它必须在不同的人和不同的阶段之间都保持较小的变化，因而具有高刚性和低差异性。

薪酬体系中各个部分的性质不同，它们以不同的比例组合在一起，就构成了不同的薪酬模式。

2）薪酬模式

（1）高弹性薪酬模式。这是一种短期绩效决定模式。如果近期某一员工的工作绩效很高，则向其支付较高的薪酬；反之，如果近期该员工的工作绩效较低，则向其支付较低的薪酬。高弹性薪酬模式的适用条件和优缺点见表1-1。

表1-1 高弹性薪酬模式的适用条件和优缺点

项目	内容
适用条件	员工的工作热情不高
	企业的人员流动率较大
	业绩的伸缩范围较大的岗位，如营销、研究开发等
优点	激励功能较强
	薪酬与绩效紧密挂钩，不易超支
缺点	薪酬水平波动较大，不易核算成本
	员工缺乏安全感

（2）高稳定薪酬模式。与高弹性薪酬模式相反，在该模式下，员工的薪酬与个人的绩效关系不大，而是主要取决于企业的经营状况和员工的年资等因素，因此员工的个人收入相对稳定。高稳定薪酬模式的适用条件和优缺点见表1-2。

表1-2 高稳定薪酬模式的适用条件和优缺点

项目	内容
适用条件	员工的工作热情较高
	企业的人员流动率不大
	员工业绩的伸缩空间较小
优点	薪酬水平波动不大，容易核算成本
	员工安全感较强
缺点	缺乏激励功能
	企业人均成本稳定，容易形成较重的负担

（3）折中薪酬模式。这种模式兼有稳定性和弹性，既能激励员工的工作绩效，又能给他们一定的安全感，但要达到理想的效果，还须将薪酬体系的各个部分，根据企业的具体生产经营特点、发展阶段和经济效益等进行合理搭配。一般来说，这种模式下的基本薪酬部分趋向于高刚性，然后可以配合与员工个人绩效紧密挂钩的奖励薪酬，或者与企业经济效益相关联的附加薪酬，甚至是比较灵活的员工福利。折中薪酬模式的优缺点见表1-3。

表1-3 折中薪酬模式的优缺点

项目	内容
优点	兼具激励性与员工安全感
	薪酬制度灵活掌握，薪酬成本容易控制
	适用面比较广泛
缺点	对薪酬理论水平的要求相对高

1.2.2 薪酬的影响因素

对于企业而言，统一的薪酬体系是不存在的，多种因素的交织作用形成了各企业薪酬体系的独特性。这些因素可以简单地分为四类，即企业因素、职位因素、员工因素和环境因素，如图1-2所示。

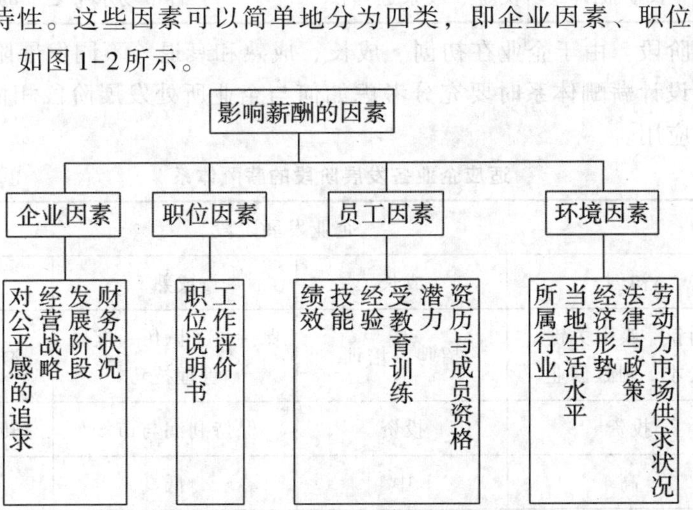

图1-2 薪酬的影响因素

1）企业因素

（1）对公平感的追求。企业的文化价值观直接影响其对公平的感知，而企业对公平感的追求又与员工的薪酬紧密相联。一方面，通过市场薪酬调查，企业根据外部公平性决定总体薪酬水平；另一方面，通过组织工作评价，企业关注内部公平性，从而确立薪酬结构。表1-4说明了这一关系。

表1-4 企业对公平感的追求

比较的焦点	管理工具	薪酬设计	公平感产生的后果
外部公平性	市场薪酬调查	薪酬水平	员工的外部流动（高质量员工的吸引和保留问题）；劳动力成本；员工的态度
内部公平性	组织工作评价	薪酬结构	员工的内部流动（晋升、调配、工作轮换）；员工之间的合作；员工的态度

（2）经营战略。制定薪酬战略时，企业必须考虑如何有效地使其融入企业的整体战略，从二者匹配的角度来考虑问题至关重要，但这一点常常被我们忽略。表1-5提供了一些可能的匹配方案。

表1-5 薪酬战略与企业战略的匹配

表现特征		企业战略	
		成长战略	集中战略
		强调创新、风险承担及市场开拓	增长率较高、劳动力队伍稳定
薪酬战略	薪酬决策	分散化、阶段化、个性化	集中化、连续性、标准化
	支付依据	技能	工作
	短期报酬	低于市场水平的固定工资	高于市场水平的固定工资
	长期报酬	奖金、股票选择权	市场水平之下的激励措施

（3）发展阶段。由于企业在初创、成长、成熟和衰退等不同发展阶段呈现出巨大差异，所以在设计薪酬体系时要充分考虑如何与企业所处发展阶段相协调。表1-6列举了一般性的应用。

表1-6 适应企业各发展阶段的薪酬体系

组织特征	企业发展阶段			
	初创	成长	成熟	衰退
人力资源管理重点	创新、吸引关键人才、刺激创业	招聘、培训	保持员工队伍、奖励管理技巧	减员、控制成本
经营战略	投资	投资	保持利润与市场	转向投资新领域
风险水平	高	中	低	中-高
薪酬策略	个人激励	个人-集体激励	个人-集体激励	奖励成本控制

续表

组织特征	企业发展阶段			
	初创	成长	成熟	衰退
短期激励	股票奖励	现金奖励	利润分享现金奖励	
长期激励	全面参与股票期权	有限参与股票期权	股票购买	
基本薪酬	低于市场水平	等于市场水平	高于、等于市场水平	低于、等于市场水平
福利	低于市场水平	低于市场水平	高于、等于市场水平	低于、等于市场水平

（4）财务状况。这是企业薪酬体系设计及变动可能会遇到的较强的约束。企业的财务状况主要影响的是企业的薪酬竞争性及薪酬结构。较强的财务给付能力，不仅使企业薪酬水平极具竞争性，还可以让薪酬结构的改进有较大的回旋余地。

2）职位因素

（1）职位说明书。以职位为基础的基本薪酬制度，其制定的前提条件就是进行工作分析。通过工作分析，明确组织内部的组织结构体系，形成所有岗位的职位说明书。

（2）工作评价。在完成职位说明书的基础上，确定每一职位对企业的相对价值，即进行工作评价，这是保证内在公平的关键因素。

3）员工因素

（1）绩效。员工的薪酬受个人工作表现的影响，同等条件下，高薪来自个人工作的高绩效。一个健全的薪酬体系的基本特征，应该是使员工的工作绩效在薪酬的确定上得到尽可能充分的考虑。

（2）技能。企业之争便是人才之争，掌握关键技能的人已成为企业竞争的利器。企业愿意付高薪给两种人：一是掌握核心技术的专才；二是阅历丰富的通才。前者的作用不言而喻，后者则可有效地整合企业内高度分工的各项资源，形成综合效应。

（3）经验。在企业工作时间较长的员工，积累的职务经验和技巧等对企业具有更重要的价值，薪酬也肯定会高一些。

（4）受教育训练。在一些岗位上，受教育程度是衡量员工工作能力的重要参数，也是衡量员工对企业贡献的重要参数。因此，一般来说，接受较多教育训练的员工，薪酬水平会相对较高。

（5）潜力。企业对员工支付的薪酬并不总是针对员工现时的绩效，有时也会考虑与员工发展潜力相关的未来绩效。被企业领导认定有较大发展潜力者，可以得到较多的非货币形态的薪酬。

（6）资历与成员资格。通常资历高的员工薪酬也较高，原因是要补偿员工在学习技能时所耗费的时间、体能、金钱以及承受的心理压力等直接成本，以及因学习而减少收入所造成的机会成本，从而鼓励员工不断地学习新技术，提高对企业的贡献度。

4）环境因素

（1）所属行业。企业在制定薪酬标准时应根据行业特点来决定。传统行业与高新技术行业的差异必然会在薪酬上有所体现。同行业之间也应该相互参照，必要时要事先做好市场薪酬调查。

（2）当地生活水平。企业所在地区的不同，对企业的薪酬水平影响很大，企业在确定员工的基本薪酬时应考虑当地的生活指数。一般来说，二者之间成正比。

（3）经济形势。经济形势直接影响薪酬水平，在社会经济环境较好时，通常员工的薪酬水平也相对较高；反之亦然。

（4）法律与政策。薪酬的制定虽然是企业自己的事，但必须在符合国家有关法律与政策的范围内，尤其值得关注的是有关最低工资以及强制性劳动保障等方面的政策规定。

（5）劳动力供求状况。劳动力市场的供求均衡理论认为，薪酬水平的高低主要取决于劳动力市场上供求双方的均衡，这可以用图1-3来表示。

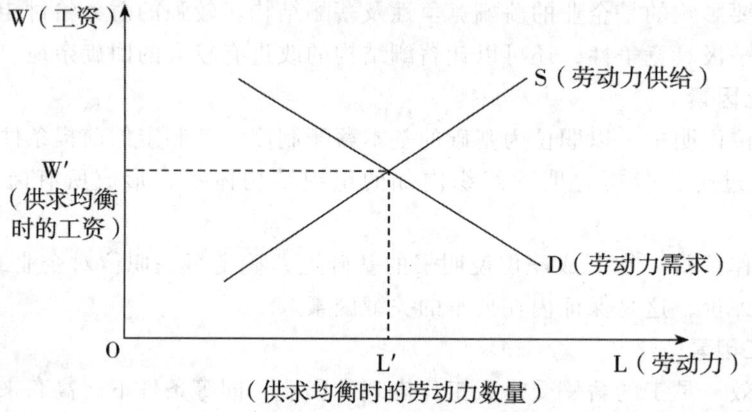

图1-3 劳动力市场决定工资水平

从图1-3中我们可以看出，劳动力需求和供给是工资的函数，并且劳动力需求与工资呈反向函数关系，劳动力供给则与工资呈正向函数关系。在劳动力需求曲线和供给曲线相交的点上，劳动力供求就达到了均衡，得到一个均衡的工资，这种均衡的工资就是该类人员的薪酬水平。从需求方面来看，工资取决于劳动力的边际生产率或劳动力的边际收益产量，即企业愿意支付的工资水平是由劳动力的边际生产率决定的。从供给的方面来看，工资取决于两个因素：一是劳动力的生产成本，即劳动者养活自己和家庭的费用，以及劳动者所需要的受教育、培训费用；二是劳动的负效用，即闲暇的效用。供给和需求的均衡就产生了劳动者应该得到的工资水平。在这种情况下，企业如不根据劳动力市场的薪酬水平进行薪酬管理，就很难吸引和留住自己需要的人才。

1.3 薪酬管理的目标及策略

1.3.1 薪酬管理的目标

企业的薪酬管理就是企业管理者对本企业员工报酬的支付标准、发放水平、要素结构进行确定、分配和调整的过程。传统的薪酬管理仅关注物质报酬的分配，而对被管理者的行为特征考虑较少，其着眼点是物质报酬。随着人们对企业管理的深入研究，薪酬在调动劳动者工作积极性、提高工作效率和工作质量方面的功能越来越受到理论研究者与实际工作者的关注。在此基础上，现代企业薪酬管理理念发生了根本性的变化，薪酬管理的着眼点转移到了人身上。现代薪酬管理将物质报酬的管理过程与员工激励过程紧密结合起来，成为一个有机的整体。

人才是企业竞争力的源泉，能够经营好人才的企业将是最大的赢家。企业薪酬管理的价值就在于它能够帮助企业经营好人才。在企业中，薪酬管理策略通常作为激发、指引或控制员工行为的有效手段。因此，薪酬管理的目标应该与企业的目标、战略和文化相匹配，要根据企业的人力资源战略来确定。一个企业的薪酬管理目标应包括三个方面：

1）建立稳定的员工队伍，吸引高素质的人才

员工通过劳动取得报酬，既可以满足自身及家人的基本生活需要，也可以满足子女受更好的教育和提高自身技术及文化知识水平的需要，所以薪酬已成为确保劳动力生产和再生产顺利进行的基本条件。不仅如此，薪酬还可以成为地位、权力、荣誉的象征。企业可以通过有效、合理的薪酬管理制度，吸引和挽留高素质的员工，激励员工，使他们工作的效率更高，由此为企业带来更多的收益。

2）激发员工的工作热情，创造高绩效

薪酬是员工满足多种需要的经济基础，作为一种积极的强化物直接影响员工的工作积极性。企业可以通过制定科学合理的薪酬管理策略，在组织内营造一种平等、和谐的人际氛围，尽量满足员工的高层次需要，从而激发员工的工作热情，使其始终保持高昂的士气，创造较高的组织绩效。

3）努力实现组织目标和员工个人发展目标的协调

组织内成员众多，他们并不是单纯对组织目标感兴趣，而是也有着自己的目标和需要。合理的薪酬管理制度能使员工普遍感到公平，认为自己的价值得到了组织的认可，因而能够减少组织内员工之间的矛盾和冲突，降低内耗，使员工心情舒畅，增强员工对组织的满意感和认同感，把组织目标和员工个人的发展目标自觉统一起来，为实现组织目标而努力工作。

以上三个方面都与员工对薪酬的满意度有密切联系。具体来讲，在制定和实施薪酬体系的过程中，为了保证有效实现薪酬管理的目标，管理者应与员工及时沟通，进行必要的宣传或培训。从本质上讲，劳动报酬是对人力资源成本与员工需求之间进行权衡的结果。世界上不存在绝对公平的薪酬方式，只存在员工是否满意的薪酬制度。企业的人力资源部门可以利用薪酬制度问答、员工座谈会、满意度调查、内部刊物等形式充分介绍企业的薪酬价值观和薪酬制度。员工对薪酬的满意包括对薪酬水平、薪酬结构、薪酬公平性、薪酬管理、薪酬支付手段、薪酬价值观等多个方面的满意，而员工对薪酬满意正是企业薪酬管理的最高境界，也是人力资源激励机制和分配机制成功的根本，所以企业管理者应高度重视薪酬满意度问题。

1.3.2 薪酬管理的策略

薪酬虽然不是激励员工的唯一手段，却是一个非常重要且常用的方法。在薪酬总额相同的情况下，薪酬结构不同，管理机制不同，支付方式不同，往往会取得不同的效果。所以，如何实现薪酬激励效能的最大化，使薪酬既具有最佳的激励效果，又有利于员工队伍的稳定，是值得管理者高度关注的问题。在制定企业的薪酬管理策略时，管理人员应重点考虑以下几方面：

1）增加薪酬构成中的激励性因素，加大对员工的激励

从对员工的激励角度上讲，薪酬可分为两类：一类是保健性因素，如工资、固定津贴、社会强制性福利、企业内部统一的福利项目等；另一类是激励性因素，如奖金、物质奖励、股份、培训等。根据赫茨伯格的双因素理论，如果保健性因素达不到员工期望，会使员工感到不安全，出现士气下降、人员流失等现象。另外，尽管高额工资和多种福利项目能够留住员工，但这些常常被员工视为应得的待遇，难以起到激励作用。真正能调动员工工作热情的，是激励性因素。对一些薪酬水平较高，而员工工作热情低、懒散、责任心差的企业来说，想加大激励力度，可以采用高弹性的薪酬模式，即加大图1-1中第二象限奖励薪酬的构成比例，缩小第一象限基本薪酬和第四象限员工福利的构成比例。相反，对一些薪酬水平较低的企业来说，要想保持员工的稳定性，可以采用高稳定性的薪酬模式，即增加图1-1中第一象限基本薪酬和第四象限员工福利的构成比例，缩小第二象限奖励薪酬的构成比例，让员工有安全感。

2）提供适合员工需要的福利项目，增加员工的满意度

完善的保险福利系统对保持员工队伍的稳定性非常重要，也是企业人力资源系统健全的一个重要标志。保险福利项目设计得好，不仅能减少员工的个人所得税，更能给员工带来方便和实惠。良好的保险福利系统一方面能解除员工的后顾之忧，另一方面能增加员工对企业的满意度和忠诚度。

员工个人的保险福利项目按国家规定可以分成两类：一类是强制性福利，企业必须按相关法律法规的要求执行，如养老保险、失业保险、医疗保险、工伤保险等。另一类是企业自行设计的福利项目，常见的如人身意外保险、家庭财产保险、旅游保险、误餐补助或免费工作餐、健康检查、俱乐部会费、提供住房或购房支持计划、提供公车或报销一定的交通费、特殊津贴、带薪假期等。

对企业而言，福利是一笔庞大的开支，但对员工而言，其激励性不大，有的员工甚至不领情。最好的办法是采用菜单式福利，即根据员工的特点和具体需求，列出一些福利项目，并规定一定的福利总值，让员工自由选择，各取所需。这种办法区别于传统的整齐划一的福利计划，具有很强的灵活性，很受员工的欢迎。

3）采取巧妙的薪酬支付方法，满足员工不同的需要

对不同的人员要用不同的激励措施。马斯洛需要层次理论说明，人的需要是分层次的，只有相对满足了低层次的需要之后，才能考虑高层次的需要。对绝大多数人来说，工资是满足低层次需要的保障。工资低的企业，即使企业文化搞得再好，也很难留住人才。对高层次人才而言，即使企业的工资较高但如果缺少培训和发展机会，仍然缺乏吸引力。

将经济性薪酬和非经济性薪酬结合起来运用，有时能取得意想不到的效果。前者包括工资、津贴、奖金、"红包"等，后者则包括企业为员工提供的所有保险福利项目、实物，企业举行的旅游、文体娱乐活动等。有些企业专门为员工的家属提供特别的福利，如在节日之际邀请家属参加联欢活动、赠送企业特制的礼品、让员工和家属一起旅游、给孩子提供礼物等，让员工特别感动。

按照强化理论，适当缩短常规奖励的时间间隔，保持激励的及时性，有助于取得最佳激励效果。频繁的小规模的奖励会比大规模的奖励更为有效。减少常规定期的奖励，增加不定期的奖励，让员工有更多意外的惊喜，也能增强激励效果。

4）应用多种计酬方式，激励不同层次员工

薪酬的计算方式一般包括按时计酬、按件计酬、按绩效计酬三种方式。

按时计酬是按单位时间工资标准与员工实际劳动时间计算和支付报酬，可分为小时工资、周工资、月工资和年工资等。这种薪酬的计算方式比较重视职务价值、任职资格和员工技能，工资水平的决定因素是员工所在职位和个人技能的评价结果。这是最缺乏激励效果的一种计酬方式，其激励作用只体现在调薪前后一段很短的时间里，激励周期短且难以持久。但它有明显的优点，就是员工收入稳定，能产生安全感，便于员工队伍的稳定，还有实施简单、便于预测劳动力成本的优点。

按件计酬是根据员工完成的产品的数量与质量计发薪酬。计件薪酬对员工的激励作用十分明显，员工薪酬的高低与生产数量和质量直接关联，这就较大程度地刺激了员工生产效率的提高，但计件薪酬仅适用于产出数量容易计量、质量标准明晰的工作。计件薪酬的这一特点决定了它的适用范围的狭窄性，一般只在生产岗位应用，对大多数非生产岗位则基本不适用。

按绩效计酬也是以工作量为依据计算薪酬，但它与计件薪酬不同，不是简单意义上的工资与工作量挂钩，而是一种建立在系统的业绩考核与管理程序基础上的计酬方式。采用按绩效计酬的方式需要事先设定具体的工作目标，工作完成后根据实际工作业绩进行评估。按绩效计酬有两种形式：一是根据绩效考核结果，一次性支付员工一定数量的报酬；二是根据绩效考核结果，定期或不定期地调整员工的工资档次。由于绩效薪酬与可量化的业绩挂钩，更具激励性和公平性，所以这种方法在很多企业得以广泛应用，是目前比较流行的一种计酬方式。但是，这种计酬方式有它的弊端，主要是考核标准难以合理确定，考核制度难以有效实施。而数字化管理方法在克服以上弊端、建立科学的绩效考核体系的过程中能发挥至关重要的作用。通过薪酬管理的数字化转型，企业能够建立以多元价值为中心的绩效考核体系，运用数字化管理赋能薪酬激励机制，以适应用工多元化、内部分工细致化和工作开展方式不断变化的实际情况。该体系评价企业部门或员工主要从任务认可、价值贡献、客户满意、市场对标等维度，依托业务大数据系统平台，科学、精准、实时地评价部门或员工创造的价值贡献，为企业薪酬体系提供绩效数据，并以此付薪。以科学为基础的绩效考核体系能够激发员工激情和潜力，也能够推动部门和员工之间管理与协作的矩阵关系，促进企业全面发展[①]。

由于大多数企业的岗位数量都在几十个以上，所以在设计薪酬体系时通常都会综合采用上述三种方法：对于从事简单事务性工作的人员采用按时计酬，对生产一线人员采用按件计酬，而对大多数承担着一定管理职责的人员则采用按时计酬基础上的按绩效计酬。

5）重视对团队的奖励，消除基层员工的不平衡心理

从激励效果来看，奖励团队比奖励个人的效果要弱，但为了促使团队成员之间相互合作，同时防止上下级之间由于工资差距过大导致基层人员心态不平衡的现象，有必要建立团队奖励计划。

有些成功企业，用在奖励团队方面的资金往往占到员工收入的很大比重。对优秀团队的考核标准和奖励标准，要预先定义清楚并保证团队成员都能理解。具体的奖励分配形式可归纳为三类：第一类是以节约成本为基础的奖励，比如斯坎伦计划，将员工节约的成本乘以一定的百分比，奖励给员工所在团队；第二类是以分享利润为基础的奖励，也可以看成一种分红的方式；第三类是在工资总额中拿出一部分设定为奖励基金，根据团队实现目标的情况、企业文化的倡导方向设定考核和评选标准进行奖励。

6）善用股票奖励形式，强调企业的长期绩效

股票期权是个非常诱人的字眼，很多员工特别是高职位的员工认为工资的高低不是主要的吸引力，最重要的是有没有实行员工持股制度。大多数的上市公司纷纷实行了股票期权制度，非上市公司也在探索不同形式的员工持股办法。

随着国内市场经济体制的日益完善，股票期权制的分配办法将越来越多地被运用到实践中。

7）进行薪资调查，了解薪资市场价格

企业应定期进行薪资调查，了解企业所需人才在薪资福利方面的市场价格，并以此基本数据作为人才招聘的参考。除了常规一年一度的薪酬福利调查之外，企业应根据需要为某一特殊职位专门聘请专业的管理咨询公司做相关数据的调查，做到知己知彼。

一位资深的外企人力资源经理说："要招聘到最优秀的人才，用公司内部的薪资水准去衡量往往是片面的，用市场价格去吸引他们才是唯一的出路。外面的人才，他们并不在乎你所开出的薪酬在企业内是不是最高，他们在乎的是你所开出的薪酬是不是市场价格最高。"[②]

8）阐述企业的薪酬文化，吸引和留住人才

管理者必须认识到，薪酬既具有实质性意义，又具有象征性意义。由于薪酬表明了企业所重视的人和事，因而企业在进行人员招聘时，应向他们阐述清楚企业的薪酬文化和薪酬价值观。一些企业强调团队与协作精神，在薪酬收入之外会有很多集体性的奖励计划；一些企业强调技术研发工作，付给技术人员的薪资会超过一般员工薪资

① 王迪.传统能源企业薪酬管理数字化转型的思考［J］.石油库与加油站，2023（2）：34-37；53.
② 卿涛.人力资源管理［M］.2版.成都：西南财经大学出版社，2013.

的数倍；还有一些企业强调个人业绩，业绩好的员工得到的薪资远远超过了经理。

良好的薪酬文化是建立成功薪酬制度的基础，薪酬文化对大多数人来说，是极具诱惑力的。因此，向外部人才及求职者大力宣扬企业优秀的薪酬文化，也是吸引人才的一种重要方法。此外，企业在进行薪酬管理时，要注意薪酬的外部均衡和内部均衡问题。外部均衡指企业员工的薪酬水平与同地域、同行业的薪酬水平保持一致，或略高于平均水平；内部均衡主要是指企业内部员工之间的薪酬水平应该与他们的工作成比例，即满足薪酬的公平性。为了保证薪酬的外部均衡和内部均衡，管理人员需要做好两个方面的工作：一是进行薪酬调查。薪酬调查是维持外部均衡的基础，即通过各种正常的手段，来获取相关企业各职务的薪酬水平及相关信息。对薪酬调查的结果进行统计和分析，就可以得到企业制定薪酬管理决策的有效依据。二是实施岗位评估。岗位评估是维持内部均衡的基础，即通过一些方法来确定企业内部工作之间的相对价值。岗位评估的结果为企业薪酬的内部均衡提供了调节的依据。

学以致用

蒙牛集团注重员工体验的数字化薪酬体系

作为一家国内知名的成功企业，蒙牛集团在人力资源管理以及员工薪酬激励方面都有自己的成功之处，就像公司薪酬管理负责人在访谈中所说的那样，蒙牛集团非常看重员工体验，把员工体验当成一种产品交付给员工。蒙牛集团通过打造全面薪酬制度优化员工体验，通过部署SSC（共享服务中心）提高内部业务效率，建立了能有效给予员工获得感的科学合理的数字化薪酬体系。

一、全面薪酬体系+年终薪酬回顾，盘活企业人才库

蒙牛集团作为成立二十余年的成熟企业，员工规模大、覆盖面广，年龄跨度大，如何针对不同层级、年龄段的员工做好个性化薪酬福利体系？蒙牛集团选择将员工体验放在首要位置，通过全面薪酬体系+年终薪酬回顾两大方式，为企业盘活内外人才库。

1.全面薪酬体系，人才激励因人而异

埃德·劳勒于1971年提出全面薪酬的概念，认为公司为达到组织战略目标对做出贡献的个人或团队的系统奖励包括两部分：外在薪酬和内在薪酬。

从全面薪酬概念出发，蒙牛集团一方面注重内部员工宣导工作，强化薪酬的体现，让员工知道所得工资不止到手工资；另一方面注重激励产品交付工作，通过多样化、多层次激励措施，提高员工福利感知度。

（1）因地制宜，人才激励特殊化

蒙牛集团以企业各业务模块发展阶段、业务属性为导向，针对性制定相应的绩效考核体系。譬如针对初建部门，会将激励重点放在员工创新能力上；针对发展型业务板块，将注重业务规模扩张，以及部门销售收入、市场份额、利润等；针对成熟板块则着重考察其持续性业务增长。

（2）短、中、长期全流程激励，留住关键人才

单纯的短期物质收益会让员工丧失长期的工作动力，基于此蒙牛集团在薪酬结构部分对激励时间同样做了划分，用短期收入、中期收入、长期收入三个部分来全流程激励员工。其中短期及中期激励一般为及时性的现金奖励，而长期激励作为隐性福利用于留住人才。

（3）以产品交付思维，多场景激励

从员工体验出发，蒙牛集团以产品交付思维进行员工关怀工作，以此给予员工获得感，提升员工满意度。具体而言，即将员工全职场周期（入职到离职）所有场景做归类划分，在每个场景中打造相应的产品，结合员工当下实际需求，给予员工关怀并满足员工获得感。譬如在员工生日、员工入职周年纪念日时企业内部推送相关纪念海报，赠送相应礼物。员工生育小孩赠送企业奶粉，生育二孩赠送专属贺金。同时结合数据分析，蒙牛集团会提前为员工准备相应节点的提示性关怀。比如员工休产检假时，通过线上数据推测其即将休产假的时间，主动为员工推送产假相关待遇、当地产假政策、产假津贴报销需要哪些资料等。

2.年终薪酬回顾，为企业留住关键人才

蒙牛集团一方面对内采用年终薪酬回顾方式，来及时对企业内部员工岗位匹配度、员工薪酬匹配度做考核分析，通过人才九宫格等多种人才盘点形式，得到关键数据和考核结果，为下阶段调薪制度做铺垫；另一方面对外做薪酬竞争力分析，通过对比外部同行业薪酬数据分析报告，结合员工现阶段收入情况，以及各城市薪酬福利情况等，为下阶段调薪制度做数据支持。

二、数字化与共享服务中心（SSC），赋能人力资源高速转型

迈入数字化转型新时代，越来越多的企业将人力资源共享服务中心（HRSSC）视为人力资源转型的起点，它能否高效运营将直接决定企业人力资源转型的成败。

蒙牛集团亦是如此，从2018年开始部署HRSSC起，目标就是通过数字化技术，让HRSSC成为能为业务提供价值的服务中心或卓越中心。

1.以技术为基础，关键流程自动化

蒙牛集团认为，若想大幅度提升工作效率，其底层逻辑一定要依靠技术来自动化处理事务性工作，譬如机器人、AI技术或是RPA等，只有企业自动化程度提升才能带来相应业务效率提升。

因此，蒙牛集团从业务属性出发，站在用户角度梳理问题，利用数字化信息系统及SSC，将重复性、标准化事务性工作做规模化、自动化处理，大幅度提升内部工作效率。

2.以数据为支撑，基础工作交付标准化

从SSC搭建之初蒙牛集团一直在思考两个问题：一是如何做好基础工作交付标准化；二是如何衡量基础工作交付效率处于哪种水平。因此在SSC搭建中期，蒙牛集团针对以上两个问题领域不断深耕，通过抓取员工动态信息，制作相应数据分析报告，一方面将基础员工关怀工作打包为产品做标准化处理，另一方面将动态数据做深度分析向上汇报给管理层，为更高级决策做支持性工作。

3.专业化与标准化，企业共享服务中心赋能作用

蒙牛集团SSC系统经过近四年的运营与完善，不仅大幅度提高了人力资源部门的工作效率，也让管理者得以摆脱事务性工作，有更多时间思考如何为企业战略规划做建议，提供的员工职业发展建议也向专家水平靠拢。总体而言，SSC无论对于企业还是对于个人发展而言都带来了良性的转变。

资料来源 HRsee.蒙牛集团的薪酬管理案例［EB/OL］.（2022-11-10）［2023-9-25］. https://www.hrsee.com/? id=4065.

1.4 薪酬体系设计

1.4.1 薪酬设计的原则

共同富裕是中国特色社会主义的本质要求，是中国式现代化的重要特征。在我国社会主义制度下要实现共同富裕的目标，需要发挥分配制度的激励作用，最广泛地调动各方面的积极性，有效配置生产要素，促进高质量发展，通过全国人民共同奋斗把“蛋糕”做大做好。同时，通过合理的制度安排正确处理增长和分配关系，把“蛋糕”切好分好，防止两极分化，使全体人民共享改革发展的成果。

党的二十大报告指出：“坚持按劳分配为主体、多种分配方式并存，构建初次分配、再分配、第三次分配协调配套的制度体系。”这一重要部署，对于正确处理效率与公平的关系，在发展的基础上不断增进人民福祉，逐步缩小收入差距，扎扎实实朝共同富裕的目标迈进具有非常重要的意义。按劳分配为主体、多种分配方式并存的分配制度，是社会主义基本经济制度的重要组成部分，既体现了社会主义制度的优越性，又同我国社会主义初级阶段社会生产力发展水平相适应。初次分配制度、再分配制度、第三次分配制度，在促进共同富裕中具有不同的功能和作用，要相互协调配套。

从宏观经济角度来说，要发挥好初次分配的基础性作用，就要努力提高居民收入在国民收入分配中的比重，提高劳动报酬在初次分配中的比重[①]，薪酬制度发挥的正是这样的作用。从微观经济角度来说，薪酬制度是企业人力资源管理的重要政策文件，是由人力资源管理部门根据国家法律和政策制定的与薪酬分配相关的一系列准则、标准、规定和方法的总称，是企业薪酬管理规范化和流程化的表现。合理的薪酬制度所鼓励的必须是有利于企业获得短期利润的行为以及为实现企业长期的成功而提高客户满意度的行为。制定合理的薪酬制度，可以确保和维持员工的基本生活水平，激发员工的工作积极性，提高其素质，维持组织的正常秩序，创造一个良好的合作环境，圆满地处理人际关系，求得管理者和被管理者之间的相互信任。从这一意义上

① 求是网评论员.完善分配制度 促进共同富裕［EB/OL］.（2022-11-09）［2023-9-25］. http://www.qstheory.cn/wp/2022-11/09/c_1129112948.htm.

讲，制定科学合理的薪酬制度是企业人力资源管理的难点所在，为此，很多企业不惜重金聘请薪酬设计专家或机构。那么，什么样的薪酬制度才是合理的呢？具体来讲，制定合理的薪酬制度应遵循以下原则：

1）公平性原则

公平性原则是制定合理的薪酬制度的首要原则，也是设计薪酬方案和实施薪酬管理的首要原则。薪酬制度的公平性即薪酬制度付诸实施后，所体现出来的薪酬水平与工作性质、工作数量和质量以及人们的主观判断标准等因素结合起来后的客观公正性和主观公平感。薪酬制度的公平性可分为三个层次：

（1）内部公平性。内部公平性指同一组织中不同职务所获薪酬应与各自的贡献成正比，有一个匀称的比例关系，只要比值一致便是公平。内部公平性实际上是企业内部员工的一种心理感受。企业的薪酬制度制定以后，首先要让企业内部员工对其表示认可，让他们觉得与企业内部其他员工相比，其所得薪酬是公平的。为了做到这一点，薪酬管理者必须经常了解员工对公司薪酬体系的意见，采用一种透明、竞争、公平的薪酬体系，这对于激发员工的积极性具有重要的作用。

在我国企业中，强调薪酬的内部公平其实就是坚持按劳分配原则。这一原则的贯彻，主要是通过工资差异制度实现的。员工的工资差异要根据劳动的复杂程度、技能水平、责任大小、贡献多少而定，通过这种差异体现多劳多得的原则。

（2）外部公平性。外部公平性是指企业的薪酬水平与劳动力市场中的薪酬水平相当，即同一行业或同一地区或同等规模的不同组织中类似工作与职务的薪酬应当基本持平，因为它们对员工的知识、技能与经验的要求相似，各自的贡献也基本相似。外部公平性是企业在人才市场加强竞争力需要达到的条件。为了达到外部公平，管理者往往要进行各种形式的薪酬调查。国外的管理者比较注重正式的薪酬调查，国内管理者则比较习惯通过与同行业内其他企业管理者进行交流或者公共就业机构获取薪酬资料。这种非正式的薪酬调查方式成本低廉，信息准确度较低，往往会影响企业的薪酬决策。

（3）个人公平性。个人公平性是指同一组织中居于相同职位或岗位的员工所获薪酬间的比较。在这一问题上，基本工资同工同酬可以理解为公平，存在任何歧视性政策都是不公平的。另外，薪酬的个人公平性表现为在同一组织中从事相同工作的员工的薪酬应与他们的绩效保持一致。因此，薪酬方案应根据工作分析和绩效考评结果来制订，让员工感到薪酬分配是公平的。

总之，为了保证个人公平性，薪酬管理者在制定薪酬制度时要有明确一致的原则作指导，制度要有民主性和透明性，让员工有机会了解和监督薪酬政策的制定与管理，同时为员工创造机会均等、公平竞争的条件，引导员工把注意力从结果均等转到机会均等上来。

2）竞争性原则

竞争性是指在社会上和人才市场上，企业的薪酬水平对于劳动力市场的其他人员来讲是具有吸引力的。当今的市场竞争的焦点是人才竞争，要想吸引人才，企业的薪酬水平就要具备足够的吸引力。竞争性主要是通过外部相关劳动力市场界定、市场工资调查、建立薪酬政策线，并在此基础上调整薪酬结构来实现的。根据调查，高薪对优秀人才具有不可替代的吸引力，因此企业在市场上提出较高的薪酬水平，无疑会增强企业对人才的吸引力。但是，企业的薪酬水平在市场上应处于一个什么位置，要视该企业的财力、所需人才的可获得性等具体条件而定。竞争力是一个综合指标，有的企业凭借良好的声誉和社会形象，在薪酬方面只要满足外部公平性的要求也能吸引一部分优秀人才。

3）激励性原则

激励性是指要在内部各类、各级岗位、职务的薪酬水平，适当拉开差距，真正体现按贡献分配的原则。激励性主要强调将员工的报酬与业绩挂钩，根据绩效水平的高低来对薪酬进行调整，如此一来，从事相同工作、具有相同能力的不同员工可能就会由于绩效考核结果的差异，而使所获报酬出现较大的差异。

激励性原则是制定薪酬制度的一个重要目的。在竞争日趋激烈的今天，企业薪酬管理的目的已不再局限于通过合理的劳动交易维持组织的正常工作，更重要的工作是调动员工的工作积极性，提高劳动生产率，促进组织的发展。一般对企业来讲，通过薪酬制度来激励员工的责任心和工作积极性是最常见的方法。人和人的能力是有差别的，其贡献也是不一样的，如果贡献大者与贡献小者得到的报酬一样，表面上看是平等的，但实质上是不公平的。因此，要真正解决内在公平问题，就要根据员工的能力和贡献大小适当拉开收入差距，让贡献大者获得较高的报酬，以充分调动他们的积极性。

4）经济性原则

从某种程度上讲，提高企业的薪酬水平能提高其竞争力和激励力，但会导致人力成本的上升。经济性原则表面上与竞争性原则和激励性原则是相互对立和矛盾的——竞争性原则和激励性原则提倡较高的薪酬水平，而经济性原则提倡较低的薪资水平，但实际上三者是统一的。当三个原则同时作用于企业的薪酬体系时，竞争性原则和激励性原则就会受制于经济性原则。企业建立薪酬制度的主要目的是吸引和留住人才，为此一些企业不惜一切代价提高薪酬水平，实际上这种做法是不可取的。一方面，除了高薪以外，吸引优秀人才的条件还有很多；另一方面，是最主要的方面，要计算人力成本的投入产出比率，如果用高薪吸引了优秀人才，但发挥不了作用，创造不出同等的绩效，他们对企业也就失去了意义。因此，在设计薪酬制度时，企业管理者所考虑的因素不应该仅仅是薪酬的吸引力和激励力，还应考虑企业承受能力的大小、利润的合理积累等问题，要遵循经济性原则，进行人力成本核算，把人力成本控制在一个合理的范围内。

5）合法性原则

为了促进社会经济持续稳定发展、保护员工的利益，各国政府都制定了一系列法律、法规和政策，直接或间接地控制员工的薪资状况。在我国，有关薪资福利的法律、法规和政策，是劳动法体系的重要组成部分。企业人力资源管理的一个重要职能就是运用法律、法规和政策，协调企业运作过程中的薪资关系，保护企业和员工的合法利益。因此，企业的薪酬制度必须符合国家法律、法规和政策的要求，特别是国家有关的强制性规定。比如，国家有关最低工资的规定、有关员工加班工资的支付问题等，企业都必须遵守。

6）**战略性原则**

这是一条非常重要的原则，近几年来战略性原则在薪酬制度诸原则中的地位和作用逐步加强。这一原则要求企业在设计薪酬制度的过程中，一方面要时刻关注企业的战略需求，要通过薪酬制度反映企业的战略，反映企业提倡什么、鼓励什么、肯定什么、支持什么；另一方面要把实现企业战略目标转化为对员工的期望和要求，然后把对员工的期望和要求转化为对员工的薪酬激励，体现在企业的薪酬制度中。

1.4.2 薪酬设计的程序

一般情况下，成熟企业的薪酬设计都要经历一个比较复杂的工作过程。设计一套科学合理的薪酬体系应遵循一定的规则和程序，如图1-4所示。

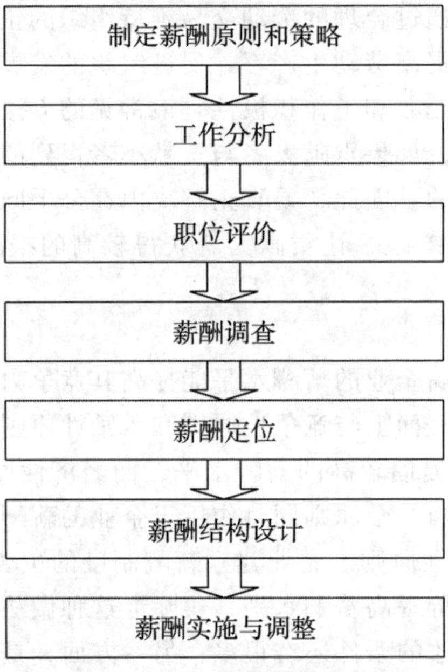

图1-4 薪酬设计的程序

1）**制定薪酬原则和策略**

企业薪酬策略是企业人力资源策略的重要组成部分，而企业人力资源策略是企业人力资源战略的落实，说到底是企业基本经营战略、发展战略和文化战略的落实，因此制定企业的薪酬原则和策略要在企业的各项战略的指导下进行，要集中反映各项战略的需求。薪酬策略作为薪酬设计的纲领性文件要对以下内容做明确规定：对员工本性的认识，对员工总体价值的认识，对管理骨干即高级管理人才、专业技术人才和营销人才的价值估计；企业基本工资制度和分配原则；企业工资分配政策与策略，如工资拉开差距的分寸、标准，工资、奖金、福利的分配依据及比例标准等。

2）**工作分析**

工作分析是确定完成各项工作所需技能、责任和知识的系统过程。它是一种重要的人力资源管理技术，是薪酬设计的基础。

大多数情况下，在完成工作分析之后都要编写工作说明书和工作规范。工作说明书就是对有关工作职责、工作活动、工作条件以及工作对人身安全危害程度等工作特性方面的信息所进行的书面描述。工作规范则是全面反映工作对从业人员的品质、特点、技能以及工作背景或经历等方面要求的书面文件。有关工作分析的介绍，在第4章有详细阐述，这里就不再赘述。

3）职位评价

职位评价是确保薪酬系统公平性的重要手段。职位评价有两个目的：一是比较企业内部各个职位的相对重要性，得出职位等级序列；二是为外部薪酬调查建立统一的职位评估标准。

职位评价的方法有许多种，最常用的是计分比较法。计分比较法首先需确定与薪酬分配有关的评价要素，然后给这些要素定义不同的权重和分数。大多数企业在进行职位评价的过程中都习惯采用HAY（海氏）模式或CRG（美世）模式评价法，这两种模式都是对职位价值进行量化评估的办法，从几个主要因素、若干个子因素方面对职位进行全面的价值评估。

完成职位评价后，企业可以根据需要设计职位等级序列（即层级关系图），一些人数多、规模大、组织结构复杂的企业，职位等级可能会达20～30级之多，一般中小型企业也有15～20级。

4）薪酬调查

所谓薪酬调查，是指企业通过内外薪酬分配的有关状况，找出差距和问题，为改进薪酬管理提供信息支持，即通过各种正常的手段获取相关企业各职务的薪资水平及相关信息，对薪资调查的结果进行统计和分析，获得企业制定薪资管理决策的有效依据。薪酬调查重在解决薪酬的对外竞争力问题，因此企业在确定薪资水平时，一般需要参考劳动力市场的平均薪资水平。

（1）薪酬调查的对象。薪酬调查的对象最好是选择与本企业有竞争关系的公司或同行业的类似公司，重点考虑员工的流失去向和招聘来源。薪酬调查的数据，要有上年度的薪资增长状况、不同薪酬结构的对比、不同职位和不同级别的职位薪酬数据、奖金和福利状价、长期激励措施，以及未来薪酬走势分析等。只有采用相同的标准进行职位评价，并提供真实的薪酬数据，才能保证薪酬调查的准确性。

（2）薪酬调查的方式。薪酬调查可以采用不同的方式，其中最为典型的方式包括问卷调查、访谈调查、电话调查和网络调查。目前，网络调查作为一种新兴的调查方式，具有保密性和快捷性的特点，由于其不受地域和时间的限制，可靠性也大幅提高，因此越来越受青睐。

（3）薪酬调查的渠道。一般来说，企业管理者可以利用两种渠道获取薪酬信息：一种是依靠商业机构、专业协会或政府部门的调查报告。如在美国，就有劳工统计局、美国管理协会以及一些咨询公司定期进行薪酬调查，并为社会提供调查报告。另一种是企业人力资源部门直接进行的正式或非正式调查，这是许多中小企业主要的薪酬调查方式。根据英国的一项研究，为了了解其他企业类似职位的薪酬水平，在被调查的企业中，约71%的雇主依赖同其他雇主进行非正式交流，20%～25%的雇主通过正式问卷调查收集信息。表1-7是一份比较简单的薪酬调查表。

表1-7 **薪酬调查表**

年　月

姓名		年龄		学历	
所属行业		所属企业		部门	
职务名称		职位代码		相关职位工作年限	

工作职责

每月工作时间（天）

每天工作时间（小时）

每月总收入

基础工资/月	奖金/年	加班费
住房津贴/月	其他津贴/月	股份收入/年

每年总收入

（4）薪酬调查结果的运用。薪酬调查的结果表现为薪酬调查报告，通过不同的薪酬调查方式和渠道所得到的调查信息存在较大差异，因此薪酬调查结果的表现形式往往也不尽相同。薪酬调查的结果会直接影响企业薪酬管理工作，其在企业中的运用和影响方式大致有三种：一是根据调查收集的有关保障、休假等员工福利信息，制订基本的员工福利方案；二是根据调查结果，对本企业中类似或相同职位的薪酬进行比较分析，以使其符合市场价格；三是参考调查得出的基准职务工资水平，并根据不同职务在企业中的相对价值，建立本企业的薪酬标准体系。

（5）薪酬调查的原则。薪酬调查的原则通常包括：①在被调查企业不知情的情况下获取薪酬信息。由于薪酬管理政策及数据在许多企业属于商业机密，所以在进行薪酬调查时，要由企业人力资源部门与对方对应部门或总经理联系或利用其他方式获取信息。②调查的资料要准确。由于很多企业对本企业的薪酬情况守口如瓶，所以有些信息很可能是道听途说得来的，不全面，准确率低。另外，在取得某岗位的薪酬信息的同时，要比较其岗位的职责是否与本企业一致，否则参考价值不高。③调查的资料要随时更新。随着市场经济的发展和人力资源市场的完善，企业的薪酬情况经常变化，调查的资料要及时更新才有参考价值。

5）薪酬定位

在分析同行业的薪酬数据后，需要做的是根据企业状况确定不同的薪酬水平。

影响企业薪酬水平的因素有多种。从企业外部看，宏观经济、通货膨胀、行业特点和行业竞争、人才供应状况等都对薪酬定位和薪酬增长水平有不同程度的影响。在企业内部，盈利能力和支付能力、人员的素质要求是决定薪资水平的关键因素。企业发展阶段、人才稀缺度、招聘难度、企业的市场品牌和综合实力，也是重要的影响因素。

在薪酬水平的定位上，企业可以选择领先策略或跟随策略。薪酬上的领头羊未必是品牌最响的公司，因为品牌最响的公司依靠其综合优势，不必花费最高的工资也可能找到最好的人才，而那些"财大气粗"的后起之秀往往采用高薪策略。它们多处在创业初期或快速上升期，投资者愿意用金钱买时间，希望通过挖到一流人才来快速拉近与头部公司的差距。

在薪酬系统设计中有几个专用术语叫25P、50P、75P，意思是说，假如有100家企业参与薪酬调查的话，薪酬水平按照由低到高排名，它们分别代表着第25位排名（低位值）、第50位排名（中位值）、第75位排名（高位值）。一个采用75P策略的企业，需要雄厚的财力、完善的管理、过硬的产品相支撑，因为薪酬是刚性的，降薪几乎不可能，一旦企业的市场前景不妙，企业的留人措施将难以实施。

6）薪酬结构设计

薪酬价值观和薪酬思想反映了企业的分配哲学，即依据什么原则确定员工的薪酬。不同的企业有不同的薪酬价值观，不同的价值观决定了不同的薪酬结构。企业在设计薪酬结构时，往往要综合考虑五个方面的因素：一是职位等级；二是个人的技能和资历；三是工作时间；四是个人绩效；五是福利待遇。薪酬结构一般设计为基本工资、绩效工资、加班工资和薪酬福利。

基本工资由职位等级决定，是一个人工资高低的主要决定因素。基本工资是一个区间，而不是一个点。相同职位的不同员工由于在技能、经验、资源占有、工作效率、历史贡献等方面存在差异，他们对企业的贡献并不相同，因此在基本工资的设置上应保持差异，即职位相同，基本工资未必相同。这就增加了工资变动的灵活性，使员工在不变动职位的情况下，随着技能的提升、经验的增加而在同一职位等级内逐步提升工资等级。

绩效工资是对员工完成业务目标而进行的奖励，即薪酬必须与员工为企业所创造的经济价值相联系。绩效工资可以是短期性的，如销售奖金、项目浮动奖金、年度奖励，也可以是长期性的，如股份期权等。此部分薪酬的确定与企业的绩效评估制度密切相关。

总的来讲，确定基本工资，需要对职位进行分析和评估；确定绩效工资，需要对工作表现做评估；确定企业的整体薪酬水平，需要对企业盈利能力、支付能力做评估。每一种评估都需要一套程序和办法。所以说，薪酬结构设计是一个系统工程。

7）薪酬实施与调整

薪酬方案一经建立，就应严格执行，使其发挥保障、激励功能。在实施过程中，薪酬设计者还有一项重要的职责，就是要对制定出来的薪酬制度进行修正和调整，这是薪酬设计的最终环节。在这个环节要完成以下任务：

（1）薪酬设计者是抛开具体的人而就事论事即依据工作属性进行薪酬设计的，但其在实施过程中则是针对具体的人，因此难免会出现很多在设计过程中没有考虑的因素，而且考虑所有这些因素几乎是不可能的，特别是当设计者是外聘专家时更是如此，因此在正式实施薪酬体系前要进行预演式的实施，并根据预演情况进行一些修正，避免公布后出现风波。

（2）薪酬设计时效性很强，方案一旦成型就要立即实施，因为时间一长，方案中涉及的薪酬数据已经发生变化，市场价格已经进行调整，方案的数据也要进行相应调整，否则会使员工对方案的科学性和可行性产生怀疑。

（3）要及时地做好与员工的沟通和必要的宣传与培训。从本质上讲，劳动报酬是对人力资源成本与员工需求之间进行权衡的结果。公平是必要的，但绝对的公平是不可能的，因此实施者要做好宣传解释工作，通过沟通向员工阐明薪酬设计的依据，以尽可能地消除误解，让尽可能多的员工满意。

（4）在保证薪酬方案相对稳定的前提下，还应随着企业经营状况和市场薪酬水平的变化做相应的调整。在确定薪酬调整比例时，要对总体薪酬水平做出准确的预算。目前，大多数企业是由财务部门做预算，但为了准确起见，人力资源部门做此预算更合适一些，因为财务部门并不十分清楚员工的具体薪酬和人员变动情况，更不清楚企业的人力资源规划及实施情况。因此，人力资源部门要做好薪酬台账，设计一套比较好的人力成本测算方法。

思政专栏

“薪水”的起源其实与钱无关，和田园诗人陶渊明有关

我们现今所说的工资，也就是“薪水”，其实本意和“钱”是没有关系的，在古代这个词原本是指“打柴汲水”，那最后怎么会被引申成工作酬劳的“钱”呢？

《南史·陶潜传》记载：

陶潜送给他儿子一个仆人，并写信说：“你每日生活开支费用，自己难以供给自己，现在派一个仆人来帮助你打柴汲水。他也是人家的儿子，要好好待他。”后来人们便把工资叫作“薪水”了。

在中国古代的官员俸禄制度中，官员的俸禄主要有土地、实物、钱币等几种形式。东汉以前，一般俸禄都发放实物，像是粮食、布帛。唐以后一直到明清，主要以货币形式作为俸禄发给朝廷官员。

而古代官员俸禄的名称不止一种，如“月给”“月薪”“月钱”等。明代曾将俸禄称“月费”，后又改称“柴薪银”，意思是帮助官员解决柴米油盐这些日常开支的费用。

回过头看现代人也都是按月领工资，主要也是用来应付日常生活的开销，因此人们才把工资称为“薪水”。

资料来源　无风却起念.“薪水”的起源其实与钱无关，和田园诗人陶渊明有关［EB/OL］.（2022-12-23）［2023-9-25］. https://baijiahao.baidu.com/s?id=1753012392358752146&wfr=spider&for=pc.

本章小结

在知识经济时代，决定组织兴衰成败的关键因素是组织的员工。员工的工作绩效不仅取决于员工的工作能力，还取决于员工的工作积极性。为了提高员工的工作绩效，企业可以从提高员工的技能着手，也可以从调动员工积极性入手。从某种意义上讲，调动员工积极性比提高员工技能更重要。员工激励的核心就是调动员工积极性。员工薪酬是员工从事劳动的报酬，也是对员工进行激励的主要体现。员工薪酬与员工的物质利益和工作绩效密切相关，也与劳动力市场供求关系和市场价格密切相关。一个多世纪以来，企业薪酬问题一直是经济学界和管理学界关注的热点问题，也是员工十分关注的问题，企业管理层对此也非常重视。本章从薪酬的基本概念入手，详尽介绍了薪酬的分类及构成要素、薪酬的表现形式与功能，深入阐述了科学合理的薪酬制度应遵循的基本原则和薪酬管理策略包含的基本内容，并就如何进行薪酬体系的设计做了较全面的阐述，对企业薪酬管理实践具有重要的意义。

复习思考题

（1）什么是薪酬？它有哪些具体形式？

（2）在企业管理中，薪酬有哪些方面的功能？

（3）薪酬管理的目标是什么？

（4）合理的薪酬制度要遵循什么原则？

（5）在制定企业薪酬管理策略时，管理人员应重点考虑哪些问题？

（6）薪酬体系设计流程包括哪些步骤？为什么过于简单和过于复杂的薪酬管理都会降低薪酬的激励作用？

案例分析

北川公司“封疆大吏”们的薪酬抱怨

2022年1月16日正是北方的深冬时节，窗外北风呼啸，北川网络科技有限公司（以下简称北川公司）的总裁张强看着办公桌上那封来自各地区域公司总经理的联名信，心情如窗外的天气一般冰凉。此时，坐在张总对面的营销副总裁刘立奇忍不住站起来说：“张总，咱们公司给这些区域公司总经理的待遇已经很好了，少的一年能挣40多万元，多的都超过60万元了，为什么他们还是不满意？居然在联名信上说：很多重要的工作没有得到公平的报酬！真是人心不足蛇吞象呀。”张总皱着眉头回应道：“这些区域公司总经理都是‘封疆大吏’啊，公司一直很重视他们。可是这次的联名信中，挣得多的和挣得少的都有意见，这让我实在难以理解。难道我们给区域公司总经理定的薪酬制度真的不合理吗？”

北川公司成立于1997年，是一家从事计算机网络系统集成与服务、计算机软硬件产品开发与销售、高科技产品应用与推广的专业化科技服务企业。公司业务主要专注于IT基础平台构建服务，致力于为客户提供总体拥有成本最低的系统平台。最初的十几年，公司业务主要聚焦在辽宁本地市场，2016年之后引进了新的投资人，业务逐渐开始向全国其他地区拓展，目前已经在东北、华北、华东、西北和中原地区设立了11个区域公司。

为了加大总公司的管控力度，全国各地的区域公司均设置为分公司，财务人员由总公司委派。同时，为了快速开拓市场，全国11个区域公司均以市场销售为核心工作，人员比较精减，每个区域公司有20人左右。区域公司仅设置1名总经理负责全面工作，除了配置1~2名内勤人员承担财务、行政等后台工作外，区域公司总经理下设3~4位业务经理，每个业务经理直接管理5~6名业务工程师开展销售工作和产品交付。

为了激励区域公司以销售为中心，快速获取订单、开拓市场，北川公司没有沿用总公司多年来的薪酬制度，而是为区域公司设计了一套高弹性的业绩提成薪酬模式。在区域公司，除了财务人员、行政人员采取相对固定的岗位工资，其他所有业务工程师、业务经理和区域公司总经理的薪酬结构均由两部分构成：岗位工资+业绩提成。岗位工资与岗位职责挂钩，业绩提成与销售业绩挂钩，另外的福利和补贴都按照总公司的相关政策执行。

岗位工资按照该岗位职责的大小、难度和复杂程度确定。区域公司总经理作为区域的一把手，几乎是各地的“封疆大吏”。他们的职责相当全面和繁重。他们不仅要负责监督、指导、考核自己的下级，即业务经理们；而且要培养业务经理带团队的能力，要对整个区域公司完成销售目标负责；一旦遇到连业务经理也搞不定的客户，总经理则要出面去公关。此外，区域公司总经理要负责分析市场动态，设计和规划本地区的销售策略，选择本地区重点客户，并亲自出面与重点客户建立良好的长期关系。同时，需要与总公司保持密切联系，为总公司的未来产品规划和发展战略提供来自市场一线的信息与建议。因此，当初这些区域公司的总经理，都是北川公司花费了很大气力，通过外部猎头和内部培养层层选拔出来的。区域公司总经理的人选都具备较高学历，而且具有丰富的市场经验和带团队的能力，综合素质均属于优秀之列。

区域公司薪酬结构中的业绩提成根据产品销售收入计算，提成基数为各自负责的业务范围内的销售收入总额，业务工程师的提成比例为4%，区域公司总经理和业务经理的提成比例均为2%。总体算下来，区域公司总经理的业绩提成收入要比业务经理高挺多，甚至达到数倍。

这套高弹性的业绩提成制度在最初实施的近2年内还是取得了良好的效果，各地区域公司的销售业绩快速增长，大家通过辛苦工作也获得了满意的业绩提成。但是，2022年年初的这封来自“封疆大吏”的联名信打破了以往的和谐氛围，让总公司的领导十分不解。

“高弹性的业绩提成掩盖了区域公司总经理薪酬结构中不合理、不公平的地方……我们承担的很多重要工作没有得到公平的回报。”张总反复看着眼前联名信中这句刺眼的话，大脑也不停地思考着区域公司总经理对薪酬制度的抱怨和不满，到底是哪里出了问题呢？人才虽好，可是想法也多，真难管啊！

资料来源　付永刚，胡烽春，邹雅璇. 北川公司“封疆大吏”们的薪酬抱怨［EB/OL］.（2022-09-01）［2023-09-25］. http：//www.cmcc-dlut.cn/Cases/Detail/6541.

案例思考题：

（1）你认为北川公司下属“封疆大吏”的薪酬制度有什么不合理之处？

（2）依据薪酬管理相关理论，请分析为什么“封疆大吏”中挣得多的和挣得少的都抱怨薪酬制度不合理、不公平？

（3）如果你是外部专家，你将如何优化“封疆大吏”的薪酬制度？请给出具体的解决方案。

推荐阅读资料

［1］美国薪酬协会．整体薪酬手册：人力资源专家的综合指引［M］．朱飞，译．北京：企业管理出版社，2012.

［2］格哈特，纽曼．薪酬管理［M］．成得礼，译．13版．北京：中国人民大学出版社，2022.

［3］刘昕．薪酬管理［M］．6版．北京：中国人民大学出版社，2021.

［4］刘洪．薪酬管理［M］．2版．北京：北京师范大学出版社，2018.

网上资源

［1］HR管理世界，http：//www.hroot.com

［2］中国人力资源开发网，http：//www.chinahrd.net

第2章　薪酬理论

学习目标

✓重点掌握薪酬理论的三种分类视角，把握各种视角的出发点；

✓掌握各种薪酬理论，重点理解战略薪酬理论以及全面薪酬理论；

✓运用薪酬理论指导企业实践，不脱离实际情况，理论与实践紧密结合。

第2章课件

引例　京东用“真金白银”照顾好每一位员工

京东成立20周年之际，向全体56万位员工发送了《凝心聚力迈向“35711”梦想》全员信。信中，京东创始人刘强东重点强调，未来20年，将累计投入超3万亿元用于一线员工的薪酬福利。

实际上，在京东20年的发展历程中，这一点一直贯彻始终。在京东，80%的一线员工是从农村走出来，每天辛苦打拼就是为让家人过上好日子。因此，每一位员工都值得被重视、被优待。针对一线员工的薪酬福利，刘强东自京东创立之初便表示，坚决不克扣员工五险一金，并围绕员工住房、子女、养老等重要问题，给予帮助。例如，2012年京东曾推出“安居计划”，向符合条件的员工提供最高100万元的无抵押、无担保、无利息的资金支持，用于缓解员工家庭在指定地区内购买首套房的压力。截至去年年末，该计划提供的资金支持累计已达到近20亿元，帮助超3 000位员工实现了安居乐业的目标。

此外，2022年，京东物流收购德邦快递后，刘强东曾发布内部信表示，集团拿出100亿元，设立住房保障基金；刘强东个人捐款1亿元，集团各BU拿出一定比例的现金，扩充“员工子女救助金”；逐步为德邦快递所有员工缴纳五险一金。刘强东表示，拿出100亿元为德邦快递在内的所有物流、客服员工设立住房保障基金。“这是循环无息贷款基金，意味着未来10年，集团累计投入资金总额高达数百亿人民币!”

数据显示，2022年，京东物流一线员工薪酬福利支出达446亿元，近3年来累计为一线员工支出薪酬福利达1 065亿元。

京东用真金白银，将对员工的细致照顾落到了实处。此次刘强东再提出将投入超3万亿元用于一线员工的薪酬福利，无疑是对重视员工价值理念的再一次体现。

持续给予员工福利政策、重视员工价值。刘强东的做法让普普通通的员工感受到了前所未有的幸福感和归属感，这不仅有利于企业形象的塑造，更有利于巩固其在业内的地位，进一步推动了京东商城和快递服务的质量，也让消费者买得放心、买得方便，用得舒心、用得安心。

资料来源 山城日报．刘强东重视员工价值 用“真金白银”照顾好每一位员工［EB/OL］.（2023-07-21）［2024-01-22］. https：//hebei.ifeng.com/c/8RZqfEUtJuR.

通过京东重视员工价值的薪酬管理案例，可以清晰地看出，薪酬管理作为人力资源管理的一个核心部分，在企业和谐劳动关系的构建中起着举足轻重的作用。本章将从劳动力市场、工作激励和战略视角出发，勾勒薪酬管理理论发展的脉络。

2.1 劳动力市场理论

纵观经济学领域的发展史，企业薪酬一直是经济学家关注的焦点之一。经济学关注的是宏观和中观层面的薪酬，经济学家习惯把薪酬称为“工资”，在他们眼中，工资的概念似乎更能体现劳动力价格的含义。

2.1.1 最低工资理论

最低工资理论也称维持生存薪酬理论或生存工资理论，是最早出现的薪酬理论，被称为“工资铁律”。该理论认为，产业社会中工人的薪酬应该等同于或略高于能够维持工人生存的水平。薪酬使得工人获得必需数量的生活用品，以维持自己以及家人的生活，从而为社会的未来扩大再生产提供足够数量的劳动力。最低工资理论最初是由古典经济学的创始人威廉·配第提出的。法国古典重农学派的代表人物魁奈和杜尔阁，英国古典经济学家亚当·斯密和大卫·李嘉图，以及人口学家马尔萨斯等对这方面都有一定的论述。

弗朗斯瓦·魁奈（Francois Quesnay）认为劳动者的工资只限于维持他们最低生活所必需的生活资料，而且按照其“纯产品”理论，工人和资本家的收入都是对社会产品的扣除部分，都不是剩余产品。显然，魁奈混淆了工资与剩余价值的区别。安·杜尔阁（Anne Turgot）明确指出，因为劳动力供大于求，同时存在工人之间的就业竞争，所以资本家可以优先选择要价最低的劳动者，从而劳动者的工资趋向于“维持生计”的水平，因此工资是“劳动的自然价格”。这种“自然价格”除包括工人本身维持生存的费用外，还包括能够在工人人数总体上不增不减的情况下延续后代所需要的生活费用。这些维持工人简单再生产的费用，从长期来看总是稳定在某一水平，如果短期内工资提高到维持生存的水平之上，劳动力供给将会增加从而使工资降低到维持工人劳动力简单再生产的生存水平；如果短期内工资降低到维持生存水平以下，会使工人阶级因疾病、营养不良、出生率下降导致劳动力供给减少，最终又会使工资提高到维持生存的水平。因此，最低工资论所认为的“劳动的自然价格”，就是社会劳动力的简单再生产费用，它不仅是工人维持生存的基本保障，也是雇主生产经营的基本条件。

显然，这一理论是从劳动力的基本价值去解释工资水平的，在当时的历史背景下起到了一定的作用。随着社会的进步以及不同工人工资差别的出现，这一理论逐渐失去存在的意义，必然被其他工资理论代替，但不可否认该理论使后来的分配理论受到启迪，直到现在许多国家和地区仍制定有最低工资保障法律，以保障劳动者的基本生活，协调劳动关系。

时事点击

四川调整最低工资标准 首次突破2 000元

2022年4月1日起，四川省实行新最低工资标准，第一档月最低工资标准首次突破2 000元，这是四川省自1995年建立最低工资标准制度以来，第十七次调整最低工资标准。

最低工资标准分为月最低工资标准和非全日制用工小时最低工资标准，新的月最低工资标准共分3档：第一档每月2 100元（每日97元）；第二档每月1 970元（每日91元）；第三档每月1 870元（每日86元）。非全日制用工小时最低工资标准也分3档：第一档每小时22元；第二档每小时21元；第三档每小时20元。各市（州）可根据当地实际情况，重新选择相应档次执行。

据了解，四川此前最近一次调整最低工资标准是2018年，月最低工资标准3档分别为每月1 780元、每月1 650元、每月1 550元。本轮调整，各档上调幅度分别约为18.0%、19.4%、20.6%。非全日制用工小时最低工资标准3档分别为每小时18.7元、每小时17.4元、每小时16.3元。本轮调整，各档上调幅度分别约为17.6%、20.7%、22.7%。

资料来源 解冰昕．四川调整最低工资标准 首次突破2000元［EB/OL］．(2022-04-08)［2024-01-22］．https：//www.sc.gov.cn/10462/10464/13298/13299/2022/4/8/0532663f95b24253a807b4dedb52bfd5.shtml.

2.1.2 差别工资理论

最低工资理论只能说明工人工资的底线，没有解释为什么在同一国家和地区会出现参差不齐的工资水平。为了解释人们工资水平的差异性，亚当·斯密进行了深入的研究，认为造成人们工资差异的原因主要有两点：一是职业性质；二是工资政策。

职业性质是现代岗位和职务工资制的基础，那些使员工不愉快、学习成本高、不安全的职业，要付给高工资；反之，则付给较低的工资。职业性质对工资差别的影响有以下5个途径：①不同的职业带来不同的心理感受。社会上的职业各式各样，有的职业备受人们尊重和推崇，常常使从业人员感到身心愉悦；人们对有的职业常存有偏见，一些工作因为烦琐脏乱而使人厌烦。②职业要求的难易程度不同。有些职业只要求从业人员具备某些基本技能，很容易学习和掌握，如超市收银员、家政人员等；有的职业要求的技能则难以掌握，需要花费大量的时间、精力和财力，如软件工程师等。③职业风险程度不同。有些职业风险大，安全系数低，从事该职业的人往往承担巨大的心理和生理压力；有的职业基本上不存在风险，从事该职业的人精神压力比较小。④职业承担的责任不同。有的职业事关重大项目，承担的责任较大；有的职业关联事务较为烦琐，所承担的责任也比较小。⑤从事的职业不同，个体成功的可能性也不同。有的职业决定了从事该职业的人很容易利用各种有利的条件来帮助自己成功；有的职业常常缺乏各种资源和条件[①]。

工资政策也影响薪资的差别。它作用并引导企业薪酬的确定，因此它直接影响员工薪资水平的高低。例如，政府不适当的工资政策（如限制职业竞争，加强垄断，阻碍劳动力的自由流动等）会扭曲劳动力市场的供求关系，从而使作为劳动力价格的工资反映出不合理的差别。

时事点击

2022年就业蓝皮书发布，大学毕业生平均月收入揭晓

2022年6月13日，《2022年中国大学生就业报告》（《就业蓝皮书：2022年中国本科生就业报告》和《就业蓝皮书：2022年中国高职生就业报告》）正式发布。大学生薪资增速放缓，2021届本科生、高职生月收入分别为5 833元、4 505元。

国家统计局数据显示，2021年全国城镇非私营单位就业人员年平均工资较2020年增长9.7%，增幅较新冠肺炎疫情前的2018年、2019年有所下降。疫情影响下，大学生薪资增速放缓。2020—2021届大学生毕业半年后月收入起薪平均涨幅（本科为4%，高职为3%）低于疫情前的2018—2019届的起薪平均涨幅（本科为7%，高职为6%）。2021届本科生、高职毕业生平均月收入分别为5 833元、4 505元，均明显高于城镇居民2021年月均可支配收入（3 951元）。

长三角、珠三角地区就业毕业生薪资较高。不同区域的薪资水平差异明显，长三角、珠三角地区经济发达程度较高，应届生在长三角（2021届本科生为6 484元，高职生为4 984元）和珠三角地区就业的薪资水平（2021届本科生为6 431元，高职生为4 748元）始终保持领先。

起薪涨幅方面，陕甘宁青地区起薪（本科生——2020届、2021届分别为4 836元、5 172元，高职生——2020届、2021届分别为3 724元、4 025元）涨幅较大，2021届本科生、高职生较2020届的涨幅分别为7%、8%，但薪资仍明显低于全国平均水平。

IT业持续领跑行业薪酬榜，但涨幅偏低。从国家统计局发布的2021年全国平均工资水平来看，不管在城镇非私营单位还是私营单位，IT业均为最高。就业蓝皮书数据显示，应届毕业生在信息传输/软件和信息技术服务业就业月收入持续较高

---

① 华茂通咨询．现代企业人力资源解决方案［M］．北京：中国物资出版社，2003：7.

（2021届本科生为6 781元，高职生为5 023元），但2021届毕业生起薪涨幅（本科生为5%，高职生为4%）低于全国平均水平（本科生为7%，高职生为6%）。

本科计算机类、高职铁道运输类专业月收入较高。2021届本科计算机类、高职铁道运输类专业月收入较高，分别为6 886元、5 280元，但是其起薪涨幅较小（较2020届的起薪涨幅分别为1%、3%）。本科食品科学与工程类、材料类、矿业类、电气类专业（较2020届的起薪涨幅分别为9.0%、8.8%、8.5%、8.0%），以及高职食品工业类、自动化类、通信类、农业类专业（较2020届的起薪涨幅分别为9.2%、8.3%、8.3%、8.0%）月收入增长较快。

资料来源 麦可思研究．2022年就业蓝皮书发布，大学毕业生平均月收入揭晓［EB/OL］.（2022-06-14）［2024-01-22］. https：//www.eol.cn/news/yaowen/202206/t20220614_2231533.shtml.

2.1.3 工资基金理论

19世纪中期，英国经济学家约翰·斯图亚特·穆勒（John Stuart Mill）提出了工资基金理论。该理论认为工资是资本的一部分，即工资是资本的函数：W=f（C）。穆勒认为，对于一个国家或一个企业而言，在一定时期的资本总额是一个固定的量，其中用于支付工资的部分称为“工资基金”，也占一个固定的份额。首先，工资基金所占份额的多少取决于总资本中扣除生产资料资本、管理费用和利润之后的剩余，或者说取决于资本所有者一定时期愿意拿出多少资本去购买劳动力。因此，工资水平的高低首先取决于工资基金的多少，在工人人数一定的情况下，工资基金越多，工资水平越高；反之，则越低。其次，工资水平的高低还取决于工人人数的多少。在工资基金一定的情况下，工人人数越多，工资水平越低；反之，则越高。因此，在总的工资水平和工资规模一定的情况下，一些工人工资的变动是与另一些工人工资的变动相对应的，即一部分工人工资的增加意味着另一部分工人工资的减少。

与最低工资理论相比，应该说工资基金理论具有较多合理的成分，能够解释薪酬水平随着社会经济的发展、资本数量的增加而不断增长的趋势。然而，穆勒的这一理论是建立在工资基金在总资本中所占比例不变以及劳动力数量在特定时间内相对稳定的基础之上的，实际上工资基金所占总资本的比例以及劳动力数量都在时刻发生变化。基于此，英国经济学家纳索·威廉·西尼尔（Nassau William Senior）对穆勒的理论做了修改，指出工资不仅与工人人数有关，而且与工人的劳动生产率有关，劳动生产率是使工资突破工资基金限制的重要力量。

2.1.4 边际生产率工资理论

20世纪初，以约翰·贝茨·克拉克（John Bates Clark）为代表的经济学家倡导边际生产率工资理论，他们认为工资取决于劳动的边际生产率。劳动的边际生产率是指最后追加的单位劳动所带来的产量的增加。由于存在边际生产率递减规律，对劳动者的雇用数量并不是越多越好，在劳动者的雇用量达到某一水平后，劳动的边际生产率为零。每一个人都是经济人，都在市场中通过最佳资源配置来追求最大化利益，对雇主而言，他应该雇用的最佳人数就是劳动者的边际收入等于雇用他们所花费的边际成本的那一点。工人的工资取决于劳动的边际生产率。如果工人所增加的产量小于支付给他的工资，雇主就不会再继续雇用他；相反，如果工人所增加的产量大于支付给他的工资，雇主就会增加雇用的工人人数。只有在工人所增加的产量等于支付给他的工资时，雇主才既不增加也不减少工人。可见，工人的工资水平由最后雇用的工人的产量决定，如图2-1所示。

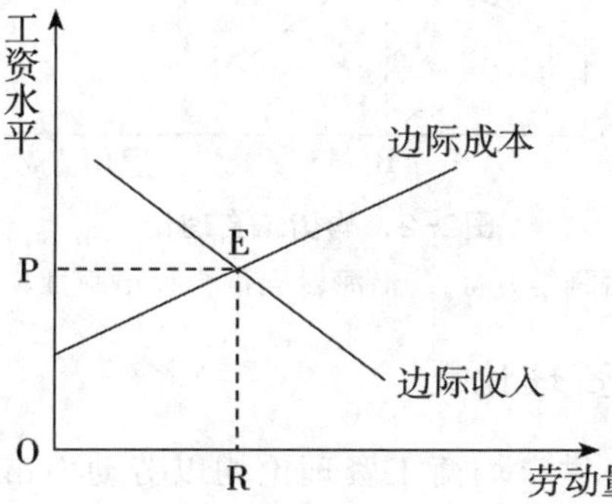

图2-1 边际生产率工资理论

资料来源 孙剑平. 薪酬管理——经济学与管理学视觉的耦合分析［M］. 2版. 长春：吉林人民出版社，2005.

边际生产率工资理论建立起了工资和生产率之间的本质联系，从而开创了薪酬问题研究的新时代，但是由于其假设与实际生活不相符，现实生活中不存在完全竞争的市场，并且劳资双方都可以采取一些措施来保障自己的利益，因此边际生产率工资理论很难说明为什么在现实生活中工人的工资水平并不一定都等于劳动的边际生产率这一情况。

2.1.5 供求均衡工资理论

供求均衡工资理论的创始人是阿尔弗雷德·马歇尔（Alfred Marshall），他在其名著《经济学原理》中以均衡价格理论为基础，从生产要素的需求与供给两个方面来说明工资水平的决定。马歇尔认为，工资水平由劳动要素的均衡价格决定，各种生产要素（劳动、土地和资本等）都可以被视为商品，商品要素收入（工资、地租和利息等）则表现为这些商品的价格。作为价格，它们也都取决于市场供求这两方面的均衡力量。从需求方面看，工资取决于劳动的边际生产率或劳动的边际收益率，雇主愿意支付的工资水平由劳动的边际生产率决定。从供给方面看，工资取决于两个因素：一是劳动的生产成本，即劳动者养活自己和家庭的费用以及劳动者所需的教育、培训费用；二是劳动的负效应，或闲暇的效用。

图2-2中，横轴代表的是雇用人数，纵轴代表的是工人的工资水平，DD_1代表劳动力的需求，SS_1代表劳动力的供给，E点是供求的均衡点，在E点水平上实现最佳雇用人数OR，以及工人的工资水平OP。在E点，雇主所需要的雇用人数得到满足，愿意按照某个工资水平工作的人们也得到了就业，OP就是均衡工资率，它随着劳动力市场供求关系的变化而变化。供求均衡工资理论从需求、供给两个方面对工资

进行分析，较边际生产率工资理论大大前进了一步，它奠定了现代薪酬理论的基础。

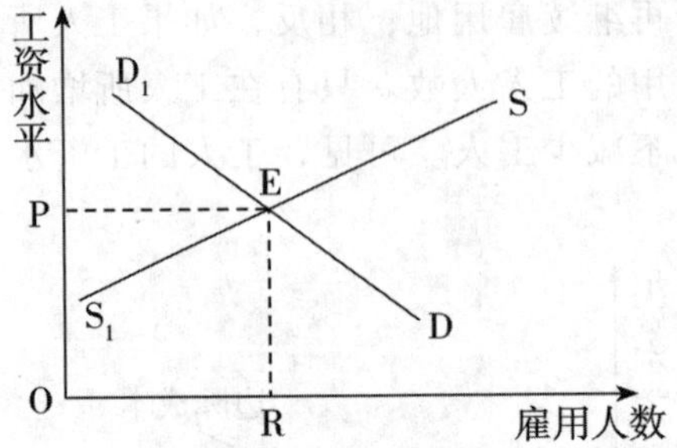

图2-2 均衡工资理论

资料来源 陈思明. 现代薪酬学［M］. 上海：立信会计出版社，2004：47.

2.1.6 集体谈判工资理论

边际生产率工资理论、供求均衡工资理论均以劳动力市场买卖双方的完全竞争为假设前提。随着劳动力市场双方组织力量的成长，这个前提很难成立，工资分配越来越取决于市场不同主体力量的对比，取决于市场供求均衡之外的交涉和权力斗争。因而，以集体谈判为背景的工资理论逐渐发展起来了。19世纪末期，英国的A. C. 庇古（A. C. Pigou）和莫里斯·多布（Maurice Dobb）等经济学家最终创立了这一理论。

这一理论认为，劳动市场上的工资水平，取决于市场上劳资双方的力量对比。工资在一定程度上是集体交涉的产物。在集体交涉没有形成之前，劳动力市场上的竞争特点是比较紊乱和无序的，分散的、无力量的雇员无法抗拒雇主用垄断的办法压低工资，特别是在劳动力供大于求的情况下。建立了工会的工人也形成了劳动力市场上的卖方垄断，有了强大的影响市场工资的力量，劳资双方的谈判也就趋向于集体方式，如图2-3所示。其中，工会的谈判力=雇主不同意工会条件的成本（如罢工等引起的损失）/雇主同意工会条件的成本（如提薪等）。

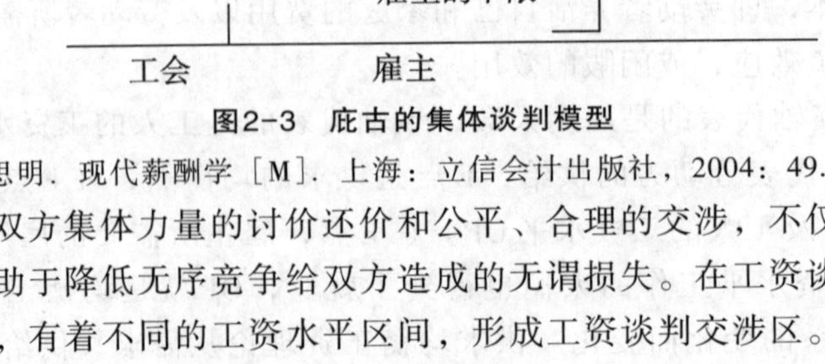

图2-3 庇古的集体谈判模型

资料来源 陈思明. 现代薪酬学［M］. 上海：立信会计出版社，2004：49.

雇主和雇员双方集体力量的讨价还价和公平、合理的交涉，不仅在一定程度上消除了垄断，也有助于降低无序竞争给双方造成的无谓损失。在工资谈判中，劳资双方处于不同的立场，有着不同的工资水平区间，形成工资谈判交涉区。劳资双方所进行的工资谈判，是在“实际交涉区”的范围内波动的。

客观地讲，集体谈判工资理论只是一种短期货币工资决定理论，而边际生产率工资理论是一种关于实际工资要素和工资水平长期变动的理论，两者对工资现象的解释不是对立的，而是互补的。

2.2 工作激励理论

在经济发展的过程中，劳动分工与交易的出现带来了激励问题。行为科学认为，人的动机来自需求，由需求确定人们的行为目标，激励则作用于人的内心活动，激发、驱动和强化人的行为。工作激励理论就是将行为科学中用于处理需求、动机、目标和行为四者之间关系的核心理论运用到了人力资源管理领域。

2.2.1 激励理论

激励理论是现代组织薪酬管理理论的基础。根据心理学理论，人的行为取决于人的动机，而动机又源于满足需求的欲望。激励就是指通过对人的各种需求给予适当的满足或限制（惩罚性的逆向激励），以激发人的动机，改变人的行为，充分发挥人的积极性和潜能，在满足人的需求欲望的过程中实现组织的目标。

当今时代，人力资源已成为组织的第一资源，人力资源蕴藏着巨大的潜能，包括有限的生理潜能和无比巨大的心理潜能。但是，在现实中人一般只发挥了其潜能的很小一部分。哈佛大学教授威廉·詹姆斯（William James）的研究发现，按时计酬的员工只需发挥20%～30%的能力就可保住饭碗，若有充分激励，其能力可发挥到80%～90%。所以，只有通过激励激发动机，才能发挥人的潜能，大大提高人的行为绩效。

激励问题研究之所以越来越受到组织管理者的重视，是因为它对员工从事劳动的内在动机的了解，可以促进员工在最熟练、最富于创造性的状态下工作。激励理论认为，员工的绩效与能力和激励有密切的联系，三者之间的关系用公式表达为：绩效=f（能力×激励）。

根据公式，工作绩效与员工个人能力和激励有关，其中激励是一个重要的因素，它决定着员工是否会朝着组织既定的目标努力。激励是一个由员工个人行为引发和实现的过程。如图2–4所示，激励由个人需求出发，这些需求促使人们付诸行动，实现其目标，组织通过绩效管理和薪酬管理过程实现对员工的反馈。一个好的组织管理者应该关注员工行为发生的原因、行为的运动方向以及行为的保持。现实中激励员工的因素很多，例如，有的员工看重收入，有的员工喜欢带有挑战性的工作，还有的员工希望管理和操纵他人等。现代组织试图通过各种方式来激励员工努力工作，如推行奖金制度，鼓励员工参加组织管理，增加员工福利等，其实质都是为了满足员工的多种愿望和需求，激发员工的创造性和工作热情，以取得更大的经济效益。

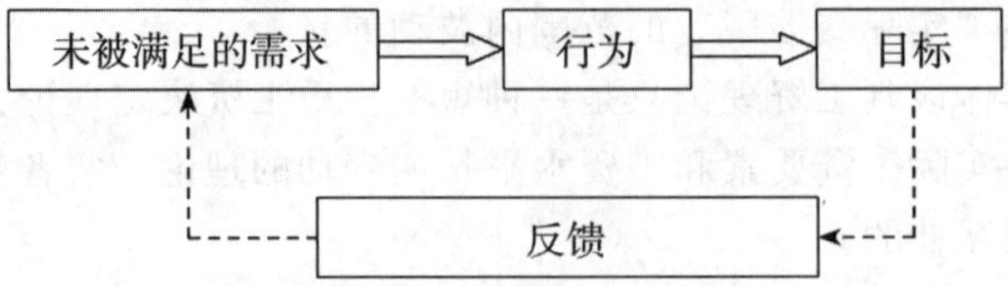

图2-4 员工的激励过程

从研究内容看，激励理论较为宽泛，不仅适用于组织薪酬管理，而且适用于组织所有的管理工作。现代组织薪酬管理作为组织管理的一个有机组成部分，其与激励理论的关系也很密切。按照该理论的解释，激励与报酬之间是互为因果的，高收入是激励员工的一个重要因素。员工受到激励以后，高质量完成本职工作，又可以得到较高的劳动报酬。

第二次世界大战之后，激励理论得到了长足的发展，主要有两种研究模式：内容型激励和过程型激励。内容型激励研究模式集中研究人们行为的动因，说明什么事物会激励人们采取行动，管理人员如何了解和激发员工的行为。四种有代表性的理论为马斯洛的需要层次理论、奥尔德弗的ERG理论、麦克利兰的成就激励理论和赫茨伯格的双因素理论。过程型激励研究模式主要研究影响人们行为的因素之间的关联以及相互作用的过程。比较有代表性的理论包括期望理论、波特和劳勒的期望激励理论、公平理论等。尽管这些理论不断受到挑战，但仍是组织薪酬管理的主要理论依据。

1）需要层次理论

以亚伯拉罕·马斯洛（Abraham Maslow）为代表的需要层次理论（hierarchy of needs theory），是现代薪酬管理的基本理论。马斯洛假设每个人的需要都可以排列成包括5个层次的纵向需要结构，具体为：

（1）生理需要（physiological needs）。对食物、水、空气和住房等需要都是生理需要。这类需要的级别最低，人们在转向较高层次的需要之前，总是尽力满足这类需要。一个人在饥饿时不会对其他任何事物感兴趣，他的主要动力是找到食物。即使在今天，还有许多人不能满足这些基本的生理需要。管理人员应该明白，如果员工还在为生理需要而忙碌，他们所真正关心的问题就与他们所做的工作无关。当努力用满足这类需要来激励下属时，我们是基于这种假设，即人们为报酬而工作，主要涉及收入、舒适等，所以激励时试图利用增加工资、改善劳动条件、给予更多的业余时间和工间休息、提高福利待遇等来激励员工。

（2）安全需要（safety needs）。安全需要包括对人身安全、生活稳定以及免遭痛苦、威胁或疾病等的需要。和生理需要一样，在安全需要没有得到满足之前，人们唯一关心的就是这种需要。对许多员工而言，安全需要表现为安全而稳定，以及有医疗保险、失业保险和退休福利等。受安全需要激励的人，在评估职业时，主要把它看作满足基本需要的保障。如果管理人员认为对员工来说安全需要最重要，他们就要在管理中着重利用这种需要，强调规章制度、职业保障、福利待遇，并保障员工不致失业。如果员工的安全需要非常强烈，管理者在处理问题时就不应标新立异，并应该避免或反对冒险，而员工将循规蹈矩地完成工作。

(3) 社交需要(social needs)。社交需要包括对友谊、爱情以及隶属关系的需要。当生理需要和安全需要得到满足后,社交需要就会突出表现出来,进而产生激励作用。在马斯洛需要层次中,这一层次是与前两个层次截然不同的另一层次。这些需要如果得不到满足,就会影响员工的积极性,导致高缺勤率、低生产率、对工作不满及情绪低落。

(4) 尊重需要(esteem needs)。尊重需要分为内部尊重因素,包括自尊、自主和成就感,以及外部尊重因素,包括地位、认可和关注等。尊重需要既包括对成就或自我价值的个人感觉,也包括他人对自己的认可与尊重。有尊重需要的人希望别人按照他们的实际形象来接受他们,并认为他们有能力,能胜任工作。他们关心的是成就、名声、地位和晋升机会。当他们得到这些时,不仅赢得了人们的尊重,而且就其内心而言,因为对自己价值的满足而充满自信。如果不能满足这类需要,他们就会感到沮丧。

(5) 自我实现需要(self-actualization needs)。自我实现需要主要指成长,发展、发挥自身潜能,实现理想的需要,是一种追求将个人能力发挥至极限的内在驱动力。达到自我实现境界的人,接受自己也接受他人,解决问题能力增强,自觉性提高,善于独立处事,要求不受打扰地独处。

马斯洛将这五种需要划分为两种性质:一种是生理需要和安全需要,被称为低层次需要;另一种是社交需要、尊重需要和自我实现需要,被称为高层次需要。高层次需要使人从内部得到满足,低层次需要使人从外部得到满足。这些需要也可以区分为精神需要和物质需要两种。

需要层次理论是现代企业薪酬管理的基础理论。按照该理论,不同的薪资收入和福利待遇满足的是个人的不同需要。例如,基本工资、病假工资和退休金可以满足个人基本生存的需要;工作场合和工作条件的改善可以满足人们对安全的需要;社交和文体活动的开展有利于人们满足社会交往的需要;职位晋升和突出的工作业绩,以及在组织中威望的提高,使人得到"自我满足"和"自我价值"的实现。

2) 双因素理论

美国心理学家弗雷德里克·赫茨伯格(Frederick Herzberg)在马斯洛需要层次理论的基础上,于1959年提出激励-保健理论(motivation-hygiene theory)。20世纪50年代末期,赫茨伯格和他的助手们在美国匹兹堡地区对200名工程师、会计师进行了调查。这次调查主要围绕两个问题:在工作中,哪些事项是让他们感到满意的,并估计这种积极情绪持续多长时间;哪些事项是让他们感到不满意的,并估计这种消极情绪持续多长时间。赫茨伯格以对这些问题的回答为材料,着手去研究哪些事情使人们在工作中感到快乐和满足,哪些事情造成不愉快和不满足。他要求人们在具体情境下详细描述他们认为工作中特别好或者特别差的内容。他把调查的内容进行归类分析,结果发现,人们对于工作感到满意和不满意的因素是完全不相同的。

调查的结果表明,使员工感到满意的都是属于工作本身或工作内容方面的,使员工感到不满的都是属于工作环境或工作关系方面的。他把前者叫作激励因素,后者叫作保健因素。这一发现使赫茨伯格对传统的观点即满意的对立面是不满意,做出了修正。赫茨伯格认为，两类明显不同的因素是两个完全不同的连续统一体。满意的对立面是没有满意，而不是不满意；不满意的对立面是没有不满意，而不是满意。他又认为，凡是能够防止员工不满意的因素都是“保健因素”，只有那些能给员工带来满意的因素才是“激励因素”。

（1）保健因素。保健因素的满足对员工产生的效果类似于卫生保健对身体健康所起的作用。保健从人的环境中消除有害于健康的事物，它不能直接提高健康水平，但有预防疾病的效果；它不是治疗性的，而是预防性的。有些工作条件不具备时，会引起员工的不满意，而具备这些条件，并不能使员工受到巨大的激励。赫茨伯格在对1844个案例的调查分析中发现，保健因素包括公司政策、管理措施、监督、人际关系、物质工作条件、工资、福利、地位、安全保障、个人生活等。当这些因素恶化到人们认为可以接受的水平以下时，他们就会产生对工作的不满意。但是，当人们认为这些因素很好时，它只是消除了不满意，并不会导致积极的态度，这就形成了某种既不是满意，又不是不满意的中性状态。

（2）激励因素。那些能带来积极态度、满意和激励作用的因素就叫作激励因素。有些工作环境可以带来很大程度的激励和对工作的满意感，但如果不具备这些工作环境，也不会造成很大的不满意。赫茨伯格对1 753个案例的调查分析发现，激励因素包括成就感、赏识、得到社会的承认、负有较大责任、具有挑战性的工作、个人的成长与发展等。如果这些因素具备了，就能对人们产生更大的激励。从这个认识出发，赫茨伯格认为传统的激励假设，如工资刺激、人际关系的改善、提供良好的工作条件等，都不会产生更大的激励，它们能消除不满意，防止产生问题，但这些传统的激励因素即使达到最佳程度，也不会产生积极的激励。按照赫茨伯格的观点，管理者应该认识到保健因素是必需的，不过它一旦使不满意中和以后，就不能产生更积极的效果，只有激励因素才能使人们做出更好的工作成绩。

在介绍了各种需要理论之后，我们可能会问：金钱在激励中扮演什么角色？它们对管理人员有什么重大意义？金钱是管理人员能够采用的主要激励手段吗？当我们讨论激励时，金钱作为一种激励因子是永远也不能被忽视的。无论采取工资的形式如何，如计件工资（按一定的质量水平生产的件数所取得的报酬）或任何其他鼓励性报酬、奖金、优先认股权、公司支付的保险金等，金钱总是重要的因素。

3）亚当斯的公平理论

根据约翰·史坦斯·亚当斯的公平理论，人总爱比较，并且期望得到公平的待遇。假如比较的结果是不公平，这种不公平的感觉便会成为一种动力，使人改变自己的思想或行为，目的是使比较结果变得较为公平。

公平理论认为，个人不仅关心自己经过努力所获得的报酬的绝对数量，也关心自己的报酬和其他人报酬的关系。他们对自己的投入与产出和其他人的投入与产出的关系做出判断，见表2-1。一个人在投入（如努力、经验、受教育水平和能力）的基础上，对产出（如工资水平、加薪、得到认可和其他因素）进行比较，如果感到自己的投入产出比和其他人的投入产出比不平衡时，就会产生紧张感。这种紧张感又会成为追求公平和公正的激励基础。

表2-1 **亚当斯公平理论**

察觉到的比率比较	员工的评价
(所得A)/(付出A)<(所得B)/(付出B)	不公平(报酬过低)
(所得A)/(付出A)=(所得B)/(付出B)	公平(报酬相等)
(所得A)/(付出A)>(所得B)/(付出B)	不公平(报酬过高)

注:A代表某一员工;B代表参照对象。

在公平理论中,员工所选择的参照物是一个重要的变量,它不仅是指其他员工,即“他人”,还指“制度”和“自我”。其中,“他人”是指同一组织中从事相似工作的其他个体、朋友、邻居和其他同行。员工通过各种渠道获得有关工资标准和劳动政策等方面的信息后,就会将自己的收入与他人进行比较。“制度”是指组织的薪金政策与规定及其运作。制度因素也是员工进行比较的参照物,其中组织内部的薪酬政策以及成文和不成文的规定等,都会影响员工的认识。“自我”是指员工对个人付出和获得之间的比较。在比较中,员工会受到过去经历及环境、以往工资标准以及家庭负担等因素的影响。

公平理论的提出对企业薪酬分配尤其对常见的两种工资分配形式和分配原则,有很大的理论指导意义:

第一,按照时间支付劳动报酬时,实际收入高于应得报酬的员工,与收入公平的员工相比,劳动生产率提高,努力程度也提高;反之,就会降低。因此,按时间付酬有利于提高员工的劳动产量和劳动质量,但必须保证他们得到的报酬公平。

第二,按照劳动产量支付劳动报酬时,实际收入高于应得报酬的员工,与收入公平的员工相比,产量差不多,但质量提高;实际收入低于应得报酬的员工,与收入公平的员工相比,产量提高,但质量低。因此,在计件付酬的工资制度下,对只重数量不重质量的员工,不应该实施任何奖励;否则,将加重员工的不公平感。

4)期望理论

期望理论是由维克多·弗鲁姆(Victor Vroom)创建的。其基本观点是,人们对个人的努力行为或工作业绩有不同的预期,当这种预期对个体具有吸引力时,人们才会采取行动。期望理论主要解释三种联系:①努力-绩效联系。个人感到通过一定程度的努力可以达到某种绩效水平的可能性。②绩效-奖赏联系。个人相信达到一定绩效水平后即可获得理想结果的程度。③吸引力。如果完成工作,个体所获得的潜在结果或奖赏对个体的重要性程度,与个人的目标和需要有关。

期望理论所揭示的道理是:员工是否愿意从事某项工作,要取决于个人的具体目标以及他本人对工作绩效能否实现这一目标的认识或信念程度。图2-5可以说明这种关系。

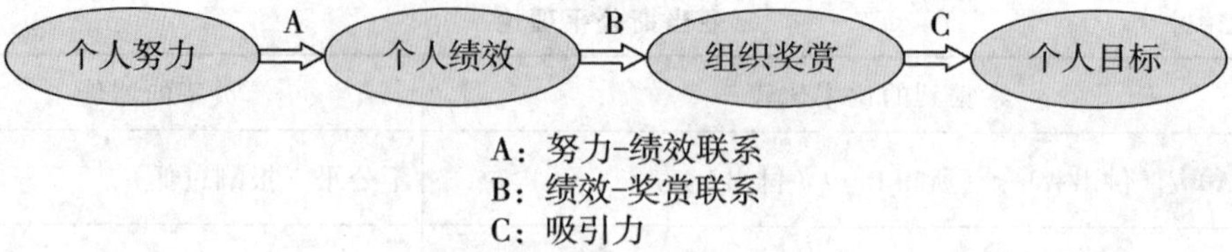

图2-5　弗鲁姆期望理论

资料来源　罗宾斯，库尔特．管理学［M］．刘刚，程熙镕，梁晗，等译．13版．北京：中国人民大学出版社，2017.

弗鲁姆的期望理论有以下基本要点：第一，一个人努力工作的动机强度取决于他对实现理想的工作绩效的信念程度；第二，报酬与奖赏对员工具有强烈的影响作用；第三，员工的自我利益是组织激励的基础，只有在员工对自我利益的追求和实现过程中，组织能够保证所提供的奖赏与个体的需要一致时，员工才会获得最大的满足感。

莱曼·W.波特（Lyman W. Porter）和爱德华·E.劳勒三世（Edward E. Lawler Ⅲ）扩展了传统期望理论模型，探寻绩效、奖酬和满意三者之间的关系。他们认为，满意与其说是工作绩效的原因，不如说是工作绩效的结果，工作绩效使人感到满意；同时，不同的绩效决定不同的奖酬，不同的奖酬又使员工有不同的满意程度。对此他们设计了一种理论模型，用来解释三者之间的关系及相关变量，如图2-6所示。

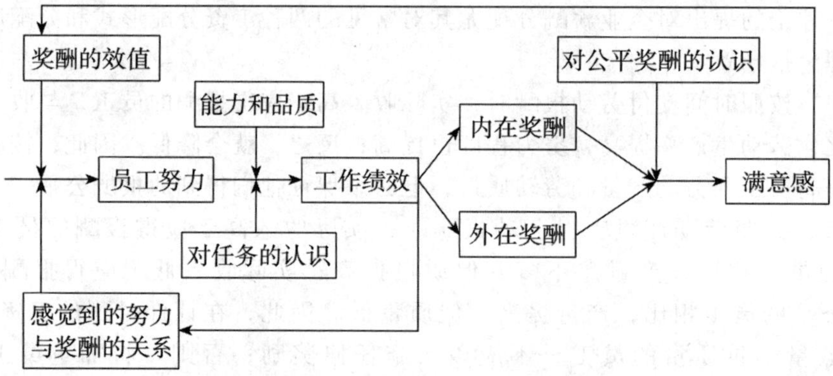

图2-6　绩效、奖酬、满意三者关系图

波特、劳勒三世等应用期望理论提出了现代企业管理包括员工薪酬管理的一些有价值的建议：

第一，管理人员要善于发现员工对奖酬和绩效的不同反应，因为每个员工对奖酬的理解和要求都是不同的，而且是变化的，同时员工需要了解管理人员需要他们做什么，知道绩效的内涵。

第二，通过激励模型向管理人员表明，激励不仅取决于期望，还取决于关联性，即管理人员设置的绩效水平必须在员工认为可达到的范围和水平之内，即他们经过努力可以达到绩效，或者超过绩效；否则，绩效与努力之间的差距过大，员工也就失去了信心，起不到激励作用。

第三，把员工所希望的结果与管理人员所希望的绩效联系起来。如果员工已经达到了绩效水平，并且其希望满足某些需求，例如提薪和晋升，就应当适当满足员工的这些需求。

2.2.2 效率工资理论

20世纪70年代以来，西方对市场工资理论的研究从经济学的研究领域进入管理学的研究范围，不是将工资视为生产率的结果，而是倾向于将工资视为促进生产率提高的手段，效率工资理论（efficiency wage theory）便是这一理论研究的产物。效率工资理论的基本观点是，工人的生产率取决于工资率，工资率的提高将带来工人生产率的提高，故有效劳动的单位成本（工资、福利、培训费等）反而可能下降。因此，企业降低工资，不一定会增加利润，提高工资也不一定会减少利润。该理论最主要的一个假设条件是，员工的有效劳动供给量，或者说工作努力程度、工作绩效与工资水平的高低成正比，即企业支付的工资越高，员工的工作效率就越高。这一假设与常识相符，可以解释完全竞争模型的困惑：即使企业给付的工资水平高于供求均衡时的工资水平，企业仍然可以获利甚至获得较多的利润；尽管工资水平可以浮动，但完全竞争的劳动力市场仍然面临着非自愿失业的问题。

该理论认为，企业中每一个工人的生产率是企业支付的工资率、其他企业支付的工资率以及失业率的函数。由于假定企业的目标是利润最大化，因此企业必然追求每个有效劳动的单位成本最小化，即工资劳动成本处于最低点，这个最低点便是效率工资。在信息不完全的劳动力市场上成交的劳动力，与其在生产过程中的劳动发挥不完全一致，因为员工在劳动中总是尽可能地少出力，这样劳动效率的发挥就需要有效的监督。在信息不完全的情况下，对员工的劳动往往难以有效监督或监督成本过于高昂，而工资可以通过刺激效应、逆向选择效应、劳动力流动效应和社会伦理效应对员工的生产效率产生影响。刺激效应指支付高于其他企业的工资，可以增大劳动者被解雇的代价，促使劳动者尽量自我监督，努力工作，从而减少监督成本，提高组织效率。逆向选择效应指工人的生产率与其愿意接受的保留工资（员工愿意接受的最低工资）成正比，如果某个企业降低工资率，求职者的平均生产率将随之下降，从而导致更多高生产率工人退出该企业的求职者行列。劳动力流动效应指辞职率的增加会导致雇用和培训成本的增加，因此提高工资以减少劳动力流动可能是划算的。社会伦理效应指从心理学角度考虑，如果企业提高员工工资，工人会出于感激心理、公平心理和回报心理而努力工作。工资水平与人们工作的努力程度成正比，如果企业向员工支付较低的工资，劳动成本虽然会降低，但工作绩效或生产效率同时降低，因此给付低工资并不是明智之举。

2.2.3 分享工资理论

1984年，美国麻省理工学院经济学教授马丁·魏茨曼针对发达国家出现的经济停滞与通货膨胀并存的“滞胀”局面，提出了分享工资理论。他认为传统的资本主义经济的根本弊端不在于生产，而在于分配，特别是在雇员报酬制度方面。分享工资理论是一种将工人与雇主的利润联系起来的理论，又称分享经济理论。分享经济是一种建立在将“工人的工资与某种能够恰当反映厂商经营效益的指数（如厂商的收入或利润）联系起来”的报酬支付制度基础上的经济。分享工资理论认为雇员的报酬制度可以分为工资制度和分享制度两种模式，与此相适应，资本主义经济就分为工资经济和分享经济。在工资制度下，工人的工资以及劳动成本是固定的，现代资本主义经济运行中的“停滞、膨胀正是产生于工资制度这种特殊的劳动报酬模式”；而分享制度是能够克服和战胜当代资本主义经济运行中的滞胀的一种报酬支付制度，该理论主张以“分享基金”作为工人工资的来源，它与利润挂钩。利润增加，分享基金增加；反之，则减少。这样，工人和雇主在劳动力市场上达成的就不是规定每小时多少工资的合同，而是工人与雇主在企业收入中各占多少分享比率的协议。这个理论改变了传统的工资制度，工资不再是刚性的，而是与企业经营效益相联系，随利润增减而变动。

分享工资理论从微观经济着眼，寻找一种解决宏观经济中的滞胀的手段，进一步扩大了工资理论研究的视野。这是一种从雇员的报酬制度着手，从微观经济运行机制的角度来分析和解决问题的思路。分享工资理论提出以后，对我国的工资理论与工资改革实践影响较大。特别是20世纪90年代中期，我国部分学者进行了劳动分红的理论研究，部分实际工作者进行了劳动分红和“剩余收益制”的实践探索。其实，早在分享工资理论提出之前的1981年，成都市西城区工业二局就开始在下属的89家集体企业中实行了类似于分享工资的“除本分成制”工资分配办法。其特点是：职工工资总额在“成本”之外的“利润”中按分成比例提取，工资实行两级浮动，进行两级按劳分配。

这一理论的最大弱点是，企业为了留住工人就必须使其工资等于或高于其他企业同等级工人的工资；否则，就没有能力追加雇用量或留住已有的工人。因此，在市场经济条件下，分享工资理论的实践意义受到质疑。为了使员工更加关心企业的盈利状况，我国企业现行的工资制度实际上已经考虑了工资与企业效益之间的关系，如提成制等。一些企业实行员工持股，或者以本企业股份支付员工收入和福利，在某种意义上也是这一理论的运用。

2.2.4 人力资本理论

人力资本理论不是薪酬决定理论，但是它对薪酬的决定有影响。人力资本理论的渊源可以追溯到古典经济学家亚当·斯密和近代经济学家马歇尔等人，但是他们都未做深入研究。把人力资本理论作为一个完整的理论提出的是美国经济学家西奥多·舒尔茨，后来对该理论加以发展的是加里·贝克尔。西方经济学认为资本采取两种形式，即体现在物质形式方面的物质资本和体现在劳动者身上的人力资本。劳动者的知识、技能、体力（健康状况）等构成了人力资本。人力资本对经济增长起着十分重要的作用，可以促进国民收入明显增加，人力资本投资也必然影响薪酬收入。

人力资本是通过人力资本投资形成的，其投资是多方面的，包括教育（培训）支出、保健支出、劳动力国内流动支出或用于移民入境的支出，以及搜集价格与收入信息的支出等多种形式，其中最主要的是教育支出（包括在职培训）。人力资本投资还包括为了补偿劳动力消耗而在衣、食、住、行等方面的支出，但这种支出并非仅仅为了工作，而是为了满足人的生理需要所必需的经常性支出，所以一般不计算在内。这些投资都有初始支出，都希望未来获得投资报酬。劳动者的知识和技能形成一种生产资本储备，这种生产资本的价值派生于劳动力市场上技能的报酬，寻找职业与迁移等行为可以提高技能储备的价格（薪酬），从而增加人力资本的价值。

人力资本投资，对国家及企业单位等来说是为了经济的增长，对劳动者个人来说是为了现在获得效用、得到满足，也是为了将来获得效用、得到满足。如果得不到效用，不论国家、企业、个人，都是不会进行投资的。一般情况下，只有当预期收益至少等于现在的支出时，人们才愿意进行这种投资，如果大于现在的支出就更加愿意投资。从薪酬角度来说，只有未来得到的薪酬等于或大于现在的教育投资等支出时，人们才愿意投资。也就是说，人力资本投资必须得到补偿。例如，如果大学毕业生的初始薪酬水平低于中学毕业生的初始薪酬水平，就不会有很多人愿意投资上大学。如果经过很长的一段工作时间后，大学毕业生的薪酬仍然低于原中学同班同学（未上大学的同学）的薪酬，那么也不会有很多人愿意上大学。一般情况下，大学毕业生的初始薪酬应高于中学毕业生的初始薪酬，其薪酬水平可能低于已参加工作多年的中学毕业生，但不久就会超过他们。

人力资本理论在解释职业工资差异上是比较有说服力的。人力资本理论的建立，为体力与脑力劳动者之间的收入差距给出了一种较为科学的解释，该理论也可以解释雇主对雇员的在职培训行为以及培训后的工资决定问题，是技能工资、资历工资等能力工资的主要基础理论之一。

2.3 战略薪酬理论与全面薪酬理论

随着经济的发展，在现代企业管理中，薪酬管理作为人力资源管理的一个环节，其重要性逐渐被企业管理者认识和认可。针对薪酬体系中存在的一系列问题，如薪酬制度不够完善、薪酬结构不够合理等，一种新的薪酬管理理念应运而生，这就是战略性薪酬管理。战略性薪酬管理基于企业战略，又支持企业战略，其核心是做出一系列的战略性薪酬决策，用具有全面性、战略性、激励性、灵活性和创新性的眼光来看待薪酬管理，从而达到吸引、保留和激励优秀员工，增强企业核心竞争力，实现企业与员工双赢的目的。

2.3.1 战略薪酬理论

在我国国有企业改革的进程中，企业内部的收入分配制度即薪酬制度改革一直是一个不变的主题。从1979年恢复奖金制度，到后来的承包制和租赁制，再到岗位技能工资制、岗位绩效工资制、谈判工资制、员工持股等，我国国有企业改革的进程总是离不开企业薪酬制度的改革。从企业的总体战略和人力资源管理战略出发，探讨薪酬管理的发展是薪酬制度改革的核心与趋势。

美国管理学家约瑟夫·马托奇奥在《战略薪酬》一书中提出了战略薪酬理论①。该理论认为战略性薪酬不仅是一种人力资源管理工具，更是组织制度的重要组成部分。在公司组织中，战略性的薪酬体系是公司治理制度的核心和基础。它以组织的战略为前提，充分考虑了组织发展的宗旨和价值目标，将薪酬体系（包括薪酬理念、薪酬决策和薪酬制度等的组合）作为战略实现手段和赢得战略优势的重要工具。战略性薪酬体系必须服从和服务于组织的战略目标，设计战略薪酬所依赖的价值观体系、所依托的关键资源、所期望达到的主要目的都必须与组织的战略相吻合或相兼容。战略薪酬理论所强调的企业薪酬体系必须与企业经营战略具有高度的相容性和匹配性。由此，基于波特提出的三种基本竞争战略，马托奇奥将薪酬体系与这三种基本竞争战略相结合进行分析，提出了三种薪酬战略，即低成本薪酬战略、差异化薪酬战略和集中化薪酬战略。

战略性薪酬管理实际上是如何看待薪酬管理这一管理职能的一整套崭新的理念。它的核心是做出一系列的战略性薪酬决策。在通常情况下，企业需要首先确定自己的战略：我们应该进入并停留在什么行业，我们靠什么赢得并保持在本行业或相关产品市场上的优势，企业的整体人力资源政策应该如何设计等。一旦企业的战略确定下来，企业接着需要回答的一个问题就是：我们如何才能依靠薪酬决策来帮助企业立于不败之地。这些帮助企业赢得并保持竞争优势的相关薪酬决策就是我们所说的战略性薪酬管理，它主要回答以下几个方面的问题：

（1）薪酬管理的目标是什么，即薪酬如何支持企业的经营战略，当企业面临经营和文化压力时，应该如何调整自己的薪酬战略？

（2）如何达成薪酬的内部一致性，即在企业内部，如何对不同的职位和不同的技能或能力支付不同的薪酬？

（3）如何达成薪酬的外部竞争性，即相对于竞争对手，企业在劳动力市场上的薪酬水平应该如何定位？

（4）如何认可员工的贡献，即基本薪酬调整的依据是什么，是个人或团队的绩效，还是个人的知识、经验增长以及技能等的提高，抑或仅仅是生活成本的变化，是否需要根据员工的不同表现及业绩状况制订不同的绩效奖励计划？

（5）如何管理薪酬系统，即对于所有的员工而言，薪酬决策的公开性和透明程度应该是怎样的，应该由谁来设定和管理薪酬体系？

（6）如何提高薪酬成本的有效性，即如何有效控制薪酬成本？

华为公司②是全球领先的信息与通信技术（ICT）解决方案供应商，作为行业龙头企业能根据组织发展阶段和公司战略目标，精准地甄别和把握薪酬分配机制调整时期以应对公司内部、同行业竞争环境、外部政策等多重变化，达到最大限度促进公司发展，激励员工，吸引高尖端人才，提升创新水平。华为在发展过程中经历了初创阶段、成长阶段、成熟稳定阶段以及目前的发展扩张阶段。与各阶段的战略重点相适

---

① MARTOCCHIO J J. Strategic Compensation: A Human Resource Management Approach [M]. 8th ed. New York: Pearson Education Limited, 2017.

② 李惟瑶.创新型企业战略薪酬分配趋势——基于华为案例 [J]. 中小企业管理与科技（上旬刊），2018 (8): 7-8.

应，调整其薪酬分配机制，以应对外部环境变化和战略转型。总体来说，其趋势可以总结为：第一，华为薪酬分配总体模式为更加精准地甄别、把握调整时期。每次转型阶段及时调整薪酬分配机制以应对外部环境变化。第二，总体薪酬方面，华为兼顾内部公平和外部公平，以外部公平为主。根据公司发展阶段确定薪酬战略政策，并根据岗位与公司战略的关联性程度利用多工具设计薪酬体系方案。第三，华为的绩效工资具有弹性，打破传统“刚性”概念，强调绩效和持续组织贡献。第四，华为股权激励持续多元化发展，并在总体薪酬占比中处于主要地位，非经济型手段提高员工的工作满意度。第五，华为福利设计更加人性化、多元化，会根据组织自身文化确定福利占比情况。

综上所述，企业必须从战略的层面来看待薪酬以及薪酬管理，必须清醒地认识到，尽管薪酬与薪酬管理对于员工以及企业都具有重大的影响作用，但是薪酬本身并不能界定应当进行何种变革，也不能决定应当建立何种价值观，更不能取代有效的领导。因此，在大多数情况下，薪酬制度和薪酬政策应当服从于企业的总体经营战略以及与之相关的其他人力资源管理政策。作为企业赢得竞争优势的一个重要手段，薪酬以及薪酬管理必须能够支持企业的经营战略，与企业的文化相容，并且具有对外界压力做出快速反应的能力，其具体作用方式如图2-7所示。

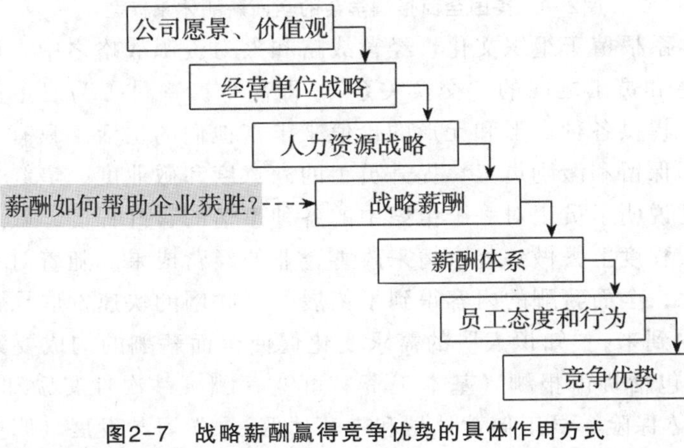

图2-7 战略薪酬赢得竞争优势的具体作用方式

2.3.2 全面薪酬理论

20世纪90年代，面对剧烈的工作场所变化、严峻的竞争环境、急速的科技变革、转瞬即逝的商业机遇，企业逐渐认识到战略性地设计和管理薪酬体系将有助于企业快速抓住机遇，赢得竞争优势。然而，随着人才竞争的加剧、人才流动性的增大，企业仅依靠有效的战略性薪酬设计已经不足以在人才争夺战中处于恒久的有利位置，企业需要用更为开阔的眼界来看待人才，充分运用各种可能的要素来赢得自己的战略优势。在这种环境下，全面薪酬理论浮出水面。

根据新的经营环境和企业战略制定的新的薪酬战略，就是全面薪酬战略。全面薪酬战略摒弃了原有的科层体系和官僚结构，以客户满意度为中心，鼓励创新精神和持久的绩效改进，并对娴熟的专业技能提供奖励，从而在员工和企业之间营造出一种双赢的工作环境。

从全面薪酬概念提出以来，关于全面薪酬的理论模型层出不穷，其中最具代表性的是美国和加拿大提出的全面薪酬体系模型。美国全面报酬学会提出的全面薪酬是指雇主能够用来吸引、保留和激励员工的各种可能的工具，包括员工认为他们从雇佣关系当中能够得到的各种有价值的东西。它是雇主为了换取员工的时间、才智、努力以及工作结果而向员工提供的各种货币性和非货币性的收益，是能够有效吸引、激励以及留住人才，从而实现五种关键性要素的有机结合。这五种关键性要素分别为薪酬、福利、工作和生活的平衡、绩效管理与赏识和认可、成长和职业发展的机会。全面薪酬战略就是将这五种关键性要素有机地结合起来，形成一种定制的激励系统，从而实现对员工的最优激励，其具体作用形式如图2-8所示。

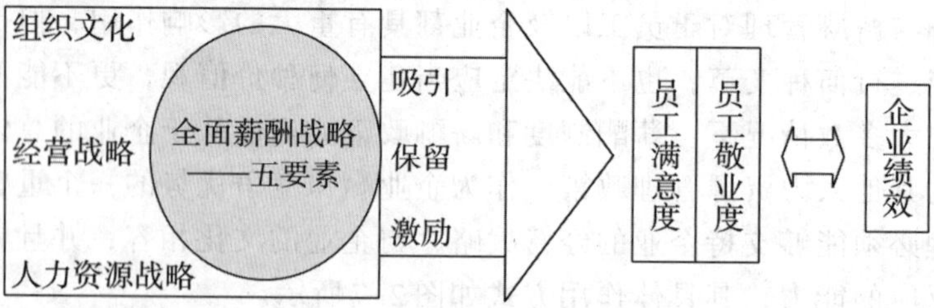

图2-8　美国全面报酬学会的全面薪酬体系模型

全面薪酬体系根植于组织文化、经营战略和人力资源战略之中，该模型的一个重要维度是雇主和员工之间的“交换关系”，即高生产率员工为雇主创造价值，雇主则应当向员工提供各种有形和无形的价值来丰富他们的生活。只有这样，企业才能有效地吸引、保留和激励员工，提升员工的满意度和敬业度，最终提高组织的绩效水平。满意度说明了员工对一个组织中的各种事情的喜好程度；敬业度则反映了员工将会在多大程度上去做一些事情来改善企业的经营成果。随着对员工人性需求认知的不断变化，全面薪酬的内容得到了拓展。互联网的快速发展导致开放创新与零工经济时代的到来，“知识人”的需求变化促使全面薪酬的构成要素被拓展至六个维度①，主要包括货币报酬（基本工资、可变薪酬、一次性奖励和股票）、福利（医疗保险、退休保险、员工储蓄计划和带薪休假）、学习与发展（职业发展、绩效管理、继任计划和培训）、工作环境（组织氛围、领导力、绩效支持）、工作-生活平衡、认可奖励。

思政专栏

我们学习和应用薪酬理论时应当注意与中国企业实践的结合，坚持理论联系实际。正如党的二十大报告所指出的，“我们坚持以马克思主义为指导，是要运用其科学的世界观和方法论解决中国的问题，而不是要背诵和重复其具体结论和词句，更不能把马克思主义当成一成不变的教条。我们必须坚持解放思想、实事求是、与时俱进、求真务实，一切从实际出发，着眼解决新时代改革开放和社会主义现代化建设的

---

① 谭春平，景颖，安世民.全面薪酬研究述评与展望：要素演变、理论基础与研究视角［J］.外国经济与管理，2019（5）：101－113.

实际问题，不断回答中国之问、世界之问、人民之问、时代之问，做出符合中国实际和时代要求的正确回答，得出符合客观规律的科学认识，形成与时俱进的理论成果，更好指导中国实践”。一切脱离人民的理论都是苍白无力的，一切不为人民造福的理论都是没有生命力的。

本章小结

本章与以往从历史发展角度来论述薪酬理论的教材内容有所不同，主要基于劳动经济学、组织行为学以及薪酬战略三个视角，将薪酬理论分为劳动力市场理论、工作激励理论以及战略薪酬理论展开论述。通过对不同视角下薪酬理论的比较，形成一个全面的薪酬理论体系，为后面内容的学习提供理论指导。

复习思考题

（1）简述供求均衡薪酬理论的主要内容。

（2）绘图说明莱曼·W.波特和爱德华·E.劳勒三世扩展的传统期望理论模型。

（3）简述战略薪酬理论。

案例分析

巧妇难为无米之炊：初创企业如何用“薪”留人

1）引言

经理章京刚挂掉电话，门外就响起“咚咚”的敲门声。进来的是负责人事行政工作的小罗，一向胸有成竹的他今天看上去垂头丧气：“章总，有件事要跟您反馈。”章京笑了笑：“什么事能让小罗发愁？说说看。”没想到，小罗带来的果然是一个爆炸性消息：“项目部最近调整的薪资制度，员工们…… 嗯，都有很大的负面情绪，今天部门业绩最高的李圣垒提出离职了！”

小罗走后，章京走向窗边，茫然地望着窗外，思绪被拉回到八个月前……

2）招贤纳士，组建团队

8个月前，鏖战电商行业多年的章京创立了Y公司。公司的主营业务包括互联网销售、服装服饰批发和零售、货物进出口、进出口代理等。近年来，电商行业竞争日益激烈，面对阿里巴巴、京东、拼多多等国内电商巨头，初出茅庐的Y公司要想在夹缝中求生存，可谓难上加难。

招募人才是章京的首要任务。2021年9月初，他刚把编辑好的招贤纳士信息发布在朋友圈，就收到了彦兵的消息：“章总，您还记得我吗，去年您还在B集团任副总裁时，我们曾有过一次合作。”章京记起了这个小彦，在那次合作中，他表现堪称亮眼。不仅如此，彦兵还推荐了李圣垒，虽然他俩合开了一家公司，但章京的行业地位还是深深地吸引了他俩。

几天后，章京的好友推荐了“211”大学本科毕业的小侄女李欣。虽然李欣既没有电商相关专业背景又缺少人脉资源，碍于朋友关系章京还是勉强接受了。之后某专科高校电子商务专业的老师又引荐了自己的得意门生，今年刚毕业的女孩琳琳。

章京作为公司总经理，承担主要的决策工作和开拓市场的重任。彦兵和李圣垒分别为两个项目部的经理，带领包括李欣和琳琳在内的5位年轻大学毕业生完成项目招商工作。另外，还有10余位通过社会招聘到岗的员工分别被安排在运营部、售后服务部、人事行政部和财务部。至此，Y公司初始团队正式组建完成，但组织架构尚不明晰。

3）内忧外患，朝令夕改

章京的目标是对标国内顶尖电商企业，将Y公司打造成电商帝国。组建之初，章京把工作重心放在项目招商上面，考虑是初创企业，所有项目也是初创项目，再加上项目部员工中大多都是刚毕业的职场小白，没有实战经验，为了激励员工尽快熟悉业务，推进项目进程，为公司创造利润，章总向所有项目部的员工承诺：

（1）3个月试用期后，享受高于同行平均水平30%的基本工资；

（2）项目招商绩效奖金高于同行同类型的公司（平均提成水平为8%），按照“个人完成的总业绩（到账金额）×10%”计算个人的绩效工资。

对于刚成立的Y公司来说，这样的薪资待遇，特别是10%的绩效提成，极大地激发了项目部员工的工作热情。不到一个月，李圣垒就利用自己的人脉谈成了公司的第一笔生意，让整个公司看到了希望。随后，初出茅庐的李欣也不甘落后，签下了自己的第一单、第二单……，业绩稳坐“一姐”交椅。部门内的其他员工也纷纷向李圣垒和李欣看齐，为冲业绩全力以赴。在半年内，公司的业绩突飞猛进地提升。

然而，此时的章京欣慰之余却一筹莫展，他想：“大家干劲十足，看来是高薪的激励作用产生了效果。但是以目前的情况来看，到底能否继续维持这种激励模式，还是一个未知数啊。”

章京之所以会有这样的想法，是因为Y公司目前正面临“内忧外患”。公司现阶段资金十分紧张、周转困难，却到处都需要用钱。首先，目前谈下来的项目主要是靠人脉，难以持久，必须加大公司的宣传投入，做好营销推广。同时，有多处业务正处于持续投入阶段，资金需求很大。另外，同行激烈的竞争压力下，公司必须在提高服务质量上再加大投入……然而，现阶段公司的融资十分艰难，章京联系了多家金融机构，都不太愿意为这类初创企业贷款。如果继续把有限的资金都用于人员激励，那企业的长远发展就无法兼顾。

思索再三，2022年3月的一天，章京终于痛下决心，此时最重要的事是让公司能够正常运转，其他事情等挺过这段艰难的时间后再说吧。经过反复斟酌，他草拟出了一份新的薪资方案，心想：“这批初始员工是最清楚公司情况的，他们应该理解我的这个决定吧，等公司步入正轨后我一定不亏待他们！”

第二天，项目部的群里突然发布了一套薪资制度调整方案。之前招商项目绩效按照“到账金额×10%”来计算，对谈下来的价格不做要求；而根据新方案，项目绩效要按照价格折扣分等级划分，按照目前的情况，多数员工只能拿到第三等级的项目绩效，即“到账金额×4%”的绩效工资。

此外，一些新的考勤、请假、区域卫生、无纸化办公等制度，也对员工提出了更多的要求。薪资制度调整前后对比见表2-2。

表2-2 Y公司项目部薪资制度调整前后对比

制度内容	调整前	调整后
基本工资	试用期：3 500元/月 转正后：4 500元/月（高出同行业工资水平的30%）	直接转正，4500元/月
绩效工资	招商项目绩效=到账金额（不区分折扣）×10%	招商项目绩效按等级划分 一级：项目绩效=（无折扣）到账金额×8% 二级：项目绩效=（8.0~9.9折）到账金额×6% 三级：项目绩效=（6.0~7.9折）到账金额×4%
考勤制度	朝九晚五，打卡自由	朝九晚五，要求每天早上提前15分钟打卡，超过8：45打卡，根据打卡时间扣薪： 8：45-8：50打卡，扣30元 8：51-9：00打卡，扣50元 9：00之后打卡，扣半日薪资
请假制度	请假自由	病假：只予以三甲医院病历者 事假：只予以直系亲属红白事 不请假按旷工处理，一个月内准2次事假，旷工5次按主动离职处理，不发放当月薪资
区域卫生	无特殊要求，无罚款扣薪	区域卫生不整洁者一次罚款50元/人
无纸化办公	提倡无纸化办公，无罚款扣薪	铺张浪费一次罚款50元/人

好消息是，新制度规定所有新入职的项目部员工直接转正，取消3个月的试用期，并提供高于同行业平均水平30%的基本工资。可是，面对满是减薪的条款，员工的反应真的会如章京所期望的吗？

4）士气锐减，分崩离析

随着制度一起下来的是一则通知，以上所有薪资条款从当月起计算。意味着不仅未来的绩效奖金大打折扣，本月已签的招商合同也要按新制度计算。面对满是克扣条款的薪资规定，原本斗志昂扬的员工瞬间动力全无，议论纷纷。

李欣发着牢骚："在这之前，没听章总提过半句要更改薪资制度，突然一调整，给我打个措手不及，好歹提前打个'预防针'吧，真是计划赶不上变化快啊！我这刚签的3个大单，本想着绩效奖金到手给父母买礼物，这么算下来，也只能请吃顿饭了。"没错，李欣当初很爽快地入职Y公司，最吸引她的就是初创的Y公司给出了高于同行同类型企业的绩效工资，而且电商行业具有广阔的发展前景。现在看来，她的美好憧憬开始破灭。

琳琳也满脸忧愁："虽然章总口头承诺基本薪资比同行企业高30%，但干项目招商这一行，全靠绩效提成吃饭呀！我同学在L电商，他们的项目绩效是雷打不动的'到账金额×8%'！现在薪资制度调整，明面上项目绩效分为3个等级，可咱毕竟是初创公司，价格实在没有竞争力，基本上也就只能拿到4%的提成，跟我同学的收入差距可太大了！”

彦兵在一旁也郁郁寡欢。本来就在自己创业的李圣垒，更是不愿被这些减薪条款束缚，自然毫不犹豫提出了离职。主心骨李圣垒离职后，由于工作内容和岗位职责在之前一直没有明文规定过，导致项目部的工作乱成了一锅粥。

此外，由于这次制度调整毫无预兆并强制实施，项目部员工适应不及，多少都因不同原因上交了“罚款”。每个人的精力从原本的招商，转向了如何不违反公司规章制度。不出意外，改革后部门业绩一落千丈。

5）最后一根稻草

2022年4月初，到了按照新的薪资制度发工资的日子。可是收到工资明细短信后，李欣无法平静。除了招商项目绩效工资不出意外大幅下降之外，她惊讶地发现自己的基本工资与之前相比也降低了不少。询问了同事琳琳和彦兵后，发现自己的基本工资居然比他们低了一大截，心想：“彦兵哥工资比我高很正常，因为他毕竟工作经验丰富。但我和专科毕业的琳琳干着同样的活，凭什么她的基本工资也比我高？圣垒哥离职后，公司总业绩的70%都是我完成的。平时会议下达的指令，我都是效率最高的。难道就因琳琳是电商专业背景而我不是，所以基本薪资等级不一样吗？”

带着疑问，她直接找到了负责人事行政的小罗，想搞清楚公司的薪资构成到底是怎样计算的。而小罗的一句话，也成了压倒她的最后一根稻草：

“基本薪资+五险一金+项目绩效，基本薪资是章总根据每个人的情况自己定的。”

职级没分等级，基本薪资却先有了等级。先前承诺的高于同行业平均水平30%的基本工资也打了水漂，多日的努力被全盘否认。带着一腔怨愤，她敲响了总经理办公室的大门：

“章总，感谢您的栽培，我提出离职申请！”

6）尾声

公司成立不到一年，就有两员大将陆续离开，这让章京始料未及。初创的Y公司困难重重、捉襟见肘，在这种阶段难道不应多考虑公司的长远发展吗？如何在“巧妇难为无米之炊”的困境中，用“薪”留住人才？公司的未来又该何去何从？章京看着李欣提着箱子踏出公司的背影，陷入了沉思。

资料来源 李燚，杨沛琳，曾煜婷，等．巧妇难为无米之炊：初创企业如何用“薪”留人[EB/OL]．(2022-09-01)[2024-01-22]．http://www.cmcc-dlut.cn/Cases/Detail/6502.

案例思考题：

（1）结合案例，你认为Y公司成立不到一年核心人才就频繁流失的原因有哪些？

（2）你认为Y公司目前的薪酬管理制度有哪些不妥之处？

（3）现阶段Y公司应建立一套怎样完善的薪酬体系以吸引和保留人才？当企业

步入成长期和成熟期时公司的薪酬体系又该如何进行调整?

推荐阅读资料

[1] 文跃然. 薪酬管理原理 [M]. 2版.上海:复旦大学出版社,2013.
[2] 张正堂,刘宁. 薪酬管理 [M]. 北京:北京大学出版社,2016.
[3] 陈小平. 薪酬管理 [M]. 北京:科学出版社,2017.

网上资源

[1] 新华网,http://www.xinhuanet.com
[2] 人力资源和社会保障部网站,http://www.mohrss.gov.cn

第3章 薪酬形式

学习目标

✓重点掌握资历工资、职位工资、知识工资（技能工资）和结构工资的特点及应注意的问题；

✓了解并熟悉各种薪酬形式的内涵、特点及适用范围；

✓在我国分配制度指导下，根据企业实际运用合理的薪酬形式。

第3章课件

引例

中石油西藏公司员工的薪酬结构

中国石油天然气股份有限公司西藏销售分公司（以下简称中石油西藏公司）隶属中国石油天然气股份有限公司，主要从事成品油及石油液化气的批发、零售、代销、运输、储存等业务，并指导、协调、监督、检查所属各单位工作。中石油西藏公司现行的薪酬体系包含两套工资制度：一是合同化用工工资制度；二是市场化用工工资制度。两套工资制度并行，分别适用于市场化大学生和劳务派遣用工。

第一套是合同化用工工资制度，是按照集团公司下发的《关于2012年完善员工工资制度的通知》（油人事〔2012〕576号）和《关于成品油销售企业2012年完善员工工资制度的通知》（油人事〔2012〕577号）执行的，具体框架结构如图3-1所示。

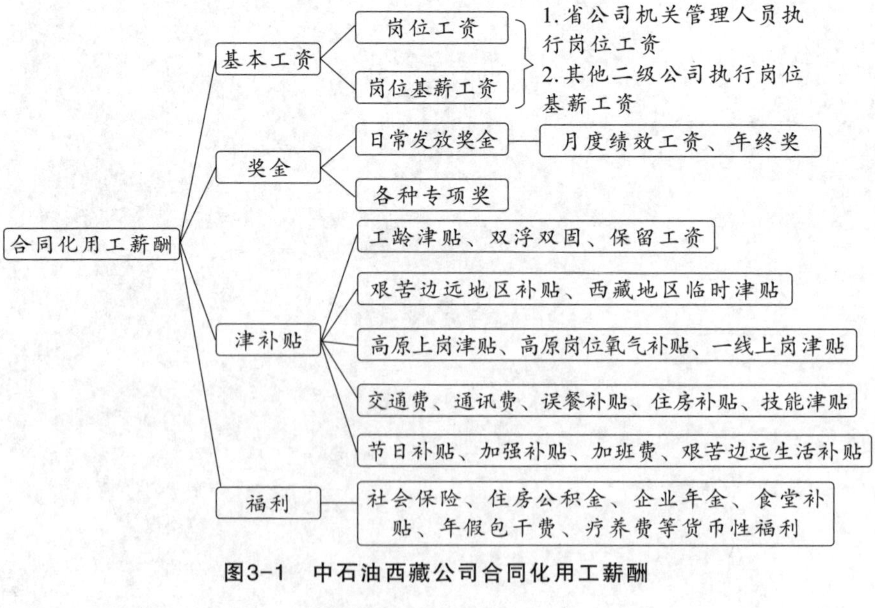

图3-1　中石油西藏公司合同化用工薪酬

第二套是市场化用工工资制度，即依据《关于印发〈西藏销售分公司市场化用工薪酬制度实施方案〉的通知》（藏油销字〔2018〕35号），是公司根据自身实际情况制定的。根据此方案，市场化用工基本工资和绩效工资（奖金）按照合同化用工标准执行，已经与合同化用工一致，但受历史原因及工资总额限制，部分津补贴未实行与合同化用工一致的标准，具体框架结构如图3-2所示。

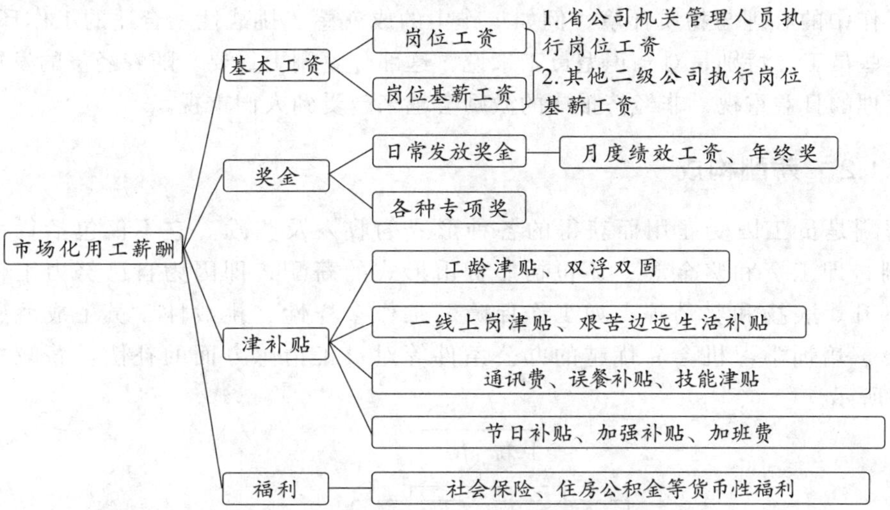

图3-2　中石油西藏公司市场化用工薪酬

资料来源　吴晓明．“允勤”又“允能”：中石油西藏公司的薪酬改革［EB/OL］.（2022-09-09）［2024-01-22］．http：//www.cmcc-dlut.cn/Cases/Detail/6512.

由中石油西藏公司员工的薪酬结构可以发现，企业薪酬形式反映了薪酬体系的复杂性。各种薪酬形式及其相应的操作事项、使用条件、优劣势都具有明显的差异，对企业员工薪酬满意度和企业绩效等具有不同影响。科学设定员工薪酬形式，明确薪酬构成，是企业人力资源管理系列工作的重要内容之一。

3.1　薪酬形式概述

3.1.1　薪酬形式内涵

薪酬形式是组织成员得到的各种形式的直接补偿，以及以福利或服务形式得到的间接补偿等。薪酬有广义和狭义之分。

狭义的薪酬可分为直接货币薪酬和间接货币薪酬，是指员工为企业做出贡献之后得到的物质薪酬。它包括：

（1）以工资、薪金、佣金和红利等形式支付的直接薪酬。

（2）以各种间接形式支付的福利，如保险、休假等。

（3）工作用品补贴和额外津贴，如公司为员工提供制服、设备、办公桌、电脑、电话以及任何工作时必须使用的工具；公司为员工提供一些诸如购买本公司产品时享受一定折扣的优惠，例如，银行为职员提供内部优惠的贷款政策和购房政策等。

广义的薪酬是指员工在企业中所获得的全部薪酬，可分为经济性报酬和非经济性报酬。经济性报酬就是狭义的薪酬，即直接货币薪酬和间接货币薪酬。非经济性报酬是指个人对工作本身或对工作在心理与物质环境上的满足感。这种非经济报酬涉及员工在工作中的心理与物质环境，例如工作中的成就感、挑战性、合适的工作环境等。对于一些员工，特别是对知识型员工来说，这部分薪酬更重要。随着经济的发展和对人员管理的日益重视，非经济报酬的激励会越来越受到人们重视。

3.1.2 薪酬构成

薪酬是员工因受雇用而获得的各种形式的收入及奖励。它不仅包括货币形式的薪酬，即工资和奖金等，还包括非货币形式的薪酬，即因为自己努力工作而受到的晋升、表扬和奖励等，如工作保障、工作多样性、挑战性、员工成就感、晋升机会、培训学习机会、优越的办公条件等对员工情感方面的补偿。薪酬构成如图 3-3 所示。

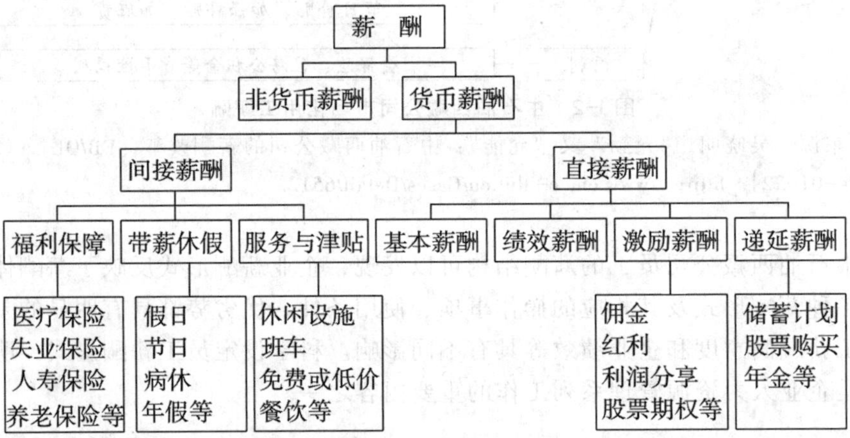

图3-3 薪酬构成

货币形式的薪酬可以分为直接薪酬和间接薪酬。

1）直接薪酬

直接薪酬包括基本薪酬、绩效薪酬、激励薪酬和递延薪酬。

（1）基本薪酬。基本薪酬是员工收入中比较固定的部分，主要包括基础工资、岗位工资、技能工资和工龄工资。其中，基础工资可以维持员工及其家庭的最低生活水平；岗位、技能工资是根据员工的职位和工作能力制定的，是对员工劳动力价值的认可；工龄工资根据员工在组织中的工作年限而定，有利于组织留住人才，降低员工的流动性。

（2）绩效薪酬。绩效薪酬是一种与绩效紧密结合的薪酬方式，根据员工的超额劳动或劳动业绩计算所得，包括月度奖、年终奖、超额奖和工作奖等。

（3）激励薪酬。激励薪酬包括红利、佣金、超额计件工资、利润分享和股票期权等货币收入。它直接将薪酬与员工绩效联系在一起，可以是短期的，也可以是长期的，可以依据单个员工的绩效，也可以依据员工小组、部门甚至整个企业的绩效。

激励薪酬与绩效薪酬都是对基本薪酬的补充，与员工工作绩效挂钩。激励薪酬是在员工表现出理想的工作绩效之前进行奖励，并且是一次性支付，不会增加组织的长期成本。绩效薪酬是在员工表现出理想的工作绩效之后进行奖励，通常会转变为员工的基础薪酬。

（4）递延薪酬。递延薪酬包括储蓄计划、股票购买和年金等形式。它带来的实际收益要经过一个时期甚至要等到员工退休的时候才能兑现。

2）间接薪酬

间接薪酬包括各种福利保障、带薪休假和各种服务与津贴。福利保障包括医疗保险、人寿保险、失业保险和养老保险等，为员工提供更有保障的生活，使其安心工作；服务与津贴包括休闲设施、班车、低价或免费餐饮、融资计划等，从而提高员工的生活质量和水平。企业在这方面为员工提供的薪酬除了要受到政府有关法规与政策的限制外，还受到市场竞争的影响。

目前，薪酬制度的主要形式有计时工资制、计件工资制、职位工资制、结构工资制、技能工资制、绩效工资制、年功工资制，还有近年来新发展的薪酬形式，诸如宽带薪酬制、年薪制、弹性福利和股票期权等。

3.2 传统工资形式：资历工资制

3.2.1 定义

资历工资制以员工个人的年龄、工龄、学历、本专业工作年限等因素为依据。其中，以工龄因素为主导的工资设计又称年功工资，即企业按照员工的工作年数（员工的工作经验和劳动贡献）的积累给予的经济补偿。年功工资制的基本特点是员工的工龄越长，工资水平越高。

3.2.2 我国企业的实践

我国一些企业的基本工资管理体制大多具有资历工资的特点。企业将员工的工龄视为基本薪酬的决定要素，通过工龄因素发挥对岗位等级工资制的补充作用。过去，多数企业的工龄工资政策是“线形”的，即确定X元/年的标准，员工实际所得的工龄工资为工作年限×分配标准；有的企业还规定了工龄工资的起拿年限，即工作满几年起计发。随着对人才潜质的重视，以及为了消除线形工资政策中的按资排辈现象，现今大多数企业采用了“抛物线形”工资政策，即新员工自起拿年限起享受工龄工资，高工龄员工得到的工龄工资较高。相应地，线形和抛物线形工资政策的分配标准也不同。首先是工龄的确定。确定工龄要素主要有两种方法：一是以日历年为单位，工龄每增加1年，工资就增加1个单位；二是将工龄分为若干时段，同一工龄段的年功工资相同。其次是单位分配标准的确定。对于线形工资政策而言，每一工龄的单位标准是相同的，例如，1年的工龄工资为5元，则10年的工龄工资为50元；对于抛物线形工资政策而言，随着工龄的增加，其工龄的单位标准可按相应比例增加。

如果要奖励那些已经达到所在薪酬等级的最高标准，但不可能晋升到更高职位等级的员工，则可以采用资历工资制，即企业为了激励资深员工，减少其流失率，在岗位晋升受到限制的条件下，通过增加员工的基本薪酬而解决增薪与晋升之间的矛盾。在推行以年功工资为主的薪酬形式的企业中，一般是将年功因素作为岗位等级工资晋升的条件，在特定岗位的员工为企业服务到一定的时间长度之后，方有资格晋升一个档次的工资，或者晋升到更高等级的岗位和工资水平。

3.2.3 特点

资历工资制具有如下特点：

（1）有利于工资计划的管理。由于资历是客观的加薪标准，因此雇主不会因偏爱某些员工而得罪另一部分员工，从而更加有效地激励员工完成工作。

（2）有利于形成员工集体的“归属感”，激励员工为本企业服务。

（3）有可能降低年轻员工的工资水平，减少企业的工资成本。诚然，这种差额可以视为员工对企业的“远期投资”，因为工资是随着员工的工龄因素在不断上涨的，但从时间成本来看，企业不仅因此节省了成本，也让员工与企业共担经营风险。

3.2.4 应注意的问题

1）分配标准应因企业的具体情况而异

各企业可根据自身实际及经济实力，制定合理的工龄工资分配标准，但应遵循“企业工龄工资标准高于社会工龄工资标准”“企业工龄工资标准与员工边际贡献率挂钩”两项原则。

2）与工龄工资相关的年限应根据实际情况制定

工龄工资的起拿年限以及不同标准的划分年限亦可根据企业实际情况制定，但政策制定后，应在较长时期内统一贯彻实施，以保证政策的稳定性和严肃性。

3）少数员工的反对

少数社会工龄偏长的员工，因其工龄工资短期内有所降低，可能对此政策持反对意见，但就企业整体而言，企业工龄工资有增无减，所以该政策会得到多数员工的支持。

3.3 主流工资形式：职位工资制

3.3.1 定义

职位工资制是指员工薪酬主要根据其所担任的岗位（或职务）的重要程度、任职要求的高低以及劳动环境对员工的影响来决定。职位工资制的内涵如下：

（1）以职位（职务或岗位）为主线，同时考虑技能和经验的一种薪酬制度。

（2）在根据职位本身的价值做出客观评价的基础上，再根据评估结果赋予任职者与其职位价值相当的薪酬。

3.3.2 特点

职位工资制具有如下特点：

（1）职位工资制是按岗位（或职务）的技术复杂程度、劳动繁重程度及责任大小等因素规定工资标准。

（2）实行职位工资制时，只要岗位（或职务）不变，员工的工资标准就不变。只有变动岗位（或职务），才能变动其工资标准。

（3）职位工资制规定了岗位（或职务）职责范围、技术要求和操作规程，员工只有达到上岗要求时才能上岗工作。

（4）职位工资制反映了不同岗位（或职务）的劳动差别，但反映不出同一岗位（或职务）中不同员工的劳动差别。

（5）实行职位工资制的员工的工资随岗位（或职务）的变动而变动。员工上岗和下岗工资有区别，上岗发给岗位工资，下岗则按本人职位工资的一定百分比支付工资。

3.3.3 适用范围

我国传统的国有企业一般采取职位工资制，员工依据岗位（或职务）的等级领取相应的工资。从我国企业的实际情况看，管理类、事务类及生产类的员工，采用以岗位（或职务）为基础的基本薪酬制度在现阶段是比较适合的。例如，某企业有10个职能部门，有30个职系、100个或者150个岗位（或职务），但是所有级别就15个，工资系统就是15个等级，每一个级别都有一个范围，员工在哪个级别里，就按哪个级别的工资范围来发工资。

3.3.4 分类

职位工资制可分为岗位（或职务）等级工资制、岗位技能工资制和岗位绩效工资制三类。

岗位（或职务）等级工资制是按照岗位（或职务）规定工资标准的一种工资制度。它根据岗位（或职务）的重要性、责任大小、技术复杂程度等因素，按照岗位（或职务）评价规定统一的工资标准，由岗位（或职务）等级表、工资标准等组成。通常，在同一岗位（或职务）内，要划分出若干等级。岗位（或职务）等级工资制是根据工作岗位（或职务）及劳动环境因素等确定员工的工资薪酬，其核心是岗位（或职务）和劳动环境。它的确定原则是“只对工作（岗位或职务）不对人”。

岗位技能工资制是根据按劳分配原则，以劳动技能、劳动责任、劳动强度和劳动条件等基本要素的岗位评价为基础，以岗位和技能工资为主的企业基本薪酬制度。它由岗位工资和技能工资两个部分组成。其中：岗位工资根据员工所在岗位责任大小、劳动强度高低、劳动条件好坏等因素确定；技能工资根据员工的劳动技能水平来确定。

虽然岗位技能工资有利于调动员工努力提高技术水平和业务能力的积极性，但在实际操作中，很难正确确定岗位工资和技能工资所占的比例。

3.3.5 形式

职位工资制是一种传统的工资制度，早在20世纪50年代就已在纺织行业中实行。为了适应经济体制改革的需要，随着企业工资制度改革的不断深化，一些行业、企业对职位工资制进行了改革，使职位工资制的实行范围进一步扩大、形式进一步发展。

1）岗位等级工资制

岗位等级工资制按岗位和岗内劳动差别确定工资，一岗数薪。它是在岗位工资制基础上发展起来的一种新的工资制度，兼有岗位工资制和等级工资制的特点，即根据员工在生产工作中的不同岗位确定工资标准幅度，再在同一岗位上按照技术复杂程度、劳动繁重程度及责任大小将确定的岗位工资标准划分为几个等级，并据此支付薪酬，以此适应生产岗位之间存在的劳动差别和岗位内部劳动者之间存在的技术深化程度与劳动贡献的差异。

（1）“一岗一薪”制。“一岗一薪”制是指一个岗位只有一个工资标准，各岗位工资标准与其岗位相对应，排列顺序由低到高，组成一个统一的岗位工资标准体系的制度。它只体现不同岗位之间的工资差别，不体现岗位内部的工资差别。实行“一岗一薪”制，岗内不升级。新员工上岗采取“试用期”或“熟练期”的办法，不实行“过渡期”。试用（熟练）期满后，经考核合格者，即可执行岗位工资标准。

“一岗一薪”制适用于专业化、自动化程度较高，流水作业，工种技术比较单一，工作物等级和工作物对象比较固定的产业、企业或工种。

（2）一岗数薪制。一岗数薪制是指在一个岗位内设置几个工资标准，以反映岗位内部不同职工之间的劳动差别的制度。由于有的企业岗位比较多，有的有上千个甚至上万个岗位，从管理成本角度看，不可能有多少个岗位就设多少个岗位工资标准，只能采取将相近岗位进行归并归级的做法，这就会形成同岗位级别内也存在劳动差别的问题。

为了解决这一问题，有些企业在同一等级内又划分档次。这样员工在本岗位内可以小步考核升级，直至达到本岗最高工资标准。这种方式融合了技术等级工资制和岗位工资制的优点，适应了生产岗位之间存在的劳动差异和岗位内部劳动者之间存在的技术熟练程度的差异。它适用于岗位划分较粗，同时岗位内部技术有些差别的岗位和工种。

另一种解决岗位相同但劳动付出有差别这一问题的方式是通过拉长熟练期，使员工的岗位工资分几年到位。例如，第一年试用期拿50%岗位工资，第二年拿70%岗位工资，第三年拿80%岗位工资，第四年拿90%岗位工资，第五年经考核认定拿100%岗位工资，如特别优秀，经考核委员会认定，可提前拿到100%岗位工资。这种方式可解决由于员工工作年限和工作经验不同而形成的在同一岗位工作但劳动有差别的问题，使工资报酬与劳动付出更加吻合。

2）岗位技能工资制

岗位技能工资制是我国企业工资制度改革中普遍采用的新的工资制度，是一种以按劳分配为原则，以劳动技能、劳动责任、劳动强度、劳动条件等基本劳动要素为评价依据，以岗位工资和技能工资为主要内容，根据劳动者的实际劳动质量和数量确定报酬的多元组合的工资制度。从性质上讲，岗位技能工资制是一种把劳动者的收入与企业经济效益挂钩的企业内部分配制度，是我国国有企业工资制度改革中推行的一种工资形式，主要是为了改变原有的以行政机制制定企业雇员收入的计划经济模式，建立一种与市场经济接轨的、与现代企业制度配套的企业雇员劳动报酬分配制度。

（1）岗位技能工资制的基本内容。岗位技能工资制是一种基本工资制度，是企业内部分配制度的主体和基础。

①岗位劳动评价体系。岗位劳动评价是将各类岗位对员工的要求和影响归纳为劳动技能、劳动责任、劳动强度、劳动条件四个基本要素，通过测试和评定不同岗位的基本要素，科学评价不同岗位，规范劳动差别，并以此作为确定工资标准的主要依据。四大要素进行分解、细化以后就成为便于具体测评的若干子要素，即岗位劳动评价指标。

a.劳动技能要素评价。劳动技能要素评价主要反映不同岗位对员工素质的要求，评价指标包括受教育程度、实践经验和实际工作能力等。根据不同岗位的需要，还可以再将指标细分，例如，受教育程度可分解为高等、中等、初等和文盲等不同层次，实践经验也可按照工作年限分为不同档次。

b.劳动责任要素评价。劳动责任要素评价主要反映不同岗位对员工劳动责任的要求，评价指标包括在产品的质量、数量、成本和消耗，以及设备、财产、安全卫生、经营管理等方面的劳动责任程度。

c.劳动强度要素评价指标。劳动强度要素评价主要反映不同岗位的负荷强度，主要通过劳动紧张程度、劳动疲劳程度、劳动姿势和工作利用率等指标衡量。

d.劳动条件要素评价。劳动条件要素评价主要反映不同岗位的危险程度、危害程度，以及自然地理环境和不同工作班次对劳动者生理、心理的损害程度。

岗位劳动评价是一个系统，由评价指标、评价标准、评价技术与评价方法等子系统组成。

②工资单元的设置。岗位技能工资制属于基本工资制度，由技能工资和岗位工资两个单元组成。岗位技能工资制在推行中，还要以辅助工资制度作为补充。

a.技能工资。技能工资主要与劳动技能要素相对应，确定依据是岗位对劳动技能的要求和雇员个人所具备的劳动技能水平。技术工人、管理人员和专业技术人员的技能工资都可分为初、中、高三大工资类别，每类又可分为不同的档次和等级。

b.岗位工资。岗位工资与劳动责任、劳动强度、劳动条件三要素相对应，它的确定是依据三要素评价的总分数划分几类岗位工资的标准，并设置相应档次，一般采取一岗多薪的方式，视劳动要素的不同，同一岗位的工资有所差别。

我国大多数企业在进行岗位技能工资制度改革的过程中，只设置技能和岗位两个工资单元，主要便于与四个劳动要素相对应，有利于满足特殊岗位对劳动者质量和数量的客观要求，以及为了操作简单。

c.辅助工资。辅助工资包括三个工资单元。

第一，年功工资单元。这是随雇员工龄增长而变动的工资部分。年功工资是对长期从事本职工作的雇员的一种报酬奖励形式，目的是承认雇员以往劳动的积累，激励雇员安心从事本职工作。年功工资单元以雇员的连续工龄作为工资上升的依据，定期提高工资档次。

第二，效益工资单元。这是随企业经济效益而变动的工资部分。为了体现雇员报酬与企业效益挂钩，效益工资单元随企业效益的波动而增加或减少。在企业具备了长期支付能力的前提下，效益工资有可能转为基本工资。

第三，特种工资单元。特种工资主要是指津贴，是对特殊作业环境、劳动条件、劳动强度下雇员生活、生理和心理损害的工资性补偿。津贴一般分为四种性质：特殊工种的岗位津贴、流动人员的野外作业津贴、从事有毒或有害作业的保健津贴和到边远艰苦地区作业的补偿津贴。

（2）岗位技能工资标准。鉴于我国目前的市场经济发展情况，企业不可能完全自主制定工资标准，而是采取国家控制下的企业岗位工资标准，由国家制定最低、最高标准，提出标准参照系，即确定各类工资标准和工资单元比重的制定原则，并对企业实行总量控制。企业在国家政策的允许下，制定和选择本企业的工资制度与工资形式，以平衡企业各类雇员，特别是工人与管理人员、专业技术人员之间的工资关系。

（3）岗位技能工资制度的管理。岗位技能工资制度的正常运行，需要一系列企业外部和内部环境的支持，一个良好的运行机制是基础，包括：①工资标准调整机制。根据经济发展、劳动生产率提高、物价变动和劳动就业变化等适时进行工资标准调整。②正常增资机制。③岗位技能工资动态管理机制。④工资结构调整机制。

3）岗位绩效工资制

岗位绩效工资制是以员工被聘上岗的工作岗位为主，根据岗位技术含量、责任大小、劳动强度和环境优劣确定岗级，以企业经济效益和劳动力价位确定工资总量，以员工的劳动成果为依据支付劳动报酬，是劳动制度、人事制度与工资制度密切结合的薪酬制度。

（1）岗位绩效工资制的特点。

第一，从制度上破除了技能工资的潜能性，科学地发挥了工资的“按劳分配、多劳多得”的职能。岗位绩效工资制虽不制定技术标准，但各岗位都有明确的任职条件、职责范围、技术要求和操作规程，员工只有通过考试（考核）达到岗位要求时，才能竞争上岗。它对岗不对人，依据企业经济效益、员工竞争上岗的岗位和岗位劳动成果支付工资，兼顾效益与公平，突出了岗位劳动和技术要素在工资分配中的地位。

第二，减少了平均分配的项目，简化了工资单元，优化了工资结构，有利于发挥工资的调节职能。将原技能工资和各种企业津贴工资单元并入岗位工资，既解决了岗位工资比重小、力度弱，对岗位流动导向不利的矛盾，又解决了日益突出的岗位与技能分离的问题，进一步强化了工资的激励和调节职能，也加强了工资管理。

第三，引入市场机制，调整了工资关系，使工资分配逐步向市场劳动力价位靠拢，强化了市场机制的基础调节作用。调整岗位需要分析各子因素的分值，要向科研、管理、营销和生产骨干等岗位倾斜，降低一般简单、重复劳动的岗位系数，从岗级划分上拉开差距。岗位劳动收入趋向市场劳动力价格水平，发挥了工资的“经济杠杆”作用，有利于稳定科研、管理、营销和生产骨干等人才，促进劳动力资源的优化配置，激励员工提高自身素质。

第四，把员工工资与企业效益捆在一起，使员工和企业形成利益共同体。岗位工资突出一个“变”字，由企业支付能力和市场劳动力价格两个变量决定，在运行中，强调易岗易薪、岗变薪变。绩效工资突出一个“挂”字，由企业超额利润提成形成，按员工超额劳动进行分配，与企业效益和员工业绩双挂钩。

（2）岗位绩效工资制的管理办法。

第一，岗位工资的动态管理。根据市场变化和工作需要，按照精简高效的原则定编、定岗，并通过岗位规范明确每一个岗位的责任和上岗条件。通过加强岗位工资的动态管理，实行定期考核，竞争上岗，以岗定薪，建立规范的培训、考核、使用、待遇相结合的机制，促使员工钻研科学技术，提高业务技能水平。

第二，岗位工资实行系数标准。岗位按工作性质可分为技术岗位、管理岗位、生产操作服务岗位三个序列。技术岗位序列根据科研攻关项目（课题）的性质、技术含量、经济效益和社会效益等划分岗级；管理岗位序列按所承担的工厂经营指标、管理责任和工作量等划分岗位；生产操作服务岗位序列根据工作岗位的劳动特点、技术复杂程度、劳动力市场可替代性等划分岗位。岗位工资基数要根据企业经济效益、工作任务完成情况、工资支付能力、劳动力市场价位等情况适时调整。

第三，推行岗位职务聘任制。各类人员都要实行竞争上岗，职称、学历、资历等只能作为聘任的前提条件。要签订上岗合同，明确岗位职责和上岗相应待遇。坚持岗变薪变，易岗易薪，岗位工资随员工岗位的变动而调整，在岗执行岗位工资，试岗执行试岗工资，下岗执行下岗工资。

3.4 未来工资形式：知识工资制

3.4.1 定义

知识工资制是指组织根据员工所掌握的与职位有关的技术、能力以及知识的深度和广度来支付其薪酬的一种薪酬制度。知识工资有广义和狭义之分。广义指以人为基础的薪酬；狭义指以专门的应用技术为基础的薪酬。出于研究角度的不同和需要，与其相近的提法很多，如知识薪酬、技能薪酬、能力薪酬，最新的提法还有核心能力薪酬、学习薪酬等。归结起来，它们具有如下特征：

（1）都是以人为基础的薪酬模式。以人为基础的薪酬和以职位为基础的薪酬最大的区别在于，前者以任职者个人的特质和能力为基础，后者以职位为基础。

（2）是对以职位为基础的薪酬的变革。知识工资本质上是一种激励薪酬，激励的重点不仅包括员工现有的知识、技术和能力的提高，而且包括对未来知识的超前储备，而不论这种知识和技能是否与现任岗位和绩效相关。

（3）突出对员工复合能力的开发。知识工资以岗位变换为前提，鼓励员工提高学习能力和具备多种工作技能。

（4）适应组织变革的需要。知识工资的深层管理意图和主要目的在于通过提高员工的职业胜任力，促进组织变革和工作流程改造，并达到提升组织人力资本的竞争力以及减小雇用规模等目的。

3.4.2 渊源

传统的工资计划中，员工的薪酬按照小时或月或年为单位计算，这种薪酬方案与员工的学历、职位和工作年限等息息相关，其薪水的增加主要是由资历和主管对其工作表现的评价决定的。然而，随着企业的发展、外部竞争的加剧、内部员工的增加，企业需要提出一套更有激励作用的工资方案以鼓励员工不断地学习知识、不断地提高工作技能，进而提高企业的竞争力。在这种情况下，知识工资的方案就应运而生了。

知识工资的提出最初是为了保证企业生产的连续性，允许员工承担因其他员工缺勤而空置的工作。这样，员工就不得不学会其他工作所需要的知识和技能。早在20世纪40年代，就有公司将知识工资计划运用于生产线的员工。国外也有许多学者和机构对此做了大量的研究。美国《商业周刊》一项对知识工资的使用情况和效果的调查研究表明，知识工资已在全美30%以上的公司中得到运用，并带来了员工特别是知识工作者更高的绩效和满意度。此外，它大大有助于提高公司的劳动生产率和产品质量，并降低员工缺勤率。到20世纪80年代，随着人力资源理论与实践的不断创新，知识工资体系得到了广泛的应用。知识工资在当代的兴起与以下因素有关：

（1）组织和管理变革。在市场全球化和技术创新的推动下，组织日趋扁平化，生产和经营形式也发生了很大的变化。准时制（JIT）生产系统、任务和项目团队、弹性工作管理等模式的推行，使得岗位和工作之间的界限模糊，更多的企业组织由以往的层级控制转变为更加柔性化的管理。新的组织结构和工作模式提倡给予员工更大的灵活度，需要员工具备创造性地解决问题和专注于顾客的能力。传统的以职位描述为标准、以服从和恪守职责为己任的薪酬管理方式，已经不适应变革的需要了。

此外，在组织扁平化的背景下，员工的职业发展更多地依赖个人职业胜任力的增强，而不是组织内的职务升迁途径。因此，知识工资的设计既适应了组织结构的变化，也回应了对员工职业发展的影响。

（2）企业之间人力资源竞争的加剧。进入21世纪，企业竞争优势的来源已经从外部转移到内部，技术创新、人力资本等成为决定企业成败的关键因素。战略性人力资源管理的目的是促使企业应对新的竞争环境，通过各种管理手段强化对胜任能力强的员工进行筛选与培育，并引导员工向组织战略所要求的行为目标靠近。显然，与其他薪酬相比，知识工资直接体现了人力资源开发的战略职能。

(3) 适应技术变革的需要。在技术变革的条件下，核心员工仅仅拥有多项技能是不够的，还必须具备促使知识不断更新的学习创新能力。因此，组织需要塑造一种激励员工学习和自我发展的机制，知识工资正是作为一个帮助组织提炼核心竞争力的管理工具而被提出的。

3.4.3 确定流程

1）分析并确定知识工资体系

所谓以知识工资为核心的薪酬体系，是指组织为营造系统学习的氛围，鼓励员工通过不断的知识学习、知识更新、知识创造行为推动组织发展，对组织中的全部或大部分员工实行的一种可变薪酬分配方案。当员工对与其工作相关的知识或技能产生了掌握利用、组合更新、学习创造的行为，并实现或超出了组织既定的工作绩效目标时，组织便向其支付薪酬。

2）确定以知识工资为核心的薪酬结构

知识工资是员工所得薪资中的可变部分。知识工资体系中的知识工资概念较前文有了两个方面的扩展和补充：一是知识工资的获取包括虽然没有学习到新知识、新技能，但达到了工作基准的情况，因为达到组织的工作基准就是为组织创造了效益，此时员工表现出的是对已有知识的保持和再利用，是员工学习知识（技能）—利用知识（技能）—创新知识（技能）过程的必经阶段，也是学习型组织中员工创新的基础，企业应该为员工支付知识工资。二是知识工资发放前增加绩效考评的因素，这样就能够避免员工只是单纯追求习得新知识或新技能，而对提高组织绩效没有实际效用的可能性，保证组织在员工培训中的投入产生效用。

需要说明的是，员工在两种情况下可以获得知识工资：没有产生知识或技能的学习、创造行为，但达到组织工作基准；学得了新的知识或技能，超出了组织工作基准。后者为组织创造了新的、更高的价值，因此这种有益于组织发展的员工提升个人能力的行为可以得到高于前者的知识工资报酬。

3）选择知识工资计划的类型

知识工资计划一共有三种基本类型，即纵向阶梯模型（stair-step model）、技术单元模型（skill-block model）和工作积分累计模型（job-point accrual model）。

(1) 纵向阶梯模型。这个模型与传统的职位工资系统的差别最小。在此模型中，职位被界定为起步职位到复杂职位的多个阶段，然后被安排到不同的“阶梯”中去。阶梯代表一个具体工作组中复杂程度不同的工作，员工每完成一个台阶的课程培训，知识和技能会增加，他的薪资也会上升到与这个阶梯相对应的水平。员工的培训可以由公司内部安排，也可以由外部的专门培训机构来完成。一般而言，针对公司的专门工作培训是由公司自己承担的，而比较普遍的技术培训则由外部的专门机构承担。

(2) 技术单元模型。这种模型适用于相同的工作组之中。在此模型中，职位也被归类到技能群中去，就像纵向阶梯模型一样，员工也是由简单的工作升入复杂的工作，但是员工的晋升不是阶梯形的（从低一级课程到紧接着的高一级的课程，如从第一级课程到第二级课程，从第二级课程再到第三级课程，以此类推），而是带有一定的跳跃性。例如，员工在达到入门技能水平（一级课程）后，就可以任意选择学习另一课程中任何一个职位所需的技能，比如说第二级课程、第三级课程或第四级课程中的职位所需的技能等。当然，掌握的技能的复杂度越高，员工的收入也就越高。

（3）工作积分累计模型。这种模型旨在鼓励员工提高技术和学习能力，完成不同工作组的工作。如果一家企业有太多的职位且有太多的技能需要员工学习，那就可以考虑采用传统的职位工资制中的工作分析法来分析每个职位，给每个职位进行评分后，技能与职位相对应，收入与技能相对应。该模型和技术单元模型的区别就是，员工不能选择自己要学习的知识和技能，而是由公司安排的。工作积分累计模型能够通过鼓励员工学习直接增强公司的竞争优势。

4）知识工资的确定步骤

（1）工作分析。以知识工资为核心的薪酬体系要求，工作分析以知识或技能为单位，对工作任务进行界定，描述完成某项工作任务的员工所需具备的知识或技能，把同质的、具有知识或技能延续性的工作安排在同一工作组中，并在此基础上确定适合采用知识工资发放形式的工作岗位。并不是所有的工作岗位都能基于知识或技能来给予评价，学习型组织也是如此。如路桥收费站工作人员所从事的工作，由于工作定义狭窄，且对技能要求比较低，工作人员承担这一职责后很快就能掌握所需的知识和技能，因此基于绩效水平的薪酬形式更适合此类工作岗位。此外，企业中的高层管理人员以及掌握影响组织发展命运核心技术的人员，由于其对企业有着特殊的贡献，因此采用如分红、期权、股份认购的长期报酬形式效果更佳。一般来说，知识工资适合在组织中的行政部门类岗位、中级及基层管理人员岗位、技术专业部门类岗位实施，这些岗位在组织中人员数量最多，其学习能力的开发对组织发展有着重要推动作用。

（2）工作评估。工作评估是组织薪酬体系保持内部一致原则的有效工具。以知识工资为核心的薪酬体系要求工作评估根据知识/技能的种类、深度和广度确定其对企业的相对价值，并把不同质的或跨部门的知识/技能以货币为单位进行统一衡量。

（3）制定工资等级和工资范围。根据工作分析及工作评估的结果，确定工作组的工资范围，并对组中不同的工作级别赋予相关的工资等级。

（4）引入绩效考评。对员工的知识/技能学习进行绩效考评，考评内容主要包括：工作中是否发生了知识/技能的掌握利用、组合更新、学习创造行为；这些知识/技能是否与工作相关；该行为对组织实现既定绩效目标的贡献情况等。

（5）考评结果回馈。公布考评结果，同时为员工提供培训建议。一方面让员工了解已发生行为在组织中的价值认定，另一方面为员工获得更高报酬提供培训建议，使考评真正达到推动员工不断学习、自我开发潜能的效果。

（6）发放知识报酬。企业的薪酬体系服务于组织整体发展战略，学习型组织所追求的系统学习目标需要组织的财务系统、营销系统、生产管理系统、研发系统及人力资源管理系统等进行全面的协调，坚持特殊问题特殊处理的原则。探索与组织目标相一致的薪酬系统，是组织人力资源管理永恒的课题。

3.4.4 实施意义

自1990年起，在《财富》杂志评出的世界500强企业中，半数以上都在一部分员工中实行了知识工资方案，并得到了企业和员工的高度评价。知识工资是基于知识/技能的工资，与传统的基于岗位的工资相比，具有以下意义：

（1）促使员工摆脱传统的职位分析、工作评价和程序化管理的束缚，有利于工作程序的变革和组织变革。

（2）为员工提供更多的薪酬增长机会，促使员工提高工作热情和满意度。在知识工资计划下，工作更具弹性、更加丰富，员工通过对所在工作组中水平知识和垂直知识的学习，得到工作轮换或升迁的机会，从而增强了工作的趣味性，既有利于员工个人的职业生涯发展，也提高了员工对企业的满意度。

（3）知识工资有利于降低企业长期成本。知识工资鼓励员工进行学习，使员工工作效率得到提高，产品或服务的质量得到保障。同时，由于员工掌握了更多的知识/技能，企业可以整合原来分开的工作岗位，缩减人员。员工满意度的提高带来了员工队伍更高的稳定性，也有利于企业留住人才，降低招聘成本。

（4）知识工资有利于激发员工学习的积极性，有利于企业在不断变化的内外环境中始终保持活力和竞争力。知识工资以物质薪酬为手段，激发员工自主开发个人潜能，掌握新的知识/技能，使企业人力资源素质得到提高，对企业增强适应力、提高创新力、提升管理水平均有着积极的作用。

然而，知识工资在实践中存在一定的局限性，主要在于知识工资只关注员工对新知识、新技能的学习和创造，忽视员工对已有知识的保持和再利用，从而导致当员工更加重视短期收入最大化时，知识工资激励性不强。同时，知识工资无法保证员工所学到的新知识/技能被有效地运用到工作中去，并提高企业的绩效水平，而企业为实行知识工资计划所投入的大量培训费用得不到补偿，可能带来企业短期成本的上升。

3.4.5 应用环境

知识工资需要适合的组织环境，不是所有的企业或组织都适合推行知识工资。具备以下条件的企业更适合选择知识工资：

1）组织特征

知识工资适用于处于变化的、不稳定的组织环境，在组织结构和某些职位随时变化的情况下，需要依靠知识和技术创新获取发展的组织。

2）员工特征

知识工资适用于具备以下员工特征的组织：技术先进，知识员工占主体，员工自主管理程度比较高，管理层与员工之间更倾向于合作等。

3）行业特征

知识工资适合的行业类型包括连续流程化生产的制造行业、高科技服务行业、单位生产或小批量技术生产的行业，一些非营利组织或公共部门等。

4）工作形式

知识工资适用于那些绩效表现取决于知识水平，或以团队形式为主和连续工序环境下的工作。

5）组织成长阶段

知识工资适用于成长型的、技术更新需求强烈的企业。美国企业实施知识工资计划的经验表明，知识工资特别适用于那些刚成立的企业或需要技术更新的企业，因为其能够摆脱职位工资带来的组织惯性等问题。

3.5 综合工资形式：结构工资制

3.5.1 定义

结构工资又称多元化工资、组合工资、分解工资等。它将构成工资标准的诸因素按其作用的差别分为几个部分，并分别规定工资数额，构成劳动者的薪酬。

3.5.2 内容构成

结构工资制的内容与构成，可根据工作性质与特点的不同，采取不同的组合形态。

1）国家机关、事业单位的结构工资制

1985年7月1日起，国家机关、事业单位进行工资制度改革，实行以职务工资为主的结构工资制度。这以后，结构工资制度在我国得到广泛运用。一般来说，按照不同的职能，工资可以分为基础工资、职务工资、工龄工资和奖励工资等四个组成部分。

（1）基础工资。基础工资是保障员工基本生活需要的工资，是全部工资的基本组成部分之一。基础工资水平应根据国家在一定时期内的经济发展水平和消费水平确定，并能维持劳动者本人的基本生活需要和保证劳动力的简单再生产。

（2）职务（技能、岗位）工资。它是根据员工所担负职务（岗位）的技术业务要求、责任大小、劳动复杂程度和繁重程度等因素确定的。它是结构工资制中的主要部分。

（3）年功工资。年功工资是根据员工参加工作的年限，按照一定标准逐月发给员工的工资。年功工资的增长，主要取决于员工工龄的增长，同时应与考勤、考绩相结合。

（4）奖金。它是对那些工作成绩优异的员工的奖励，属于超额劳动的薪酬。奖金的支付应建立在严格考评的基础上，避免平均主义。

2）企业的结构工资制

当前，企业实行的结构工资制具有多种模式，其组成内容及形式常有以下几种：

（1）基础工资。基础工资即保障员工基本生活需要的工资。设置这一工资单元的目的是保证维持劳动力的简单再生产。基础工资主要采取按绝对额或按系数的办法确定和发放。绝对额办法主要是考虑员工基本生活费用及占总工资水平的比重，统一规定同一数额的基础工资；系数办法主要是考虑员工现行工资关系和占总工资水平的比重，按大体统一的参考工资标准规定的员工本人标准工资的一定百分比确定基础工资。

（2）岗位（职务）工资或技能工资。岗位（职务）工资是根据岗位（职务）的技术或业务要求、劳动繁重程度、劳动条件好差、所负责任大小等因素来确定的。它是结构工资制的主要组成部分，发挥着激励员工努力提高技术、业务水平，尽力尽责完成本人所在岗位（职务）工作的作用。岗位（职务）工资有两种具体形式：一种是采取岗位（职务）等级工资的形式，岗（职）内分级，一岗（职）多薪，各岗位（职务）工资上下交叉；另一种是采取一岗（职）一薪的形式。岗位（职务）工资标准一般按行政管理人员、专业技术人员、技术工人、非技术工人分别列表。

（3）效益工资。效益工资是根据企业的经济效益与员工实际完成的劳动数量和质量支付的工资。效益工资发挥着激励员工努力实干、多做贡献的作用。效益工资没有固定的工资标准，一般采取奖金或计件工资的形式，全额浮动，对员工个人上不封顶、下不保底。

（4）年功工资。年功工资是体现企业员工逐年积累的劳动贡献的一种工资形式。它有助于鼓励员工长期在本企业工作并多做贡献，又可以适当调节新老员工的工资关系。年功工资采取按绝对额或按系数的办法确定和发放。按绝对额又可分为按同一绝对额或分年限按不同绝对额的办法确定和发放；按系数又可分为按同一系数或按不同系数增长的办法确定和发放。一般来说，增加年功工资，主要决定于员工工龄的增长，还决定于员工的实际劳动贡献和企业的经济效益。只有这样，才能更好地发挥这一工资单元的作用。

（5）浮动工资。浮动工资是劳动者薪酬随着企业经营好坏及劳动者贡献大小而上下浮动的一种工资形式，具体形式多样。浮动工资有利于调动员工积极性，促使员工关心组织绩效和个人绩效。

结构工资制各个组成部分具有内在的联系，互相依存、互相制约，形成一个有机的统一体。

3.5.3 优缺点

结构工资制较好地体现了薪酬的不同功能，集中了能力工资、职位工资、资历工资的优点，具有灵活的激励作用，适用范围广泛。

1）结构工资制的优点

（1）工资结构能清楚反映劳动差别的各种要素，与劳动结构相对应。劳动结构有几个部分，工资结构就有几个相对应的部分，并随劳动结构的变动而变动。

（2）结构工资制的各个组成部分分别计酬，可从劳动的不同侧面和角度反映劳动者的贡献大小，具有比较灵活的调节功能。

（3）有利于实行工资的分级管理，从而克服“一刀切”的弊病，为改革工资分配制度开辟了道路。

(4) 适用性强，能够适应各行各业的特点。

(5) 操作简单，易于理解。

2）结构工资制的缺点

(1) 各工资单元比重的合理确定和保持难度较大。

(2) 由于工资单元多且各自独立运行，因此工资管理工作较复杂。

3.5.4 适用范围

结构工资制的适用范围较广，目前我国有很多企业包括一些国有企业、民营企业和外资企业都实行了这种工资制度。从严格意义上讲，岗位技能工资也属于结构工资制。

3.5.5 实施要点

1）建立健全人力资源的基础性工作

将全体员工的人数、工资、工龄、学历、职称、生产（工作）岗位、职务等登记造表，进行综合统计，对员工的工作岗位进行归类分析。

2）设计结构工资制的基本模式

确定设立工资单元的数量和每个工资单元所占的比重。

3）确定各工资单元的内部结构

按照岗位测评办法，确定岗位工资单元中各类岗位的岗位顺序。若实行一岗一薪，需要确定各岗位之间的岗差系数；若实行一岗多薪，还需确定每类岗位内部各等级的工资系数。同时，根据各工资单元内部结构的安排，规定相应的技术业务标准、职责规范条例、劳动定额等各项要求并拟定具体的考核办法。

4）确定各工资单元的最低工资额和最高工资额

在考虑岗位级差、员工成长性，以及市场竞争力等因素的基础上，设定各工资单元的最低工资额和最高工资额，以确保员工的工资水平公平、合理，同时满足企业的财务承受能力。

5）测算、检验并调整结构工资制方案

通过对已设定的工资结构方案进行综合测算，检验其是否符合企业的实际情况和员工的期望，包括考虑潜在的成本影响、员工的激励效果以及市场竞争力等因素。根据测算结果，对结构工资制方案进行必要的调整和优化，确保其能够有效实施并达到预期的目标。

6）结构工资的实施、套改

在原有工资制度的基础上进行结构工资制度改革的，一般是按照员工原标准工资的一定百分比就近套入岗位工资，或套入技能（技术）等级工资。如工资结构中设置了基础工资单元，则原工资应先冲掉基础工资部分，再套入上述各单元。岗位变迁者，应按新岗位确定工资，然后分别确定员工的年功工资，并确定计提效益工资等的办法。

3.5.6 实施细则和应注意的问题

企业实行结构工资制，较之于实行其他工资制，工作量更大，各方面要求也更高，需要认真细致地做好工作。在方案经过分析、论证、测算基本可行后，企业领导和工资主管科室应通过深入细致的宣传解释工作，使企业员工了解并接受结构工资制方案。方案经员工代表大会讨论通过以后，企业工资主管科室要制定结构工资制的管理制度和实施细则，包括：

（1）基础工资管理，技术、业务、职责等方面的考核办法。

（2）各工资单元的计发工资办法。

（3）升级降级制度。

（4）员工调动和岗位、职务变动工资处理。

（5）关于减发工资的特殊规定等。

在此基础上，还应按结构工资的要求设计工资单元，注明各工资单元的数额，并据此对员工计发工资。

企业实行结构工资制是企业内部工资制度改革的新探索。从目前的实践看，需要注意处理好以下几个问题：

（1）要端正实行结构工资制的态度，明确实行结构工资制是为了更好地贯彻按劳分配原则，调动员工积极性。关键要看是不是具备了实行结构工资制的条件。

（2）由于企业员工的劳动特点不同于国家机关工作人员，因此具备条件的企业实行的结构工资制，应区别于国家机关实行的以职务工资为主的结构工资制，尽可能充分适应企业生产经营的特点。

（3）由于企业的员工是物质生产者，因此在企业实行的结构工资制中，其工资结构中具有弹性的部分应保证占有较大比例，以利于将员工的工资同其本人的实际劳动成果紧密联系起来，及时、有效地激励员工为社会创造更多的物质财富。

（4）由于结构工资制要对劳动诸要素进行比较细致的划分和归类，要求工资各单元与之相对应并随其浮动，因此实行这种工资制度，要求企业有较高的管理水平、较健全的规章制度，同时要求企业经济效益能持续稳定增长，有较强的资金负担能力。

思政专栏

我国企业应该在国家分配制度的指导下，采取适合企业实际情况的薪酬形式，促进共同富裕。党的二十大报告指出："分配制度是促进共同富裕的基础性制度。坚持按劳分配为主体、多种分配方式并存，构建初次分配、再分配、第三次分配协调配套的制度体系。努力提高居民收入在国民收入分配中的比重，提高劳动报酬在初次分配中的比重。坚持多劳多得，鼓励勤劳致富，促进机会公平，增加低收入者收入，扩大中等收入群体。"

本章小结

资历工资制、职位工资制、知识工资制和结构工资制作为薪酬支付的形式和制度，虽然各有特色和优点，但存有一定的局限，适应范围和条件也是各有千秋。实践应用中，无论是国家政府机关，还是企业、事业单位，都应在国家宏观调控范围内，根据自身情况，选择最适合的工资制度。

复习思考题

（1）你是如何看待资历工资制的？请判断它今后的发展趋势。

（2）如何处理职位工资与知识工资之间的关系？

（3）简要判断知识工资制的适用条件。

（4）如何正确应用结构工资制？

案例分析

破解“走出去”的困境：烽火通信外籍员工薪酬体系变革之路

1）公司介绍

烽火通信科技股份有限公司（以下简称烽火通信）是国际知名的信息通信网络产品与解决方案提供商，自1999年成立以来，已覆盖全球90多个国家和地区。随着公司海外业务的不断壮大，单纯依靠中方员工已无法满足需求，因此引入了约160名外籍员工，占比接近50%。

2）初见端倪，不以为意

在公司步入海外市场前期，公司对外籍员工沿用了国内的薪酬体系，仅做微调。但随着时间推移，问题逐渐显现：通过薪酬满意度调查，发现外籍员工对薪酬的市场竞争力、公平性和激励性均存在不满。为解决薪酬问题导致的用工荒，烽火通信授予了各海外分支机构“自主招工”的权力。虽然在薪酬管理上统一用人力资源部设计的薪酬体系，但分公司可以根据当地情况做出适当调整，调整后的方案基本上只用上报公司总部审批即可。然而，由于业务紧急不得不抬高薪资待遇以快速补充人员的现象也导致各地出现同工不同酬的问题。

3）薪酬改革

2015年公司年度总结大会上，曾总对人力资源部工作提出严肃批评，这种情况对于胡经理来说还是头一次。胡经理不由暗下决心：一定要从变革公司海外各分支机构的外籍员工薪酬体系开始，逐步规范各分支机构的外籍员工管理工作。通过开展海外外籍员工薪酬满意度调查工作，人力资源部总结出以下3个方面的问题：

一是薪酬的市场竞争力一般，绝大多数外籍员工薪酬水平在50~60分位，略高于中位数，仅具有微弱竞争优势。二是薪酬体系缺乏公平性。一方面“同工不同酬”现象突出；另一方面外籍员工的薪酬百分位数Max90/Min10比值为1.3~2.3，高价值岗位员工与普通员工收入差别较小。三是薪酬体系激励性不足。一方面外籍员工收入中仅年终奖为变动收入；另一方面外籍员工的实际激励系数基本为0.08~0.15，激励性较差，基本上是以固定薪酬为主，缺乏激励机制。

经过此次调查，胡经理明白针对外籍员工的薪酬体系改革已是刻不容缓，那么人力资源部下一步该往哪走？又该怎么走呢？

人力资源部大体明确了下一步公司针对外籍员工薪酬体系变革的目标：一是重新梳理和定位海外分支机构的外籍员工薪酬管理策略；二是优化现有薪酬结构，发挥薪酬激励的杠杆作用；三是结合公司海外分支机构实际情况和所在区域的法律法规，在目标达成的基础上规避法律风险，设计切实可行的薪酬体系。

为了保证此次薪酬体系变革目标的达成，胡经理在曾总的支持下，首先成立了外籍员工薪酬管理机构，一方面将公司海外经营管理团队设为决策机构，另一方面设置公司薪酬与绩效管理委员会的分支机构——薪酬管理海外区域决策委员会，主要负责公司海外薪酬管理的各项事务。明晰了责任主体，后面的工作开展得相对较顺利。在胡经理的带领下，公司薪酬与绩效管理委员会开始了对各海外分支机构从岗位评价开始到薪酬结构设计的工作。

（1）岗位评价与定级。委员会遵循对岗不对人、适用性、评价方法和标准统一、过程参与、结果公开等岗位评价原则，采取积分法和强制排序法从“岗位对组织目标达成的重要程度、岗位管理幅度及人数、岗位职责复杂程度、岗位面临问题解决的难易度、岗位胜任度评估标准、岗位涉及工作努力程度、岗位涉及工作环境和风险评估”等7个方面，对公司海外分支机构中外籍员工涉及的技术类、项目管理类和服务营销类3大类13个职位进行岗位相对价值评价与定级（见表3-1），以便在岗级不变的情况下，通过调整薪档也可以实现薪酬的调整。

表3-1　**公司海外分支机构外籍员工岗位等级汇总**

外籍员工岗位等级		技术类	服务营销类	项目管理类
等级	档位			
G5	R20	技术经理	营销经理	项目经理
	R19			
	R18			
	R17			
	R16			
G4	R15	技术主管	营销主管	项目主管
	R14			
	R13			
	R12			
	R11			
G3	R10	高级工程师	服务营销工程师	项目专员
	R9			
	R8			

续表

外籍员工岗位等级		技术类	服务营销类	项目管理类
等级	档位			
	R7			
G2	R6	工程师	助理服务营销工程师	项目助理
	R5			
	R4			
G1	R3	助理工程师		
	R2			
	R1			

（2）薪酬结构设计。在对海外分支机构外籍员工的薪酬结构进行设计时，委员会首先参考中方员工的薪酬体系，针对外籍员工浮动工资比例过低的现状，有针对性地进行再设计，并结合外籍员工的接受程度和文化习惯，最终确定公司外籍员工薪酬结构主要包括基本工资、岗位工资、绩效奖金（月度和年度）、及时奖励、超额奖励、津补贴和福利等模块。其中绩效奖金的设计主要基于部分国家法律规定、文化风俗和外籍员工理解等考虑，为避免法律风险和员工感知差异，将“绩效工资”统一以“绩效奖金”的方式体现。外籍员工薪酬构成及说明见表3-2。关于固定工资与绩效奖金的比例设置，胡经理在咨询各类岗位的经理或主管后，最后决定将服务营销类岗位的基本工资：岗位工资：绩效工资的比例统一定为2.5：2.5：5；项目管理类岗位的基本工资：岗位工资：绩效工资的比例统一定为3.5：3.5：3；技术类岗位的基本工资：岗位工资：绩效工资的比例统一定为4：4：2。同时，绩效奖金包括月度绩效奖金和年度绩效奖金，两者比例为6：4。外籍员工及时奖励奖项设置见表3-3。

表3-2 **外籍员工薪酬构成及说明**

项目	具体项目	说明
固定工资	基本工资	
	岗位工资	
绩效奖金	月度绩效奖金	按月发放
	年度绩效奖金	按年发放
及时奖励	及时奖励	达到公司行为和业绩标准的所有外籍员工
超额奖励	超额奖励	达到公司业绩标准的所有外籍员工

续表

项目	具体项目	说明
津补贴	餐费补贴	区分国家，统一标准
	通信补贴	区分国家，统一标准
	节日补贴	区分国家，统一标准
福利	法定福利	区分国家，统一标准
	节假日	区分国家，统一标准
	体检	区分国家，统一标准
	其他	据实

表3-3 **外籍员工及时奖励奖项设置**

奖励项目	价值导向	奖励办法
后评估排名奖	鼓励后评估排名，促进产品再销售，促进客户感知提升	迪纳调查及公司内部客户满意度综合测评，排名前二予以奖励
项目保障奖	鼓励及时验收，鼓励提升项目运作能力，提升网络稳定度	对于国际工程的项目团队，其项目实施及保障得到用户认可，获得正式认可表扬函件，予以奖励
及时交付奖	鼓励提升运营效率，横向比较缩小标杆差距，纵向比较有进步	各区域中心选取排名第一的本地技服进行奖励
市场开拓奖	鼓励空白市场突破，鼓励战略产品的建设，发挥示范效应	对于突破新市场、销售新服务产品前两次的项目团队予以奖励
利润贡献	鼓励达到回款目标的前提下，创造最大利润贡献	净利润
明日之星奖	鼓励新员工发挥潜力和贡献	据实

2016 年 3 月，当新版外籍员工薪酬体系制定出来后，胡经理再一次组织各海外分支机构负责人召开新制度宣贯会，曾总和海外分支机构外籍员工代表也被邀请参加了本次会议。会上，胡经理首先满心欢喜地向大家介绍了此次针对海外外籍员工薪酬变革的重点与效果，并将薪酬变革前后对比情况清楚地展现在大家面前。表3-4为本次薪酬体系变革前后海外分支机构外籍员工薪酬结构和薪酬体系评估结果对比主要情况。随后，胡经理就新体系如何运行向与会人员进行了详细讲解。最终，各海外分支机构一致通过人力资源部关于“从 2016 年第二季度开始实行公司新版外籍员工薪酬体系”的提议。

表3-4　　调整前后外籍员工薪酬结构和薪酬体系评估对比主要情况

	调整前	调整后
固定收入	月薪福利、补贴	固定工资、津补贴、福利
变动收入	年终奖	绩效奖金、及时奖励、超额奖励
薪酬水平	50～60 分位	65～70 分位
Max90/Min10	1.3～2.3	2.1～2.8
激励系数	0.08～0.15	0.18～0.47

新制度实施后，公司海外分支机构的人员流失率由原先的 30% 回归到 13% 的正常水平，外籍员工工作积极性也明显提高。2016 年 7 月，胡经理决定对海外各分支机构外籍员工再次做满意度调查，这次的调查主要是通过对外籍员工线上填写问卷的结果进行分析，从而对本次公司薪酬体系变革的效果进行员工层面评价。最后，人力资源部经过分析得出，此次外籍员工薪酬体系变革总体反馈评价良好，员工整体满意度达到 86%，相比之前的 65%，有了很大的提升。

资料来源　朱颖俊，黎静，胡翔．破解“走出去”的困境：烽火通信外籍员工薪酬体系变革之路［EB/OL］．（2018-10-31）［2024-01-22］．http：//www.cmcc-dlut.cn/Cases/Detail/3473.

案例思考题：

（1）结合本案例说明如何设计薪酬管理体系？你认为本案例在进行薪酬设计时运用了哪些方法？

（2）你觉得案例中烽火通信外籍员工薪酬体系变革取得成功的关键因素是什么？

推荐阅读资料

［1］文跃然．薪酬管理原理［M］．2版．上海：复旦大学出版社，2013.

［2］赵曙明，赵宜萱．薪酬管理——理论、方法、工具、实务［M］．2版．北京：人民邮电出版社，2019.

［3］刘洪．薪酬管理［M］．2版．北京：北京师范大学出版社，2018.

网上资源

［1］HR 管理世界，http：//www.hroot.com

［2］中国人力资源网，http：//www.hr.com.cn

第2篇　薪酬管理制度设计

薪酬是组织的一笔重大投资，管理者需要确切了解在员工身上投资了多少，不同的投资方式可能导致的不同结果，并通过各种方式提高投资收益率。因此，薪酬管理就是利用薪酬吸引、留住、激励所需的人才并在人与职位、组织的动态匹配中实现更高的组织绩效。

薪酬管理制度包括薪酬水平、薪酬结构、薪酬支付等几个方面，要解决好薪酬的内部公平和外部公平问题，通过调动各种经济性、社会性、心理性的要素体现薪酬的激励作用。本部分主要包括职位评价、薪酬调查、薪酬结构设计以及薪酬管理与控制等内容，在职位内部价值和外部价值平衡的基础上建立薪酬结构体系，并在组织战略的指引下对薪酬水平、支付方式等进行管理控制。

本篇包括第4章、第5章、第6章和第7章的内容。

第4章 职位评价

学习目标

✓重点把握不同职位评价方法的适用范围，将职位评价系统灵活应用于不同性质的组织中；

✓掌握工作分析和职位评价的程序、方法；

✓了解职位评价的内涵以及作用；

✓把握职位评价过程中的公平、公正。

第4章课件

引例

物流与供应链金融行业人才需求特征

随着物流与供应链金融行业的迅速发展，我国物流与供应链金融行业已成为人们关注的新兴领域，有着广阔的发展空间。伴随物流与供应链金融市场需求旺盛而来的是对物流与供应链金融人才的迫切需求，在此背景下，通过对前程无忧网、智联招聘网、中华英才网3个比较具有影响力的互联网招聘网站发布的物流与供应链金融人才招聘信息的分析发现，目前物流与供应链金融行业的职位特征如下：

第一，从组织类型、工作地区和行业类型来看，物流与供应链金融人才招聘的组织类型主要集中在民营企业，基本上占了所有组织的半壁江山；物流与供应链金融人才招聘的工作地区也大多集中在一线城市和新一线城市，因为经济越发达的地区，市场的调节作用发挥得越充分，民营企业发展空间越大，新兴产业就越具有生机和活力，人才市场越会得到迅速的发展，人才需求也越多。物流与供应链金融人才招聘的行业类型也非常集中，金融/投资/证券行业最多，其次是互联网/电子商务行业，再次是交通/运输/物流行业。这3类发布人才招聘的行业占了所有行业类型的90.2%，充分体现了这3类行业是物流与供应链金融人才未来就业的主要战场。

第二，从学历和工作经验来看，本科学历是物流与供应链金融人才需求的主力军，占比为63.4%，硕士研究生学历要求仅为0.5%，要求工作经验的人才需求占比为95.2%，这是由于物流与供应链金融岗位实践应用性比较强，故大部分人才需求要求有一定的工作经验，有经验的物流与供应链金融人才会让需求企业培养工作事半功倍。

第三，从专业背景来看，招聘物流与供应链金融人才要求的专业背景大多为经管法专业背景，要求物流与供应链金融类专业背景比较少。物流与供应链金融不同岗位要求的专业背景又有所不同，其中，融资类岗位人才大多要求金融、财会专业，熟悉金融、财会、风控等方面的专业知识和技能；产品类岗位人才大多要求经济、金融专业，熟悉供应链金融市场和产品；运营类岗位人才大多要求管理类、经济类专业均可，熟悉线上线下整体运营工作和管理；销售类岗位人才大多要求管理类、经济类和法律类专业，负责开发新客户，维护老客户。

第四，从职业素质要求来看，通过对发布的物流与供应链金融人才信息统计分析发现，无论何种岗位都对内在素质中沟通能力、抗压能力和协调能力等方面的素质能力要求以及团队合作精神、责任心、敬业精神三大个人特性均给予足够的重视和要求。

第五，从专业技能要求来看，物流与供应链金融人才分为4种岗位人才类型，不同类型的岗位人才的岗位职责不同，对专业技能的要求有所不同，比如融资类物流与供应链金融人才大多要求熟悉供应链金融融资业务、公司财务制度和供应链金融风控等方面的专业知识和技能；产品类物流与供应链金融人才大多要求熟悉供应链金融市场，设计和研发供应链金融产品；运营类物流与供应链金融人才大多要求熟悉线上线下整体运营工作和管理；销售类物流与供应链金融人才大多要求负责挖掘新客户资金需求，维护与老客户的关系。

资料来源　王秀梅，钟肖英．物流与供应链金融职位特征和人才需求研究——基于三大招聘网站招聘信息的分析［J］．物流工程与管理，2021（2）：166-170.

职位评价是薪酬体系设计的起点，是基于工作分析的结果进行的一系列活动。虽然工作分析的结果反映了企业对各个职位和各项工作的期望与要求，但并不能揭示各项工作之间的相互关系，因此要通过职位评价来对各项工作进行分析和比较，并准确评估各项工作对企业的相对价值。

4.1　职位评价概述

几十年来，职位评价已经成为薪酬理论和实践的基石，为薪酬结构的设计提供了恰当的信息。职位评价一直很好地适应了主流的管理风格和理念，理论和实证研究大多关注操作性的细节以及优化职位评价系统的逻辑。

4.1.1　职位评价的内涵与发展历程

1）职位评价的内涵

职位评价是决定工作相对价值的系统性程序，将测量的工作价值与工资连接起来，是一种系统地测定每一职位在单位内部工资结构中所占位置的技术。它以职位任务在整个工作中的相对重要程度的评估结果为标准，以某具体职位在正常情况下对工人的要求进行的系统分析和对照为依据，而不考虑个人的工作能力或在工作中的表现。

职位评价是根据若干补偿因素（通常包括受教育程度、工作知识、工作经历、工作责任、工作努力程度、工作难度、工作条件等）来对企业中若干标杆职位的价值进行评估，然后将组织中其他职位与这些标杆职位相对照，从而建立起一个涵盖组织中所有职位的等级序列。通过职位评价，企业可以建立内部一致的职位等级序列，消除内部各种等级序列并存的现象，并且在此基础上确立薪酬的内部公平。

著名的薪酬管理专家米尔科维奇提出了较为权威的职位评价的定义：职位评价是一个为组织制定职位结构而系统地确定每个职位相对价值的过程，是以工作内容、所需技能、对组织的价值、组织文化以及外部市场为主要依据的。通过职位评价，组织可以得到一个工作等级——从具有最高价值的工作到具有最低价值的工作的一个严格的等级排序。某些职位评价的方法还能提供每个工作量化的价值（如计点法），从而为薪酬体系的设计提供相关依据。

许多企业习惯于根据惯例来建立粗略的职位等级序列，例如由初级员工、部门主管、高管人员组成的三级职位等级序列就是最常见的一种。企业中还有另外一种专业技术职称等级序列，例如由技术员、助理工程师、高级工程师、总工程师组成的等级序列。这样，企业内部往往形成多种等级序列，而这些序列往往会在薪酬管理中引起混乱。例如，某企业的一些部门经理虽然业绩突出，但由于年资较浅，在薪酬待遇上低于本部门一些年资较深的工程师，这无疑会导致薪酬体系中的不平衡。

进行职位评价的关键在于确定恰当的标杆职位，选择合适的付酬要素，建立并执行有效的职位评价流程。通过职位评价系统的培训，相关人员才能真正了解职位评价的流程和其中所使用的专业工具。评价者知道在评价时如何正确理解各种评价因素，才能够在评价时把作为客观依据的职位说明书和本人的主观判断有效结合起来，减少人为原因产生的评价误差。

2）职位评价的发展历程

职位评价技术源于泰勒等人提出的科学管理。以泰勒为代表的科学管理者为提高工作效率，将工作研究作为科学管理的支柱之一。在此基础上，工作分析和职位评价的方法产生了。早期的组织理论学家致力于研究如何让工作适合组织，他们集中于探讨工作的目的，但在后来的人力资源管理运动中，对人际关系理论的研究取代了这种早期对工作分析的兴趣，直到20世纪60年代，工业心理学家和其他行为学家才重新将工作作为组织研究的一个热点。

20世纪80年代以来，工作分析和职位评价成为企业管理经久不衰的热点之一，其中西方国家的公平报酬法要求类似的工作内容需要同等报酬，在职位评价的发展中起了巨大的推动作用。除符合法律方面的要求外，在薪酬管理中使用职位评价还有其他的好处：①为薪酬差异提供了理性的解释和沟通的基础；②可维持工作满意度，减少不满；③为薪酬比较率的修订提供了灵活的调整手段，能迅速为新的工作职位建议薪酬比较率；④减少雇员薪酬系统的行政管理费用等。出于上述各种原因，职位评价备受瞩目。

20世纪80年代的职位评价研究集中于职位评价方案的心理测量特征，大多数职位评价方案通过对一系列报酬要素的排序或评分，使衡量工作的价值成为可能。用于衡量工作价值的这些报酬要素通常属于技能、责任、努力和工作条件四大范畴。为有效地对工作职位进行评价，所选取的报酬要素应具有以下特征：①它们必须存在于所评价的所有工作中；②各种报酬要素的重要程度在不同工作中应有所不同，即同一报酬要素在不同工作中的表现应具有一定的等级性，能区分不同的工作；③同一评价体系所选取的报酬要素不能重叠，否则，对重叠部分的报酬要素将会重复计分，加重其比例；④选择报酬要素应充分反映雇主、雇员、工会的意见，使评价方案易于被接受；⑤确保所选择的报酬要素是从工作中抽取出来的。

改革开放以来，我国企业所有制的类型趋于多样化，特别是我国加入WTO后，有更多类型的经济主体在市场经济的体制下从事各种商业活动。如何做到既能控制企业的薪酬成本，又能保持企业的薪酬竞争力，吸引和保留所需人才，是企业必须面对的一个重要课题。如前所述，企业的薪酬必须保持内部公平和外部竞争力才能有效留住人才，调动与发挥人才的工作积极性。因此，职位评价是企业薪酬管理中一个重要的内容，值得进一步深入研究。

许多发达国家和发展中国家经过数十年的人力资源管理经验的积累，产生了多种职位评价方案，其中的报酬要素和权重产生于一定的社会环境。这些职位评价方案在具体的环境中是适用的，但在不同的环境中需要进行修订才能使用。如果中国的企业照搬类似的报酬要素及相应的职位评价方案，而不根据自己的经营实际进行调整，会难以达到预期目的。因此，如何通过科学的方法选择适合中国不同行业性质企业的报酬要素，形成科学的、能被人们接受的职位评价方案，指导企业制定科学的内部薪酬比较率，是当前人力资源管理学科研究的一个重要方向。

4.1.2 职位评价的特点

1）职位评价以职位为评价对象

职位评价的中心是“事”不是“人”。职位评价虽然也会涉及员工，但它是以职位为对象，即以职位所担负的工作任务为对象进行的客观评比和估计。作为职位评价的对象——职位，与具体的劳动者相比较，它具有一定的稳定性，同时，它能与企业的专业分工、劳动组织和劳动定员定额相统一，能促进企业合理制定劳动定员和劳动定额，从而改善企业管理。由于职位的工作是由劳动者承担的，虽然职位评价以“事”为中心，但它在研究中，离不开对劳动者的总体考察和分析。

2）职位评价是对企业各类具体劳动的抽象化、定量化过程

在职位评价过程中，根据事先规定的能够系统、全面反映职位现象本质的职位评价指标体系，对职位的主要影响因素逐一进行测定、评比和估价，由此得出各个职位的量值。这样，各个职位之间也就有了对比的基础，最后按评定结果，对职位划分出不同的等级。

3）职位评价需要运用多种技术和方法

职位评价主要运用劳动组织、劳动心理、劳动卫生、环境监测、数理统计知识和计算机技术，采用排序法、工作分类法、计点法、因素比较法等方法，对多个评价因素进行准确的评定或测定，最终做出科学评价。

4.1.3 职位评价的原则

职位评价是一项技术性强、涉及面广、工作量大的活动，覆盖了许多学科的专业技术知识，需要很多的部门参与进来。为了保证各项实施工作的顺利开展，提高职位评价的科学性、合理性和可靠性，组织在实施职位评价时应该注意遵守以下原则：

1）系统原则

所谓系统，就是由相互作用和相互依赖的若干既有区别又相互依存的要素构成的具有特定功能的有机整体。其中，各个要素也可以构成子系统，而子系统本身又从属于一个更大的系统。职位的构成要素一般包括职位技能、职位责任、职位强度和职位环境，而职位评价中还要考虑战略重心、组织流程以及社会影响等各个方面，系统原则显得尤为重要。

2）实用性原则

职位评价还必须从目前实际出发，选择能促进企业生产和管理工作的评价因素，尤其要选择目前企业劳动管理基础工作需要的评价因素，使评价结果能直接应用于企业劳动管理实践中，特别是企业劳动组织、工资、福利、劳动保护等基础管理工作，以提高职位评价的应用价值。

3）标准化原则

标准化是现代科学管理的重要手段，是现代企业劳动人事管理的基础，也是国家的一项重要技术经济政策。标准化的作用在于能统一技术要求，保证工作质量，提高工作效率和减少劳动成本。显然，为了保证评价工作的规范化和评价结果的可比性，提高评价工作的科学性和工作效率，职位评价也必须采用标准化。职位评价的标准化就是对衡量劳动者所耗费的劳动大小的依据以及职位评价的技术方法以特定的程序或形式做出统一规定，将其作为评价工作中共同遵守的准则和依据。职位评价的标准化具体表现在评价指标的统一性、评价标准的统一性、评价技术方法的统一规定和数据处理的统一程序等方面。

4）能级对应原则

在管理系统中，各种管理功能是不相同的。根据管理的功能把管理系统分成不同级别，把相应的管理内容和管理者分配到相应的级别中去，各占其位，各显其能，这就是管理的能级对应原则。一个职位能级的大小，是由它在组织中的工作性质、繁简难易程度、责任大小、任务轻重等因素决定的。功能大的职位，能级高；反之就低。各种职位有不同的能级，人也有各种不同的才能。现代科学化管理必须使具有相应才能的人能够处于相应的能级职位，这就叫作人尽其才，各尽所能。

一般来说，一个组织或单位中的管理能级层次必须具有稳定的组织形态。稳定的管理结构应该是正三角形。对于任何一个完整的管理系统而言，管理三角形一般可分为四个层次：决策层、管理层、执行层和操作层。这四个层次不仅使命不同，还标志着四大能级差异。同时，不同能级对应不同的权力、物质利益和精神荣誉，而且这种对应是一种动态的能级对应。只有这样，才能获得最佳的管理效率和效益。

5）**优化原则**

所谓优化，就是按照规定的目的，在一定的约束条件下，寻求最佳方案。上至国家、民族，下至企业、个人都要讲究最优化发展。企业在现有的社会环境中生存，都会有自己的发展条件，只要充分利用各自的条件发展自己，每个工作职位、每个人都会得到应有的最优化发展，整个企业也将会得到最佳的发展。因此，优化的原则不但要体现在职位评价各项工作环节上，还要反映在职位评价的具体方法和步骤上，甚至落实到每个人身上。

4.1.4 职位评价在薪酬管理中的目的

工作分析是从组织发展战略的高度，确定实现战略目标的“事”的价值和胜任相应事的“人”的价值，从总体上建立起人与事的关系，建立起人力成本与人力资源价值的相对一致性关系；职位评价则是在工作分析的基础上，对组织所有职位建立起人力资源价值和组织价值的相对一致性关系。从纵向角度看，职位评价是对工作分析的延伸和反馈；从横向角度看，职位评价是介于工作分析和薪酬制度设计之间的一个中间环节。工作分析形成的职位说明书，规定组织各个职位特定的工作性质、内容、任务、责任以及环境等，是组织有效实施职位评价的基础。关于工作分析的内容，将在4.2节中详细阐述。

职位评价作为基础性的人力资源管理工作，支撑着整个组织的人力资源管理职能，从而服务于组织的总体战略和经营计划。职位评价在薪酬管理中的目的主要表现为以下几个方面：

（1）为薪酬体系设计提供战略导向。职位评价展示了组织认可的报酬要素，从而实现了组织战略与薪酬体系的有效衔接，成为薪酬体系设计的导向。

（2）为薪酬体系设计提供基础。通过职位评价，能够确定每个职位在组织中的相对价值，从而建立职位等级序列。这是薪酬体系内部公平性的最好体现，也为薪酬体系的设计提供客观依据。

（3）为解决劳资纠纷提供重要途径。职位评价为员工薪酬的具体确定提供了客观依据和法律基础，为薪酬差异提供了理性的解释，奠定了沟通的基础，成为解决与薪酬有关的劳资纠纷的重要工具。

（4）为薪酬比较率的修订提供灵活的调整手段，能迅速为新的工作职位建议薪酬比较率。

4.1.5 职位评价的程序

职位评价具有规范的程序性特征。规范的程序，首先可以确保数据准确、信息充分，有助于实现职位评价指标的科学性、合理性；其次有助于员工参与薪酬决策，表达意见，避免偏见，体现程序公平的原则。不少单位在运用职位评价技术时，仅仅关注职位评价的技术性要求，忽视了它的程序性特征，结果大大降低了职位评价的有效性，失去了引导员工建立公平性薪酬分配制度的重要机会。在这种错误观念下，即使建立了合理的职位等级序列，也得不到员工的普遍认同，最终影响薪酬激励作用的发挥。要实现职位评价的程序规范性要求，必须依据一定的标准和程序进行。

1）成立职位评价委员会

成立该委员会的目的就是通过集体决策的相互制衡作用，以程序性的公正满足组织中各群体的需要，贯彻薪酬设计的公正原则。

（1）人数控制。职位评价委员会的人数通常为5~7人，人数的选择既要能够覆盖组织中相关部门的职位，又要便于会议控制，防止集体决策的低效率。

（2）人选控制。首先，评价委员会的构成应遵循多角度原则，成员最好是来自有代表性的不同部门。其次，评价委员应熟悉被评价职位的情况，还应能够保持公正客观的判断以及具有一定的文化程度，此外需考虑相关部门成员对他们的认可程度。最后，正确选择职位评价会议主持人。主持人的作用是保证会议按既定程序顺利进行，确保每一个职位均能得到公正的评价，可由单位管理方面的主管人员担任，也可聘请外部专家和咨询公司。

（3）职位评价前的相关培训。通过有效的培训确保每个成员熟悉和理解职位评价的目的、现行体系和职位评价的过程，以及他们的责任。培训师可由外部专家担任，也可由资深的有评估经验的管理人员担任。

2）规范评价会议过程

所有的职位评价结果都是在评价会议上产生的，尽管不同的方法对会议的程序要求不同，但是无论采用何种评价方法，对评价会议的现场都要严格控制，所以评价会议必须遵循以下原则：

（1）客观性原则。要求所有评估人员必须本着客观公正的原则进行评价。

（2）记录性原则。所有评估必须采用书面形式进行，原始资料必须妥善保存。

（3）数字化原则。评估结果必须一律转化为数字，以便信息处理和对比。

（4）统计原则。会议主持人在评估结果的数字化基础上运用统计方法归纳整理，得出最终结果。

（5）可靠性原则。必须保证评估数据真实、准确、可靠。

3）做好方案解释工作

从评价方案产生，到员工认同在此基础上制订薪酬分配方案，中间有一个方案的解释过程。方案解释环节实际上是对信息的控制和利用。职位评价具有很强的专业性，大部分员工对职位评价技术的认识是有限的，但职位评价产生的结果与企业内每一个员工的切身利益紧密相关，具有高度的敏感性，因此对信息环节的控制往往最终决定员工对职位薪酬的公平性认知。组织必须认识到，任何一个方案都不可能自动得到认可并顺利贯彻落实，只有向员工解释，才能使评价的作用得到有效发挥。评价方案的解释工作主要包括：

（1）确定信息发布的内容。在做信息的具体解释工作时，需要分解评价过程产生的信息，评价的目标、原则、程序是解释的主要对象。职位评价过程中会产生许多中间信息，其中有些有助于事后的解释工作，能帮助员工了解评价程序和方案产生的依据，有些属于不稳定信息，可能会使员工对评价工作产生误解，因此企业应使信息的发布一致、规范。

（2）确定信息发布的渠道。解释方案的渠道包括正式渠道和非正式渠道。正式渠道包括在组织内各级会议上宣传解释，在单位内刊、宣传栏等信息媒介上发布信息，还可利用培训等活动加强员工对职位评价工作的认识。非正式渠道在评价方案的解释中也扮演了重要角色。由于信息与每个员工的切身利益相关，具有高度的敏感性，员工普遍关心职位评价活动的开展情况和结果，因此组织应有目的地疏通小道消息的传播渠道，使其充分发挥作用。

4.2 工作分析

随着经济的发展，企业对于员工薪酬的支付已不再是单一地根据工作结果进行衡量，而是采取多种方式。最常见的薪酬支付方式有两种：基于工作的薪酬分配方式和基于员工的薪酬分配方式。前者主要是以工作本身的难度、涉及的广度、员工承担的责任以及实际的工作完成情况为基础来计算并支付薪酬；而后者一般不考虑构成某一工作的具体任务，而主要分析员工完成这项工作的态度、技能或能力，然后以此计算并支付薪酬。无论是基于工作的方式还是基于员工的方式，在具体实施过程中归根结底都必须考虑该工作在组织中的相对价值，即进行职位评价。职位评价是薪酬体系设计的基础，进行职位评价所必需的信息包含工作职责和任务，完成工作所必需的知识、技能或能力，工作背景信息等。因此，为了获取准确而完整的工作信息，必须进行工作分析。

4.2.1　工作分析的含义

工作分析的基本前提是能够获得有关工作的信息，工作能够被描述、区分和公正地评价。工作分析本身是指采用一定的技术方法，了解、获取组织中与某工作有关的信息，并进行科学而系统的描述，同时对该工作的任职人员所需具备的资格条件做出说明。工作分析的结果之一便是职位说明书。

4.2.2　工作分析的必要性

工作分析是确定完成各项工作所需要的技能、责任和知识等的系统过程。工作分析是人力资源管理的一项核心职能，一直被视为人事管理的基石。工作分析既是从战略、组织、流程向人力资源管理职能过渡的桥梁，也是对人力资源管理系统内在各功能模块进行整合的基础和前提。对于不同的人力资源管理模块，工作分析的作用也不尽相同。比如，在人力资源规划中，利用工作分析所形成的结果，可以清晰地知道企业对人力资源的需求和供给状况，从而制订相应的人力资源管理方案；在人员的招聘和配置中，可以根据不同的职位说明书的要求，向应聘者进行工作介绍，制作工作申请表格，以提高招聘的效率；在进行绩效考核时，工作分析所形成的结果为绩效考核提供了具体的指标和依据。

在薪酬管理中，工作分析的作用具体表现为：

（1）有利于明确不同工作内容之间的异同，确定相应任务、职责的权重，从而明确了工作间的相对价值。

（2）有助于让员工感觉内部公平，从而提高员工的工作积极性，也为因工作不同而存在的薪酬差异提供了理论依据。

4.2.3 工作分析的实施

1）工作分析的常见术语及其关系

一般在工作分析中常涉及以下术语：

（1）任务，是指为了达到某种目的所从事的一系列工作活动，是工作分析的基本单位，例如，对客户进行培训。从工作的目的性出发，任务是组成工作的最小要素，不可细分。

（2）职责，是指为了实现某个目标，任职者需要完成的一系列任务的集合，可以由一项或多项相互关联的任务组成。例如，薪酬主管的职责之一是进行市场薪酬调查。这一职责通常可以分解为：选择薪酬调查的职位，确定薪酬调查的渠道、方式、对象，展开薪酬调查并获取调查结果，对薪酬调查结果进行分析、应用。

（3）职位，是指承担一系列工作职责的某一任职者所对应的组织位置，与任职者一一匹配。例如，某公司的行政部经理同时担负着人事管理、处理日常行政事务等职责。

（4）工作，是指组织中主要职责或工作内容相同或者相似的一系列职位的集合，如财务工作。

（5）职业，就是不同组织中相似职位的统称，如教师。

图4-1总结了工作分析中常见术语间的相互关系。

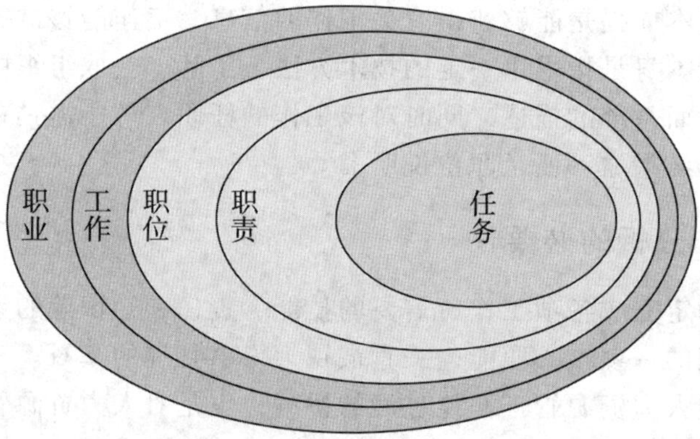

图4-1 工作分析中常见术语间的相互关系

2）工作分析的一般步骤

工作分析是一项复杂而细致的工作，需要完备的专业知识，并做好充分的准备。典型的工作分析流程及各阶段的主要任务如图4-2所示。

这里值得一提的是，组织最高管理者的参与非常重要，因为工作分析过程所耗费的成本、时间和工作分析带来的变化都是他们所关心的，而且工作分析可能会涉及某些任职者利益的变动，如某项职务可能被取消或者与其他职务合并，那么该任职者的

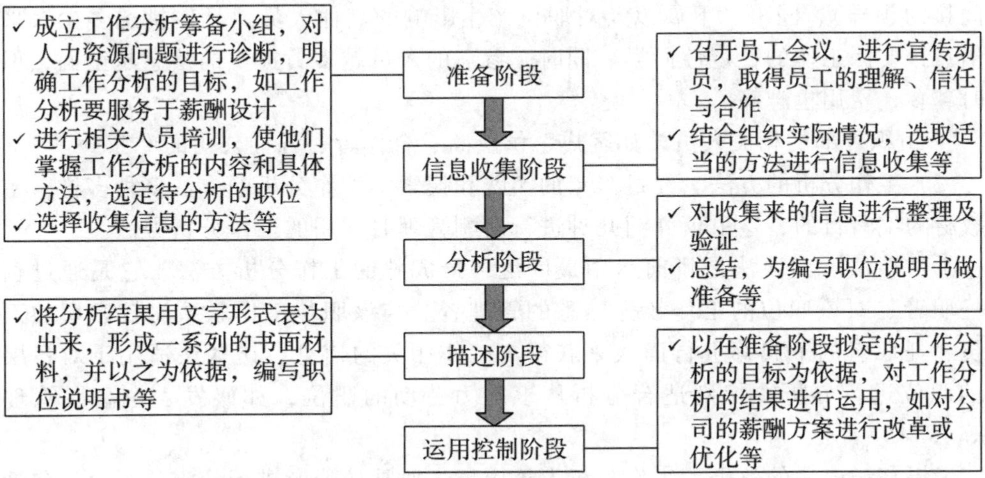

图4-2 工作分析流程及各阶段的主要任务

薪酬级别可能被调整，因此要保证工作分析成功进行，必须使最高管理者积极参与其中。

工作分析的准备工作包括以下内容：根据工作分析的总目标和总任务，对企业各类职位的现状进行初步了解，掌握相关基础数据和资料，设计职位调查时间和调查方案；做好员工的思想工作，宣讲工作分析的目的和意义，取得员工的理解、信任与合作；制订计划，对工作分析的任务和程序进行分解，以便逐项完成，并对职位分析人员进行培训，使他们掌握职位调查的内容和具体的实施步骤及方法。

（1）需要收集的信息类型。通常情况下，要成功地进行工作分析需要收集足够的信息。概括而言，有以下三种信息类型：

① 内部和外部的环境信息。工作分析的内部环境信息主要包括组织的目标、战略、经营计划、企业文化、组织结构图、工作流程图、工作说明书、规范、制度、主要业务范围、客户情况等；外部环境信息主要包括整个行业的发展情况、竞争情况，顾客和供应商的信息等。

② 与工作有关的信息。这些信息主要包括：工作职责、工作任务、工作活动、绩效标准、关键事件、工作条件、工作成果等工作内容方面的信息；该工作对企业的贡献，工作中管理的幅度，工作的独立性、创新性、所承担的风险，工作中的矛盾和冲突等工作特征方面的信息。

③ 与任职者有关的信息。这些信息主要包括：对任职者任职资格的要求，如受教育程度、专业知识、工作经验、专业技能、个人素质等；对任职者内部人际关系的描述，如与直接上司、其他上司、同事、下属等之间的关系；对任职者外部人际关系的描述，如与供应商、客户、政府机构、社区、行业中其他企业等的关系。

（2）信息来源。工作分析所需要的信息主要来源于以下四个方面：

① 组织所在行业或产业的职位标杆或者行业标准。

② 组织内部已有的文献及组织的经营计划、战略。

③ 组织内部与职位相关的各类人员，如该职位的任职者、相关领导（包括直接

或间接的领导)、同事、下属以及对职位产生影响的其他人员。具体挑选多少人来提供信息，要因工作的稳定性而异。同时，参与的人员越多，提供的信息越全面，但是耗时越多，费用也越高。

④ 组织外部的相关人员，如客户、供应商、合作者、咨询公司的专家等。

(3) 工作分析的方法。经过多年的实践和摸索，工作分析的方法多种多样，鉴于本教材的编写目的，这里仅介绍几种进行薪酬管理时常用的工作分析方法。

①访谈法。访谈法是目前运用最广泛、最成熟的工作分析方法。它是通过直接与任职者、对该职位的工作较为熟悉的管理者、与该职位工作联系比较密切的工作人员、任职者的下属等进行面谈来获得与工作相关的信息。访谈法适用于对各层各类的职位进行分析，特别适合分析从事脑力劳动的职位，如研发、中高层管理职位等。

为提高访谈法的效果，工作分析人员应事先对被访谈者进行一定的了解，包括行业特点、人员素质、企业现状等。在访谈过程中或访谈结束时，访谈者应就获取的信息及时向被访谈者反馈并确认。在实际运用中，访谈法往往以结构化访谈提纲为指导，再根据具体情况就某些关键领域进行深入探讨。

访谈法的最大优点就是简便快捷、信息量大而且非常直接和真实，工作分析人员使用访谈技巧几乎可以获得工作分析所需要的任何信息，而且可以方便地对已获得的资料加以证实。但是，访谈法具有很强的主观性，对工作分析人员的专业技能要求也较高，时间耗费相当大，因此它常用作问卷调查等定量方法的后续措施。

②问卷调查法。问卷调查法是一种应用非常普遍的工作分析方法，是以书面的形式设计问卷并分发给任职者及其他相关人员，要求其在一定期间内填写，以获取相关信息的方法。

问卷调查法的优点是收集的信息完整、系统，可节约时间与经费，调查范围广。其缺点是对问卷设计的要求较高，同时需要被调查者积极配合，而且问卷调查答案的准确性往往取决于被调查者的耐心、文化水平、表达能力及所掌握的资料等因素，因此不可避免地存在一些误差。同时，由于被调查者的陈述与表达方式的不同，工作分析者整理问卷也比较麻烦。

③观察法。观察法是工作分析人员到现场观察员工的实际工作状况，并予以记录、分析、整理、归纳为文字资料的方法，主要有直接观察法、自我观察法（工作日志法）以及工作参与法三种形式。工作分析人员观察时必须有的放矢，同时要注意研究的对象是工作而不是个人。

观察法的优点是，通过对工作的直接观察和工作者本人对工作的介绍，分析人员能更多、更深刻地了解工作要求，从而获得比较客观和正确的信息。其缺点是要求观察者具备较高的素质和一定的实际操作经验。

观察法主要适用于相对稳定的、重复性强的职位，而不适用于职能性、管理性、工作周期长和主要从事脑力劳动的职位以及偶然性的工作。

④关键事件法。关键事件法是指工作分析的调查人员、本职位员工或与本职位有

关的员工，将劳动过程中的“关键事件”加以记录，在大量收集信息之后，根据职位的特征和要求对职位进行分析研究的方法。这里的关键事件是指实际工作中对工作结果造成显著影响的事件，包括特别有效和无效的工作者行为。

运用关键事件法进行工作分析，其重点是对关键事件的识别，这给工作分析人员提出了非常高的要求。识别清楚关键事件后，工作分析人员应记录以下信息和资料：导致事件发生的原因和背景，员工的特别有效的或多余的行为，关键行为的后果，以及员工自己能否支配或控制上述后果。

采用关键事件法进行工作分析时，应注意关键事件只具有职位代表性，调查期限不宜过短，关键事件的数量应足够说明问题，正反两方面的事件都要兼顾。

关键事件法的主要优点是简单、快捷，并能获得非常真实可靠的资料，因为在所研究的“关键事件”中，员工的行为都是可观察的、可衡量的；同时，通过这种工作分析可以确定行为的任何可能的利益和作用。其缺点是对于工作分析人员的技术性要求较高，并且收集、归纳事例要耗费大量时间。另外，关键事件描述的是特别有效的或无效的行为，很难对平均的工作行为形成总的概念，这样就可能会遗漏一些不显著的工作行为，难以对需要分析的工作进行完整的把握。

（4）职位说明书。收集来的信息经过分析、整理和验证，最终要将分析结果用文字形式表达出来，形成一系列的书面材料，职位说明书便是工作分析的成果之一。表4-1列举了某公司人力资源部经理的职位说明书。

表4-1　　**职位说明书示例**

职位说明书（人力资源部经理）			
			职位编号：AD16
职位名称	人力资源部经理	所属部门	人力资源部
直接主管	公司行政总监	直接下属	人力资源专员
工作目的			
为保证企业人力资源的持续发展，在国家有关人力资源管理的政策法规和本公司人力资源管理政策的指导下，领导公司人力资源部建立和健全人力资源开发与管理体系，组织实施人力资源管理的各项工作，提高员工的满意度，为实现公司的总体经营战略和经营目标服务			
工作职责		衡量标准	
1.编写、执行公司人力资源规划和人力资源管理规范		人员管理各项工作有章可循	
2.建立和完善人力资源管理体系、机制，并组织人力资源管理各项工作的开展、实施 （1）实施工作分析，确定职位编制和职责 （2）建立人员招聘体系与人才库 （3）建立与完善绩效考评体系 （4）建立与完善薪酬福利体系 （5）建立与完善员工的培训与开发体系		企业经营活动能得到持续、有效的人力资源支持	

续表

3.为有关部门提供人力资源的信息	信息提供及时、准确；其他部门的反馈
4.对本部门员工进行任务分派、工作督导、考核和人员调配	部门内员工的绩效
重要工作联系单位	
1.公司内部：各部门 2.公司外部：相关研究咨询机构	
职业发展道路	
公司行政总监	
权限	
1.对上级指令的投诉权和申辩权 2.对公司管理变革的建议权和实施权 3.公司人力资源规划及相关管理制度及方案的拟订权、实施权及实施情况的监督权 4.对公司各项人力资源管理制度的解释权 5.对本部门人员的管理权、监督权、考核权及任免的提名权 6.对本部门预算内费用的安排权（具体财务报销的审批权按《财务报销管理规定》执行）	
任职资格	
1.所需知识技能 （1）具备人力资源管理、组织管理的专业知识和操作技能 （2）熟悉国家有关人事管理的法规和政策 （3）熟练运用办公软件 2.工作经验 2年以上人力资源管理相关工作经验 3.受教育背景要求 （1）人力资源管理、企业管理或相关专业大学本科及以上学历 （2）接受过有关现代人力资源管理技术、劳动法规、财务知识和管理能力开发等方面的专业培训	

4.3 职位评价的方法

组织选取职位评价方法时，必须考虑很多的因素，比如组织的规模、工作的数量和种类、组织结构、经营业务、行业特点、战略规划、价值观和文化、可用的内外部资源等。总之，必须选取适合的职位评价方法才可能获得成功。

本书着重介绍五种主要的职位评价方法：排序法、工作分类法、因素比较法、计点法，以及海氏职位评价系统。

4.3.1 排序法

排序法是几种方法中最简单的一种，是将工作视为一个整体，根据各种工作的相对价值或它们各自对组织的相对贡献来由高到低地进行排列。

常用的排序法有两种：交替排序法与配对比较法。交替排序法是首先从所有职位中确定出最有价值和最没有价值的职位，然后确定出剩下职位中的最有价值和最没有价值的职位，以此类推，直到已将需要排序的所有职位列出。图4-3对这种方法的步骤进行了描述。配对比较法是评价者将每个职位与其他职位逐一进行比较，将每次比较的优胜者选出，按最后的优胜次数多少进行排序，表4-2中的上三角矩阵有助于大家理解。

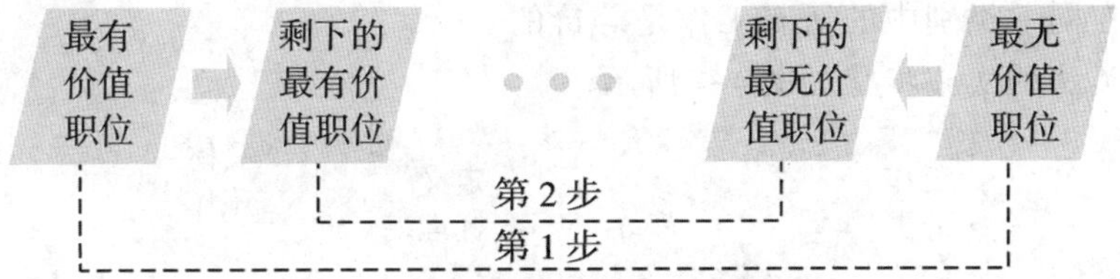

图4-3 交替排序法的实施步骤

表4-2 配对比较法

	职位F	职位A	职位B	职位C	职位D	职位E
职位F		职位A	职位F	职位C	职位F	职位F
职位A			职位A	职位C	职位A	职位A
职位B				职位C	职位B	职位B
职位C					职位C	职位C
职位D						职位D
职位E						

按比较的优胜次数排序（括号中的数字为两两比较的优胜次数）

职位C（5），职位A（4），职位F（3），职位B（2），职位D（1），职位E（0）

排序法最大的优点就是简单、快捷，初期费用低，容易理解和应用，可以在短期内完成。由于这种方法是根据职位的“总体情况”而不是根据一系列细分的评价因素排序的，所以职位说明书在排序法中并不像在其他方法中那样不可或缺。

然而，排序法有很多不足。首先，在排序的过程中，主观因素较大。由于该方法对于职位排序的标准或因素，没有明确定义，很难用相关的专业术语来解释和证实，因此不同的评价者甚至可能得出不同的结论。其次，排序法要求所有的职位评价者对所有职位都非常了解，而随着组织规模的不断扩大，这是不实际也是不可能的。一些组织也探索通过其他的方法来克服这一不足，比如有的组织先在各部门内排列各职位，再通过横向和纵向的综合比较来进行工作评价。再次，排序法特别是配对比较法需要进行比较的次数一般较多，这会使问题复杂化，例如要对30个职位排序就需要比较435次（$C_{30}^{2}=30\times29/2$），这样往往使后期的费用较高。最后，排序法只能提供工作之间的相对价值的排列次序，而不能显示其具体差距的信息。通常，这种方法适用于规模较小的公司，因为它们无力花费更多时间和开支去开发或采用比较复杂但是更加精确的体系。

4.3.2　工作分类法

工作分类法在公共部门中十分流行，常常是先根据一系列的因素（如技能水平、责任、工作所要求的受教育水平或经验、职责的复杂性、技术知识、决策权限、监督职责等）来建立工作等级标准，并给出明确的定义，然后将需要评价的工作与各类设定的标准进行比较以归入不同的类别。这种方法的假设前提是，不同类别之间的差距是相等的，在同一类别中的所有工作是等价的。

工作分类法的实施步骤如图4-4所示。

图4-4　工作分类法的实施步骤

（1）工作分类。不同的组织中有不同的分类方法，类别数目也与组织所处的行业、规模、工作的性质、薪酬制度、企业文化等密切相关。比如某IT企业，首先将所有的职位分为市场、管理、研发、生产等类型，再在研发类的职位下细分软件研发、硬件研发等职位，在市场类的职位下细分营销、售前、售后等不同职位。

（2）分级。将每类职位分为若干等级，等级数的多少取决于所列的一系列因素，具体的等级数也是没有统一标准的。

（3）定义标准。该标准为薪酬体系的建立提供了依据，因此这一步非常重要。很多组织都通过对标杆职位进行分析来制定工作的分级标准。

（4）具体工作归类。根据工作分析的结果，并结合制定的分级标准，对各项工作进行归类。

工作分类法的优点是简单、清晰，对环境变化的适应性强，容易操作，也容易被员工理解和接受。工作分类法的缺点：一是它实际上假定工作因素与工作价值之间存在稳定关系，使得工作类别划分的细度不容易被掌握；二是对职位说明书提出了较高的要求，因为职位说明书不仅要与标准等级说明书和基本职位比较，还要能够横向互相对比，以保证最终各个等级内部的职位相似，便于薪酬体系的制定。

4.3.3　计点法

计点法又称要素计点法或因素评分法，是一种量化的职位评价方法，和前面介绍的两种方法最大的不同就在于为评价工作制定了明确的标准——报酬要素。在美国，有60%～70%的公司采用此法。我国政府从20世纪90年代初开始，在国有企业中大力提倡职位技能工资制，与之相配套确定职位等级的方法——职位测评，也属于计点法。计点法是指通过对基准工作特征的分析，选择和定义一组通用性评价指标作为报酬要素，再根据各要素在各项工作中的体现对其量化，并根据它们对组织的重要程度来赋予适当的权数，权数又对应不同的点数，最后将待评价工作依据各个报酬要素来计算总点数，以衡量该工作的相对价值。计点法有三个基本特征：确定报酬要素，要素的等级可以量化，权数反映各要素的相对重要性。

计点法的实施步骤如图4-5所示：

图4-5　计点法的实施步骤

（1）基准工作分析。基准工作是指该工作在某类工作中具有代表性，工作内容相对稳定，取得了“正确”的工资，并且全体员工一致认同这些报酬要素对其总体价值的相对贡献程度。正确选取基准工作是计点法获得成功的基础。这个过程中的具体工作包括：做好工作分析，撰写职位说明书，同时对职位进行分类（划分职族），比如分成销售职位、行政职位、生产职位等。

（2）确定报酬要素。报酬要素是计点法的中心，是指那些在工作中受组织重视，有助于实现组织战略目标的特征。比如，该职位对企业的影响、职责大小、工作难度（包括解决问题的复杂性、创造性）、对任职人的要求（包括专业技术要求、能力要求、生理要求等）、工作条件、工作饱和度等。我国的企业特别是国有企业在职位测评中，常用的四大评价要素是职位责任、职位要求技能、劳动强度、劳动条件。在外企中，采用的多是CRG（后与William Mercer（美世）合并）、HAY（合益）、Watson Wyatt（华信惠悦）等咨询公司的模式，主要偏重决策自由度、最终结果的影响力、责任的重要性、沟通技巧、任职资格、解决问题的难度、工作条件等因素。

（3）量化报酬要素。报酬要素确定后，首先制定一个量表来反映每个要素内部的不同等级，各等级可根据基准工作中有代表性的技能、任务和行为等来确定。然后，根据多种因素（如企业的战略、雇主的偏好等）来确定各报酬要素的权重。在选取报酬要素及其量化的过程中需要注意的具体问题，我们将在4.3.6“职位评价的实施”部分详细进行讨论。

（4）衡量一般工作，即根据量化后的报酬要素对其他的非基准工作进行衡量，确定其相对价值。

计点法最大的优点在于评价结果的公平性和准确性，并且根据评价结果制定各个职位的薪酬数据时，后期的工作量相对较小。它也非常易于推广，对环境变化的适应性强，各个指标能够有效地传达组织认同的有价值的因素。另外，工作之间量化的价值可以很容易地用来决定内部工作价值与外部工作价值之间的关系。其不足之处主要表现在两个方面：一是评价指标体系的确定需要相关人员的主观判断，难免存在偏误和随意性；二是前期的实施过程复杂、周期长，所耗用的时间、费用也非常多，造成了组织和员工沟通的困难。尽管如此，计点法仍然是国外很多企业在确定薪酬体系时最常用的职位评价方法。

4.3.4 因素比较法

因素比较法是一种量化的职位评价方法，也是排序法、工作分类法、计点法、因素比较法四种主要方法中最复杂、最难以对员工做出解释的。因素比较法和计点法有一定的相似之处，但是二者的区别很明显。首先，因素比较法在操作过程中需要将基准工作按照给定的要素进行重要性比较并二次排序，而计点法并不这么做；其次，因素比较法直接以报酬金额来体现工作在每一要素上的重要程度，而计点法是根据工作的总点数来衡量其相对价值。

实施因素比较法的步骤：

第一步，确定报酬要素。

第二步，选取一组基准工作。

第三步，根据每个报酬要素对基准工作进行主观排序。

第四步，按照各报酬要素对工资的贡献比例，将每一基准工作的工资分配到每一报酬要素维度中。

第五步，根据每个报酬要素的工资价值对基准工作进行再次排序。将两次排序的结果进行比较，对它们的差异进行调整，如果无法进行调整，就将这一工作从基准工作中剔除。

第六步，建立等级基准表，在每一个报酬要素维度上标明每一个基准工作的工资金额。

第七步，将其他需要评价的非基准工作，根据每一报酬要素与基准工作进行比较，确定其在每一尺度上的报酬金额，然后进行累计，就可以计算出每一项工作的工资。

因素比较法最大的优点表现为评价标准明确，评价要素具有通用性，并且直接把等级转化为货币价值。但是它有很大的不足，比如没有一个明确的原则指导评价过程（如报酬要素和基准工作的选取，以及各因素对应的货币价值的多少），而是过多依靠人为的评判。因此，因素比较法在组织职位评价的实际操作中往往应用不多。

4.3.5 海氏职位评价系统

海氏职位评价系统是由世界著名的薪酬问题咨询公司——美国合益公司——创始人爱德华·N. 海（Edward N. Hay）于1943年开发出来的一套职位评价体系。它将报酬要素确定为三类，即技能水平、解决问题的能力和承担的工作责任，并设计了三套相应的标尺性评价量表作为职位评价的依据。

（1）技能水平。技能水平是指完成工作所必需的以及在工作中所获得的各种技能的总和。对技能水平的衡量包括广度（多样性）和深度（透彻性）两个方面：一种工作可能需要涉及大量事物的某一方面的知识，也可能需要涉及少量事物的各方面的知识，因此技能水平是广度与深度的结合。

这种结合使得技能水平必须包括三个维度：专业技能水平，又细分为从“初级的”到“专业性精通的”八个等级；管理技能水平，即综合并协调运营、支持、行政管理领域等各种功能的管理技能，又细分为“不需要”“相关”“较重要”“主要”四个等级；人际关系技能水平，又细分为“基本”“重要”“关键”三个等级。

技能水平的职位评价量表见表4-3。

表4-3 **技能水平的职位评价量表**

		管理技能水平											
		不需要			相关			较重要			主要		
人际关系技能水平		基本	重要	关键	基本	重要	关键	基本	重要	关键	基本	重要	关键
专业技能水平	初级的	50	57	66	66	76	87	87	100	115	115	132	152
		57	66	76	76	87	100	100	115	132	132	152	175
		66	76	87	87	100	115	115	132	152	152	175	200
	初级职业的	66	76	87	87	100	115	115	132	152	152	175	200
		76	87	100	100	115	132	132	152	175	175	200	230
		87	100	115	115	132	152	152	175	200	200	230	264
	职业的	87	100	115	115	132	152	152	175	200	200	230	264
		100	115	132	132	152	175	175	200	230	230	264	304
		115	132	152	152	175	200	200	230	264	264	304	350
	高级职业的	115	132	152	152	175	200	200	230	264	264	304	350
		132	152	175	175	200	230	230	264	304	304	350	400
		152	175	200	200	230	264	264	304	350	350	400	460
	基本技术专家的	152	175	200	200	230	264	264	304	350	350	400	460
		175	200	230	230	264	304	304	350	400	400	460	528
		200	230	264	264	304	350	350	400	460	460	528	608
	熟练技术专家的	200	230	264	264	304	350	350	400	460	460	528	608
		230	264	304	304	350	400	400	460	528	528	608	700
		264	304	350	350	400	460	460	528	608	608	700	800
	精通技术专家的	264	304	350	350	400	460	460	528	608	608	700	800
		304	350	400	400	460	528	528	608	700	700	800	920
		350	400	460	460	528	608	608	700	800	800	920	1 056
	专业性精通的	350	400	460	460	528	608	608	700	800	800	920	1 056
		400	460	528	528	608	700	700	800	920	920	1 056	1 216
		460	528	608	608	700	800	800	920	1 056	1 056	1 216	1 400

（2）解决问题的能力。解决问题的能力是针对工作所要求的分析、评价、创造推理、总结等所进行的原始的、“自我开始”的思考。解决问题的能力通过识别、定义、解决三个不同强度来衡量，而这个过程中特别强调思考的作用。思考的原材料是任职者具备的知识、技能，因此解决问题的能力这个报酬要素的得分是用技能水平的得分乘以相应的百分比来衡量的。

解决问题的能力这个要素包含两个维度：一个是思维环境，又细分为从“高度常规”到“抽象定义”八个等级；另一个是需解决的问题对思考提出的挑战，又细分为从“重复的”到“未标明的”五个等级。

解决问题的能力的职位评价量表见表4-4。

表4-4 解决问题的能力的职位评价量表

项目		需解决的问题对思考提出的挑战				
		重复的	模式的	添改的	适应的	未标明的
思维环境	高度常规	10% 12%	14% 16%	19% 22%	25% 29%	33% 38%
	常规	12% 14%	16% 19%	22% 25%	29% 33%	38% 43%
	准常规	14% 16%	19% 22%	25% 29%	33% 38%	43% 50%
	标准化	16% 19%	22% 25%	29% 33%	38% 43%	50% 57%
	清楚定义	19% 22%	25% 29%	33% 38%	43% 50%	57% 66%
	广义定义	22% 25%	29% 33%	38% 43%	50% 57%	66% 76%
	一般定义	25% 29%	33% 38%	43% 50%	57% 66%	76% 87%
	抽象定义	29% 33%	38% 43%	50% 57%	66% 76%	87% 100%

（3）承担的工作责任。承担的工作责任是指对行动和结果所负的责任，一般通过工作自由度（又细分为九个等级）、工作对结果的影响（又细分为四个等级）、财务责任（又细分为四个等级）三个维度来进行衡量。

承担的工作责任的职位评价量表见表4-5。

表4-5 **承担的工作责任的职位评价量表**

工作对结果的影响		财务责任															
		非常小的或不确定的				小的				中等的				大的			
		R	C	S	P	R	C	S	P	R	C	S	P	R	C	S	P
工作自由度	限定的	10	14	19	25	14	19	25	33	19	25	33	43	25	33	43	57
		12	16	22	29	16	22	29	38	22	29	38	50	29	38	50	66
		14	19	25	33	19	25	33	43	25	33	43	57	33	43	57	76
	控制的	16	22	29	38	22	29	38	50	29	38	50	66	38	50	66	87
		19	25	33	43	25	33	43	57	33	43	57	76	43	57	76	100
		22	29	38	50	29	38	50	66	38	50	66	87	50	66	87	115
	标准化的	25	33	43	57	33	43	57	76	43	57	76	100	57	76	100	132
		29	38	50	66	38	50	66	87	50	66	87	115	66	87	115	152
		33	43	57	76	43	57	76	100	57	76	100	132	76	100	132	175
	大体规定的	38	50	66	87	50	66	87	115	66	87	115	152	87	115	152	200
		43	57	76	100	57	76	100	132	76	100	132	175	100	132	175	230
		50	66	87	115	66	87	115	152	87	115	152	200	115	152	200	264
	指导的	57	76	100	132	76	100	132	175	100	132	175	230	132	175	230	304
		66	87	115	152	87	115	152	200	115	152	200	264	152	200	264	350
		76	100	132	175	100	132	175	230	132	175	230	304	175	230	304	400
	固定方向的	87	115	152	200	115	152	200	264	152	200	264	350	200	264	350	460
		100	132	175	230	132	175	230	304	175	230	304	400	230	304	400	528
		115	152	200	264	152	200	264	350	200	264	350	460	264	350	460	608
	广义指导	132	175	230	304	175	230	304	400	230	304	400	528	304	400	528	700
		152	200	264	350	200	264	350	460	264	350	460	608	350	460	608	800
		175	230	304	400	230	304	400	528	304	400	528	700	400	528	700	920
	战略导向	200	264	350	460	264	350	460	608	350	460	608	800	460	608	800	1 056
		230	304	400	528	304	400	528	700	400	528	700	920	528	700	920	1 216
		264	350	460	608	350	460	608	800	460	608	800	1 056	608	800	1 056	1 400
	大体上不做导向的	304	400	528	700	400	528	700	920	528	700	920	1 216	700	920	1 216	1 690
		350	460	608	800	460	608	800	1 056	608	800	1 056	1 400	800	1 056	1 400	1 800
		400	528	700	920	528	700	920	1 216	700	920	1 216	1 690	920	1 216	1 690	2 000

注：R，相关性小，即通过信息性、流程性或者偶然性的服务影响某些重要结果；C，间接作用，即通过向他人提供解释性或者建议性的服务，影响结果的实现；S，共享作用，即在组织内部或者外部与他人共同采取行动完成某项工作；P，主导作用，即对结果有控制性的影响，并通过自己的行为或者直接下属的行为实现。

在根据海氏职位评价系统对各种工作进行评价时，评价者的任务是借助于工作分析和三套标尺性评价量表确定每种工作的各个报酬要素应该得到的分数，再将这三类要素的分数加总得到每种工作的总点数。

海氏职位评价系统是计点法和因素比较法的结合，有效解决了不同组织的不同职务间相对价值的比较和量化的难题，因此被企业界广泛接受和采用。

4.3.6 职位评价的实施

在组织正式实施职位评价的过程中，以下几个方面显得非常关键：

1）具体方法的选取

在前面我们就已指出最好的方法是符合组织目标的最实用、最简便的方法。因此，组织在具体的实施过程中，首先要考虑的就是从咨询公司购买一个现成的或是已被修改过的职位评价系统，还是创建自己的职位评价系统。购买现成的系统的优点是咨询公司在薪酬体系的实施方面有专业特长，可以使这一系统很快地投入正常运行，同时可以有效避免公司政治问题；其缺点是咨询公司可能不熟悉组织的业务和发展历史，设计出来的系统可能难以满足组织的具体需要，同时费用较高。如果选择开发自己的系统，最明显的优点就是“适合”（与组织战略一致，适合组织真正的需要）和“落实”（具体责任能够有效分配到部门及个人），但有一定的不足，主要是相对于薪酬专家而言组织自身欠缺专业知识，投入的时间、费用可能也不少。组织究竟采取何种形式，或者二者相结合，需要根据具体情形而定。

2）职位评价的参与者

在选定了评价方法后，接下来需要考虑的一个重要问题就是谁应当参与职位评价过程。

选择职位评价人员的标准应该包括：具备职位评价系统程序的知识、应用工作评价系统的技巧、准确和客观地进行排序的能力，当然培训是必不可少的。此外，因为职位评价的目标是产生一个为相关群体所接受的工作等级，所以从被评价的不同工作群体中选取代表来进行职位评价将是十分明智的。大多数的组织都有一个专门的职位评价委员会来实施职位评价。职位评价委员会成员的组成可以来自传统的交互作用的群体，也可以来自非传统的非交互作用的群体。

在交互作用的群体中，一般是从所有受到影响的主要工作群体中选择代表，组成一个混合式的群体，以提高结果的可接受性，这可能意味着职位评价委员会的成员来自组织中的各职能部门及团体。此外，通过获取多种观点、视角，并让每一个被评价的职位都至少有一个对其熟悉的人，可以提高评价的准确性。

随着信息技术的广泛采用，采用非交互作用的群体进行职位评价的方法变得越来越实用，例如德尔菲技术。通过网络，可以使处于不同地理位置的评价者方便地对目标工作进行评价及收到反馈、修改，直到达成一个可接受的、一致的评价。

3）报酬要素

报酬要素的选择取决于组织的价值观以及发展规划，因此组织一般以工作本身和工作对组织战略的贡献为基础来选取报酬要素。米尔科维奇和纽曼建议基于与事业的相关性、与工作的相关性和可接受性三原则来选择报酬要素。与事业的相关性是指必须以组织的战略、文化、价值观为导向；与工作的相关性是指与工作本身的性质、工作业绩紧密相关；可接受性是指能为利益相关者所接受。经过调查分析可以发现，组织间通用的报酬要素一般包括受教育程度、工作经验、责任范围、工作环境、决策、工作沟通和协调等。

4）报酬要素数量的确定

一项研究表明，一个含有二十一个报酬要素的方案和一个只有七个报酬要素的方案，其工作评价的结果几乎一致，而且区分工作间的明显差异仅仅有三个报酬要素即可。我们通常以所选取的报酬要素能否全面反映该工作的价值差异及各方利益相关者能否接受来衡量其是否合适，至于究竟选取多少个报酬要素可以构建最佳的工作评价方案在理论界仍存在很大的争议。有的学者从成本和可实施性的角度出发，认为在满足以上两个要求的前提下，报酬要素越少越好；也有学者认为较复杂的职位评价方案是必要的，因为它有助于获得任职者的认同，减少职位评价结果的争议，同时能更好地传递组织战略和决策信息，而所增加的成本是可以接受的。

5）等级的划分

在划分报酬要素的等级时，首先要尽可能涵盖工作在该报酬要素上的每一个水平，但是等级数目不宜过多，最好不要超过恰当地和公平地区分所有被评价的工作所需要的数目，否则工作量大且评价者往往很难准确选出恰当的等级；其次是从心理学的角度来看，为了便于接受，应尽可能使各等级间点数的差别程度不要过大；最后是在能准确描述等级标准的前提下，尽可能使用易于理解的术语，让人们非常清楚如何将这些等级运用于各类职位。

6）报酬要素的权重

报酬要素的权重是衡量该要素重要性的标志，各要素权重的不同反映了其对组织目标和战略的相对重要性不同，正确分配各要素的权重可以有效传递组织的期望。

报酬要素权重的确定一般采用以下几种方法：一是主观经验法，即评价者凭自己的经验直接给报酬要素加权；二是调查访谈法，即评价者通过工作分析，并结合对组织内部相关者进行调查、访谈，来确定报酬要素的权重；三是统计分析法，即首先将报酬要素按其对组织目标的重要性进行排序，然后赋予排在第一位的报酬要素权数为1，依次将后面的各要素与其进行比较，分配不同的权数，最后将各要素的权数除以所有权数的总和即得到各要素的权重，权重的总和为1。

一旦报酬要素的权重确定了，便可以根据拟定的最大的点数值来分配各要素的点数，而这个最大点数值必须足够大以充分反映工作之间的差异。评价者可以通过比较关键职位的工作等级来检查结果的正确性。

思政专栏

职位评价需要做到客观、公正和公开，不仅要做到企业内部的公平，还要坚持市场公平、社会公平，正如《中共中央 国务院关于新时代加快完善社会主义市场经济体制的意见》（2020年5月）指出的，“健全体现效率、促进公平的收入分配制度。坚持多劳多得，着重保护劳动所得，增加劳动者特别是一线劳动者劳动报酬，提高劳动报酬在初次分配中的比重，在经济增长的同时实现居民收入同步增长，在劳动生产率提高的同时实现劳动报酬同步提高”。

本章小结

职位评价是比较内部职位相对价值的重要手段，既能够体现不同职位在组织战略体系中的地位和作用，将组织的战略意图分解到具体的职位上，又能够对职位的责任、任职要求等进行横向比较，达成内部的相对公平。组织必须意识到对职位的分析、评价不可能一劳永逸，它是一个连续的过程，必须随着行业环境、组织战略定位的变化以及内部职位的调整而相应变化。

复习思考题

（1）何为职位评价？它与工作分析有什么区别？

（2）简述职位评价的特点和原则。

（3）工作分析的方法有哪些？

（4）职位评价的方法有哪些？

案例分析

“薪”随岗动

——凌源钢铁如何差异化激励特殊岗位员工

1）引言

2023年2月24日，中国钢铁工业协会人力资源年会上，凌源钢铁集团（以下简称凌钢）人力资源部部长苗乔广做的题为《科学识别特殊岗位　实施差异化精准激励》的报告，得到了参会领导和代表的高度认可，凌钢首次荣获全国冶金企业管理现代化创新成果二等奖。苗部长看着获奖证书，回忆起从当初特殊岗位人才流失严重，到如今员工队伍稳定，历时8个月完成特殊岗位精准识别及差异化动态薪酬激励的一系列工作历程，不由得思绪万千……

2）导火索：突然的联名集体上访

2020年8月26日的一大早，苗部长在办公室准备开始一天的工作。突然他听到办公室外边嘈杂的吵闹声，打开门一看，凌钢焦化厂某班次的十几位天车工齐刷刷地站在人力资源部办公室门口。苗部长意识到问题似乎有些严重，顾不上当天的工作任务，立刻在会议室里接待了他们。

“苗部长，我们今天要联名向公司反映一些问题，”天车工代表小王开门见山地说明了一行人的来意。苗部长耐心地安抚了他们，在交流中了解到他们上访的主要原因是天车工岗位的人员非常短缺，工作量太大。天车工岗位的工作条件艰苦、危险系数高、单人单岗作业内心的孤独，种种因素叠加在一起，天车工成为大家都不愿意干的岗位。

在沟通的过程中，苗部长了解到他们上访的主要目的是希望提高岗位待遇。天车工岗位属于辅助厂的辅助岗位，收入水平处于中下游。近期公司效益不好，为了保证主体岗位薪资的稳定，包括天车工岗位在内的许多辅助岗位员工的收入都有所下降。让他们感到不公平的是，随着传统制造业不断转型升级，许多主体岗位引入了自动化和智能化的先进技术，工作环境改善、劳动强度降低、生产效率提高的同时，工资水平保持不变。而与主体岗位相对轻松且高薪酬的待遇相比，天车工的薪酬所得与工作辛勤的付出远远不匹配，这加剧了天车工岗位员工心理的不平衡感。

因此在公司发放 8 月份工资的当天，小王和其他天车工就集体去找了焦化厂领导讨要说法，但厂领导表示问题无法解决。无奈之下，他们只能来到公司总部反映诉求。经过一个多小时的交流，苗部长厘清了天车工们的两点诉求：一是增加岗位人员配置；二是保证收入水平不下降且适当提高。想到这里，他不由得倒吸一口气，从集团制度层面来看，这两点诉求短时间内都无法满足。首先是人员配置问题，根据公司持续提升劳动生产率的要求，招聘新员工的人数无法增加，并且没人愿意调到天车工岗位；其次是提高收入的要求，国企的薪酬改革是系统工程，短期内无法形成方案，而且全公司上万人，如果只给天车工岗位涨薪，其他岗位员工很可能会产生不平衡心理，但是眼前的问题急需面对，天车工们集体不作业会极大影响企业安全稳定生产，问题不及时处理会带来更大隐患。

3）切入点：特殊岗位精准识别

安抚完天车工后，苗部长当机立断，将上访事件向公司高层汇报，公司授权人力资源部门提出并落实解决方案。苗部长找到了工作的切入点，科学识别岗位价值并进行差异化激励。苗部长决定进行现场调研，由人力资源部门牵头成立实地调研访谈调查工作小组，调查员趁天车工休息时进行一对一访谈，并亲自上天车体验工作环境。调研结果证实了天车工们的说法。

在调研过程中，苗部长发现不只是天车工岗位，凌钢还存在类似性质的岗位，例如高炉炉前岗位等，它们工作环境差、劳动强度大、危险系数高，经研讨，这类岗位被命名为特殊岗位。苗部长及时请示公司高层，开展特殊岗位识别工作。结合历年来积累的定岗定员经验和公司的实际情况，运用要素评分法确定了识别特殊岗位的4大因素、21子因素，确定各因素赋分权重的合理性。经过为期2个月的调研，共形成8大类工种 84个特殊岗位。

公司掌握了特殊岗位存在的两点问题，分别是在岗人员长期短缺以及对现有收入不满。员工长期短缺主要是人员补充不到位造成的，年龄较大的员工无法长期适应特殊岗位工作，薪酬待遇不高导致不少年轻员工辞职；对收入不满主要是特殊岗位与自动化程度高的岗位间的矛盾，凌钢生产操作岗位分为8 个岗级，岗级越高，工资与奖金对应越高。虽然特殊岗位的岗级处于高分位位置，但是与自动化程度高、劳动强度低的同类岗位比，付出的辛苦却与收入不成正比，长此以往导致特殊岗位员工抱怨不断。

4）找出路：动态津贴差异化激励

通过覆盖全部特殊岗位的抽样访谈调查识别出特殊岗位后，凌钢开始主动探索激励方案。2015 年中共中央、国务院印发发布了《关于深化国有企业改革的指导意见》，薪酬改革是三项制度改革的“牛鼻子”。基于国家的政策要求，结合现场调研与访谈的结果，通过会议商讨，公司高层一致认为薪酬差异化激励是最好的解决手段，合理的薪酬制度能够吸引并留住优秀人才，促进企业健康发展。但是如何能保证对岗位激励的精准性呢？

为此，凌钢专门成立了特殊岗位员工薪酬激励方案设计工作小组，通过系统分析公司生产操作岗位现有薪酬结构，结合不同岗位实际薪酬待遇水平，经过商议，最终决定在特殊岗位薪酬结构上单独设计特殊岗位津贴一项，不与员工的月度效益工资混同、不与公司当年经营效益情况挂钩，仅体现岗位的稀缺性和特殊性，岗位薪酬结构对比如图4-6所示。

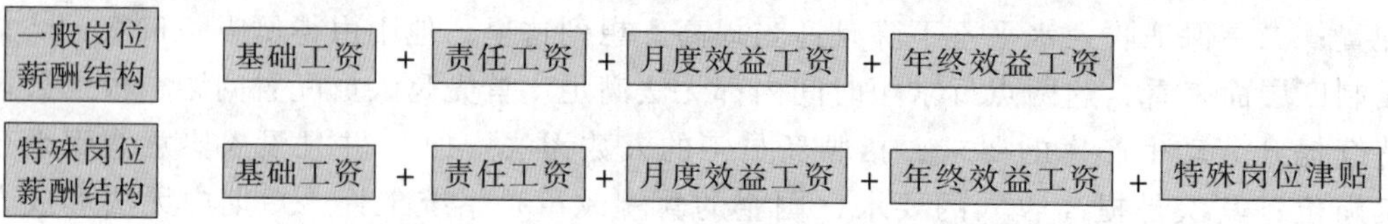

图4-6 一般岗位与特殊岗位薪酬结构对比

特殊岗位津贴的档次和标准确定是方案设计的一个关键问题。根据特殊岗位所处生产线、工作环境、劳动强度等因素，将不同生产线的特殊岗位分为不同档次，以此实现岗位外部差异化；同一类岗位内部分为几个档次，按档次享受不同额度的特殊岗位津贴，以此实现岗位内部差异化。考虑凌钢可承受的薪酬成本支付能力，经过严谨的计算，公司确定特殊岗位津贴激励发放额度标准控制在50~500元/人·月，同一类岗位的津贴等级差控制在10~250元/人·月。

如何平衡特殊岗位津贴对其他岗位员工的公平性呢？这是另一个要重点考虑的问题。经商议，公司决定实施特殊岗位津贴动态管理制度，将特殊岗位津贴与实际出勤和岗位个人绩效完成情况挂钩，通过日清日结的动态调整方式，体现有劳有得、不劳不得，避免特殊岗位员工认为特殊岗位津贴就是传统的固定津贴收入，出现不能保质保量完成本职工作等行为，也能够消除其他岗位员工内心的不平衡。

历时半年多后，2021年5月20日，经过层层安排与精心部署，公司印发了《特殊岗位津贴管理办法》通知，试行期为3个月，这标志着特殊岗位员工差异化动态薪酬激励方案落地实施。试运行期间，公司及时发现问题，不断优化方案。通过设置反馈机制，推动了方案更新的时效性和激励的有效性。试运行期后全公司正式推行方案，期间苗部长定期与基层单位沟通交流，根据其反馈，方案实施后取得了立竿见影的效果。一年后，特殊岗位人员辞职率由原来的5.3%下降到1%以下，很多青年员工主动申请调到特殊岗位工作，解决人员配置不足的问题。方案实施不仅得到了公司各单位的一致认可，而且成为行业内人力资源管理的先进典型。2023年年初，苗部长应邀参加行业年会进行经验分享。

5）路漫漫：国企薪酬改革在路上

国资委充分肯定了凌钢在强化薪酬分配的岗位价值激励导向、增强生产一线岗位对劳动者的吸引力方面进行的积极探索。2023年2月，人力资源和社会保障部、财政部发布了《关于做好国有企业津贴补贴和福利管理工作的通知》，要求进一步深化国有企业工资分配制度改革，规范收入分配秩序。

从年会分享回来，苗部长马不停蹄地开始新一轮的部署，他思考着凌钢下一步的薪酬改革方向，在接下来与鞍钢重组的进程中，改变和革新必然伴随着重重困难，国企改革道阻且长，苗部长感受到身上沉甸甸的担子，但他眼中更多的是坚定，看到光明的远方……

资料来源　商华，狄宇航，苗乔广，等．薪”随岗动——凌源钢铁如何差异化激励特殊岗位员工？[EB/OL]．(2023-10-30)[2024-01-22]．http：//www.cmcc-dlut.cn/Cases/Detail/7720.

案例思考题：

（1）面对天车工联名集体上访，凌钢遇到了什么难题？

（2）凌钢如何实现精准识别与评估特殊岗位？

推荐阅读资料

[1] 李中斌，等．工作分析理论与实务［M］．5版．大连：东北财经大学出版社，2024.

[2] 萧鸣政．工作分析与评价［M］．6版．北京：中国人民大学出版社，2023.

[3] 方雯．工作分析与职位评价［M］．西安：西安电子科技大学出版社，2017.

网上资源

[1] HR管理世界，http：//www.hroot.com

[2] 世界经理人，http：//www.ceconline.com

[3] 美国人力资源管理协会，http：//www.shrm.org

第5章 薪酬调查

学习目标

- 了解薪酬调查主要功能、基本内容和调查方法；
- 了解实施薪酬调查的流程；
- 重点掌握基准岗位的选择；
- 理解如何正确使用薪酬调查的结果并做到薪酬外部公平。

第5章课件

引例

快递公司薪酬待遇哪家强？

圆通、韵达、德邦、申通等快递企业相继公布2021年全年业绩，通过对这些企业员工所获薪酬进行梳理发现，2021年，快递企业员工人均年薪普遍超过10万元。从员工获得的薪酬来看，顺丰员工人均年薪最高，超过16万元。

2021年，随着劳动力成本增加，各企业的员工投入都有不同程度的提升，韵达、申通、德邦、顺丰、圆通财报中，属于管理费用分项的“职工薪酬”数额，同比分别增加50%、30%、25%、14%、5%。

不过，若与往期对比，仅申通、德邦员工人均年薪同比上涨，其他3家均下降。德邦在财报中披露称，2021年公司人工成本为140.3亿元，占总成本50%，比上年48%的占比有所提升，主要受业务规模持续扩大，同时保证基层人员薪资竞争力的共同影响。

从员工获得的薪酬来看，顺丰员工人均年薪依然最高，超过16万元，其中包括工资、奖金、津贴和补贴、职工福利费、医疗保险费、工伤保险费、生育保险费、住房公积金、工会和教育经费等。

此外，2020年顺丰为响应“春节不打烊”的服务需求，向员工发放近10亿元加班补贴，同年7月宣布年内投入不低于2亿元专项资金提升收派员收入。数据显示，截至2021年年底，顺丰拥有在职员工17.7万人，收派员超42万人。

此外，据京东物流在去年的上市招股书中披露的信息，其员工薪酬福利开支占营业成本四成。2021年，公司参与仓储管理、分拣、拣配、打包、运输、配送及客服等运营员工的薪酬福利开支同比增加37.3%至358亿元，主要是由于参与提供服务的员工数量增加。据悉，京东物流已拥有超30万人的一线员工，若据此测算，京东物流一线员工人均年薪约达12万元。

当前，物流企业对人才的投入与重视度不断提升。为充分调动公司核心骨干及优秀员工的积极性，主要物流企业均实施了员工持股计划。其中申通和圆通分别在2022年3月和4月开启了第一期、第二期员工持股计划，顺丰在4月底发布了2022年股票期权激励计划，首次授予的激励对象不超1 471人。京东物流在2021年实施首次公开发售前员工股权激励计划，据统计，截至2021年年底，包括股份支付的员工薪酬福利开支总额为412亿元，同比增长38.4%。

资料来源 傅晓羚．8家快递公司去年人均年薪超10万，顺丰小哥最高，超16万［EB/OL］．(2022-05-09)［2024-01-22］．https：//www.163.com/dy/article/H6UPABM705129QAF.html.

本章将提供一个有力的工具——薪酬调查。通过全面的市场薪酬调查，企业可以了解行业和地区内部不同性质、不同规模的竞争对手所确定的薪酬政策、实施的薪酬水平、采用的薪酬结构，找到适合其支付能力和政策的全面薪酬系统。

随着网络的普及，市场竞争的日益激烈，员工就业范围的逐步扩大，企业无法屏蔽外部的薪酬信息对员工的冲击，不能回避薪酬变化对企业竞争力的影响，难以阻止优秀员工根据薪酬高低而进行的流动。面对这些挑战，越来越多的企业开始注意到薪酬体系的内部公平性和外部竞争性对其在产品市场上的竞争力和战略性人力资源的影响，促使企业考虑如何利用竞争驱动性的薪酬体系来维护内部员工的稳定和吸引外部优秀人才，基于此，薪酬调查就成为企业了解其薪酬体系的内外一致性的有力手段。

5.1 薪酬调查概述

5.1.1 薪酬调查的概念

广义的薪酬调查对外是收集在产品、劳动力市场上相竞争的相关企业的薪酬数据，并对此数据进行统计分析的系统过程，对内是员工薪酬满意度调查的系统过程。前者帮助企业了解本企业薪酬体系的外部公平性和竞争性，后者帮助企业了解薪酬的内部公平性和一致性。本章主要讨论对外的薪酬调查。

薪酬调查帮助企业了解其薪酬水平在市场中的位置，把握相关企业的薪酬政策和薪酬结构，了解薪酬管理中的最新实践，其调查结果作为企业调整薪酬系统的重要依据正受到广泛关注。过去主要是大型外资企业实施正规、全面的薪酬调查，现在很多大中型国有企业、民营企业也参与其中。尽管由于许多限制，一些企业无法或没有进行规范、完全的薪酬调查，但它们仍然试图通过各种官方的、公开的或个人的渠道来了解市场薪酬水平，为本企业的薪酬政策提供参考。

5.1.2 薪酬调查的功能

薪酬调查的功能主要有以下几个方面：为企业的薪酬调整提供参考；为企业新岗位的薪酬定位提供依据；估计竞争对手的人力成本；为特定的人力资源问题提供解决

方案。

1）为企业的薪酬调整提供参考

薪酬调整包括对薪酬水平、薪酬结构，甚至薪酬政策、薪酬管理实践等的调整。通常企业会定期根据消费者价格指数（CPI）的变化、国家劳动法规有关薪酬政策如最低工资的变化，以及企业的经营绩效等进行薪酬水平的调整。企业可以参照相关的公开数据以及企业内部的财务指标进行薪酬调整。更多的时候是因为产品、人才市场上有竞争关系的企业进行了调整，为了保持人才吸引力或不至于在人才竞争中处于劣势，企业不得不进行调整。通过调查，企业可以了解竞争对手薪酬变化的信息，获得本企业与竞争对手在相同或相似岗位上的薪酬差异信息，了解它们的薪酬构成，包括货币薪酬的构成要素、非货币薪酬的构成要素，以及各要素间的配比。

2）为企业新岗位的薪酬定位提供依据

企业在业务发展壮大或进入新的市场、行业时一般会产生新的岗位，这些新的岗位都是关系到企业扩张战略能否成功的关键岗位。例如，对于多数从建筑行业通过纵向一体化而进入房地产行业的企业来说，营销策划岗位、景观设计岗位等都是全新的岗位，并且对企业的产品市场竞争力起关键作用。尽管通过内部岗位的价值分析企业可以给出满足薪酬内部一致性原则的薪酬标准，但如果这些标准与市场的标准，即满足薪酬外部一致性的薪酬水平有较大差异的话，企业根本招不到优秀的、能促使企业实现扩张战略的人才，因此只有通过薪酬调查了解房地产行业相关企业类似岗位的薪酬水平、结构，才可能制定出有市场竞争力的人才价格，吸引到符合企业发展需要的人才。

3）估计竞争对手的人力成本

企业的薪酬成本和其总成本密切相关，通常企业可以通过“薪酬成本 = 雇员总数×（人均现金薪酬+人均福利成本）”来对竞争对手的总体成本进行大致估计。对于知识密集型企业如咨询公司、软件企业等而言，其人力成本占企业总成本的50%左右，或者对于竞争十分激烈、产品需求随产品价格变动大的行业如零售业、建材业、家电制造业等而言，这种估计尤其有价值。企业可以借助薪酬调查的结果对竞争对手的产品定价、利润水平等进行推测。

4）为特定的人力资源问题提供解决方案

在企业实践中有许多让管理者头痛的人力资源问题，例如，留不住（离职率居高不下），引不进（招不到合适的员工），激励不了（员工的工作积极性不高、绩效低下、主动性差、人力投入产出比率低）等。其中很重要的原因是企业没有一个适合的薪酬水平及有激励作用的薪酬结构和薪酬政策。例如，企业的薪酬水平定得低于市场水平，员工感到自己的贡献被企业低估，员工不满而另谋高就；不了解关键岗位的任职者对薪酬体系最关心的是什么，是短期的货币收入还是长期的与企业共同发展的机会；企业的薪酬水平达到市场水平但薪酬结构有问题，达不到激励员工的目的。不同类型的员工有不同的薪酬分配偏好，企业需要在以资历和业绩或者工作能力为主要分配依据之间进行选择。薪酬调查给出了一个比较各种选择的结果，让企业重新审视自己的薪酬体系，实现效用最大化。

薪酬调查除了可以满足企业的上述需要之外，还可以帮助企业把握行业薪酬水平的变化趋势，帮助企业制定人力成本预算，了解其他企业在薪酬管理上的最新实践。简而言之，薪酬调查为企业的薪酬决策提供重要的参考，为企业保留、吸引和激励员工提供依据，建立在薪酬调查基础上的经济合理的薪酬成本为保持企业产品的竞争力提供必要的保障。因此，企业愿意投入人力、物力和财力进行薪酬调查。

5.1.3 薪酬调查的主要内容

薪酬包括非货币薪酬和货币薪酬。非货币薪酬需要满足员工的心理需求；货币薪酬既包括直接薪酬又包括间接薪酬。直接薪酬指薪资，包括基本工资和奖金等；间接薪酬即福利，包括五险一金、带薪休假、培训等[①]。由于非货币薪酬反映的是员工所体验的工作意义、对工作成果的责任和从工作中获得知识等心理状态，难以衡量，而且操作性不强，因此薪酬调查主要针对的是货币薪酬，其主要内容有薪酬水平调查和薪酬结构调查。

1）薪酬水平调查

高的薪酬水平使企业在员工满意度、企业吸引力、员工留置率、员工努力程度、企业绩效上得到收益，但它对企业总成本会产生重大影响，在其他条件相同的情况下，薪酬水平高的企业，与其竞争对手相比，提供产品和服务的成本就高，在这种情况下企业要么牺牲利润，要么牺牲市场来维持企业的运转。因此，对企业来讲，了解支付给不同岗位的平均薪酬即薪酬水平及其变动是至关重要的。

对企业薪酬水平产生直接影响的是企业所在行业的薪酬水平，这个水平因企业的各种特定背景、状况有所不同。企业所在地区的薪酬水平也是一个重要参考。我们知道不同地区因为生活成本、发展水平不同，薪酬水平有较大的差异。《中国统计年鉴2023》显示，2022年，在城镇非私营单位中，北京、天津、上海、江苏、浙江、广东、西藏、青海、宁夏共计9个省（自治区、直辖市），就业人员年平均工资超过“国家线”（114 029元）。其中，上海和北京两地就业人员年平均工资超过20万元，遥遥领先；西藏位列第三位，年平均工资超过15万元；天津、浙江、广东、江苏位列12万元一档。城镇私营单位中，只有北京和上海两地就业人员年平均工资超过10万元，广东、浙江、江苏3地为7万余元，天津、福建、海南、重庆、西藏5地为6万余元。此外，处于5万元档次的有内蒙古、辽宁、安徽、山东、江西、湖北、湖南、四川、贵州、云南、陕西、青海、宁夏、新疆。其余省份年平均工资则为4万余元。分地区来看，无论是城镇非私营单位还是私营单位，工资水平都是东部最高，东北最低。分行业看，无论是城镇非私营单位还是私营单位，就业人员年平均工资水平排在前3位的行业均为技术含量较高的信息传输、软件和信息技术服务业，金融业，科学研究和技术服务业。

2）薪酬结构调查

薪酬结构涉及职位等级、不同等级间的薪酬级差、决定职位等级和薪酬级差的标

---

① 马尔托奇奥. 战略薪酬管理［M］. 杨东涛，钱峰，译. 5版. 北京：中国人民大学出版社，2010：5.

准，还包括直接薪酬和间接薪酬之间的比例，直接薪酬中固定薪酬和浮动薪酬之间的比例，间接薪酬中福利的范围、类型、支付方式等内容。在企业支付同样的薪酬成本时，不同的薪酬结构会有不同的效果。在等级严格的传统薪酬体系中，薪酬与职位密切联系，使得员工注重职位上的升迁而非团队合作。同样的，在相同的直接薪酬中，固定部分和浮动部分的比例不同带给员工的激励程度就有所差异，高固定比例使员工安于现状，而高浮动比例则促使员工更努力工作，提高绩效。

不过我们需要注意的是，不同的工资结构对绩效并没有一致的影响结果，采取极端平等主义薪酬结构的美国西南航空公司取得了巨大的成功，而实行高度差异化薪酬结构的通用电气公司也创造了商业上的辉煌。通常，管理者是在综合考虑外部市场的薪酬结构、产品的竞争战略、企业的经营业绩、企业薪酬战略的类型、企业性质，以及组织文化等多种因素后才进行薪酬结构决策，因而通过薪酬结构调查获得的数据必须与其他情景因素结合起来使用。

5.1.4 薪酬调查的方法

薪酬调查的方法多种多样，常用的主要有三种：文案调查法、访谈法、问卷调查法。

1）文案调查法

文案调查法又称资料查阅法、间接调查法、资料分析法或室内研究法，是利用企业内部和外部各种现有的信息、情报，对调查内容进行分析研究的一种调查方法。对于薪酬调查来说，企业可以利用统计部门、各级各类政府主管部门等发布的信息了解GDP、CPI、就业率等宏观经济数据和地区薪酬水平，通过行业协会公布的信息、业内权威期刊、竞争对手的年报和网站来了解行业薪酬水平、人才需求状况、竞争对手薪酬动态，还可以借助人力资源专业机构提供的薪酬报告来了解相关的薪酬信息。文案调查法有耗时少、成本低、信息量大、不受时空限制且可经常进行调查的优点，但其缺点是信息滞后，而且公开的信息很难完全吻合企业的调查目的，特别是像薪酬这类关于企业成本的信息，任何一个企业是不可能公开的。文案调查法在薪酬调查中主要起到提供相关背景信息的作用。

在使用文案调查法时需要注意的事项有：①信息的时效性，如今资料的时效在缩短，只有反映最新情况的资料才是价值最高的。②信息的准确性，因为来自不同渠道的信息会有所差异，最好选用高级别、官方性质的资料来源。③对调查人员进行专业培训，使他们能准确地收集和科学地加工所获资料。

2）访谈法

访谈法是通过访谈被访谈者以获得企业感兴趣的信息的方法。访谈可以是结构性的和非结构性的，可以是面对面的，也可以通过电话、网络进行。访谈法最大的优点是可以获得关于被访谈者的高质量和深入的信息，信息的可信度和可靠度都很高，但是成本高、样本量小，所以适用于由浅入深的问题或复杂的问题。例如，询问被访谈者“你认为薪酬调整的依据是什么”，当被访谈者回答后，可以继续追问“为什么”。

访谈法要取得好的效果，需要做好下面几方面的工作：①拟定访谈提纲。提纲反映了访谈的目的以及需要获得什么样的信息，罗列了访谈的问题和主要内容。

②培训访谈人员。访谈人员专业素质和人际交往能力的高低关系到访谈信息的质量，甚至是访谈的成败。访谈人员要对访谈目的、内容有全面、透彻的理解，把握询问技巧、沟通技巧、访谈中可能出现问题的处理技巧等。③对被访谈者事前有初步了解。这样做可以尽快建立起双方融洽、信任的关系，有利于被访谈者给出有价值和可靠的信息。

3）问卷调查法

问卷调查法是薪酬调查中最常采用的也是最有效的一种方法。它的特点是成本相对较低，样本的数量大，可以全面涉及企业需要了解的薪酬问题，被调查者在填写问卷的时候受干扰的程度较小等。但是，问卷的问题设计如果不明确、用词含糊，使被调查者难以回答或不回答，或者问卷过于冗长让被调查者不愿花太多时间认真填写，都将影响问卷数据的可靠性，因此问卷的设计质量直接关系到调查结果的可信度和有效性。

问卷设计主要注意以下几点：①简洁、简明为总体原则。问卷的问题应该只包括企业想要了解的内容，突出主要想了解的变量，这不仅节约被调查者的时间，使他们乐意接受调查，而且便于企业收集数据。简明的问卷可以使问题得到很好的界定，不至于让被调查者产生歧义或难以回答。②尽量使用现成的量表。现成的量表不仅节约了问卷设计的时间，更大的好处是它的信度和效度得到了很大的保障。例如，可以采用Hackman和Oldman（1975）设计的工作诊断问卷（job diagnostic survey，JDS）来测量工作设计及其对员工的影响。③问题的设计应该多使用封闭性的问题，以方便数据统计。开放性的问题多用于在对问题还没有一个明确的认识，需要做一般性了解的情况下进行。比如，你认为公司的薪酬政策对你的工作造成了什么样的影响？

5.2 薪酬调查的实施流程

实施薪酬调查一般有6个基本程序具体，如图5-1所示。

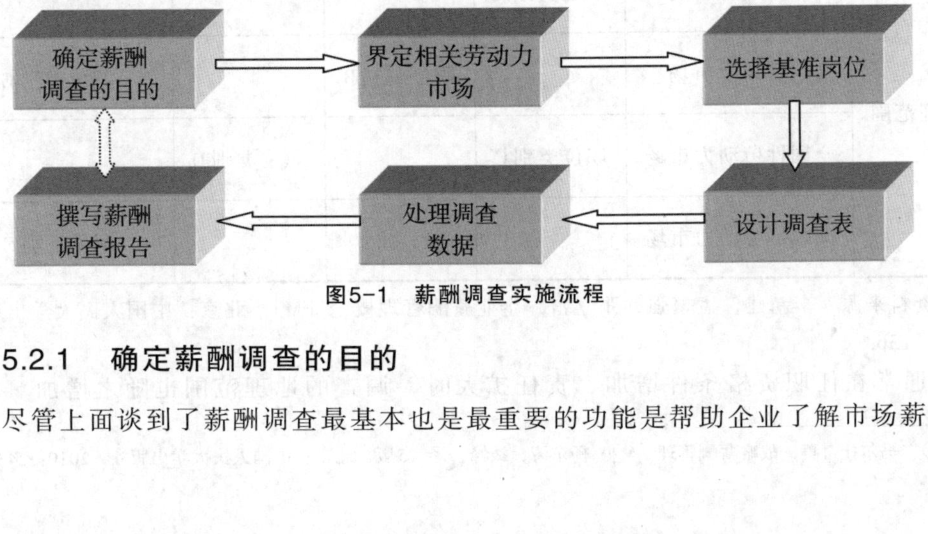

图5-1 薪酬调查实施流程

5.2.1 确定薪酬调查的目的

尽管上面谈到了薪酬调查最基本也是最重要的功能是帮助企业了解市场薪酬水

平，把握竞争对手的薪酬结构，帮助企业建立竞争驱动的薪酬体系，从而达到保留、激励内部员工和吸引外部合适人才的目的。但是，不同企业，同一企业在不同阶段，都存在不同的薪酬调查需求，同时因为企业所面临的产品市场和劳动力市场的状况因时而异，企业薪酬调查的侧重点也随之变化。基于此，相关的调查范围、基准岗位、调查内容、调查数据的收集和分析方法等都会有很大差异，随之而投入的人力、物力、财力成本也有所不同。因此，企业在进行薪酬调查之前需要思考这样一些问题：①员工对薪酬不满意的地方主要有哪些？②哪些岗位的流动率最大，且最难招到人才？③哪些岗位上存在质量和效率的问题？④哪些新岗位在企业内部没有可参照的薪酬标准？⑤企业的薪酬和产出比率存在问题吗？⑥是需要对企业整个薪酬水平进行调整还是需要对个别岗位薪酬水平进行调整？⑦是想制作薪酬预算还是想控制人力成本？对于这些问题的思考和回答可以帮助企业了解调查目的。

5.2.2 界定相关劳动力市场

相关劳动力市场是指具体工作的潜在合格候选人的市场[①]。企业在选择被调查企业的时候，不是无针对性地随机抽取被调查企业，而是根据调查的具体目的进行选择，一旦相关劳动力市场选择有误，对其他企业的薪酬水平的估计就会发生偏差，因此而确定的薪酬水平也就不恰当。相关劳动力市场主要包括三大类企业：①从劳动力市场角度来看，与企业有相同或相似技能员工的企业；②从产品市场角度来看，与企业在相同或相似行业中竞争的企业；③从地理位置角度来看，与企业在同一地域范围内竞争员工的企业。

因此，通常企业通过行业划分、产品市场范围和地理范围三个维度来界定劳动力市场，见表5-1。

表5-1 **特定职位类型的薪酬调查中相关劳动力市场范围划分**

		产品市场范围			
		所有行业	相关行业	特定行业	特定规模的特定企业
地理范围	地方劳动力市场	职位类别A			
	地区劳动力市场		职位类别B		职位类别E
	全国性劳动力市场	职位类别C		职位类别D	
	国际性劳动力市场				职位类别F

资料来源 李新建，孟繁强，张立富．企业薪酬管理概论［M］．北京：中国人民大学出版社，2006：136.

通常在任职资格条件增加、责任扩大时，调查的地理范围也随之增加。管理

① 马尔托奇奥．战略薪酬管理［M］．杨东涛，钱峰，译．5版．北京：中国人民大学出版社，2010：243.

职位和专业性很强的职位的竞争范围可能涉及全国，例如，职位类别C一般为企业所需的高新技术人才和高级管理岗位的复合型人才，这些人的学历一般较高，流动性比较大，最好进行全国性的薪酬调查，CEO、市场部总监等就属于该类职位。一般职员、生产工人在当地范围内选择就可以了，例如，职位类别A一般是低薪或无专长的普通工作岗位，在企业所在地进行薪酬调查就可以，因为这一类的劳动力流动区域一般局限在当地，这样可以节约调查费用，出纳、秘书等就属于A类职位。

对于选择多少企业进行调查并没有统一的规定。采用领先型薪酬策略的大企业一般仅和少数的几个支付高薪酬的竞争对手比较，比如国内的全球4大会计师事务所进行薪酬调查通常只限于在4个企业之间进行。采用跟随型薪酬策略的企业通常是调查10～30个有代表性的竞争对手。可以通过简单随机抽样、分层随机抽样和主观选择3种方法来选择被调查企业。

1）简单随机抽样

从相关劳动力市场中的所有企业中随机抽取被调查企业。这种抽样偏差最小且具有最广泛的共性，但可能无法获得完整的总体信息。

2）分层随机抽样

首先将相关劳动力市场中的所有企业根据企业规模、企业性质、行业范围、地理位置或其他特征分隔成完全互斥的群体，具体区隔标准的选择可依据不同的调查目的而定，然后从各个群体中随机抽样。这种方法比简单随机抽样更有效率，在既定样本数量下，从各个区隔中随机抽取的样本具有较好的代表性。

3）主观选择

企业根据主观判断来选择被调查企业，通常是针对它认为与其直接竞争核心员工的企业进行调查。

5.2.3 选择基准岗位

在选择完被调查的企业之后，就需要决定到底对哪些岗位进行调查。企业中具有不同工作职责、内容、名称的岗位有几十个、上百个，对于大型企业来说甚至有几百个，而且不同企业的岗位工作内容存在或多或少的差别，企业不可能也不需要对所有的岗位都进行调查。这里需要利用一定的归纳、分类方法，对不同企业中工作内容相似的、工作价值相当的岗位进行归类，选取有代表性的岗位进行调查，以它们的薪酬水平作为确定本企业薪酬水平的参照点。这些有代表性的岗位也就是薪酬调查的基准岗位，它们代表了关键的职能并处于不同的岗位层次。具体来说，它们具有以下4个基本特征：

（1）岗位内容具有清晰的定义，岗位名称具有非常统一的含义，并长期得到员工的广泛认同；

（2）在被调查的大多数企业中大量存在并以类似的方式执行；

（3）岗位覆盖了企业所有的岗位层级，从高级到中级到低级；

（4）在劳动力市场中被广泛用来确定工资水平。

企业可以根据工作职能将工作分为4种类型，即经理类、技术类、制造类和管理类，再把每种类型分解成不同的岗位层次，从横向和纵向对企业的所有岗位进行分类，这时从每个层次来选择基准岗位可以确保所调查的岗位的覆盖性，见表5-2。

表5-2 基准岗位

经理类	技术类	制造类	管理类
		检验员A	
副总裁	首席科学家	流水线工人A	管理秘书长
部门总经理	高级伙伴科学家	包装工A	管理秘书
部门经理	伙伴科学家	包装工/检验员B	管理助理
项目负责人	科学家	流水线工人B	文字处理员
主管	技术员	钳工级	文员/信息员
		机械工/钻工	

资料来源　米尔科维奇，纽曼，格哈特．薪酬管理［M］．成得礼，译．11版．北京：中国人民大学出版社，2014：195.

应该使用多少基准岗位来进行调查没有统一的标准，企业可以根据调查的目的而定。如果是对某些关键岗位或存在薪酬问题的岗位进行调查，就只需要有针对性地选择这些类似的目标岗位作为基准岗位。如果是全面薪酬调查，通常可以选择企业全部岗位的1/3左右，或15～50个基准岗位，平均30个为宜来进行调查。

5.2.4 设计调查表

薪酬调查所要涵盖的内容通常由具体的调查内容决定，包括以下几个方面的内容：企业背景信息、企业薪酬政策、员工福利、具体薪酬信息。可以用两个调查表来了解上述相关内容：企业基础信息调查表（见表5-3），以了解企业背景、基本的薪酬福利政策等；岗位薪酬调查表（见表5-4），以反映基准岗位的具体薪酬信息。

5.2.5 处理调查数据

收集到调查数据后，我们需要对数据实施必要的调整和进行统计分析，绘制市场薪酬水平图。

1）对薪酬调查数据的调整

企业的岗位在内容、职责和重要程度方面与基准岗位间存在一定的差异，企业需要通过比较两者之间的工作描述来进行调整，也就是说将基准岗位和企业岗位进行工作匹配。

表5-3 **企业基础信息调查表**

背景信息
企业名称：______________________________
主营行业：______________________________
注册时间：________________注册资本额：_______________
员工总人数：________________员工流动率：_______________
地　　址：______________________________
组织结构图：

基本薪酬政策
(1) 在正常工作情况下，你的雇员每周平均工作小时数：____________
是否支付加班费：是______，否______
如果是，支付的额度是：________
(2) 在过去12个月中，发放过奖金或补充性薪资吗？
是______，否______
如果是，最近一次的时间是：________ 大约占薪资的比例：________
(3) 请列出享受奖金的岗位：

(4) 在过去24个月中，你对薪资进行过一般性全面调整吗？
是______，否______
如果是，调整的时间是：______ 调整的大概百分比是：____
(5) 一般性全面薪酬是否与消费者价格指数CPI挂钩？
是______，否______
如果否，调整的依据是：__________________
(6) 企业薪酬等级的数量是：______级
(7) 企业是否对薪酬结构进行过调整？
是______，否______
如果是，调整的依据和原因是：__________________
(8) 企业现金薪酬和福利薪酬的比例是：__________________
(9) 基本工资、岗位工资、能力工资和绩效工资的比例是：__________________
(10) 绩效工资中个体绩效和团队绩效的比例为：__________________
(11) 是否实施了股票期权？
是______，否______
如果是，具体政策是：__________________

员工福利
法定福利
(1) 养老保险占工资总额的比例是：__________________

续表

(2) 失业保险占工资总额的比例是：____________________

(3) 医疗保险占工资总额的比例是：____________________

(4) 工伤保险占工资总额的比例是：____________________

(5) 住房公积金占工资总额的比例是：____________________

企业福利

(1) 哪些员工可以享受带薪假期：

岗位	工作年限	允许休假的天数

(2) 你是否允许员工将未休满的假期顺延到下一年？

是______，否______

如果否，是否给予补偿：是______，否______

如果是，补偿的政策是：____________________

(3) 你是否有一个正式的病假计划？

是______，否______

你给予员工每年________天的病假。

(4) 是否有交通补助？

有______，相关政策是：____________________

否______

(5) 是否有误餐补助？

有______，相关政策是：____________________

否______

(6) 是否有通信补助？

有______，相关政策是：____________________

否______

(7) 是否有旅游津贴？

有______，相关政策是：____________________

否______

(8) 其他节假日津贴：____________________

填表人岗位：__________________填表时间：____________________

表5-4 **岗位薪酬调查表**

我们的工作名称：____________其他可能的工作名称：____________

工作代码：____________

工作描述：

注：以上部分由调查人员在表格发放前填写

请为你的工作填写以下表格：

工作名称：____________ 工作代码：____________

所监督的员工数量：____________ 岗位数量：____________

最低薪酬：____________ 最高薪酬：____________

你的工作和上述工作匹配程度（在适合的数字上打钩）：

1：完全不匹配　2：稍微匹配　3：中等匹配　4：相当匹配　5：完全匹配

	金额（元/月）		金额（元/年）		比例
	最低	最高	最低	最高	
货币薪酬					
基本薪酬					
岗位薪酬					
职位薪酬					
绩效工资					
其他奖金					
五险一金					
养老保险					
失业保险					
医疗保险					
工伤保险					
生育保险					
住房公积金					
公司津补贴					
午餐补助					
交通补助					
住房补助					
通信补助					
其他补助					
其他收入					
总计					

填表时间：

表5-5是根据技能、努力程度、责任3个报酬要素指标对企业自身岗位与外部基准岗位之间的差异进行比较的一个更精确的评分表，分别由在职员工和其管理者独立填写，然后通过讨论来决定差异，以减少评估人的偏见。

表5-5 **公司岗位与基准岗位对照调整表**

对在职员工的说明：把工作与调查中的基准工作对比 对监督人的说明：把所监督员工的工作和调查中的基准工作对比	
调整工资（　　%）	
技能（在最合适的选项后打钩）	
我（员工）的工作对技能的要求远远高于基准工作的要求	+4%
我（员工）的工作对技能的要求高于基准工作的要求	+2%
我（员工）的工作对技能的要求与基准工作的要求相同	0
我（员工）的工作对技能的要求低于基准工作的要求	−2%
我（员工）的工作对技能的要求远远低于基准工作的要求	−4%
努力程度（在最合适的选项后打钩）	
我（员工）的工作对努力的要求远远高于基准工作的要求	+4%
我（员工）的工作对努力的要求高于基准工作的要求	+2%
我（员工）的工作对努力的要求与基准工作的要求相同	0
我（员工）的工作对努力的要求低于基准工作的要求	−2%
我（员工）的工作对努力的要求远远低于基准工作的要求	−4%
责任（在最合适的选项后打钩）	
我（员工）的工作对责任的要求远远高于基准工作的要求	+4%
我（员工）的工作对责任的要求高于基准工作的要求	+2%
我（员工）的工作对责任的要求与基准工作的要求相同	0
我（员工）的工作对责任的要求低于基准工作的要求	−2%
我（员工）的工作对责任的要求远远低于基准工作的要求	−4%
说明： （1）薪酬调整计算方法：把3个选中选项的百分比相加，结果可能在−12%～+12%之间 （2）工资调整：比如，总计为0表示无须工资调整，+3%表示工资额要增长3%，−3%表示工资额要减少3%	

资料来源　马尔托奇奥．战略薪酬管理［M］．杨东涛，钱峰，译．5版．北京：中国人民大学出版社，2010：245.

通常为了简化起见，也可以直接采用工作匹配度来大致描述基准岗位和企业岗位之间的差异。将工作匹配度分为5个等级：1级表示完全匹配；2级表示大部分匹配；3级表示基本匹配；4级表示有点匹配；5级表示完全不匹配。由企业根据主观的判断来对所得到的基准岗位的薪酬数据进行调整。

2）对薪酬调查数据的统计分析

根据基准岗位对薪酬调查数据进行必要的调整之后，就需要对数据进行统计分析以了解数据的基本特性。薪酬调查中常用的统计分析包括集中趋势分析、离散趋势分析等。

集中趋势分析是描述一组数据聚集在某一中心点的程度，这个点代表一个岗位典型的薪酬数据，通常用中位数和平均值来度量，可以通过表5-6中的例子来了解。

表5-6 **会计师薪酬调查数据**

公司代码	岗位数量	平均工资（元/年）
A	5	26 500
B	16	31 000
C	30	23 000
D	7	34 500
E	12	32 000
F	9	28 000
G	26	25 000
H	8	25 500
I	11	29 000
J	8	30 500
K	4	24 500

中位数是将数据排序后，位置在最中间的数值，即将数据分成两部分，一部分大于该数值，另一部分小于该数值。当样本数为奇数时，中位数的位置在第（N+1）/2处；当样本数为偶数时，中位数在第N/2处，见表5-7。样本数量共计136个，则中位数在第68（136÷2）个。

表5-7 **岗位数量和平均工资表**

公司代码	岗位数量	平均工资（元/年）
C	30	23 000
K	4	24 500
G	26	25 000
H	8	25 500←中位数
A	5	26 500
F	9	28 000
I	11	29 000
J	8	30 500
B	16	31 000
E	12	32 000
D	7	34 500

平均值是应用最多的反映集中趋势的指标。平均值分为算术平均值和加权平均值。算术平均值是将所有薪酬调查数据相加再除以岗位数量。本例中，薪酬的算术平均值为28 136元［（23 000+24 500+…+34 500）÷11］。加权平均值是考虑不同被调查企业岗位数量对平均值的影响。本例中，薪酬的加权平均值为27 287元［（30×23 000+4×24 500 +…+7×34 500）÷136］。

在使用平均数来衡量薪酬的平均水平时需要注意一些极端数据，如过高、过低的个别极端数据，比如C公司的薪酬水平，在样本量较小的时候对平均数会产生重大影响，导致平均数据偏高或偏低。这对企业衡量薪酬水平都是不利的。企业因此而确定的较高的薪酬水平会增大企业成本，因此而确定的较低的薪酬水平会使企业薪酬竞争力降低。所以，企业在进行平均值分析的时候需要对极端数据进行特殊的关注和处理。

离散趋势描述了一组数据分散程度。薪酬调查数据统计分析常用的离散指标包括标准差、百分位数、四分位数。通过对比表5-8中两组秘书的薪酬数据，我们可以发现离散趋势分析的重要性。

表5-8 两组秘书的薪酬数据 单位：美元

秘书	薪酬数据						
A	1 200	1 200	1 200	1 300	1 400	1 400	1 400
B	600	700	800	1 300	1 800	2 000	2 100

这两组数据具有相同的均值和中位数，但是数据的差别非常大，数据组A更集中，而数据组B十分分散。因此，对于数据离散程度的分析是十分必要和重要的。

标准差是指每个薪酬数据与平均数据之差的平均值，也即薪酬数据比平均值高多少或低多少。在数据分析中，考查离散趋势的标准差和考查集中趋势的平均值对我们了解数据特征具有同样的重要性。标准差具体的计算方法如下：

$$S.D. = [\sum_{i=1}^{n}(x_i - M)^2/(n-1)]^{1/2}$$

式中：S.D.——标准差；x_i——薪酬调查数据；M——薪酬调查数据的平均值。

所以在上例中，S.D.为3 595元，它反映了员工工资“高于”或“低于”平均值对市场来说是否“典型”。比如，员工的工资是31 000元时，比市场平均水平高出2 864元（31 000-28 136），与标准差3 595元相差不多，说明这个数据和典型数据相当；员工工资为23 000元时，比市场水平低5 136元（28 136-23 000），这个数据比标准差高很多，说明该数据比典型数据和平均值之间的差距大很多。同时，标准差反映出了大多数薪酬的范围。大多数薪酬在24 541元（28 136-3 595）～31 731元（28 136+3 595）之间，高于或低于这个范围都不是市场典型的工资范围。在本例中，公司C、K以及G都存在很难留住员工或吸引到人才的问题。

四分位数是把薪酬数据分为四段后位于各段分界点上的数。具体来说，第一个四分位数以下包括25%的数据，通常用25P来表示；第二个四分位数也即中位数以下包括50%的数据，通常用50P来表示，其他以此类推。百分位数是指把薪酬数据按百分比划分，较为重要的一般是位于整数百分比（如10%）处的数据，见表5-9。这两个指标可以帮助企业加强对薪酬数据偏差的理解。例如，当企业某一岗位的薪酬为24 700元时，其水平在25百分位值下，即市场上有超过75%的人收入超过了该公司的这一岗位的薪酬。

表5-9 工资分位数表

23 000	
23 000	←第10个百分位数
23 000	
24 500	
24 500	
25 000	←第1个四分位数（25P）
25 000	

续表

23 000	
25 500	
25 500	
26 000	
26 000	←第2个四分位数（50P）（中位数）
28 000	
28 000	
29 000	
29 000	
30 500	
30 500	←第3个四分位数（75P）
31 000	
31 000	
32 000	
32 000	
34 500	←第90个百分位数
34 500	←第4个四分位数（100P）

这样企业就可以将薪酬调查数据和统计分析结果在统一的分析表中进行展示，见表5-10，以方便了解同一岗位在不同企业中的不同薪酬水平和不同企业采用的不同薪酬结构。

表5-10 **薪酬数据分析表**

岗位：____________________ 岗位总数量：____________________

主要工作描述：

____

____

一、水平分析

被调查企业	A	B	C	D	E	F	G	H	本企业
薪酬（元）	26 500	31 000	23 000	34 500	32 000	28 000	25 000	25 500	27 000

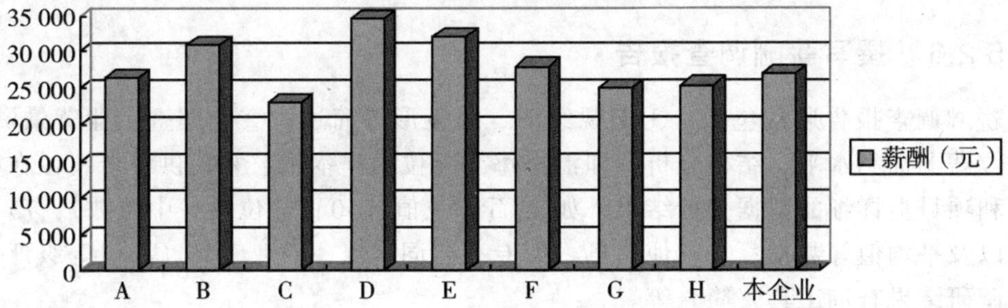

薪酬水平差异分析：

1.薪酬数据的算术平均值是________；加权平均值是________

2.薪酬数据的标准差是________

3.25P是________；50P是________；75P是________；90P是________

4.企业本岗位薪酬所处的市场位置是：________

续表

二、结构分析

企业名称	工资福利比例	薪酬等级	薪酬结构
A32	8：2	第3级	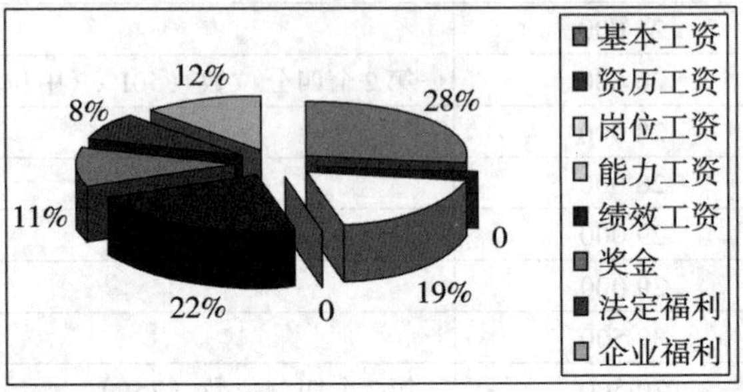
B33			
⋮	⋮	⋮	⋮
G07			
H15			

结构差异分析：

1.货币薪酬和福利之间比例的差异：________

2.薪酬要素之间比例的差异：________

3.薪酬等级的差异：________

注：①此处薪酬是通过工作匹配后调整的薪酬水平；②此处薪酬为工资和货币化福利之和。福利是企业主要的和最具价值的福利。

3）绘制市场薪酬水平图

将所有岗位薪酬水平的中值（中上值）和25P（中下值）从高到低排序，然后分别连接起来，就可以得到一张反映所有基准岗位的市场薪酬水平图。在图中加上本企业自身的薪酬中值线，就可以直观地了解到在不同的岗位上企业薪酬水平的相对市场位置：有的高于市场水平，有的与市场水平一致，有的低于市场水平。

5.2.6　撰写薪酬调查报告

薪酬调查报告通常包括：①宏观经济、政策形势简述；②被调查企业背景资料；③岗位薪酬福利水平、结构分析，即汇报每个岗位的样本量，并提供每个岗位在各薪酬福利项目上详细的数据分析结果，如25百分位值、50百分位值（中位数）、75百分位值以及平均值等数据；④其他信息，如专有名词解释、专业工具（岗位等级评估工具、调研结果查询工具）简介等。

1）宏观经济、政策形势简述

正如薪酬问卷调查中经常问到的一个问题“你的薪酬调整是否与消费者价格指数（CPI）同步”，国家的宏观经济走势对企业的薪酬调整造成影响，如CPI、生产者物价指数（PPI）、就业率、银行存贷利率、汇率等仍然是企业薪酬调整的参考因素。高的CPI、PPI、利率增加了企业的人力成本、物资成本、财务成本，降低了企业的盈利水平，进而降低了企业的薪酬支付能力。对于外向型企业来说，人民币的升值削弱了其产品和服务在国际市场上的竞争能力，从而降低了企业的盈利能力。人民币升值对出口企业和境外直接投资的影响，最终将体现在就业上。因为我国出口产品的大部分是劳动密集型产品，出口受阻必然会加大就业压力；外资企业则是提供新增就业岗位最多的部门之一，外资增长放缓，会使国内就业形势更为严峻。

劳动法的不断健全，员工法律意识不断加强，特别是《中华人民共和国劳动合同法》的出台使企业雇工成本普遍增加，这对于在平均盈利水平不超过10%的众多行业中生存的企业，不能不说是一个巨大的影响，甚至关乎存亡。因此，国家的宏观经济、政策形势方面的资料可以帮助我们更好地解读薪酬调查的数据，把握薪酬走势。

2）被调查企业背景资料

企业的规模、生命周期发展阶段、人员结构、盈利能力、企业性质、经营战略等因素也影响着其薪酬政策、水平和结构。规模大的企业相对于规模小的企业薪酬水平要高一些，因为其单位人力成本占总成本的比例要低些；成熟期的企业薪酬制度更稳定；年轻的企业更倾向于采用浮动比例更高的薪酬结构；盈利能力强的企业更有能力拿出更多的资金来进行员工间的分配；外资企业的薪酬水平通常更高；采用领导型经营战略的企业在薪酬战略上通常也采用领导型。

同时，在这部分需要对被调查企业的人力资源管理现状进行一个简单的描述。薪酬数据只反映了基准岗位是多少薪酬，并没有说明这是不是一个合理和能留住、激励员工的薪酬水平。对员工的工作满意度、离职率以及离职原因的探究可以帮助我们了解员工对被调查企业目前实施的薪酬政策、水平、结构的满意程度，进而帮助我们正确把握薪酬数据所反映的实质内涵。例如，中级会计师的市场薪酬中值为50 000元，但在多数企业中这个岗位的流动率很高，如果我们以此中值来确定本企业的中级会计师的薪酬，实际上会带来更多的人力资源问题。

3）岗位薪酬福利水平、结构分析

将薪酬数据分析表中的汇总信息进一步通过表格、图像等形式进行直观、具体的展示，并给出相关的分析结论。

4）其他信息

在这个部分需要：①对被调查企业选择的标准、方式进行说明。被调查企业的范围是按地区还是按行业或更细化的指标选择的，是按随机抽样还是分层抽样确定的。②对基准岗位的选择标准进行说明。基准岗位选择的依据是什么，数量是多少。③对企业岗位和基准岗位匹配的依据进行说明。例如，是采用因素比较法、排序法、工作分类法、计点法还是海氏职位评价系统。④介绍数据收集方法。对于一手数据，需要说明是采用何种方法得到的，是访谈法还是问卷调查法；对于二手数据，需要明确说明它们的来源以备查。

现以表5-11中的上海市软件工程师的薪酬调查报告为例来展示一个薪酬调查报告的基本内容。

表5-11　**上海市软件工程师的薪酬调查报告**

职位：软件工程师
Position: Software Engineer

行业：所有行业
Industry: All

省/市：上海
Province/City: Shanghai

编码/Position Code: SH-ALL-IT-27

职位描述

1.技术人员职位，在上级的领导和监督下定期完成量化的工作要求，并能独立处理和解决所负责的任务
2.根据开发进度和任务分配完成相应模块软件的设计、开发、编程任务
3.协助进行程序单元、功能的测试，查出软件存在的缺陷并保证其质量
4.进行编制项目文档和质量记录的工作
5.软件日常稳定性维护和系统维护支持

JOB DESCRIPTION

1.Position of Technical Staff, to fulfill the quantified work requirements periodically under the superior's direction and supervision and to handle and settle the tasks for which he/she is responsible independently
2.to finish the design, development and programming of corresponding modular software as per the project progress and task assignments
3.assistant to test the program elements and the functions thereof and to eliminate the defects in the software and assure their quality
4.to prepare the project documents and quality records
5.to maintain the software stability and system support

快速索引数据/Index Data

全国本年平均年薪 National Average Annual Compensation	¥123 407
城市本年平均年薪 City Average Annual Compensation	¥150 250
本城市本行业平均年薪 Industry Average Annual Compensation	¥150 250
预计2018年增幅 2018 Annual Raise	8.73%
本科（含）以上学历比例 % of Sample with Bachelor Degree or Above	76%
平均工作年数 Average Year of Work Experience	5.8年
本行业总样本数 Sample Size	200
2016年离职率 Turnover Rate	22%

福利分析/Benefits

福利分析/Benefits	享有者比例% Eligible	平均值 Average
法定福利个人缴纳部分（月） Social Security（Individual/Monthly）	100%	¥2 323
法定福利企业缴纳部分（月） Social Security（Company/Monthly）	100%	¥5 219
培训计划（月） Training Plan（Monthly）	40%	¥314
商业医疗保险（月） Commercial Health Insurance（Monthly）	50%	¥83
商业人身意外险（月） Commercial Accidental Insurance（Monthly）	38%	¥19
补充养老保险（月） Supplementary Pension Plan（Monthly）	9%	¥233
补充住房公积金（月） Supplementary Housing Fund（Monthly）	11%	¥414
有薪假期（天/年） Paid Leave（Day/Year）	100%	12.77

本行业薪酬水平按公司性质分布/By Company Type

公司性质 Company Type	中位值 Median	75百分位值 75th%ile	90百分位值 90th%ile	平均值 Average	相当于平均年薪的倍数 Ratio to Average
外商独资（欧美企业） Wholly foreign Owned Company (European and American)	¥167 627	¥245 766	¥298 682	¥189 315	1.26
外商独资（非欧美企业） Wholly Foreign Owned Company（Other Nationalities）	¥141 078	¥206 614	¥251 471	¥159 265	1.06
合资/合作企业 Joint Venture/Cooperative Company	¥142 107	¥208 990	¥253 958	¥160 768	1.07
民营企业 Local Private Company	¥134 230	¥197 210	¥239 966	¥151 753	1.01
国有企业 State Owned Company	¥123 561	¥181 702	¥221 043	¥139 733	0.93
行业平均 Industry Average	¥133 367	¥194 723	¥236 192	¥150 250	1.00

续表

薪资组成 C&B Component			外语水平 Foreign Language Proficiency		
公司性质 Company Type	外商独资（非欧美企业） Wholly Foreign Owned Company（Other Nationalities）			分布% Distribution	平均值 Average
薪资项目 Compensation Component	享有者比例% Eligible	平均值 Average			
月基本工资 Monthly Base Salary		¥ 9 730	一般 Average	23%	¥129 941
月固定津贴 Monthly Allowance	87%	¥ 607			
月奖金/提成 Monthly Bonus/Commision	53%	¥ 2 277	良好 Good	42%	¥144 600
月其他浮动收入 Other Monthly Income	33%	¥ 642			
月总收入 Total Monthly Pay		¥ 11 677	熟练 Very Good	26%	¥166 047
年奖金收入 Annual Bonus	77%	¥ 12 582			
月薪数量 Monthly Salary Multiplier		12.81	精通 Excellent	9%	¥180 287
总年薪 Total Annual Compensation		¥ 159 265			

公司性质 Company Type	人民币/年 RMB/Year			工作年资（年）Work Experience（Years） <2	2~3	3~5	5~8	8~10	>10
外商独资（非欧美企业） Wholly Foreign Owned Company（Other Nationalities）	中专 Technical Secondary School	平均值	Average	¥ —	¥ —	¥ —	¥ —	¥ —	¥ —
		中位值	Median	¥ —	¥ —	¥ —	¥ —	¥ —	¥ —
		75百分位值	75th%ile	¥ —	¥ —	¥ —	¥ —	¥ —	¥ —
		90百分位值	90th%ile	¥ —	¥ —	¥ —	¥ —	¥ —	¥ —
	大专 College	平均值	Average	¥ 94 496	¥104 344	¥133 102	¥149 211	¥161 474	¥176 362
		中位值	Median	¥ 74 851	¥ 89 680	¥117 611	¥133 487	¥148 487	¥161 661
		75百分位值	75th%ile	¥101 023	¥129 657	¥170 105	¥193 967	¥213 359	¥227 101
		90百分位值	90th%ile	¥138 417	¥160 663	¥210 520	¥232 944	¥255 756	¥288 096
	本科 Bachelor	平均值	Average	¥112 945	¥124 415	¥158 199	¥177 653	¥192 059	¥209 850
		中位值	Median	¥ 90 320	¥106 960	¥139 760	¥158 882	¥176 605	¥192 351
		75百分位值	75th%ile	¥121 026	¥154 544	¥202 243	¥230 925	¥253 819	¥270 244
		90百分位值	90th%ile	¥165 536	¥191 615	¥250 348	¥277 319	¥304 578	¥342 845
	硕士 Master	平均值	Average	¥144 171	¥158 629	¥201 310	¥225 609	¥243 997	¥266 445
		中位值	Median	¥114 759	¥136 376	¥178 121	¥201 749	¥223 921	¥244 137
		75百分位值	75th%ile	¥154 502	¥197 040	¥257 460	¥293 524	¥322 733	¥343 438
		90百分位值	90th%ile	¥211 218	¥244 090	¥318 952	¥352 670	¥387 068	¥435 995
	博士 Doctor	平均值	Average	¥ —	¥ —	¥ —	¥ —	¥ —	¥ —
		中位值	Median	¥ —	¥ —	¥ —	¥ —	¥ —	¥ —
		75百分位值	75th%ile	¥ —	¥ —	¥ —	¥ —	¥ —	¥ —
		90百分位值	90th%ile	¥ —	¥ —	¥ —	¥ —	¥ —	¥ —
	所有学历 All	平均值	Average	¥113 926	¥124 963	¥158 187	¥176 920	¥191 044	¥208 380
		中位值	Median	¥ 90 836	¥107 493	¥140 037	¥158 189	¥175 410	¥190 866
		75百分位值	75th%ile	¥122 015	¥155 119	¥202 269	¥230 239	¥252 857	¥268 686
		90百分位值	90th%ile	¥166 563	¥192 056	¥250 415	¥276 672	¥303 364	¥341 488

续表

所有公司性质 Overall	中专 Technical Secondary School	平均值	Average	¥ —	¥ —	¥ —	¥ —	¥ —	¥ —
		中位值	Median	¥ —	¥ —	¥ —	¥ —	¥ —	¥ —
		75百分位值	75th%ile	¥ —	¥ —	¥ —	¥ —	¥ —	¥ —
		90百分位值	90th%ile	¥ —	¥ —	¥ —	¥ —	¥ —	¥ —
	大专 College	平均值	Average	¥ 89 983	¥ 98 847	¥125 129	¥139 768	¥150 654	¥164 407
		中位值	Median	¥ 71 743	¥ 85 047	¥110 551	¥124 970	¥138 435	¥150 572
		75百分位值	75th%ile	¥ 96 373	¥122 669	¥159 952	¥181 886	¥199 484	¥212 156
		90百分位值	90th%ile	¥131 564	¥151 848	¥197 985	¥218 567	¥239 383	¥269 557
	本科 Bachelor	平均值	Average	¥107 593	¥117 735	¥148 747	¥166 534	¥179 439	¥195 922
		中位值	Median	¥ 85 881	¥101 309	¥131 395	¥148 921	¥164 896	¥179 454
		75百分位值	75th%ile	¥115 198	¥146 089	¥190 196	¥216 667	¥237 560	¥252 757
		90百分位值	90th%ile	¥157 085	¥180 821	¥235 466	¥260 327	¥285 328	¥321 080
	硕士 Master	平均值	Average	¥136 979	¥149 933	¥189 318	¥211 664	¥228 317	¥249 182
		中位值	Median	¥109 300	¥128 992	¥167 196	¥189 210	¥209 776	¥228 188
		75百分位值	75th%ile	¥146 675	¥186 081	¥242 159	¥275 577	¥302 414	¥321 638
		90百分位值	90th%ile	¥200 075	¥230 359	¥299 872	¥331 238	¥362 958	¥408 741
	博士 Doctor	平均值	Average	¥ —	¥ —	¥ —	¥ —	¥ —	¥ —
		中位值	Median	¥ —	¥ —	¥ —	¥ —	¥ —	¥ —
		75百分位值	75th%ile	¥ —	¥ —	¥ —	¥ —	¥ —	¥ —
		90百分位值	90th%ile	¥ —	¥ —	¥ —	¥ —	¥ —	¥ —
	所有学历 All	平均值	Average	¥108 516	¥118 251	¥148 736	¥165 845	¥178 484	¥194 538
		中位值	Median	¥ 86 786	¥101 811	¥131 369	¥148 217	¥163 928	¥178 056
		75百分位值	75th%ile	¥116 128	¥146 630	¥190 220	¥216 021	¥236 655	¥251 421
		90百分位值	90th%ile	¥158 051	¥181 391	¥235 529	¥259 718	¥284 186	¥319 803

资料来源　前程无忧人力资源调查中心．前程无忧薪酬调查报告［EB/OL］．［2018-05-05］．http：//research.51job.com/ssr_1.asp.

5.3 薪酬调查结果的正确使用

对于薪酬调查结果的使用要避免“拿来主义”的倾向，即避免对报告数据不加分析，不结合企业的情景因素，盲目相信，直接使用。

5.3.1　薪酬调查结果存在的偏差

薪酬调查结果存在的偏差主要有系统偏差、基准岗位使用偏差和数据时效性偏差3种类型。

1）系统偏差

现在企业除了自主进行薪酬调查以外，更多的是借助专业的薪酬调查公司获得企业所需的薪酬信息。但是，不同的调查公司所采用的调查指标、数据来源地域、样本量、岗位匹配度、统计工具等各方面都不同，薪酬调查结果也会有所不同。比如，对于“年总收入”，可能是用所有的现金薪酬来计算，也可能是将主要的福利货币化后加上现金薪酬来衡量；采用的数值可能是中值，也可能是平均数等。

样本企业的选择更是影响薪酬调查结果可靠性的一个重要因素。劳动力市场界定过宽或过窄，数据都不具有代表性，所以企业在使用调查结果之前，应该先判断数据的信度、企业需要的分析类型等，避免直接用50百分位值作为市场跟随战略的薪酬调整标准，用75百分位值作为市场领导战略的薪酬调整标准。

2）**基准岗位使用偏差**

这是企业常见的薪酬报告的使用误区，即按市场上相同岗位名称的薪酬水平、薪酬标准、薪酬结构确定或调整本企业相应岗位的薪酬水平、标准、结构。事实上，名称不同的岗位其职责可能相同，例如，企业对于普通销售人员的命名可能会采用“销售代表”“客户经理”等不同的岗位名称，但他们的工作责任可能是基本一致的。同样，名称相同的岗位其职责也可能不同。比如“行政经理”，在有的企业主要是从事后勤工作的，而另外的企业可能会包括人事职责。再则，一个500人企业里的行政经理所承担的职责显然比一个50人企业里的行政经理所承担的职责大得多。因此，绝不能只关注岗位名称相同与否，重要的是它们的职责是否相同或类似。这也是在选择基准岗位时所强调的岗位匹配问题，需要根据企业岗位是否与调查的基准岗位相匹配来调整调查数据。

3）**数据时效性偏差**

从企业决定实施薪酬调查，到进行薪酬调查的策划、实施薪酬调查，再到最后得到薪酬调查结果，需要一段时间。这段时间的长短与企业自身能力和所选择的调查公司的专业水平密切相关。时间越短，相对来说数据就更有效；时间越长，受到外界环境变化的影响，数据的有效性就越值得怀疑。因此，在使用薪酬调查结果时，要特别注意调查的时间，并根据具体的情况进行必要的调整。

5.3.2 结合企业情景因素对调查结果进行调整

影响企业薪酬支付水平的因素有很多：企业外部差异，如行业差异、地区差异和不同岗位劳动力市场的供求差异等；企业间的微观差异，如企业整体战略差异、盈利水平差异、生命周期阶段差异、企业文化差异等；样本岗位被调查者的个人差异，如学历、工作年限、个人能力差异等。这些因素都影响着不同企业对基准岗位的薪酬支付，甚至是同一企业对同一基准岗位的薪酬支付，所以企业在使用调查数据的时候不能照搬。如图5-2所示，我们可以看到影响企业薪酬福利水平的主要微观情景因素。

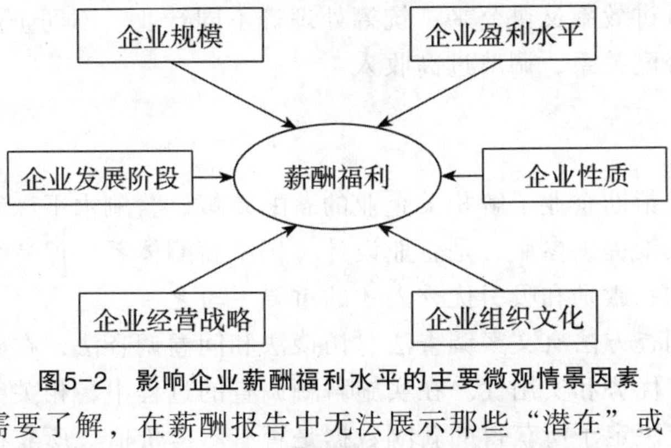

图5-2 影响企业薪酬福利水平的主要微观情景因素

同时，我们需要了解，在薪酬报告中无法展示那些“潜在”或“或有”收入，如员工持有的股票或股票期权。小米公司最早的创始员工有56名。当雷军和其他联合创始人动用自己的资金进行风险融资时，这些创始员工也想加入进来。当时许多员工甚至要到处凑钱才能进行投资。2018年，小米筹备轰动一时的首次公开募股，这56名员工持有的小米公司股份价值可能很快就会达到10亿～30亿美元。这些员工获得的回报大约是他们最初投资的200倍，更多的小米员工有望凭借股票期权致富。

这种收入远远高于同行业，哪怕是外资银行的薪酬水平。同样的，IBM和微软曾在货币薪酬福利方面并不是行业中的领导者，仅仅是跟随者，在有的岗位上甚至是滞后者，但是它们所执行的强大的股票期权政策使得员工通过努力工作可以获得远高于市场水平的总体收入。

最后我们还需注意到，企业的薪酬福利政策不是独立于其他人力资源实践的，而是互为补充和支持的。我们需要以一种整体报酬的视角来看待不同企业的薪酬福利水平。所谓整体薪酬，是指企业在员工充分参与的基础上，建立每个员工不同的薪酬组合系统，并定期随着他们兴趣爱好和需求的变化，做出相应的变更。这是一种自主风格的薪酬制度，各个员工可以按照事业发展、工作和个人生活的协调比率决定自己的薪酬组合以及组合中各种薪酬元素的比例。整体薪酬体系又称自助餐式的薪酬方案，是在企业和员工充分沟通的基础上来确定员工的薪酬形式。

这就告诉我们，尽管有的企业的薪酬福利的货币水平不是最高的，但因为它们提供的工作赋予员工在工作和生活上的平衡，为其提供了更好的职业发展机会，从而弥补了其在薪酬福利水平上的不足。

基于上述原因，我们可以得出这样的结论：薪酬调查是我们进行薪酬政策、薪酬水平和薪酬结构调整的主要依据，但绝对不是唯一依据，企业需要根据诸多的因素对薪酬调整的幅度、标准进行审慎选择。

思政专栏

薪酬调查除了可以为企业提供有竞争力的薪酬，还可以促进公平和共同富裕。《国务院关于改革国有企业工资决定机制的意见》（2018）强调，建立企业薪酬调查和信息发布制度；坚持效益导向与维护公平相统一；国有企业工资分配要切实做到既有激励又有约束，既讲效率又讲公平；统筹处理好不同行业、不同企业和企业内部不同职工之间的工资分配关系，调节过高收入。

本章小结

薪酬市场调查帮助企业了解相关企业的薪酬政策、薪酬水平和结构，为建立有市场竞争力的薪酬政策提供参照，是企业设计和调整薪酬体系、保持薪酬竞争力的必要前提，是企业留住、激励和吸引优秀人才的重要手段之一。

常用的薪酬调查方法有文案调查法、访谈法和问卷调查法，在收集不同的信息方面这几种方法各有优势和实用性。在实施薪酬调查的过程中，相关劳动力市场的界定和基准岗位的确定决定了所获得的薪酬数据是否有参考价值。所获得的薪酬数据需要根据岗位的匹配程度进行必要的调整，以使被调查企业和企业自身的岗位之间有可比性。通过对所获薪酬数据进行集中趋势和离散趋势分析，我们可以了解数据的基本特征，并据此绘制出薪酬市场水平图，直观了解企业薪酬在市场中的地位。

薪酬调查的结果受到许多系统因素和情景因素的干扰，薪酬专家需要对获得的竞争对手的薪酬政策、薪酬数据等信息做出正确的判断，从而推荐适合企业竞争战略的薪酬水平。成功建立具有市场竞争力的薪酬体系的关键是仔细思考事实和统计数据的含义。

复习思考题

（1）薪酬调查的主要作用是什么？

（2）相关劳动力市场如何进行界定？它在薪酬调查中的作用是什么？

（3）何谓基准岗位？它的选择标准是什么？

（4）薪酬调查数据统计分析的基本方法和各统计指标的内涵是什么？

（5）薪酬调查结果在使用上应该注意什么样的问题才能使其符合企业的要求，帮助企业制定有竞争力的薪酬政策、薪酬水平和薪酬结构？

案例分析

H公司的薪酬调查结果分析

H公司希望能够了解与企业岗位相关的劳动力市场的价格，以确定成都分公司员工的工资水平。为此，H公司聘请薪酬调查公司做了一个全面的薪酬市场调查。表5-12是薪酬调查公司提供的某一岗位的市场薪酬调查结果。

表5-12 ××岗位市场工资数据

企业编号	最小值（元）	平均值（元）	最大值（元）	员工数（人）
A	16 400	19 530	22 400	4
B	15 370	18 900	22 100	3
C	15 200	18 900	22 000	15
D	13 800	15 500	17 300	17
E	12 000	15 000	17 700	6
F	11 300	14 900	17 000	15
G	10 600	13 500	15 600	17
H	10 800	15 500	16 000	7
I	10 800	13 000	15 900	5
J	11 100	12 800	15 000	13
K	11 000	12 800	14 700	4

案例思考题：

（1）根据这些数据资料做一个简单的统计分析。（计算出该岗位的加权平均最低工资、加权平均工资、加权平均最高工资、25百分位值、50百分位值、75百分位值、90百分位值）

（2）就这个岗位提出一份工资建议。（针对企业不同的薪酬战略，给出工资水平的建议，以及相关注意事项）

推荐阅读资料

［1］刘昕．薪酬管理［M］．6版．北京：中国人民大学出版社，2021.

［2］赵国军．薪酬设计与绩效考核全案［M］．3版．北京：化学工业出版社，2020.

［3］孙宗虎．薪酬体系设计实务手册［M］．4版．北京：人民邮电出版社，2017.

［4］张颖．互联网企业薪酬体系［M］．北京：人民邮电出版社，2016.

网上资源

［1］MBA智库百科，http：//wiki.mbalib.com

［2］中国人力资源开发网，http：//www.chinahrd.net

［3］中国人力资源网，http：//www.hr.com.cn

第6章 薪酬结构设计

学习目标

- 掌握薪酬结构的相关概念、薪酬结构设计的原则及影响因素；
- 重点掌握薪酬结构的横向设计、纵向设计方法；
- 理解宽带薪酬结构的设计方法；
- 认识我国做好人才工作的社会条件。

第6章课件

引例 张小平跳槽背后：航天国企人才流失严重，“两三年就换一波”

2018年9月27日，一份盖有西安航天动力研究所公章的《张小平参与我所型号研制情况》的文件引发关注，《离职能直接影响中国登月的人才，只配待在国企底层?》一文在微信朋友圈刷屏。该网文批评了航天国企人才激励机制存在问题，导致“不可或缺”的技术骨干不得已离职。公文称，离职前，张小平任西安航天动力研究所低温发动机副主任设计师职务。对其工作的重要性，公文用了“灵魂人物”“不可替代”来形容。该网文显示，张小平离职前年薪仅12万元，2018年上半年加入北京蓝箭空间科技有限公司后，年薪涨到上百万元。

尽管业内人士对其年薪真实数字有所争议，但航天国企中大量骨干人才通过“跳槽”到体制外实现薪水翻番，已成不争的事实。一篇2018年4月发表在《今日科苑》上的调查《航天主要科研院所调研访谈情况分析及启示》支持了这个现象。中国运载火箭技术研究院研究发展中心蔡闻一等5位作者，对航天科技集团的200余名工作人员进行了调研。调查结果显示，2012年至2016年，航天一院、五院、六院、八院等航天科技集团主要院所，每年流出总人数呈上升趋势。例如，2016年八院流出人数达428人，远超2012年的300人。该调查进一步分析显示，当前流失的主体集中于35岁以下的中青年骨干群体，占每年平均流出人数的85%以上。其中，工艺、技能人才队伍中青年骨干流失现象尤为突出。以五院型号研制队伍为例，技能人员年均流失人数比例占全院流失总数的50%。以八院型号研制队伍为例，八院流失的工艺、技能人员中，40%为工作经验5年以上的中青年骨干员工。蔡闻一等人据此得出结论：“中青年骨干人才是航天发展的中坚力量，不采取一定措施，就会给后续发展带来一定冲击。”

一位在航天科技集团某院某所供职8年半的科研人员告诉中国科学报记者，他离职前所在的单位，总共30多人，最近几年平均每年离职10人左右。“两三年就换了一拔人。"薪酬低是他们离职的重要原因之一。上述科研人员称，他离职前是普通设计师岗位，各种福利、绩效加在一起每年收入达到20万~25万元。"薪酬主要和单位有关，一般而言，总体单位比分系统收入更高。"他说，"与职称没有太大关系，副主任设计师每月只会多拿几百元而已。"

航天国企也意识到了薪酬问题在人才激励上的重要性。2018年4月，张小平曾经的同事、西安航天动力研究所王军军等人在《科学咨询（科技·管理）》上发表文章探讨《国企改革背景下航天研究所薪酬管理新思路》，提出薪酬向核心人才和关键岗位倾斜，做好职位评价和能力评价体现内部公平，团队奖金计划，长期激励，福利激励等建议。今年两会期间，航天六院院长、全国人大代表刘志让向媒体介绍了该院"科技青年岗位津贴"。"现在看来，随着大家收入的增长，这部分科技人才的津贴显得在收入里边的比重太小，还是需要我们后续进一步改进。"他称。

资料来源　甘晓. 张小平跳槽背后：航天国企人才流失严重，"两三年就换一波"［EB/OL］.（2018-09-27）［2024-01-24］. https：//www.thepaper.cn/newsDetail_forward_2481427.

薪酬结构的设计是一个企业能否留住人才的关键，而核心人才的流失给企业带来的损失是巨大的。本章将从薪酬结构的有关概念出发，结合薪酬结构设计的原则，探讨纵向薪酬结构设计、横向薪酬结构设计在企业中的应用，最后对宽带薪酬模式进行概述，进而对薪酬结构设计形成一个完整的理论框架。

6.1 薪酬结构设计概述

6.1.1 薪酬结构的有关概念

1）薪酬结构的含义

薪酬结构是指在同一组织内部不同职位或不同技能薪酬水平的排列形式。它强调薪酬水平等级的多少，不同薪酬水平之间级差的大小，以及决定薪酬级差的标准[①]。

它是组织中各种工作或岗位之间薪酬水平的比例关系，包括不同层次工作之间报酬差异的相对比值和不同层次工作之间报酬差异的绝对水平。

薪酬结构主要反映职位与员工之间基本薪酬的对比关系，尽管其他的薪酬形式，如可变薪酬、福利薪酬也具有等级结构的形态，但没有基本薪酬那么典型。薪酬结构所强调的是一个组织内部职位或技能薪酬等级的数量、不同职位或技能等级之间的薪酬差距以及确定这种差距的标准。

2）薪酬结构的内容与维度

（1）薪酬结构的内容。一般来讲，薪酬结构包含以下3方面内容：组织内部以职位或等级区分的薪酬等级的数量；同一薪酬等级内部的薪酬变动范围（或薪酬变动比率）；相邻两个薪酬等级之间的交叉与重叠关系。

① 格哈特，纽曼. 薪酬管理［M］. 成得礼，译. 13版. 北京：中国人民大学出版社，2022.

（2）薪酬结构的维度。薪酬结构包括纵向和横向两个维度。前者主要是指组织内不同职位、不同能力员工的薪酬等级和标准；后者则指构成货币薪酬的各种形式如基本薪酬、激励性薪酬、福利津贴的比重。此外，支付理念不同的薪酬模式在薪酬结构的设计上其步骤也有所不同。

3）薪酬结构的决策流程

薪酬结构所强调的是同一组织内部的一致性问题，但是它不是脱离外部竞争性而独立决策的一个过程。实际上，薪酬结构决策是在内部一致性和外部竞争性这两种薪酬有效性标准之间进行平衡的一种结果。薪酬结构决策的流程可以用图6-1来说明。

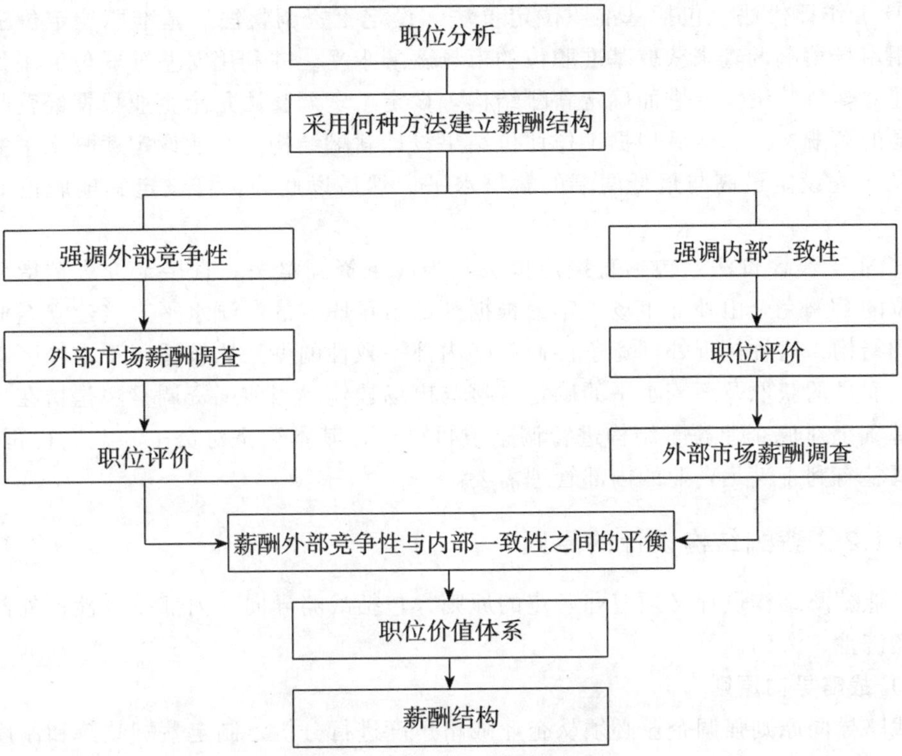

图6-1 薪酬结构决策的流程

资料来源 刘昕. 薪酬管理［M］. 6版. 北京：中国人民大学出版社，2021.

4）薪酬结构设计的先行工作、基础与方法

（1）薪酬结构设计的先行工作。薪酬结构设计属于薪酬体系中的一个子模块，因此在设计薪酬结构时必须服从薪酬体系所要达到的目标，即确保企业合理控制成本以及帮助企业有效激励员工。从薪酬结构决策的流程我们可以看出，薪酬结构设计的先行工作主要有以下三点：①在分析企业战略的基础上确定人力资源战略，进而制定企业的薪酬策略；②完成职位分析并得到三份成果，即职位说明书、职位分类（包括职位群落图和职位职级表）、职位编制；③通过外部对标、内部诊断，做好企业内外部薪酬调查，企业薪酬水平的确定和调整标准应建立在内外部公平的基础之上。

（2）薪酬结构设计的基础：职位评价。职位评价就是通过职位分析，在获取相关职位信息的基础上，对不同职位工作的难易程度、职权大小、任职资格的高低、工作环境的优劣、创造价值的多少等进行比较，确定其相对价值的过程。在薪酬体系设计中，职位评价可使特定的职位的相对价值得以公示，为薪酬等级的划分奠定基础，体现薪酬分配的公平性，同时，通过职位评价可以明确不同职位的等级、所属系统以及各个职位之间的联系，确定各个职位的地位和作用，形成组织的职位结构。由此可见，职位评价是薪酬结构设计的前提和基础，职位评价的一个直接作用就是为薪酬结构设计提供依据。

(3) 薪酬结构设计的方法。薪酬结构的设计方法主要包括工作评价法和非工作评价法。

① 工作评价法：包括基准职位定价法和设定工资调整法。基准职位定价法主要是利用市场薪酬调查来获取基准职位的市场薪酬水平，并利用对基准职位的工作评价结果建立薪酬政策线，进而确定薪酬结构。设定工资调整法是指企业根据经营状况设定基准的薪酬标准，然后根据工作评价结果设计薪酬结构。企业设定薪酬水平的做法一般是：先设定最高与最低两端的薪酬水平，然后以此为标杆设定其他职位的薪酬水平。

② 非工作评价法：包括直接定价法和当前工资调整法。直接定价法是指企业所有职位的薪酬完全由外部市场决定，根据外部市场职位的薪酬水平直接建立企业的内部薪酬结构，这种体现外部竞争性而忽略内部一致性的做法比较适用于市场驱动型的企业，雇员的获取及薪酬水平的确定直接与市场挂钩。当前工资调整法是指在当前工资的基础上对原企业薪酬结构进行调整或再设计，其本质是对员工利益进行再分配，这种调整有利于满足企业的内部管理需要。

6.1.2 薪酬结构设计的原则

企业薪酬结构设计必须遵守一定的原则，包括战略导向、内部一致性、外部竞争性、经济性、激励性等。

1) 战略导向原则

战略导向原则强调企业必须从企业战略角度进行分析，制定薪酬政策和制度时必须体现企业发展的战略要求。企业的薪酬不仅是一种制度，更是一种机制。合理的薪酬制度能促进有利于企业发展战略的因素成长和提高，同时使那些不利于企业发展战略的因素得到有效的遏制、消退和淘汰。因此，企业在设计薪酬结构时，必须从战略的角度来分析哪些因素重要、哪些因素不重要，通过一定的价值标准给予这些因素一定的权重并确定它们的价值分配。

2) 内部一致性原则

内部一致性原则是体现内部工作价值一致性的原则，也称基于岗位价值付薪(pay for position)的原则，主要指企业应清楚地了解每一项工作的相对价值，并能客观地在薪酬等级中予以反映。例如，在同一企业中，工作责任重的员工应该比工作责任轻的员工获得更高的报酬。企业需要依据工作价值的比较结果来建立工作等级和薪酬等级结构。工作评价技术是确定企业薪酬等级序列的主要工具。

3）外部竞争性原则

外部竞争性原则具体表现为按照市场价格付薪（pay for price）的原则。尽管企业薪酬结构的设计属于内部薪酬管理，但是现代企业薪酬管理不可能将内部管理与外部管理完全割裂开来。因此，企业在薪酬结构的设计中，也应该体现外部的竞争因素。具体而言，该原则要求企业在薪酬结构的构建中，尤其是对一些关键岗位和核心员工的薪酬设计，必须参考劳动力市场工资率的变化，即体现内部公平性，兼顾外部竞争性。

一般而言，在企业薪酬等级结构即纵向结构的设计中，应主要关注与工作价值和市场工资率相一致的原则，而在员工薪酬要素结构即横向结构的设计中，应主要关注与员工的能力和贡献相一致的原则。

4）经济性原则

经济性原则强调企业设计薪酬结构时必须充分考虑企业自身发展的特点和支付能力。它包含两个方面的含义：从短期来看，企业的销售收入扣除各项非人工（人力资源）费用和成本后，要能够支付企业所有员工的薪酬；从长期来看，企业在支付所有员工的薪酬及补偿所用非人工费用和成本后要有盈余，这样才能支撑企业追加和扩大投资，获得可持续发展。

人工成本还与企业的成本构成以及所处的行业性质有关。在人工成本占企业总成本比例较高的劳动密集型企业中，经济性原则对企业的薪酬标准的制约力量较强，以控制企业产品的成本处于一个较低的水平；在人工成本占企业总成本比例较低的一些资金密集型、技术密集型企业中，适当提高员工的薪酬水平对企业的总体经营压力的影响并不大，而且这些企业的生存和发展通常比劳动密集型企业更依赖核心人力资源的工作积极性和创造性。

5）激励性原则

薪酬结构设计必须适应组织的人力资源政策并为之服务，如实行以职位晋升作为激励手段的政策，就要保持薪酬等级之间有足够的差距，如实行以不断提高技能作为激励手段的政策，则要提高技能工资的比例。党的二十大报告指出，“人才是第一资源”“培养造就大批德才兼备的高素质人才，是国家和民族长远发展大计”。推动落实党中央关于人才强国的战略部署，前提是满足做好人才工作的社会条件，其中就包括营造待遇适当、保障有力的生活环境，即尊重激励性原则。

这里涉及企业薪酬（人力资源投入）与激励手段（产出）之间的比例关系，企业在设计薪酬结构时要充分考虑各种因素，使薪酬的支付获得最大的激励效果。一方面，激励性原则要求企业在薪酬结构上尽可能地满足员工的实际需要。由于不同的员工的需求不同，相同的激励措施起到的激励效果也不尽相同。即使是同一位员工，在不同的时间或环境下也会有不同的需求。另一方面，激励性原则要求企业在内部各类、各级别的薪酬水平上适当地拉开差距，真正体现按能力、按绩效分配的原则。

6.1.3 影响薪酬结构设计的因素

影响内部薪酬结构设计的因素如图6-2所示。外部因素包括文化与风俗习惯、组织运行的经济环境、政府政策、法律法规等。组织因素包括：所用技术，它在很大程度上影响组织设计和工作流程；组织设计，它会告诉我们组织如何竞争；内部薪酬结构要支持的人力资源政策，包括薪酬政策等。由于实施薪酬政策的预期结果也影响对其的设计，所以员工的接受程度和成本也包含在内。

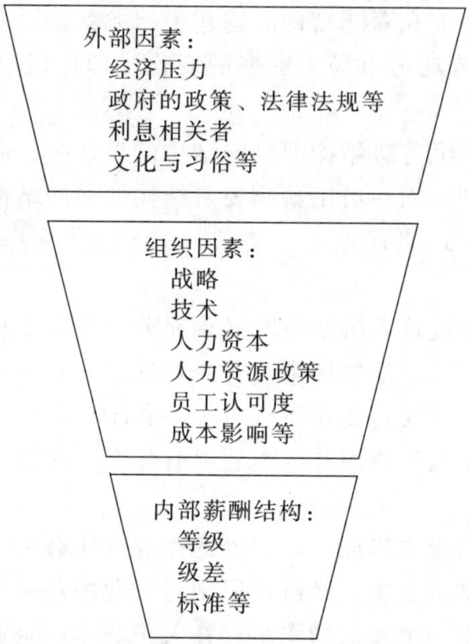

图6-2　影响内部薪酬结构设计的因素

资料来源　格哈特，纽曼．薪酬管理［M］．成得礼，译．13版．北京：中国人民大学出版社，2022.

确切地讲，这些因素之间的相互作用人们还知之甚少。没有哪一种理论能解释所有因素。许多理论只是强调某种因素比其他因素重要，而忽略了其他因素。

1）外部因素

（1）文化与风俗习惯。文化是人们认同的精神产品。这种精神认同来自对公平的判断。对于薪酬结构公正性的社会判断在其压力下正在发生变化。文化是很复杂的现象，包括对权力距离、不确定性规避、个人主义/集体主义以及男性/女性价值观的选取等，这些共同影响着一个企业的薪酬实践。美国文化跟中华文化就是两个典型的例子，二者主要体现在个人主义/集体主义的差别上。美国文化是典型的个人主义，强调手段，雇员们相信有了好的业绩才能有更高的工资，所以大多数美国公司的薪酬实践都是奖励个人业绩（也就是业绩工资和激励工资）或个人获得的与工作相关的知识或技能（也就是知识工资和技术工资）。中国文化体现出鲜明的集体主义色彩。受儒家文化的影响，中华民族的主导价值观始终围绕社会协作和个人责任。人们珍视集体身份，将集体的需要置于自身需要和自我感觉之上。因此，在个人绩效奖励的基础上合理采用团队绩效奖励就显得尤为重要，并可以额外通过资历工资奖励雇员与企业的从属关系，来满足和提升员工对集体认同感的需要。此外，在农耕经济所催生出的社会结构中，家庭是构成更高层级集体的基础单位，受到员工额外的重视。因此，在以集体主义突出的社会文化中，雇主对基础工资的支付通常需要考虑雇员的家庭需要。

（2）市场竞争压力。亚当·斯密在很早以前就强调以市场力量来影响薪酬结构。斯密把人力资源的价值划分为交换价值和使用价值。交换价值是雇主与雇员达成的协议薪酬，使用价值反映的是由劳动生产的产品或提供的劳务的价值。工业革命带来的新技术增加了劳动的使用价值。

然而，卡尔·马克思提出了著名的剩余价值理论。他批判建立在交易价格基础上的资本主义制度，因为资本家榨取了工人创造的剩余价值。他号召工人推翻资本主义制度，夺回自己创造的剩余价值，当家做主。在某种意义上讲，日益流行的员工持股计划正是采用了马克思的建议。

早期的理论侧重从劳动供给方面考虑薪酬结构。19世纪后期，面对日益提高的薪酬水平，新的理论开始研究劳动需求。边际生产力理论是有名的理论之一，该理论认为雇主实际上支付的是使用价值。雇员如果不能生产与其薪酬相等的价值，就不值得雇主雇用。

相对而言，不同职位的薪酬差别反映了不同职位使用价值的差异。例如，在信息技术日新月异，各行各业数字化、网络化、智能化深入发展的今天，以土木工程为代表的传统建筑业出现了人才饱和的趋势，行业平均薪酬水平趋于理性；与之形成对比的是，翰德（Hudson）发布的《2022人才趋势报告》显示，2022年，新能源行业人才跳槽薪资涨幅达到45%，而芯片行业的这一数字更是达到了可观的50%。紧俏的劳动力和乐观的行业前景致使企业不惜高价求贤。边际学派认为，某一职位的薪酬比另一职位的薪酬高是因为消费者对不同产出的价值评价是相对不同的。因此，劳动生产率差异为薪酬的内部差异做出了合理的解释。这些观点是许多现代薪酬管理实践的理论基础。

影响薪酬的市场因素包括市场薪酬水平、市场人才供给与需求情况、竞争对手的薪酬政策与薪酬水平、企业所在市场的特点和竞争态势等。在充分调查和考虑以上因素后，企业可以制定出市场薪酬线。过去由于技术能力和市场信息流通的局限，企业的市场调查往往需要投入较大的成本。随着大数据技术的普及和发展，市场信息的透明度将进一步提高，因此市场因素的影响也将扩大。

（3）政府政策、法律和法规。党的二十大报告提出，“努力提高居民收入在国民收入分配中的比重，提高劳动报酬在初次分配中的比重。坚持多劳多得，鼓励勤劳致富，促进机会公平，增加低收入者收入，扩大中等收入群体”“完善个人所得税制度，规范收入分配秩序，规范财富积累机制，保护合法收入，调节过高收入，取缔非法收入”。大多数发达国家都有各种各样的法律法规来规范薪酬结构，在那些国家运行的组织不得不认真考虑这些法律法规。我国这方面的法律法规也在逐渐健全。例如，我国对于最低工资做了明确的规定，包括最低工资的适用范围、标准的推算形式等。但是，由于我国现行工资结构有待完善，基本工资比重较小，在某种程度上奖金的绝大部分已成为对全体职工发放的附加工资，因此《最低工资规定》中没有把奖金排除在最低工资的组成部分之外，这意味着只要企业付给职工的基本工资加奖金不低于最低工资，企业就没有违反《最低工资规定》。

就业歧视与反歧视也一直是我国政府高度关注的问题。《中华人民共和国劳动法》第二章"促进就业"明确规定，劳动者就业，不因民族、种族、性别、宗教信仰不同而受歧视。《中华人民共和国就业促进法》第三章"公平就业"中进一步明确要求，用人单位招用人员、职业中介机构从事职业中介活动，应当向劳动者提供平等的就业机会和公平的就业条件，不得实施就业歧视。这具体包括性别、民族、残疾人、传染病病原携带者以及农村劳动者进城就业等五类歧视行为。2022年的政府工作报告也明确提出，坚决防止和纠正性别、年龄等就业歧视，大力营造公平就业环境，着力解决侵害劳动者合法权益的突出问题。不过，由于需求收缩、供给冲击和预期转弱这三重压力导致经济下行压力加大，加之相关立法的欠完善以及用人单位人力资源管理制度设计的科学性不足，就业市场反歧视仍然任重道远。

2）组织因素

（1）组织战略。组织战略对组织内部薪酬结构有明显的影响，不同的经营战略需要不同的薪酬结构来支持，与组织战略不一致的薪酬结构将成为组织获取成功的障碍。Flannery、Hofrichter和Platten（1996）将组织的文化模型分为功能型、流程型、时效型和网络型四种。功能型组织强调严密的自上而下的行政管理体系、清晰的责任体系，以及技术与业务的专业化；流程型组织以顾客满意度为导向确定价值链，由产品中心转向流程中心，强调部门间的合作与团队工作；时效型组织追求以最快的速度把新产品和服务推向市场，强调对商业环境迅速变化的适应能力，具有项目驱动性；网络型组织则往往通过内部和外部的合伙人以及合作协议的具体商定来确定。

不同类型的组织对薪酬结构的要求也不同。功能型组织中员工的工作就是承担工作所定义的责任，个人在组织中所能发挥的价值取决于职位本身的价值，因此薪酬结构要反映职位的差异；流程型组织中个人价值取决于其对整个流程的贡献，因此需要淡化职位约束，认可员工能力的发展，将薪酬的结构层次结构与员工的能力水平挂钩；时效型组织具有结果导向，薪酬的结构层次需要着重产出；网络型组织的合作性质决定它更容易采取协议薪酬，薪酬的结构层次较其他类型更具有弹性。

（2）工作设计。组织所应用的技术是影响薪酬结构设计的另一关键的因素。生产商品和提供服务所用的技术会影响组织设计、组织功能、团队和部门，进而影响从事的工作和从事工作所需要的技巧。例如，富士康科技集团仅工程师的薪酬结构等级就有20层，而华为技术有限公司所有管理、专业、技术人员的薪酬结构曾都是11个等级。前者属于劳动密集型（劳动成本占总成本的50%以上）企业，而后者属于知识密集型（劳动成本不足总成本的20%）企业，因此薪酬结构的差异就产生了。

（3）人力资源政策。组织的人力资源政策是影响薪酬结构的因素之一。大多数组织把职位晋升作为激励员工的手段。在一些组织中，有人认为提供的"头衔"足以吸引他人，因此很少提高薪酬。如果企业把薪酬水平的差异作为激励员工承担更大责任或学习新技术的手段，那么薪酬结构的设计应适应这一政策。高工作标准需要支付高薪酬，这样就会激励员工接受必要的训练去得到必要的经验或技术来从事这项工作。

3）内部劳动力市场：把内部因素与外部因素统一起来

内部劳动力市场的概念是由多尔瑞哥、彼得和麦克尔提出来的，它是作为外部劳动力市场的对立概念出现的，在这里，内部劳动力市场的概念由以下几个要素构成：

其一是组织结构。这包括协调一致的合作关系的横向联系和按照服从、指挥、命令系统的责任与权限排列起来的纵向联系。横向联系建立在生产、销售、营运、财务、人力资源管理、总务、研究与开发等不同职能部门的分工与协作的体制上，体现在薪酬结构设计上就是不同的职能部门设计有差异的薪酬结构。纵向联系是从工作现场的一般工作人员开始，经过现场监管人员或管理人员直至最高经营者的层级序列，这个序列对应组织管理上的责任与权限的序列，根据经验和管理能力以及技能的高低，而成为组织内的报酬序列和企业内晋升的阶梯。

其二是组织原理。组织形成最本质的原理就是其员工属于组织。按照这一原理，进入市场的买卖双方形成的只是以市场价格为依据进行交易的互补关系而不是从属关系。作为市场“人”，如果工资下降，员工会辞去原有职务去干工资高的工作；作为组织“人”，员工不能因为工资变动和工资差别而立即脱离所属的组织。

由此可见，内部劳动力市场特别强调的是企业组织内的劳动力分配要通过企业内的组织惯例、章程或者制度等来进行。一旦企业以具有竞争优势的外部劳动力市场价格将劳动力纳入企业组织内的雇佣关系当中，员工的薪酬设计就不能仅仅以外部劳动力价格为依据了，因为培训、配置、晋升等人力资源管理制度将介入到企业的长期规划、用人习惯、工资制度当中。作为个人，员工一开始总是从事一项较低职位的工作（如助理工程师可以从大学毕业生中招聘，但高级工程师必须有几年的工作经历），然后从事其他职位的工作（通过晋职或轮岗）。因为雇主需要从外部劳动力市场以具有竞争力的薪酬来招聘员工从事较低职位的工作，所以这些员工的薪酬取决于外部劳动力市场，企业的薪酬水平必须达到一定程度才能招到合格的员工。

相对而言，对于较高职位的工作（这些职位的员工通过轮岗或晋升从内部招聘）更受组织内部诸如文化、习惯或对组织成功贡献大小等因素的影响。外部因素对较低职位的薪酬产生主要影响，但较高职位的薪酬往往受组织内部因素的影响。

对于企业组织内的劳动力配置和工资决定等有关的实际状况，迄今已经有很多的研究成果问世。如宋晶等（2015）指出，员工的任职期限以及工作和在职培训经历直接影响其薪资水平。刘章发和田贵贤（2017）研究发现，员工工资决定受到劳资双方议价能力的影响，企业的议价能力在一定程度上挤压了员工收入。单爽（2021）的实证研究表明，地域分割、部门分割、户籍歧视和性别歧视都与员工实际薪酬水平显著相关。

4）员工的接受程度：决定企业薪酬结构的关键因素

我们一般认为员工渴望得到内部公平的薪酬。员工往往把自己的薪酬与社会上相似的工作的薪酬做比较，以此来判断自己得到的薪酬是否公平。因此，影响薪酬结构的一个重要因素就是员工对薪酬的接受程度。

一段时间内，薪酬结构能够较为合理地反映经济和社会的影响，如竞争压力、技术和工作差异等。但是，薪酬结构会受到诸如技术短缺等经济压力的影响而发生变化。经过一段时间，扭曲的薪酬差异将会成为惯例，并被接受。这样，因为组织因素和经济因素而形成的薪酬结构，由于文化或其他原因将维持一段时间，除非有其他经济杠杆撬动文化的惯性。新的薪酬结构要以新的文化为基础。

6.1.4 薪酬结构设计的类型

薪酬结构设计首先要解决的是员工薪酬的构成项目以及各自所占的比例。一个合理的薪酬结构应该是既有固定薪酬部分，如基本工资、职位工资、技能或能力工资、工龄工资等，又有浮动薪酬部分，如效益工资、业绩工资、奖金等。

当薪酬体系中各部分所占的比例不同时，企业所传达的薪酬导向也是不同的。传统的薪酬结构设计类型主要有以职位为导向的薪酬结构、以能力为导向的薪酬结构、以绩效为导向的薪酬结构和组合薪酬结构①。

1）以职位为导向的薪酬结构

以职位为导向的薪酬结构反映了科学管理的思想：每项工作被细分为一系列的步骤，并加以分析，从而确定“最好的办法”。实施这种薪酬的关键环节就是职位评价。职位评价是一个系统确定各职位相对价值，从而为组织确定薪酬结构的过程。按照职位评价的标准不同，以职位为基础的薪酬结构还可分为基于职位内容的薪酬结构和基于职位价值的薪酬结构。职位内容是指该职位所要求的技能以及该职位的职责；职位价值是指该职位对于组织目标的相对贡献。职位工资制、职务工资制等都属于这种薪酬结构。如图6-3所示，以职位为导向的薪酬结构的特点是，员工的薪酬主要依据其所承担的职务（或岗位）的重要程度、任职要求的高低以及劳动环境对员工的影响等来确定。

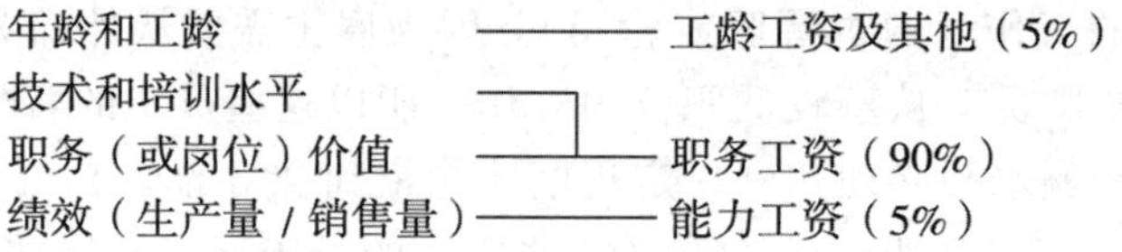

图6-3 以职位为导向的薪酬结构

以职位为导向的薪酬结构容易滋生官僚主义，这会强化自上而下的决策机制、信息传递机制，妨碍组织中信息的传递与交流，同时无法反映在同一职务（或岗位）上工作的员工因技术、能力和责任心不同而产生的贡献差别。该结构比较适合于各工作之间责、权、利明确的企业。

2）以能力为导向的薪酬结构

以能力为导向的薪酬结构是为了保证组织所有的关键需要得到满足：重要的并不是具备顺利展开目前活动的工作所需要的技能，而是是否具有适应不同情况的能力。如图6-4所示，以能力为导向的薪酬结构的特点是，员工的薪酬主要是依据员工所具备的工作能力与潜力来确定。职能工资、能力资格工资以及技术等级工资等都属于这种薪酬结构。

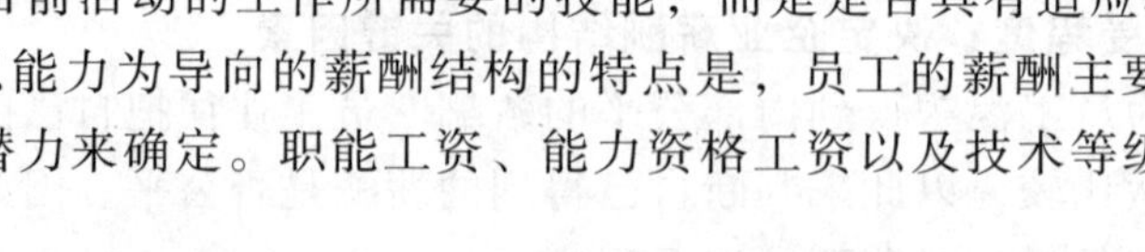

图6-4 以能力为导向的薪酬结构

① 刘洪．薪酬管理［M］．2版．北京：北京师范大学出版社，2018．

以能力为导向的薪酬结构要求组织建立一套有效的能力评估标准，其公平性、合理性、科学性与组织的特征、工作的性质有很大的关系。以能力为导向的薪酬结构一般适用于科学研究、智能开发、管理咨询等公司，因为这些公司的业绩在很大程度上取决于员工的能力。由于对能力的衡量有很多不确定性，因此完全以能力为导向提供薪酬并不可取，往往要通过衡量职位、个人角色、个人特征来反映能力。以能力为导向的薪酬结构的能力衡量基础和应用范围见表6-1。

表6-1　以能力为导向的薪酬结构的能力衡量基础和应用范围

		能力衡量基础		
		职位	个人角色	个人特征
应用范围	职位评价	计点法评价和等级结构	按角色分类形成较宽的报酬区间，如摩托罗拉公司	以个人特征为基础的薪酬构成，有非常大的薪酬等级区间
	基本薪酬	能力作为薪酬等级的调整依据	根据对能力和业绩表现的评估提供报酬	完全以个人能力为基础提供报酬
	可变薪酬	—	根据对能力和业绩表现的评估发放奖金	根据个人价值和能力的提高提供奖金

以能力为导向的薪酬结构的优点是有利于激励员工提高技术和能力，但有不足，如忽略了工作绩效及能力的实际发挥程度等因素，企业的薪酬成本也比较高，而且适用范围比较窄，只适用于技术复杂程度高、劳动熟练程度差别大的企业，或者是处在艰难期、急需提高企业核心竞争能力的企业。

3）以绩效为导向的薪酬结构

以绩效为导向的薪酬结构（如图6-5所示）的特点是，员工的薪酬主要依据其近期劳动绩效来确定，员工的薪酬因为劳动绩效的不同而不同，并不是处于同一职务（或岗位）或者技能等级的员工都能保证拿到相同数量的劳动薪酬。计件工资、销售提成工资、效益工资等都属于这种薪酬结构。

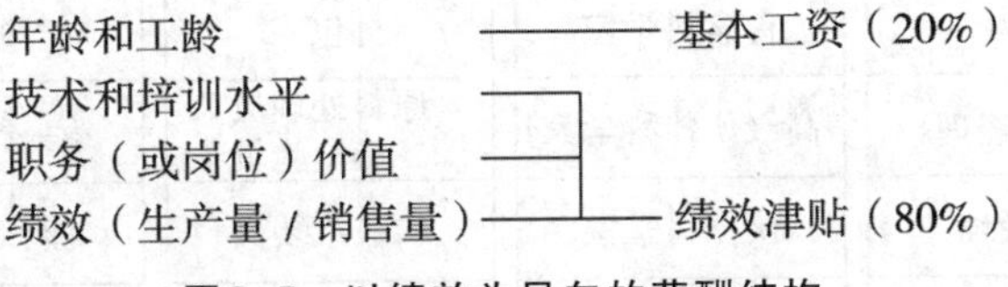

图6-5　以绩效为导向的薪酬结构

绩效薪酬是以绩效为分析评价对象，根据绩效的完成程度决定薪酬的高低。以绩效为导向的薪酬结构，其显著优点是激励效果好，但存在一定的缺陷，如员工只重视眼前效益，不注重长期发展，没有学习新知识、新技能的动力，只重视自己的绩效，不重视与人合作交流。以绩效为导向的薪酬结构比较适合以下类型的企业：任务饱满，有超额工作的必要；绩效能够自我控制，员工可以通过主观努力改变绩效等。

4）组合薪酬结构

组合薪酬结构（如图6-6所示）的特点是，将薪酬分解成几个组成部分，分别依据绩效、技术和培训水平、职位（或岗位）价值、年龄和工龄等因素确定薪酬额。组合薪酬结构使员工在各方面的劳动付出都有与之对应的薪酬，员工只要在某一因素上比别人出色，就能在薪酬上反映出来。岗位技能工资、薪点工资、岗位效益工资等都属于这种薪酬结构。

年龄和工龄——————工龄工资（14%）
技术和培训水平——————基础工资（33%）
职务（或岗位）价值——————岗位工资（24%）
绩效（生产量 / 销售量）——————奖金（29%）

图6-6　组合薪酬结构

组合薪酬结构的优点是全面考虑了员工对企业的投入。在企业薪酬管理实践中，单纯采用以绩效为导向的薪酬结构或者以职位为导向的薪酬结构或者以能力为导向的薪酬结构的情况并不多，总是把几种结构结合起来，扬长避短。因此，组合薪酬结构适用于各种类型的企业。

6.2　薪酬结构的横向设计

6.2.1　职位评价结果：薪酬结构

职位分析—职位描述—职位评价过程的最终结果是一个薪酬结构和工作的等级。这种等级是组织内部一致性的体现。图6-7为某一组织内部四个假定的职位结构。这些结果是通过不同的工作评价方法获得的。这些职位根据四种基本职能排列：管理类、技术类、制造类和行政类。其中，管理类和行政类的职位结构是通过职位评价的薪点法获得的，技术类和制造类的职位结构是通过两种不同的以人为基础的方案（能力与技能方案）而获得的。

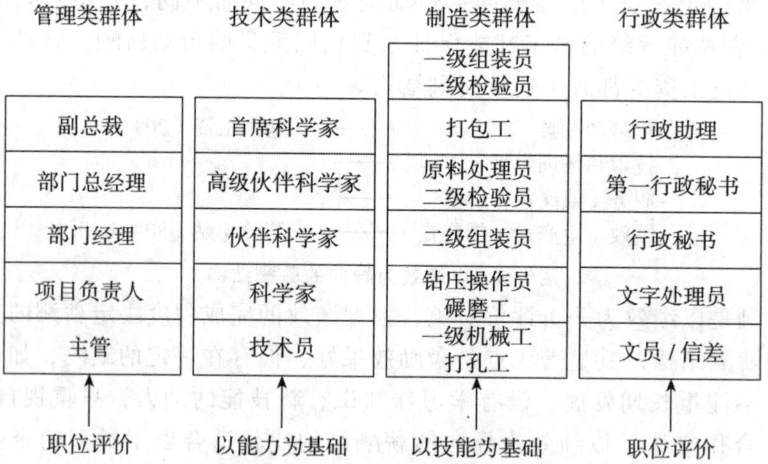

图6-7　最终的内部结构——以职位、技能与能力为基础

资料来源　格哈特，纽曼．薪酬管理［M］．成得礼，译．13版．北京：中国人民大学出版社，2022.

职位群体的划分决定了企业的职位结构，而职位结构不同决定了企业的薪酬结构设计也是不同的，这在横向薪酬设计上具体体现在固定薪酬与浮动薪酬的比例设计以及短期薪酬与长期薪酬的比例设计上。

6.2.2 固定薪酬与浮动薪酬的比例设计

1）固定薪酬与浮动薪酬的不同作用

固定薪酬主要是基本薪酬部分，如基本工资、职位工资、技能工资、年功工资等，也包括福利、津贴等；浮动薪酬主要是指绩效薪酬等各种奖励性薪酬部分以及利润分享（如年终分红）等。薪酬构成中固定薪酬与浮动薪酬各自所占的比例，以及绩效薪酬部分中过程绩效与结果绩效所占的比例的合理设计非常重要。一般来说，薪酬应在充分考虑职位因素的前提下，实行固定与浮动相结合的原则，并注意适当控制固定薪酬的增长，力求将其保持在一般市场水平或略高一点的水平，而将企业的相当一部分薪酬成本用于奖金发放。

固定薪酬与浮动薪酬在激励性、确定性、灵活性、风险性以及薪酬职能等方面是不同的。固定薪酬部分可以保证员工的日常生活，使员工有安全感，但预期的总收入也低；如果固定薪酬过高，浮动薪酬所占比例过低，则有可能使员工产生懒惰情绪，不思进取，削弱薪酬的激励与制约功能。这是因为企业对员工的激励主要来自薪酬中的浮动部分。不过，若浮动薪酬的比例过大，薪酬波动性增大，风险也增大，但预期的总收入高，有时员工会过于紧张而缺乏安全感，还会使员工的薪酬差距拉大而导致某些员工心理不平衡。在这个问题上，企业同样存在两个极端：一种情况是，员工的薪酬收入绝大部分属于固定收入，与个人绩效或企业经营业绩挂钩部分非常少，平均主义色彩比较严重。另外一种情况是，一些企业为了追求所谓的激励，不问青红皂白将员工的基本薪酬压得非常低，大部分薪酬（60%～80%）处于变动之中。由于这种做法削弱了员工所期望的薪酬保障性，员工感觉企业并未承担保障员工薪酬的责任，完全将收入浮动的风险交给员工来承担，结果导致激励不足，时间稍长就会有相当一部分员工产生抵触情绪。除非员工所承担的这种风险有可能在未来获得高额的回报，或者企业本身属于创新性要求极高的企业；否则，这种为强化激励而设计的薪酬制度其结果最后会适得其反。

一般而言，要增大薪酬的激励作用，可以加大薪酬中奖金的比例，甚至使其超过基本薪酬，同时使基本薪酬处于浮动状态，使稳定薪酬的比例大大缩小。我国企业的一种较好的做法是把基本薪酬的一部分划出来与员工当期的绩效考核结果挂钩，也就是在薪酬结构中加入所谓的“考核工资”，有的也称“浮动升级”，以使原来固定的工资标准也有所浮动，这实质上增加了员工收入的不稳定性。这样，在企业效益不佳而缺乏奖金刺激的情况下，也可以给予员工适当的约束和激励。与绩效加薪不一样的是，考核工资是浮动的基本工资，而不是刚性的累加性薪酬。奖金的主要目的是激励，发放的依据是企业的整体业绩和员工的个人业绩，而考核工资的主要目的是约束，发放的依据是员工个人的当期业绩，与企业的整体业绩一般没有关系。

但是，加大浮动薪酬比例对绩效考核系统的公平性与准确性提出了更高的要求，如考核指标、考核标准的设计与操作规范性方面。如果相应的考核水平跟不上，不仅不能实现员工绩效与薪酬的高度挂钩，反而可能将薪酬的不公平性扩大，从而带来更多的负面效果。绩效薪酬所占比例越高，绩效考核的不合理或误差带来的不公平程度便会越高，员工的不满也会越来越多，所以它一般较适合于员工的生产成果能直接度量的职位，从而避免人为的考核偏差。

2）固定薪酬与浮动薪酬的组合模式

这种模式反映企业总体薪酬中固定薪酬（主要指基本工资）和浮动薪酬（主要指奖金和绩效薪酬）所占的比例大小。

（1）职位评价的结果。图6-7反映了以职位、技能、能力为基础的企业职位结构，不同的职位类别以及职位层级决定了企业在设计薪酬结构时所选取的权重有所不同。在管理类职位中，固定工资的比例较低，激励性的浮动工资的比例较高，而在制造类和行政类职位中，固定工资的比例要相对较大，以提高这一类人群的薪酬保障，激励性的浮动工资的比例相对较低。最终这些比例的大小要以其对公司总体价值的贡献比例为标准。

在每个职位体系内部，不同层级还可以根据可补偿因素（如技能高低、努力程度、责任大小、工作环境等）划分为不同的等级，每个因子给予不同的权重，从而确定企业的薪酬结构。

例如，副总裁、部门总经理、部门经理、项目负责人以及主管同属于管理类职位，但在薪酬结构的设计上固定薪酬与浮动薪酬的比例还是会有所不同，其固定薪酬随着职位的降低而提高，也就是说主管的固定薪酬比例要比副总裁的高很多。

又如，将行政类职位分为基础层、骨干层以及核心层，每个层级固定薪酬与浮动薪酬的比例又是不同的，基层员工的基本薪酬可能占到70%~80%，骨干员工多数为50%~70%，核心员工可能在40%~60%，举例如图6-8所示。

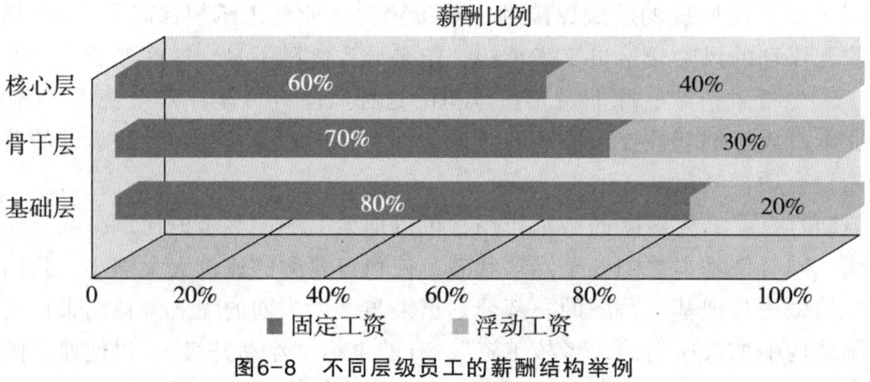

图6-8 不同层级员工的薪酬结构举例

资料来源 孙武. 基于职位和绩效的宽带结构式薪酬体系设计［J］. 人力资源开发与管理，2007（7）.

另外，有些工作取得成果或产品的周期较长，需要较高的固定薪酬来保证员工的生活需要，如研究人员。还有些工作主要依靠团队的相互协作，或者自动化的科技手段来实现，也应当加大固定薪酬的比例。在技术类职位中，如果员工的工作成果可以增加短期的经营收益，那么在薪酬结构中可以加大浮动薪酬的比例；如果某项技术或者产品的研发可能增加企业未来的经营效益，那么在薪酬设计中仍要加大固定薪酬的比例。在保证员工基本生活需要的同时，适当调整员工的浮动薪酬，如采取员工持股计划，可以激励员工为企业未来获得更好的效益而努力。

一般来讲，营销、项目和业务等部门，员工薪酬的40%左右为固定薪酬，60%左右为浮动薪酬；采购管理、人力资源、客户服务等部门，固定薪酬与浮动薪酬的比例结构为60：40；行政、财务等部门，这一比例为70：30；后勤、支持部门，这一比例可以为80：20，但激励因素一旦小于20%，效果就不佳。

（2）企业发展阶段。在企业的不同发展阶段，企业可以选择不同的薪酬策略。比如，在初始和成长阶段，企业的经营战略是以投资促进企业成长，薪酬策略宜采用高弹性模式，形成较强的激励性。在成熟阶段，企业的经营战略以保持利润和保护市场为目标，与此相适应的薪酬策略宜采用折中模式，使基本薪酬处于平均水平，奖金所占比例应较高，福利水平保持中等，见表6-2。

表6-2 **企业的发展阶段与薪酬模式及策略的选择**

发展阶段	模式	策略
初创	高稳定模式	高基本薪酬
发展	高弹性模式	高奖金
成熟	折中模式	弹性的高基本薪酬
衰退	高稳定模式	高基本薪酬

（3）薪酬组合政策。薪酬组合政策的不同也影响着企业薪酬结构的变化。对于薪酬组合政策，人们现在还没有给予足够的关注，其备选方案有效益驱动型、市场跟进型、工作生活平衡型以及保障（忠诚）型等，如图6-9所示。

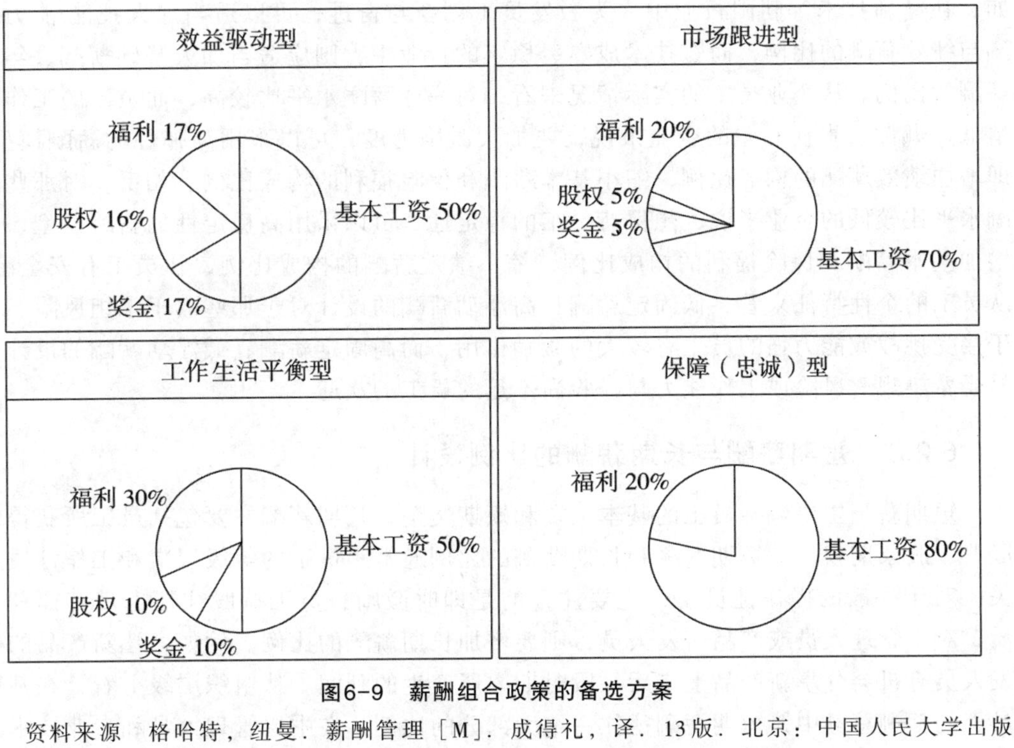

图6-9 薪酬组合政策的备选方案

资料来源 格哈特，纽曼．薪酬管理［M］．成得礼，译．13版．北京：中国人民大学出版社，2022.

相对于其他3种方案，奖金与股权在效益驱动型中的比例比较大，市场跟进型主要是模仿竞争对手的薪酬组合，工作生活平衡型考虑长期与短期、固定与浮动、激励与保障等各个方面，主要是追求企业内部员工的工作生活平衡，也可以说是一种新的生活方式的选取，而保障（忠诚）型主要是考虑员工的保健因素，追求稳定，激励性不大。

3）确定不同员工的薪酬结构比例

在薪酬水平不变的情况下，固定薪酬与浮动薪酬应保持一个合适的比例。

（1）固定薪酬与浮动薪酬的比例应与职位的特点相结合。一般而言，从职位等级上看，职位在组织架构中的层次越高，对企业总体经营业绩的影响越直接，则该职位薪酬中的浮动比例也越大，底薪比例相对较低；相反，位于企业执行层的员工（除了实行计件工资或提成工资的员工），由于工作的成果对企业影响较小，自己无法控制其劳动绩效，所以在其薪酬结构中浮动工资应占较小比例，而底薪较高。

对于销售人员来说，由于他们在很大程度上对“购买”决策产生影响，其薪酬结构要注重激励效果，所以浮动工资的比例要相对较大，但是如果销售人员的非销售活动较多，则在薪酬组合中应该倾向于使用固定工资。比如，一些公司或厂商需要销售人员进行大量的技术性培训，或者要求销售人员从事较多的客户服务。一个非常突出的例子就是医药行业，像默克这样的大制药公司雇用的销售人员，必须对产品的化学组成、临床使用以及禁忌有全面的了解。

（2）固定薪酬与浮动薪酬的比例应与企业的激励要求和员工的情况相结合。例如，在高新技术等朝阳行业中，为激发员工创新与奋进，可以适当加大技能/能力薪酬与绩效薪酬的比例，而在技术成熟、稳定的行业中，则应适当加大基础薪酬、年功薪酬的比例。从企业员工的实际情况来看，对一些薪酬水平比较高，而员工的工作热情低、懒散、责任心差的企业来说，要加大激励力度，可以采用高弹性的薪酬模型，即增加绩效薪酬的构成比例，缩小基本薪酬和保险福利的构成比例。相反，对那些薪酬水平比较低的企业来说，想保持员工的稳定性，可以采用高稳定性的薪酬模型，即增加基本薪酬和保险福利的构成比例，缩小绩效薪酬的构成比例，让员工有安全感。从员工的个性特征来看，低固定薪酬、高浮动薪酬的设计对于那些敢于承担风险、勇于接受挑战或能力强的员工有较大的激励作用，而高固定薪酬、低浮动薪酬的设计更易受希望规避风险或工作能力与经验尚不足的员工的欢迎。

6.2.3 短期薪酬与长期薪酬的比例设计

短期薪酬主要包括员工的基本工资和短期奖金，长期薪酬主要包括员工所获得的股票、股票期权等。短期薪酬和长期薪酬的比例通常跟员工的等级层次和工作性质有关。对于一般的操作性员工，主要注重的是即时激励，员工持股往往也带有福利性质；对于管理人员或产品研发人员，则要增加长期薪酬的比例。例如，让新产品的研发人员有机会分享新产品上市后一段时期内所产生的利润。从组织层级上看，在基层员工的薪酬总额中，短期薪酬往往占绝大部分的比例；在中层管理人员和专业技术人员的薪酬总额中，短期薪酬的比例下降，但仍旧是薪酬的主要组成部分；在高层管理人员的薪酬总额中，短期薪酬的比例进一步下降，甚至会低于长期薪酬所占的比例。

20世纪80年代以来，以股票期权计划为代表的股权激励收入，在西方高层管理人员收入体系中的比例越来越大，越来越多的公司开始使用股票期权等长期激励形式来激励高层管理人员。在一个高成长性的上市或待上市公司中，长期激励的薪酬形式往往会给持有者带来惊人的收益。当然，在不同的企业中，高层管理人员的短期薪酬和长期薪酬的比例可能会大相径庭。

虽然高层管理人员的总体薪酬强调长期或递延形式而不是短期的奖励，但从管理者个人的角度来讲，他们往往不大愿意接受长期激励，因为风险太大，而且不易确切地判断未来绩效的变化。即时的短期激励更具有现实性，相关信息也易获得。具有企业家精神的管理者，往往愿意接受长期薪酬，因为这使得他们和企业成为命运共同体，增强企业对其的信任，使其在经营过程中具有更大的权力空间。

短期薪酬和长期薪酬的比例还与企业的业务性质或行业特点有很大关系。一般而言，在一些有较广阔发展前景的风险型企业或行业，如新兴行业、高科技行业中，长期激励较普遍，占员工总收入的百分比也较高。在传统行业中，企业的发展空间不大，不具备高成长性的特点，对人员的要求不高，员工对企业的长期发展影响甚小，因而主要应强调即时的激励，长期薪酬的比例应偏小。对于事关人们日常生活保障的垄断性的基础性行业而言，其多为无风险或低风险经营，经营业绩平稳，企业的业绩与员工的关系也不十分明显和直接，因而并不适合长期激励的薪酬形式。

总之，在薪酬结构的横向设计中，要注意体现激励对称的思想，使员工承担的责任与薪酬形式相对称，利用股权的“金手铐”作用，拴住经理人才、研发人员、高级技术工人等关键员工，并以多种激励形式的组合（激励因素、保健因素都要考虑）达到让员工满意的效果。

6.3 薪酬结构的纵向设计

薪酬结构的纵向设计主要是针对职位和技能/能力薪酬体系而言的，也就是固定工资这一块。当然，业绩薪酬也与基本薪酬有一定关系，因为业绩薪酬有时是以基本薪酬为基数来计算的。

薪酬结构的含义除了薪酬的组成部分之外，还有一个更为重要的含义，就是指企业的组织结构中各项职位的相对价值与其对应的实付薪酬之间保持什么样的关系，对同一组织内部的不同职位或者是技能之间的工资标准应当如何安排。它强调的是职位或者技能等级的数量、不同职位或技能等级之间的薪酬差距以及用来确定这种差距的标准是什么。尽管薪酬结构所强调的是同一组织内部的一致性问题，但它不是脱离外部竞争性而独立决策的一个过程，要注意将内部公平性、外部公平性及对外竞争性结合起来考虑。完整的纵向薪酬结构设计包括薪酬等级数量、各个薪酬等级之间的级差、每个薪酬等级的薪酬变动范围（最高值、中间值以及最低值）、相邻两个薪酬等级之间的交叉与重叠关系等方面的设计，如图6-10所示。

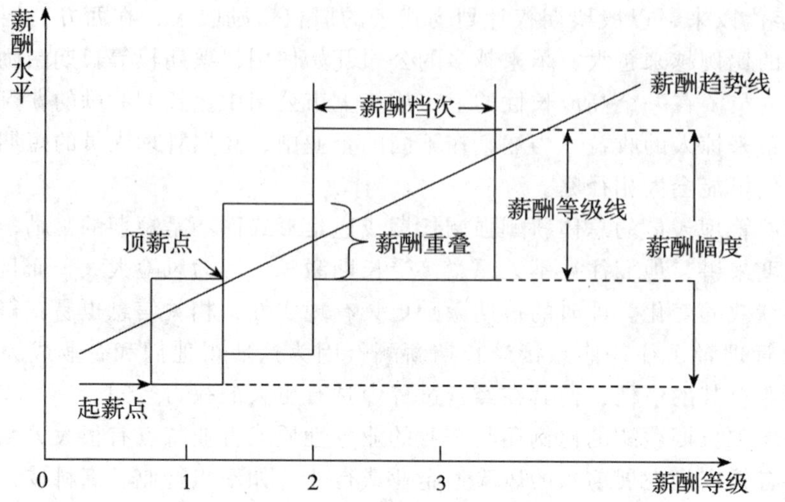

图6-10　薪酬结构纵向设计

6.3.1　最高薪酬和最低薪酬的确定

在确定最高薪酬和最低薪酬的时候，主要考虑的问题是特定地区或行业劳动力市场对薪酬水平的大体影响。

在确定企业最低薪酬时，首先要符合当地政府制定的最低工资标准。依我国现行劳动法律的规定，最低工资水平包括工资总额中的标准工资、奖金、津贴等收入，但以下收入应排除在最低工资组成之外：加班加点工资；小班、夜班、高温、低温、有毒有害等特种作业环境条件下的津贴、社会保险费用；福利待遇（如企业对职工进行培训的费用、劳动保护费用、计划生育补贴、生活困难补助等）；用人单位通过补贴伙食、住房等支付给劳动者的非货币性收入等。除此之外，非经常性奖金（如劳动竞赛、因做出使本企业获益的发明创造而获得的奖励等）也不应作为最低工资的组成部分。

法定的最低工资标准只是强调用人单位在支付员工薪酬时的最低限额，用人单位在确定企业的最低薪酬时可以超出法定标准自行确定。从供求关系上看，当某些初级水平或某种特殊职位的劳动力需求大于供给时，为了吸引和留住劳动者，最低薪酬必须定得足够高。如果最低薪酬设定太高，将迫使整个序列的薪酬水平提高，形成一种连锁反应，这当然会造成人工成本支出过高，将限制企业的竞争力和盈利能力。可见，企业的最低薪酬对企业整体薪酬水平的影响是很大的。

但是，企业整体薪酬水平有时是由最高薪酬来决定的，如有一种反推法，它先确定管理层的薪酬，然后逐级递减。在这种情况下，较低一级职位的薪酬直接取决于其上级的职位薪酬。

对薪酬上限的决定更多的是一种主观考虑。政策的制定者支付给该职位一个他们认为可以接受的薪酬水平。一般情况下，公司总裁获得最高薪酬，这是公司的封顶薪酬。公司总裁的绩效会对该职位的薪酬产生重要的影响。职位层次越高越难用准确的数学方法来为其制定一个合理的薪酬水平。

事实上，一般情况下是政府、工会、劳动力市场决定最低薪酬水平，而组织的经营状况和总经理的薪酬决定最高薪酬水平，即劳动力市场竞争决定最低薪酬水平，而产品市场决定最高薪酬水平。

6.3.2 薪酬等级数目设计

薪酬等级是指在同一组织当中，薪酬标准由于职位或者技能等级的不同而形成的一种序列关系或梯次结构形式。在薪酬管理实践中，各类型企业的薪酬等级数目差异较大。一般而言，企业薪酬结构由多少等级构成主要取决于企业的规模、性质、组织结构及工作的复杂程度，其数量多少没有绝对的标准。

1）薪酬等级类型

薪酬等级的划分和组织结构的扁平化程度有很大关系。根据层级的多少，薪酬等级一般有两大类型：

（1）分层式薪酬等级类型。分层式薪酬等级类型即所谓等级工资制。其特点是企业包括的薪酬等级比较多，呈金字塔形排列，员工薪酬水平的提高是随着个人职位级别向上发展而提高的。这种等级类型在成熟的、传统的等级型企业内较为常见。

传统的官僚型职位薪酬体系就是一种等级色彩很浓的分层式薪酬等级类型。这种结构下的薪酬等级较多（一般含20个以上），薪酬水平严格按照职位行政等级的升高而升高，各薪酬等级之间没有重叠度或重叠度很小，各个薪酬等级内部的薪酬宽度也较小。它的主要优点在于：操作简单，易于管理；客观性较强；能够利用职务晋升来调动员工的工作积极性。其缺点在于：薪酬水平简单地与职位的行政等级挂钩，重管理，轻技术、研究、销售，没有体现不同性质的职位对企业的重要性，无法有效激励优秀专业技术人才；对员工个人能力的增强和职位职能的变化的反应也较迟钝，内部公平性不够；会在企业内部形成等级森严的气氛和工作环境，不利于团队合作，且容易出现论资排辈现象。

（2）宽泛式薪酬等级类型。该类薪酬等级的特点是企业包括的薪酬等级少，呈平行状，员工薪酬水平的提高既可以因为个人职位级别向上发展而提高，也可以因横向工作调整而提高。这种等级类型在不成熟、业务灵活性强的企业较常见，也适合扁平式的组织结构形式。这种薪酬等级类型体现了一种新的薪酬策略，即员工借助各种不同的职位来发展自己比职位升迁的方式更重要。宽泛式薪酬等级实际上是一种“宽带型薪酬结构”，这将在6.4节中加以详细介绍。

2）薪酬等级数目的确定

我们知道，在定量化的职位评价中，虽然每一个职位都可能有一个表示其相对价值的理论分值，但并不意味着每一个职位都有一种独特的薪酬，因为这会给薪酬的支付和管理造成困难与混乱。通常的做法是，将职位价值评估结果或技术（能力）评定结果相近的职位归并组合成若干个等级，并对应于薪酬等级。这就要对薪酬等级的数目进行设定和划分。在实际操作过程中，由于企业的所有职位不可能都接受职位评价，因此在划分职位等级的时候还要考虑其他未被评价的非典型职位的情况。

设置薪酬等级的数目时主要考虑薪酬管理上的便利和各种职位之间（如点数）差异的大小。薪酬等级的数目一般应与职务、技术、能力等实际可分的等级数目相一致，企业中各个职位之间的价值差异越大，或技术、职称的等级划分越多，薪酬等级的划分通常也越细。

在以职位为导向的薪酬结构中，薪酬等级反映着各职位的价值差异。

在价值最大的工作和价值最小的工作之间的点数差异既定的情况下，如果划分的薪酬等级数目太少，不能体现出职位之间的知识、技能、难度和责任方面的差异，使得工作任务、责任和工作环境差别很大的员工都处于同一等级而被支付相同的薪酬标准，就会损害薪酬政策的公平性。如果划分的薪酬等级数目太多，职位之间必须进行很好的区分，否则那些在本质上没有什么明显差别的工作就会得到不同的报酬，同样也会损害企业薪酬政策的公平性。此外，级数太少，难以晋升，缺乏激励效果，不利于提升士气；级数太多，晋升过频繁，刺激不强，还会增加管理困难和费用。实践中，企业薪酬等级系列平均在10～15级。

确定薪酬等级数目时主要考虑的因素有：

（1）职位的数量与相似性。企业中的职位数量越多，职位之间的差异越大，种类越多，范围越广，薪酬等级就越多。如果职位因相似而很容易进行分组或分等，则可采取比较少的薪酬与职位等级。这也可以从职位评价中点数的聚集情况来观察，职位评价点数分布越集中，则等级数目就越少。

（2）企业的薪酬管理政策。它主要考察企业是鼓励比较大的收入差别还是比较小的收入差别。如果企业倾向于拉大差距，那么薪酬结构线就较陡直，薪酬等级将增多。

（3）企业文化。它主要考察企业是否有接受较大的收入差别的企业文化。

（4）薪酬管理上的便利。为了管理更加方便，薪酬等级越少越好。

（5）晋升政策。如果企业倾向于以晋升来激励员工的积极性，可考虑采用较多的薪酬等级。

另外，在以技能为导向的薪酬结构中，薪酬等级直接反映职务（工种）、技术（业务）复杂程度和从业人员所需具备的劳动熟练程度等。通常薪酬等级数目越多，表明这一职务（工种）的技术越复杂，对从业人员的技术要求越高。

6.3.3 中位值的设定

薪酬区间的中位值或中值是一个很重要的薪点，又被称为控制点，是影响薪酬结构管理的一个非常重要的因素。企业的薪酬政策线或薪酬结构线穿过各薪酬等级的中位值，是根据各个中位值建立起来的。

一般来说，中位值根据外部市场薪酬调查数据和内部职位评价数据通过回归分析的方式确定。影响某等级中位值大小的因素主要是某职位等级的现行市场工资水平，中位值通常代表该职位等级在外部劳动力市场上的平均薪酬水平。之所以说薪酬区间中位值是影响薪酬结构管理的一个非常重要的因素，是因为在薪酬结构设计中既要考虑每个职位等级本身的价值，又必须考虑任职者个人的素质因素。一般的处理原则为，通过职位对应的薪酬等级的中值点来确定职位的价值，而任职者的个人能力的价值体现在每个等级内部的薪阶上，这样就形成了以“级”来体现职位价值、以“阶”

来体现个人价值的薪酬结构。

当然，企业在确定每一薪酬等级的中位值时，也不一定完全按照市场平均水平来定位，还应根据企业的薪酬策略分别设定，如根据具有竞争力的薪酬水平来设定。这一数据是人们通常所认为的该职位的工资标准。一旦一个最低等级（或接近最低等级）的中位值设定了，那么其相邻等级的中位值就能通过相乘（上一级）或除以（下一级）某个特定数值（系数）来确定。

与薪酬区间的中位值相关的一个薪酬成本管理工具是薪酬比较率或薪酬市场比较率（见第4、7章），具体而言就是某个任职者的基本薪酬在特定等级中的哪个台阶上。多数企业会将市场比较率控制在100%左右，这样，薪酬结构既能通过职位评价体现内部公平性，又能与外部市场薪酬保持一致而体现外部公平性。更多的企业将大多数员工的基本薪酬都定在薪酬的区间中位值上，其重要的目的是使本企业的基本薪酬水平和市场水平保持一致。

员工个人的薪酬比较率往往取决于员工的资历、所在部门、工作经验与能力、实际工作绩效等多种因素，它实际上反映着员工在薪酬等级区间中的位置。通常任职时间比较长、绩效比较好的员工的薪酬比较率（通常会超过200%）会比新进员工的薪酬比较率（通常会低于100%）要高，但都不应相差太大。

一般来讲，某职位中位值的市场比较率超过110%或低于90%时，企业就应当认真分析是内部的职位评价出现了偏差，还是外部薪酬市场因劳动力供求关系波动等因素而产生了报酬过高或过低的现象。如果是职位评价出现偏差，就应适当调整其职位评价结果。当然，对于根据外部市场标准报酬偏高的职位，如果企业认为增加的成本在可接受范围内，可以不对这些职位的薪酬区间中位值进行调整。但是，如果根据外部市场标准出现了报酬明显过低的职位，那么企业可能就不得不相应调高该职位所对应的薪酬区间的中位值。这是因为，如果只考虑内部一致性而不考虑外部竞争性，这些职位可能很难找到合适的人员来担任。

对于某些核心职位类别，如技术研发、经营管理等，可以采用高于市场中位值的薪酬水平，以提高企业薪酬在人才市场的竞争力，而对于生产、后勤等职位，可以采用跟随或保障策略，即在通过市场调查得到的职位级别上，选择不同的薪酬水平，如图6-11所示。

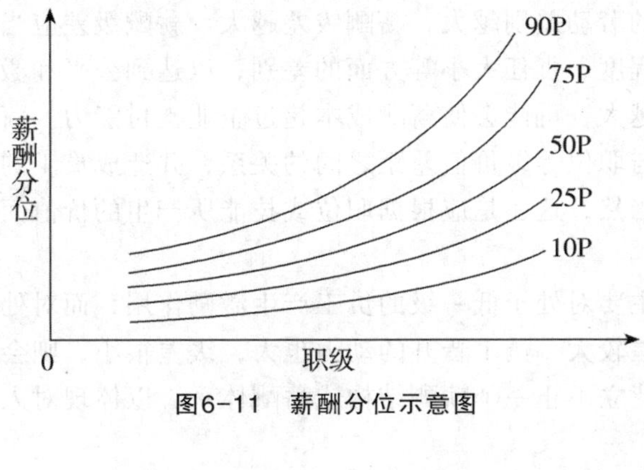

图6-11 薪酬分位示意图

6.3.4 薪酬级差的设计

划分了薪酬等级后，还要确定不同等级之间薪酬级别的幅度，即薪酬级差。它常常是指相邻薪酬等级中位值之间的差距，即中位值级差。级差是决定薪酬差别的一个基本的设计指标。中位值的增长幅度可用相邻两个薪酬等级中位值的增长百分比来表示，这一比率的范围通常为3%～20%。薪酬级差的设计实际上是确定企业内最高等级与最低等级的薪酬比例关系以及其他各等级之间的薪酬比例关系。其中，最高等级与最低等级的薪酬比例关系，决定了企业内部员工薪酬差距的大小。级差的确定可以采取统一化的做法，即不同的薪酬等级的级差是相同的，如都是20%，但更多时候是将不同的薪酬等级级差差别化。在市场机制的推动下出现收入差异是必然的客观趋势。

级差有两种数学表达方式：一种方式是以薪酬等级间的绝对薪酬数值差距来表示；另一种方式是用薪酬（工资）系数的形式来体现。在工资系数方式下，职位薪级工资标准=工资基数×工资系数。工资基数水平的高低取决于在一定条件下员工维持本人基本生活所需费用（最低生活水平）及企业的经济效益状况；工资系数的高低则主要取决于职位评估、技术评定或能力测评的结果。工资系数也反映了薪酬体系中最低薪酬水平和最高薪酬水平之间的差距，如工资系数在1～5范围内，则说明最高薪酬水平是最低薪酬水平的5倍。

确定合适的薪酬级差，应主要考虑以下几个因素：

（1）薪酬级差的大小与等级数的多少成反比关系。在最高薪酬等级的中值和最低薪酬等级的中值一定的情况下，薪酬等级越多，薪酬级差越小。对于分层式薪酬等级类型，由于等级较多，所以薪酬级差一般小一些；对于宽泛式薪酬等级类型，由于等级较少，所以薪酬级差要大一些。

（2）薪酬等级越高，薪酬级差就越大。薪酬级差实际上反映不同等级间职位、技能之间的差别大小。由于职位级别越高，职位之间的劳动差别越大，工作价值差别越大，一般而言，高级别职位（如副总经理与部门经理）之间的薪酬级差要大些，低级别职位（如主管与普通员工）之间的薪酬级差要小一些。当然，也有采用恒定的薪酬级差的情况。

（3）等级之间的劳动差别越大，薪酬级差越大。薪酬级差应当反映不同等级之间在劳动强度、复杂程度、责任大小等方面的差别，以达到公平和激励的目的。

（4）薪酬级差越大，可能会使薪酬成本超过企业支付能力。薪酬差距太大，容易使员工不理解薪酬与职位等级价值差距之间的关系，并造成员工的不团结，对企业的成本控制也不利。当然，这还是应根据职位或技能所产生的价值而定，高级差必须与高产出相对应。

（5）薪酬级差主要对处于低一级的员工产生激励作用，而对处于高一级的员工的激励作用不大。级差较大，员工晋升的动力也大；级差很小，则会失去激励作用，可能会迫使一个组织建立不止一个薪酬结构或薪酬体系，以体现对人才价值的重视。

6.3.5　薪酬变动范围和薪酬变动比率的设计

虽然从理论上讲，每一个薪酬等级可以只定一个单一的工资值，但由于职位评价的结果相同或相近并不意味着承担该职位的员工对公司的贡献和价值相同或相近，加上存在个人主观因素，所以为了反映同一职位级别的员工在能力、资历和实际贡献等方面的差别，在确定了企业应当分多少等级以及每个等级应当涵盖哪些职位后，还应给每个等级设定一个合理的薪酬区间，以恰当地反映这些客观差距。这时，职位级别所对应的薪酬水平往往是一个范围，其下限为等级起薪点，上限为顶薪点，员工薪酬的变动范围一般不超过该薪酬等级的上、下限，除非员工的职位发生变动。为管理方便，企业往往在薪酬等级所对应的薪酬范围中划分若干个档次，员工可以在职位及薪酬等级不变的情况下通过薪酬档次的提升来提高薪酬水平，而不必在每次提薪时都不得不让他们跳到一个新的等级。

1）薪酬变动范围与薪酬变动比率的含义

薪酬变动范围也称薪酬区间、薪酬全距、薪酬浮动幅度，实际上是指在某一薪酬等级内部允许薪酬变动的最大幅度。薪酬变动范围说明的是在同一薪酬等级内部，最低薪酬水平（起薪点L）和最高薪酬水平（顶薪点H）之间的绝对差距的问题，即：

薪酬区间=顶薪点（H）-起薪点（L）

当然，也可以指中点档次的薪酬水平（中位值M）与起薪点或顶薪点之间的薪酬差距，即H-M或M-L。在通常情况下，这两个差值是一样的，因为事实上薪酬变动范围中的最高值和最低值一般也都是依据中位值确定的。

薪酬变动比率通常是指某一薪酬等级内部的最高值与最低值之差与最低值之间的比率，即：

薪酬变动比率=薪酬变动范围/起薪点×100%

有时候，为了方便使用，也以中位值（M）为基础计算薪酬变动比率，即薪酬等级的上半部分变动比率为［（H-M）/M］×100%，下半部分的变动比率为［（M-L）/M］×100%，这二者的数值也是一样的。

几个关键点的换算关系是：

中位值=（顶薪点+起薪点）/2

起薪点=中位值/（1+薪酬变动比率/2）

顶薪点=起薪点×（1+薪酬变动比率）

例如，假设某薪酬等级中，薪酬的最高值为4 200元，最低值为2 000元，则

薪酬变动范围=4 200-2 000=2 200（元）

薪酬变动比率=2 200/2 000×100%=110%

中位值=（4 200+2 000）/2=3 100（元）

此外，我们还可以计算出中位值上下两侧的薪酬变动比率，两者是相同的：

上侧薪酬变动比率=［（4 200-3 100）/3 100］×100%=35.5%

下侧薪酬变动比率=［（3 100-2 000）/3 100］×100%=35.5%

在确定薪酬结构的过程中，一般不直接确定薪酬等级的顶薪点和起薪点，而是先确定等级薪酬变动比率，再根据薪酬变动比率和中位值来计算薪酬的上下限。在薪酬

水平的中位值确定的情况下，薪酬变动比率的改变会在很大程度上改变某一薪酬等级区间的顶薪点和起薪点。随着薪酬区间的变动比率增大，最高薪酬水平变得更高，而最低薪酬水平变得更低。宽带薪酬设计就是通过增大薪酬区间或薪酬变动比率加大等级内的差距。

例如，假设某薪酬等级中，中间值是3 100元，薪酬变动比率为50%，则：

起薪点=3 100/（1+50%/2）=2 480（元）

顶薪点=2 480×（1+50%）=3 720（元）

如果将薪酬变动比率增大为70%，则：

起薪点=3 100/（1+70%/2）=2 296（元）

顶薪点=2 296×（1+70%）=3 903（元）

这样，随着薪酬变动比率的增大，薪酬差距加大了。

此外，顶薪点与起薪点之间的关系还可以表示为：

顶薪点=起薪点×（1+薪酬变动比率）

起薪点=顶薪点/（1+薪酬变动比率）

2）薪酬变动范围或薪酬变动比率的确定

与薪酬级差类似，薪酬区间（或薪酬变动范围）的确定也有两种做法：一是将薪酬区间统一化，即不同的薪酬等级，其薪酬区间是相同的，如薪酬变动比率都是50%；二是更常见的做法，即根据不同的薪酬等级将薪酬区间差别化，具体值主要是根据经验数据来确定，薪酬变动比率通常在10%～150%之间浮动，在宽带薪酬制度下，薪酬变动比率甚至可以达到400%。

一般情况下，薪酬变动比率的大小取决于特定职位所需的技能水平、任职资格等各种综合因素。薪酬等级越高，对特定职位任职资格的要求就越高，薪酬变动比率也随之增加。其原因一方面在于低职位对于任职经验、技能、承担的责任以及对企业的价值贡献等的要求较低，相对稳定的薪酬变动比率有益于管理和控制人工成本，同时能为低职位员工提供更多的发展空间；另一方面则在于高职位对任职经验、技能、承担的责任以及对企业的价值贡献等的要求较高，员工一般难以达到要求，企业不得不采取其他的方式如较大的薪酬变动范围来认可其进步，而且职位越高意味着晋升的机会越少，难度也越大，企业不得不依据资历或绩效标准在薪酬区间内提升薪酬水平以实现激励。

表6-3列举了一些职位的薪酬变动比率的差异。从表6-3中我们可以看出，薪酬变动比率随着任职资格的提高而逐级升高。

表6-3 **不同职位对薪酬变动比率的影响**

主要职位类型	薪酬变动比率
非豁免员工：生产工人、维修员、交易员	10%～30%
非豁免员工：办公室文员、技术人员、专家助理	25%～40%
豁免员工：一线管理人员、行政管理人员、专业人员	40%～60%
豁免员工：中高级管理人员、专家	50%～100%

资料来源　HENDERSON R I. Compensation Management in a Knowledge-Based World［M］. New York：Prentice Hall，2000：342.

3）薪酬差别

薪酬区间的大小也反映一位新员工成为称职员工所需要的时间和难易程度，两者之间的能力差距越大，任职者所需付出的努力越大，薪酬区间就越大。薪酬区间较小，在一些成熟型企业就可能出现高资历、高能力员工的薪酬水平“跑出范围”的问题，即有大量的员工处于工资等级的顶部，当员工认为几乎没有机会进一步提高工资时，其情绪会受到影响。另外，在工资结构改变或降级的情况下，一些员工的工资水平也可能高于所在等级的上限，这时，工资政策可能会规定这些员工在其薪酬水平融入现行薪酬结构之前不能再增长。

4）薪酬等级包含的职位范围

若薪酬等级所包含的相对价值范围较广、职务较多，任职者的能力等个人因素相差较大，则工作绩效主要取决于员工的个人能力及努力程度。企业提薪比较频繁时，薪酬区间宜大，这将使那些有能力且经验丰富的员工有较多的提薪机会。

5）企业文化和管理倾向

强调拉开收入档次，鼓励或接受收入差距的企业，薪酬等级较大，其薪酬区间亦会设置得比较多。

可见，薪酬变动范围应与薪酬等级数目、薪酬结构线斜率、相邻等级薪酬范围的重叠程度等因素统筹兼顾，恰当平衡。不论薪酬结构设计得怎样完美，一般总会有少数员工的薪酬低于最低限或高于最高限的情况。在美国，那些薪酬高于最高限的员工被称为“红圈员工”，而那些薪酬低于最低限的员工则被称为“绿圈员工”。

6.3.6　同一薪酬结构中相邻薪酬等级之间的交叉与重叠设计

相邻薪酬等级之间的关系有三种基本类型：分离式、接合式和重叠式，如图6-12所示。前面两种是无交叉无重叠的，其中，分离式设计使低等级的薪酬与高等级的薪酬之间的差距拉开得最大，对高职级员工的激励作用也大，但要考虑内部员工的心理承受能力与公平感受，并以科学的职位评价或能力评价为依据。有时，除了关注相邻两个薪酬等级之间的交叉和重叠情况外，也要考查全部薪酬等级的总体交叉和重叠情况，即多个薪酬区间共同交叉的情况。

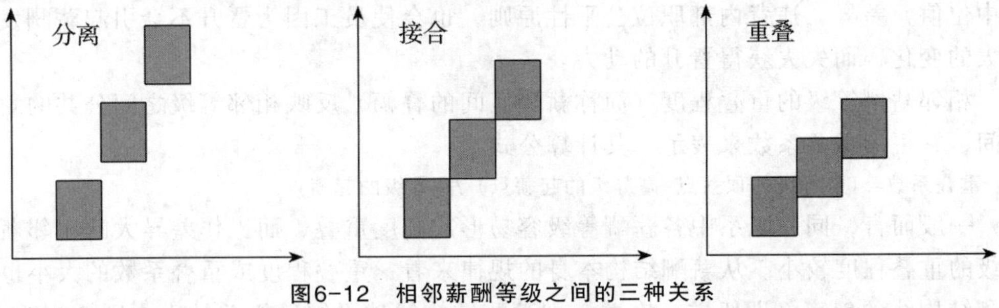

图6-12　相邻薪酬等级之间的三种关系

企业在选择这三种基本模式时，通常会考虑企业内部不同员工之间以及员工与管理层之间对企业的相对重要性是否存在明显的差异，对员工的素质要求是否有较大的差异。例如，某些高科技制造企业，为了拉大薪酬差异，在科技人员、管理人员与普通工人之间可以采用分离的模式。另外，对于一些大型企业而言，各薪酬等级间还存在更为复杂的关系模式，如在低等级间采用重叠模式，而在高等级间采用接合模式或分离模式；或者在低等级间采用重叠或接合模式，而在高等级间采用分离模式等。

重叠式是最常见的形式，是指各薪酬等级的最高值和最低值之间有一段交叉和重叠区域（除了最高薪酬等级的最高值和最低薪酬等级的最低值之外）。也就是说，较低薪酬等级的最高值可以高于较高薪酬等级的最低值，员工可以凭年资、经验、能力的提升而提高薪酬，甚至可能高于上一薪酬等级的员工。例如，在薪酬结构中处于最低等级中最高档的第1等级第4档，其薪酬水平既可能高于第2等级的第1、2档，也可能高于第3等级的第1档。在实际的薪酬结构设计中，这种情况不仅在机关事业单位常见，在企业中也是常见的，有人将这种薪酬结构称为“一职（等）多级（档），上下交叉”的“一条龙”结构。例如，高等院校中讲师的基本工资可以高于副教授职级的最低工资。

重叠式的薪酬结构尤其适用于中层以下的职位。这是由于企业的职位等级一般都是金字塔形的，职位等级越高，可提供的职位越少，员工的升迁机会越少。如果相邻两个薪酬等级的薪酬区间差异过大，那么会造成这样一种情况，即某人一旦得到晋升，那么其薪酬水平会立即比原来的薪酬等级所对应的薪酬区间的上限还要高出许多，也会比处在下一个薪酬等级上的老员工高出许多，这种只考虑职位晋升的做法是不公平的。这是因为有许多因素会影响职位晋升，如个人性格特点、个人升迁意愿以及上级的好恶等，并非完全由能力、经验或绩效决定。在这种情况下，如果因为晋升所导致的薪酬差异很大，就必然导致未晋升员工的强烈不满，同时会导致企业内部员工对晋升的竞争更加激烈，矛盾也更多。因此，为了弥补由于职位数量少而可能给员工带来的损失或矛盾，相邻薪酬等级之间的薪酬标准可以适当交叉和重叠。它一方面可以避免因晋升机会不足而导致的未被晋升者的薪酬增长局限，另一方面因为给被晋升者（绩效优秀者）提供了更大的薪酬增长空间而发挥了激励作用。另外，在进行人事调整时，有时可以起到降级不降薪的效果，从而有利于安抚降职者。但是，重叠的区域也不应该太大，一般不应超过50%，否则难以体现不同薪酬等级之间的薪酬（区间中位值）差异，违背内部职位公平性原则，也会使员工因为晋升不会引起薪酬发生较大的变化，而失去获得晋升的动力。

相邻薪酬等级的重叠程度（简称薪酬区间的叠幅）反映相邻等级之间公共的薪酬区间，它可用重叠系数来表示，其计算公式为：

重叠系数=（低等级的顶薪点-高等级的起薪点）/高等级的起薪点

一般而言，同一职系中各薪酬等级容易形成高度重叠，而工作差异大的相邻薪酬等级的重叠程度较小。从薪酬结构本身的规律来看，重叠程度或重叠系数的大小也与薪酬结构线的斜率（即级差）有关，即薪酬结构线越平缓，级差越小，则叠幅越大，重叠越多，薪酬结构线越陡，中位值级差越大，则重叠越少，但主要取决于薪酬等级的薪酬区间或薪酬变动比率。事实上，在决定了所有薪酬等级的薪酬区间后，薪酬等级间的交叉就自然而然地决定了。一般而言，薪酬变动比率越大，叠幅越大，薪酬变动比率越小，叠幅越小。因而，扁平管理模式下的薪酬带宽较大，邻近职级的带宽重叠程度常常大大超过带宽的一半，而传统金字塔形管理模式下的薪酬带宽较小，邻近职级的带宽重叠程度一般低于或保持接近带宽的一半，即适度重合。职级越高，带宽越大，邻近职级的带宽重叠程度越大；职级越低，带宽越小，临近职级的带宽重叠程度越小。另外，正如前面所述，薪酬区间的确定也要考虑与相邻等级工资范围的重叠程度，它们有着相互影响的关系。

需要说明的是，一种类型的薪酬结构不可能适合于所有的职位或组织，对于规模较大和多元化的组织，采取多元薪酬结构应该是适宜的。有时也要针对当地劳动力市场的差异建立起各种地域性的薪酬结构，以确保在具体的经营地区开展对劳动者的有效竞争。对于不同类型的员工，企业也可以采用不同的薪酬结构，以反映企业的管理哲学和经营状况。比如说，企业在设计销售人员和技术研发人员的薪酬结构时，完全可以采用两种不同的模式。

此外，薪酬结构的设计不可避免会造成员工收入上的差距。经济学中，完全竞争在市场的推动下会带来资源的流动，而势必会因为禀赋等因素造成资源不同程度的集中，从而产生贫富差距。而贫富差距过大也会造成垄断等一系列问题，侵害社会的共同权益。因此在初次分配之后，就需要利用二次分配和三次分配手段对收入进行合理调节，在增加低收入者收入、扩大中等收入群体比重的同时调节过高收入，规范收入分配秩序。

分配制度是促进共同富裕的基础性制度。促进劳动者的收入公平，并不意味着劳动者收入的平均化，而是要注重维护按劳分配的主体地位。马克思主义基本原理与社会主义经济建设的实践经验表明，只有贯彻按劳分配原则，才能巩固生产资料公有制和国有经济的地位，保障收入分配公平，彰显社会主义制度的优越性。坚持多劳多得，鼓励勤劳致富，促进机会公平，维护和发展劳动者的利益，保障劳动者的权利，坚持按劳分配为主体、多种分配方式并存，构建初次分配、再分配、第三次分配协调配套的制度，是实行收入公平的正确道路。

6.4 宽带薪酬结构设计

6.4.1 宽带薪酬的基本含义及设计模型

1）宽带薪酬的基本含义

宽带薪酬始于20世纪90年代，是作为一种与企业组织扁平化、流程再造等新的管理战略和理念相配套的新型薪酬结构而出现的。近年来，随着市场经济的高速发展和人力资源管理模式的不断革新，越来越多的企业开始采用宽带式的薪酬结构设计。例如，自2021年年初，美团开始推行“扁平职级，宽带薪酬”的职级体系，力求将薪酬激励与职业晋升“解绑”，在一定程度上调动了员工积极性，提升了组织效率。

所谓宽带薪酬设计，就是在组织内用少数跨度较大的工资范围来代替原有数量较多的工资级别的跨度范围，将原来十几甚至二十几、三十几个薪酬等级压缩成几个级别，取消原来狭窄的等级差别，同时将每一个薪酬级别所对应的薪酬浮动范围拉大，从而形成一种新的薪酬管理系统及操作流程。宽带中的“带”指工资级别，宽带则指工资浮动范围比较大。与宽带薪酬管理模式对应的则是窄带薪酬管理模式，即工资浮动范围小，级别较多。目前国内很多企业实行的都是窄带薪酬管理模式。

在宽带薪酬体系设计中，员工不是沿着企业中唯一的薪酬等级层次垂直往上走，相反，他们在自己职业生涯的大部分或者所有时间里可能都只是处于同一个薪酬宽带之中，他们在企业中的流动是横向的，随着能力的提高，他们将承担新的责任，只要在原有的岗位上不断改善自己的绩效，就能获得更高的薪酬，即使是被安排到低层次的岗位上工作，也一样有机会获得较高的报酬。

2）基于宽带的薪酬体系设计模型

基于宽带的薪酬体系设计模型如图6-13所示。

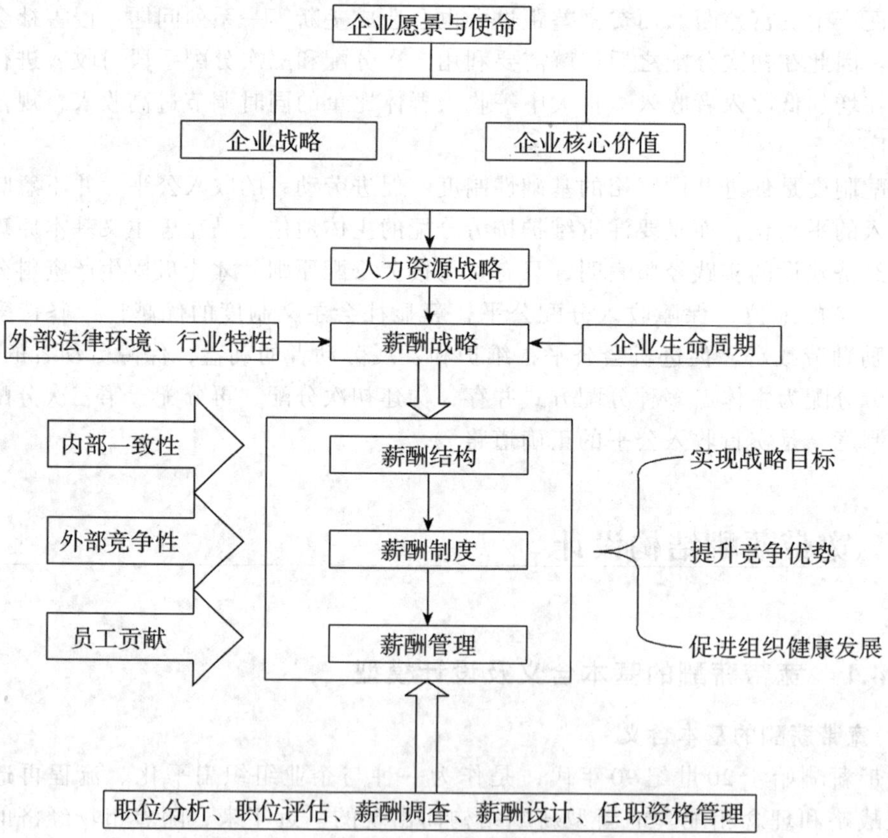

图6-13　基于宽带的薪酬体系设计模型

资料来源　冯宪．薪酬管理［M］．杭州：浙江大学出版社，2011.

该模型的主要内容如下：

（1）根据企业的战略和核心价值观确定企业的人力资源战略。支持企业战略目标的实现是人力资源管理体系的根本目标，也是企业薪酬管理体系的根本目标；否则，人力资源管理就永远停留在传统的人事管理阶段，无法成为企业的“战略伙伴”。企业通过建立人力资源战略，将企业战略、核心竞争优势和核心价值观转化为可以测量的行动计划与指标，并借助激励性的薪酬体系强化员工绩效行为，增强企业的战略实施力，有力促进企业战略目标的实现。

（2）根据企业的人力资源战略、外部的法律环境、行业竞争态势及企业的发展特点制定符合企业需要的薪酬战略。在进行薪酬体系设计时，薪酬策略的选择、薪酬计划的制订、薪酬方案的设计、薪酬的发放及沟通，均应体现对企业战略、核心竞争优势、价值导向和激励机制的要求，否则企业的战略目标和核心价值观将得不到贯彻。对于符合企业战略和价值取向的行为与有助于提高企业核心竞争优势的行动在薪酬上予以倾斜，可以强化员工的绩效行为。

（3）根据企业的组织结构特点及工作性质选择适合运用宽带技术的职务或层级系列。在传统的金字塔形组织结构、强调个人贡献的文化氛围中，往往采用等级制的薪酬模式，但随着组织结构逐渐趋于平坦，组织更加强调团队协作而不是个人贡献。在这种情况下，宽带薪酬模式应运而生，以此减少工作之间的等级差别。工作的性质对薪酬模式的选择具有重大影响，例如，与独立性较强、环境较为轻松的工作相比，对于需要较强的协作和团队精神的工作而言，平等型的宽带薪酬模式更有利于提高员工的满意度和绩效。

（4）宽带薪酬设计要体现薪酬设计的目的，即实现企业的战略目标、提升企业的竞争优势、促进组织的健康发展等，所以设计宽带薪酬时要遵循内部一致性、外部竞争性以及重视员工贡献的原则，综合考虑企业的职位分析、职位评估、薪酬调查、薪酬设计以及任职资格等具体情况，这样设计出来的宽带薪酬结构才能有利于提升员工的积极性、创造性，同时增强企业的整体竞争优势。

综上所述，企业在设计薪酬制度时必须体现企业个性化特征，必须以企业整体战略和核心价值观为基础，并根据组织结构以及不同层次人员需求的多样化来设计符合企业特点的薪酬方案，而不能简单地用宽带或窄带作为企业的薪酬制度。同时，应在整体薪酬分配结构中考虑各项分配制度的独特作用和相互关系，再从技术层面上来有效设计各项分配制度及配套措施，使制度能够有效运用。

6.4.2 宽带薪酬模式的优劣势

1）宽带薪酬模式的优势

（1）打破了传统薪酬结构所维护和强化的等级观念，减少了工作之间的等级差别，有助于企业组织结构向扁平化发展，同时有利于企业提高效率以及创造学习型的企业文化，从而提升企业的核心竞争优势和企业的整体绩效。

（2）引导员工重视个人技能的增长和能力的提高。在传统等级薪酬结构中，如果没有职位空缺，员工即使能力达到了较高的水平，仍然无法获得较高的薪酬。在宽带薪酬体系下，即使是在同一个薪酬宽带内，企业为员工提供的薪酬变动范围增大，员工只要注意培养企业所需要的技能或能力，并在本职岗位上不断提高绩效，也可以获得较高的报酬。

（3）有利于职位轮换，培育员工在组织中跨职能成长的能力。在传统等级薪酬结构中，员工的薪酬水平与其所担任的职位严格挂钩，同一职位级别的变动并不能带来薪酬水平上的变化，但是这种变化使得员工不得不学习新的东西，从而增加工作难度，增大辛苦程度，因此员工往往不愿意接受职位的同级轮换。在宽带薪酬体系下，由于薪酬的高低是由能力来决定而不是由职位来决定的，员工乐意通过相关职能领域的职位轮换来提升自己的能力，以此获得更大的回报。

2）宽带薪酬模式的劣势

（1）适用范围狭窄，主要适用于注重团队导向、能力导向、组织结构扁平化的组织，而不是所有类型的企业，尤其是劳动密集型的企业组织。

（2）对管理者胜任能力的要求更高。由于宽带薪酬要引导员工注意提升自身技能或能力，这就必然要求管理者具有较高的沟通和管理能力。

（3）企业以市场为导向确定薪酬结构、薪酬水平，这增加了企业的管理成本，加剧了因市场不确定性因素变化而产生的风险。

（4）企业的管理难度加大。一方面，为了配合宽带薪酬所要求的宽松管理，企业不得不将薪酬的决策和管理权下放，造成人工成本难以控制；另一方面，个人和组织的绩效提高后，必然要求加强绩效管理，这增加了管理难度。

宽带薪酬作为一种新的薪酬结构模式，其本身所具有的特点决定其并不适合所有组织，企业必须根据自身的组织结构形式、规模、所处阶段、外部环境等因素综合考虑，采取企业最需要的薪酬结构。

6.4.3 基于宽带的薪酬体系设计流程：以薪点表法为例

薪点表制工资体系①是一种普遍采用的、非常有效的工资体系，以量化的、清楚明了的表格列示了组织不同的薪等和薪级的工资点数，使工资的核算更加科学、合理。薪点表指的是建立企业内部工资等级结构的一个纵向坐标系。它将企业内的工资水平从低到高划分为若干等，再将每个薪等划分为若干薪级。相邻薪级之间的差距为级差，不同薪等内部的级差往往并不相同，薪等越高，薪点的数量就越大。

薪点表设计的关键是要确定薪点表的起点和每个等级内部的级差，这要根据市场工资率和企业自身的情况来定。明确了这两个基本变量之后就可以确定企业内部薪酬的坐标系，但这个坐标系的最高薪级必须能够涵盖企业内部的最高工资水平。薪点表法可以作为多种工资结构设计的基础。

薪点表法下的企业宽带薪酬体系设计步骤如下：

1）进行工作分析和职位评价，为职位分层分类，保持内部公平性

工作分析和职位评价是薪酬设计的基础。进行工作分析是为了充分认识工作的职责和任务，从而确定完成工作所需的知识和技能。职位评价是保持内部公平性的重要

① 王发清．薪点表法下的企业宽带薪酬体系设计［J］．经济管理，2007（16）．

前提。目前比较常用的方法有排序法、工作分类法、计点法和因素比较法等。根据职位评价的结果，我们可以将所有的职位分层分类。如果在进行评价时使用的是计点法，那么一个工资等级包括的是点值大致相同的职位；如果使用的是排序法，那么一个工资等级就包括两到三个不同级别的职位；如果使用的是工作分类法，那么一个工资等级就包括同一类或同一级的职位等。假设把所有岗位分为核心层、部门主管层、骨干层和基础员工层四大职层以及管理类、技术类、事务类、销售类和作业类等五大职类，可以画出如表6-4所示的职层、职类薪等表。

表6-4　　**职层、职类薪等表**

职类	薪等	职层				
		管理类	技术类	事务类	销售类	作业类
核心层	G10					
	G9					
部门主管层	G8					
	G7					
	G6					
骨干层	G5					
	G4					
基础员工层	G3					
	G2					
	G1					

资料来源　王发清．薪点表法下的企业宽带薪酬体系设计［J］．经济管理，2007（16）．

2）薪点表法下宽带薪酬结构的设计

根据薪酬设计的原则，薪酬体系由四部分组成，即基本薪酬、绩效薪酬、津贴和福利保险。

（1）基本薪酬。基本薪酬是根据员工所承担或完成的工作本身的情况、所具备的完成工作的技能或能力和资历而向员工支付的稳定性报酬。在薪点表法下，企业根据员工所承担的工作本身的重要性、难度或者对组织的价值来确定员工的基本薪酬点数，即所谓的职位薪点，依此所得的报酬为职位薪酬。此外，企业会根据员工所拥有的完成工作的知识和技能来确定员工的技能薪点并支付相应的薪酬，即所谓的技能薪酬，用来激发员工不断地开发自身的能力和创造力。同时，员工的资历会对薪酬产生影响。因此，基本薪资由职位薪点、技能薪点和资历薪点所计算出来的职位薪酬、技能薪酬和资历薪酬三部分组成，一般组成员工所得薪酬的固定部分，也是计算员工绩效薪酬的基数。

（2）绩效薪酬。绩效薪酬是为了鼓励员工为公司创造出超额业绩而设计的，根据员工的绩效而上下浮动，其作用在于激励员工提高工作效率和工作质量。绩效薪酬根据员工所得的浮动薪点数计算得出。

（3）津贴。津贴是为了补偿和鼓励员工在恶劣的工作环境下劳动而给付的薪资，包括岗位津贴、出差津贴等。它有利于吸引劳动者到工作环境相对较差的岗位上工作。

（4）福利保险。福利保险是为了吸引员工到企业工作或维持企业骨干员工的稳定而支付的各种补充项目，包括各类补贴和保险等。

为了更好地说明问题和简化内容，我们在设计薪点表时，薪酬结构只包括基本薪资和绩效薪资，因此薪点点数=职位薪点+技能薪点+资历薪点+绩效薪点。

3）薪点表法下宽带薪酬水平的设计

（1）根据薪等表进行职位划分。根据设定的四大职层和五大职类，将其设置为宽带薪酬中的四大薪酬带以及薪酬带中的五大职类，并将组织内的职位按照其重要性划分为十个薪等。同时，由于各个员工的业务技能存在差异，即使是处在相同的职位、承担相同的职责，其工作绩效也有很大不同，为了激励优秀员工，在薪等不变的情况下，我们为优秀员工提供工资上升通道，将各个薪等又分为十个薪级。

以部门主管层为例，部门主管层薪酬带中包括管理类、事务类、销售类和技术类四大职类，不包含作业类。在每个职类中包含不同层次的薪等，如销售类包含G6和G7两个薪等，而事务类、技术类和管理类则包含G6、G7、G8三个薪等。这主要是因为在各职类中，部门主管层人员的管辖范围和责任大小不同。同时，即使在同一职类中，人员也有不同的薪等，比如财务主管和后勤主管的薪等也会不同，而且工作业绩会因个人绩效和能力的不同而发生变化，所以他们在同一薪等中还会处在不同的薪级。

（2）薪等的设计和员工薪酬的确定。薪点表薪等的上限和下限以及级差的确定要根据企业自身的情况而定，但要以能涵盖企业内部的最高工资水平和最低工资水平为准。假定工资等级的上限和下限分别为500点和8 500点，根据适度重叠的原则，规定较高薪等基本薪资的中低级别与较低薪等的中高级别重叠，由此推算出各等各级薪点数额，见表6-5。

表6-5 **各等各级薪点数额**

职层	薪等	薪级									
		R1	R2	R3	R4	R5	R6	R7	R8	R9	R10
核心层	G10	5 800	6 100	6 400	6 700	7 000	7 300	7 600	7 900	8 200	8 500
	G9	4 000	4 240	4 480	4 720	4 960	5 200	5 440	5 680	5 920	6 160
部门主管层	G8	2 800	3 000	3 200	3 400	3 600	3 800	4 000	4 200	4 400	4 600
	G7	2 000	2 160	2 320	2 480	2 640	2 800	2 960	3 120	3 280	3 440
	G6	1 500	1 630	1 760	1 890	2 020	2 150	2 280	2 410	2 540	2 670

续表

职层	薪等	薪级									
		R1	R2	R3	R4	R5	R6	R7	R8	R9	R10
骨干层	G5	1 150	1 250	1 350	1 450	1 550	1 650	1 750	1 850	1 950	2 050
	G4	920	1 000	1 080	1 160	1 240	1 320	1 400	1 480	1 560	1 640
基础员工层	G3	730	790	850	910	970	1 030	1 090	1 150	1 210	1 270
	G2	600	640	680	720	760	800	840	880	920	960
	G1	500	520	540	560	580	600	620	640	660	680

资料来源 王发清．薪点表法下的企业宽带薪酬体系设计［J］．经济管理，2007（16）．

需要说明的是，薪点并不是工资额，只是一个数值，薪点与薪点值相乘才是工资额。员工薪点数主要由其工作性质和任职资格中职类、职种的等级等决定，薪点值主要由企业所处地区的社会平均工资和企业的经营绩效决定。由于薪酬有基本薪酬和绩效薪酬之分，与此相对应，薪点分为固定薪点和浮动薪点，薪点值也分为固定薪点值和浮动薪点值。固定薪点和浮动薪点所占的比例由员工的工作岗位的性质和与市场的关联程度来决定。这些前面已有讲述，这里不再赘述。

6.4.4 宽带薪酬结构设计中的关键决策及实施要点

1）宽带薪酬结构设计中的几个关键决策

（1）宽带数量的确定。大多数企业设计4～8个薪酬宽带，有的企业设计10～15个薪酬宽带。宽带的数目并无一个统一标准，企业在决策时应考虑的是能够带来附加价值的不同员工的贡献等级到底有多少比较合适。实践中，将根据岗位评估结果形成的自然级别作为设计企业宽带级别的基础，是一种较可行的方法。企业宽带级别的形成也可能是自然级别合并的结果，多个自然级别合并就形成宽带薪酬级别。

到底哪些级别和哪些级别合并？哪些级别要划入另一宽带？在这些工资宽带之间通常有一个分界点，宽带之间的分界线往往是在一些重要的"分水岭"处，即在工作或技能、能力要求存在较大差异的地方。比如，可将某公司的薪酬宽带划分成助理级（初进企业者）、专业级（有经验的、知识丰富的团队成员）、专业主管级（团队或项目监督者）、专业指导级或教练级等。

（2）宽带的定价。与传统等级薪酬体系不同的是，在同一宽带中不仅存在技能或能力间薪酬水平的差异，也存在职能工作间薪酬水平的差异。例如，不同部门同一级别的职位处于同一个薪酬宽带。因此，薪酬宽带设计的一个挑战就是，如何向处于同一宽带但职能各异的员工支付薪酬。显然。由于不同职能（部门）的人员承担的职责和任职资格等重要薪酬要素不同，他们不可能获得完全相同的工资。比如，同样是专员这个级别，财务部门专员的薪酬水平可能要高于行政部门的专员。到底高多少，在确定时往往有两个标准：一是不同职能部门对企业战略的贡献，战略贡献越大，薪酬水平越高；二是不同职能人员的市场价值的高低，市场价值越高，薪酬水平越高。

（3）员工薪酬的定位和调整。当薪酬宽带结构建立起来以后，接下来需解决的问题是确定不同的员工在宽带结构中的位置。企业基于不同的考虑，可有不同的定位基准。例如，那些需要员工获得新技能的企业，可能会严格按照员工的新技能获取情况来确定他们在薪酬宽带中的定位，员工是否具备企业所要求的这些新技能，是由培训经历、资格证书以及员工在工作中的表现决定的。那些着重强调员工绩效的企业，则可能会根据员工个人的绩效来确定其在薪酬宽带中的定位，员工达成何种绩效，要按既定的绩效管理体系进行评价。

宽带化的薪酬模式淡化了级别与岗位的概念，员工在企业里更多的时间是在同一级别的宽带中流动。宽带内部的薪酬调整与传统薪酬结构相同，薪酬区间内的薪酬调整同样可以基于技能、能力或绩效的提高而进行。在不同的薪酬宽带中，要鼓励不同职能部门的员工跨部门流动，对通过流动承担更多责任、掌握更多技能者给予提薪，以增强组织的适应性。在这点上，宽带薪酬与传统的基于职位的薪酬价值理念是有所区别的，但并非完全矛盾。

虽然在宽带薪酬中，员工更多的是在同一级别的宽带内部流动，但企业仍同时要处理员工在不同宽带之间流动的情况，这就需要一个客观、公平的员工薪酬变动标准。为此，企业须构建相应的员工技能或能力评价体系以及绩效管理体系，营造一个以绩效和能力为导向的企业文化氛围。

2）实施宽带薪酬结构的要点

宽带薪酬相对于传统薪酬体系有诸多好处，但它并不适用于所有的企业及员工。建立宽带薪酬体系必须在做好相关基础工作的前提下进行①。

（1）企业战略清晰。企业采取的战略不同，企业的薪酬水平、薪酬结构等也必然会存在差异。宽带薪酬并不是薪酬管理中必备的技术手段，也不是一成不变的，必须随着企业的战略调整而相应变化，使二者更好地融合在一起。宽带薪酬的最终目标是推动人力资源管理，从而服务于企业战略，因此企业实施宽带薪酬结构必然要求战略清晰，做到有的放矢，以便使其更好地支撑企业战略的实现。

（2）管理体系健全。薪酬管理是企业人力资源管理，乃至企业整个管理体系的有机组成部分。薪酬管理必须与其他人力资源管理职能、部门职能管理以及直线管理结合起来，才能发挥出最大的效用。在宽带薪酬结构中，员工基本薪酬水平的高低首先由某几个薪酬决定因素确定的薪等决定，再由另几个因素确定的薪级决定，即员工的基本薪酬水平是在各薪酬等级的薪酬变动范围内决定的。如果薪等是由岗位价值等因素确定的，那么人力资源管理中的岗位管理直接决定了薪等的划分及数量。如果薪级是由绩效或技能等因素确定的，那么绩效管理、技能评估等工作就是建立宽带薪酬体系的重要保障。这些工作也都需要其他职能部门以及直线部门参与才能有效运行。没有职能部门及直线部门的配合，企业绩效评价指标体系、绩效目标、绩效监督以及绩效评价与反馈机制就难以建立，企业技能评估机制也不能发挥作用。因此，企业建立宽带薪酬体系，首先需要建立更为健全的管理体系。

（3）适应对象明确。宽带薪酬适合于技术型、创新型企业以及具有扁平型结构的

① 梁晓勇，苗振林．建立宽带薪酬体系的要求与方法［J］．人力资源开发与管理，2007（12）．

企业，对技术、营销及管理类员工有较强的激励作用；相反，它在传统型企业或具有直线型结构的企业中并不适用，对生产操作类员工来说，也没有必要。同时，企业处于不同的发展阶段，其组织方式、管理模式等都不一样，薪酬激励方式也应采取灵活多变的形式，这样才能取得良好的效果。因此，实施宽带薪酬应因时制宜，根据企业内外部状况、企业不同部门的特点以及不同岗位的工作性质，明确适用对象，对不同部门、不同类型的岗位采取不同的薪酬结构及管理模式。

（4）评估机制科学。企业采用宽带薪酬结构，应该事先建立科学合理的评估机制，确保按照薪等、薪级的决定因素科学评估员工对企业的价值，合理确定员工的薪等、薪级及薪酬水平，以保证宽带薪酬结构的顺利实施。如果评估工作不到位，员工的薪酬水平大起大落，就不能使员工产生安全感和归属感，从而影响团队合作和员工工作的积极性，造成不良影响。

（5）沟通渠道畅通。建立宽带薪酬体系需要企业具有良好的沟通文化，沟通渠道畅通。一方面，企业需要员工清晰地理解企业引入宽带薪酬结构的用意，了解企业的报酬决定因素及发展战略，让员工看到自己未来的发展方向，激励员工重视个人与企业发展的一致性。另一方面，企业需要了解员工的想法，集思广益，听取各方面的意见，不断完善实施方案，以确保宽带薪酬体系设计科学，实施顺利。同时，部门内部以及各部门之间也应及时沟通，明确责任分工，做好各部门以及各工作模块之间的衔接与配合。

（6）配套措施到位。建立宽带薪酬体系要求企业相关的配套措施到位。一是建立员工培训计划。宽带薪酬体系的建立为员工个人职业生涯的发展提供了更大的弹性，这种薪酬结构鼓励员工努力提高自身的技能或能力，以增强企业的竞争能力和适应外部环境的灵活性。因此，需要企业为员工制订配套的培训计划，使员工不断获得企业各薪等或各薪级所需要的新技能或能力，帮助员工在宽带薪酬结构所提供的薪酬增长空间范围内不断满足薪酬增长的需要，同时企业可以不断获得更具竞争力的员工队伍。二是建立规范、灵活的用工制度。如果企业人员进出不自由，职位晋升不规范，用工制度不灵活，一旦推行宽带薪酬体系，将不能达到预期的效果。三是建立薪酬与市场接轨的措施。如果薪酬发放没有与市场接轨，员工起薪的设立以及某类员工或整体薪酬水平的调整就会出现问题，容易因为对接不到位而引发矛盾。

思政专栏

中国有据可考的薪酬制度设计最早可追溯到西周时期，可以概括为“公食贡，大夫食邑，士食田，庶人食力，工商食官，皂隶食职，官宰食加”。及至隋唐，“品位俸禄制”发展成型，正式确立了“按品给俸，依级定禄”的官僚薪酬体系。隋朝的官员分属三省六部，其中京官分一至八品，外官又分九等。唐代进一步细化，将官吏分为三十等。上述制度都在一定时期内维持了国家的正常运转。党的二十大报告指出：“我们必须坚定历史自信、文化自信，坚持古为今用、推陈出新，把马克思主义思想精髓同中华优秀传统文化精华贯通起来、同人民群众日用而不觉的共同价值观念融通起来，不断赋予科学理论鲜明的中国特色，不断夯实马克思主义中国化时代化的历史基础和群众基础，让马克思主义在中国牢牢扎根。”

本章小结

薪酬结构设计是企业薪酬管理中非常重要的环节，其影响着企业整体的工作绩效与员工的积极性和忠诚度。本章先对薪酬结构设计进行概述形成薪酬结构设计的理论基础，再对薪酬结构的横向设计、纵向设计以及宽带薪酬进行了深入详细的阐述，从而形成完整的薪酬结构设计框架。

复习思考题

(1) 薪酬结构的概念及内容有哪些？

(2) 简述薪酬结构设计的原则以及影响薪酬结构设计的主要因素。

(3) 什么是薪酬的横向设计与纵向设计？

(4) 确定薪酬区间中值的意义是什么？

(5) 宽带薪酬结构设计的实施要点是什么？

案例分析

我国高校教师薪酬现状及其存在的问题

我国高校教师薪酬制度从中华人民共和国成立以来已历经5次工资改革。改革后的高校教师薪酬打破了以往的平均主义，薪酬水平提升，工资结构也得到优化。但与其他国家的教师群体和国内其他行业人员薪酬水平相比，高校教师的薪酬仍然存在外部竞争力较弱、内部收入差别较大、薪酬满意度不高等问题。

我国高校教师薪酬外部竞争力较弱

知识密集型行业要求前期进行大量的人力资本投入，而对人力资本的高投入必然要求获得较高薪酬水平的回报。高校作为知识创新、传播的学术机构，要求教师具有较高的智力水平和创新能力，大学教师队伍中获得博士学位、硕士学位的比例高于其他机构。然而，我国高校教师较高的人力资本存量与所获薪酬水平存在“倒挂”现象。一是，教师薪酬的国际竞争力较弱。2012年，菲利普·阿特巴赫等学者选取来自美洲、欧洲、亚洲和非洲的28个国家（包括高发展水平和中等发展水平国家）的公立高校教师薪酬进行了比较研究。研究结果显示，我国高校教师总体平均月薪和教授平均月薪均排在倒数第三，新入职教师平均月薪仍排在最末。从绝对水平来看，我国高校教师整体薪酬水平远低于欧美发达国家，与其他亚非国家也存在差距，国际竞争力明显不足。这不仅削弱了我国高校在全球人才争夺中的核心竞争力，也不利于稳定优秀人才安心在国内任职。

二是教师薪酬的行业竞争力较弱。2004年，钱大益等人在对15个知识密集型行业与高校教师年薪进行比较后发现，高校教师年薪仅为32 854元，不但大大低于知识密集型行业（年薪84 290元），也远低于非知识密集型行业（年薪83 814元）。虽然从2006年开始高校实行岗位绩效工资制度，薪酬水平有所提升，但行业竞争力仍显不足。据统计，2014年我国教育行业的平均年薪为56 580元，仅比所有从业人员平均年薪56 360元略高，远低于金融、信息、交通运输、文体娱乐等行业。在全国32个省（自治区、直辖市）中有12个省（自治区）教育行业的平均收入要低于社会平均收入。总体来看，教育行业的薪酬水平较低，行业竞争性较弱。而与此同时，国内房价不断攀升、物价持续增长导致生活成本日益增加，高校教师（尤其是青年教师）的生存压力越来越大，他们难以专心从事教学研究工作。一些教师为了提高收入水平，不得不在企业和其他机构兼职，疲于申请各类课题。长此以往，将对高校人才培养和科研工作产生负面影响。

我国高校教师薪酬结构不合理

目前，我国高校教师薪酬结构由岗位工资、薪级工资、绩效工资和津补贴组成。基本工资（岗位工资和薪级工资）由国家统一确定，绩效工资和津补贴由高校自主确定。在基本工资固定的情况下，绩效工资和津补贴作为教师薪酬中活的部分占比较大。2013年，中国高等教育学会薪酬研究分会的调查结果显示，教师的基本工资占总收入的14%，稳定性、保障性的作用显著弱化，这与高校教师的职业特点不相适应。一是高校教师的工作特点不容易在短时间内产出成果，而目前科研导向的绩效考核的标准是可量化的依据，如科研经费、论文发表数等。高校教师薪酬结构中绩效工资比重过大，势必造成教师为了多出科研成果而疲于申请竞争性课题、发表论文，加剧科研的功利主义倾向，不利于鼓励教师潜心进行基础性研究和学术思考，甚至会由于短期功利主义使然而发生学术不端行为，对科研活动产生负面影响。二是校内津补贴主要与教师所担任的职务和学术头衔挂钩。这就使得教师更愿意担任相应的行政职务和获得学术头衔，加剧高校行政化取向。而这些代表身份的衡量标准并不能直接体现教师教学研究工作的实际业绩，不利于发挥薪酬对教师开展教学科研活动的激励作用。

我国高校教师薪酬内部差别较大

高校教师的职称级别是决定薪酬标准的主要因素之一，随着职称级别的提升，薪酬水平也会相应增长。对不同级别教师设定合理的薪酬差距可以激发教师的工作热情和潜力或吸引更多的优秀人才。尤其是2006年实行岗位绩效工资制度后，教师之间拉开了合理的收入差距，但高校自主制定绩效工资的分配方式，也使得教师群体之间收入差距较大的问题日益突显。一是青年教师与具有高级职称教师的薪酬差别较大。2011年，我国高等学校教师薪酬调查课题组对32所教育部直属高校的调查研究结果显示，高校低收入人群相对集中在青年教师身上，81.9%的青年教师年收入在10万元以下，其中34.6%的青年教师年收入在6万元以下。2012年，菲利普·阿特巴赫等学者的国际比较研究结果表明，在28个国家中我国高校新入职教师的薪资最低，教授工资与新入职教师薪资的差别最大，薪资比为4.3∶1。二是海外引进人才和本土人才之间薪酬差别较大。近年来，我国不断加大海外引才力度。一批国内研究型大学采用与欧美国家薪酬水平相等或更为优厚的年薪吸引优秀人才回国。这些举措提升了我国高校吸引全球杰出人才的国际竞争力，有利于发挥他们在人才培养和科学研究中的推动与促进作用。但由此导致了海外人才与本土人才之间收入的不平衡，过大的薪酬差距会在教师之间产生消极情绪和不公平感，容易激化教师群体内部之间的矛盾，不利于学校形成持续稳定的激励机制。

资料来源 刘军仪，杨春梅．人力资本视角下中美高校教师薪酬制度的比较研究［J］．高教探索，2017（7）：68-72.

案例思考题：

（1）结合本章所学的内容，你能否就解决上述问题给出几点建议？

（2）在薪酬结构的横向和纵向设计过程中，可以采用哪些有效的薪酬设计方法？需要考虑哪些主要影响因素？

推荐阅读资料

［1］孙宗虎．薪酬体系设计实务手册［M］．4版．北京：人民邮电出版社，2017.

［2］赵国军．薪酬设计与绩效考核全案［M］．3版．北京：化学工业出版社，2020.

［3］张霞，胡建元，潘明明．薪酬管理综合实训［M］．2版．大连：东北财经大学出版社，2020年．

［4］诸葛剑平．绩效管理与薪酬设计实务［M］．杭州：浙江工商大学出版社，2016.

网上资源

［1］华夏基石，http：//www.chnstone.com.cn

［2］和君咨询，http：//www.hejun.com

第7章 薪酬管理与控制

学习目标

✓理解企业战略与薪酬战略的关系，思考如何根据企业战略制定薪酬战略；

✓掌握本章介绍的几种薪酬控制的方式；

✓掌握薪酬沟通的概念、沟通步骤以及薪酬沟通的关键；

✓了解薪酬管理与规范收入分配秩序之间的关联。

第7章课件

引例

小米消费金融“变相降薪”？

“迟到1分钟按1小时扣钱”“忘记打卡不允许补卡”……

7月27日，重庆小米消费金融有限公司（以下简称小米消费金融）被曝出疑通过严抓考勤、将部分固定薪酬调整为浮动薪酬等方式调整员工薪资。

在社交平台“脉脉”上，有用户爆料小米消费金融存在“变相降薪”的情况。据多位用户的反映，小米消费金融员工的月薪中部分固定工资调整为浮动薪资，调整后分别由固定工资和绩效奖金两部分构成，根据薪酬职级每月只能拿到原底薪的60%～80%，另外20%～40%的底薪全部改为浮动绩效。薪资调整的同时配合着考勤的收紧。

“脉脉”平台上其中一条回复较多的帖子上显示着“该内容存在争议，请谨慎辨别”的字样。在帖子下方的评论中，有认证为“小米员工”的用户表示，“是小米消费金融的非产研团队调整薪资结构”。记者获得的一份小米消费金融薪酬调整方案文件指出，“基本工资”定义为“员工履行了岗位职责或完成岗位劳动定额后支付的劳动报酬，根据员工出勤情况计算”；对于“绩效奖金”的部分则“与公司经营情况、员工出勤情况、员工绩效表现挂钩”。单从文件给出的定义上看，“基本工资”和“绩效奖金”，都与出勤情况挂钩。

对于调薪事件的真实性，7月29日晚间，记者联系了小米消费金融的相关负责人。随后，小米消费金融发布《关于公司绩效管理制度及薪酬管理制度的情况说明》（以下简称公告），对此事进行回应。记者梳理公告发现，小米消费金融首先承认存在薪酬管理制度调整一事，但对于“变相降薪”的说法进行否认。对于具体的调薪细节，公告并没有予以回应。

资料来源　曾仰琳. 小米消费金融“变相降薪”？公司回应：存在薪酬管理制度调整 与员工沟通不充分引起误解［EB/OL］.（2021-07-30）［2024-01-24］. https：//finance.sina.com.cn/stock/hkstock/ggscyd/2021-07-30/doc-ikqcfnca9835047.shtml.

薪酬管理从来都是人力资源管理环节中最为核心和敏感的话题，是企业针对企业和员工的实际情况对员工薪酬支付标准、薪酬发放水平、薪酬结构与形式进行确定、分配和调整的过程。现代薪酬管理将物质报酬的管理过程与员工激励过程紧密结合起来，成为一个有机的整体。

7.1 薪酬战略管理

很多学者认为，薪酬研究领域正在经历一场变革，从重视工具和技术的微观导向、官僚基础、应用训练转向更加宽广的领域，关注支付体系和其他组织职能、业务单元的战略和公司总体战略之间的“一致”“适合”“结合”等[①]。其中，薪酬战略作为薪酬领域的重要问题，越来越引起了人们的关注。切合企业自身实际的薪酬战略有助于最大限度地调动员工的积极性，发挥分配制度的激励作用，促进劳动力这一生产要素的高效配置。

企业薪酬战略管理的目的在于使企业利用自身资源表彰和引导所期望的态度与行为，而薪酬战略的确定要建立在对客户、商业目标、公司的核心能力或关键成功要素的理解上。

7.1.1 薪酬战略

薪酬战略是企业关于薪酬管理的长期、整体的设想和行动方案。现代薪酬管理战略超越了一般意义的人力配置目的，把人力资源作为企业特殊的、最有竞争力的资源，从战略的高度，对人力资源的获取、配置、开发和激励进行全局性、长远性和预见性的规划与筹措。从性质上讲，企业薪酬战略是一种管理战略。所谓企业薪酬战略管理，就是建立与企业战略一致的薪酬管理过程，在管理过程中，通过薪酬管理行为最终实现企业的战略；或者说，企业薪酬战略管理的最终目标就是通过对企业员工的薪酬管理行为来实现企业的战略目标。企业薪酬战略说明了为整个企业设计薪酬体制所需遵循的基本原理或基本参数[②]。

1）人力资源管理战略与企业经营战略体系

战略是企业前进的路径地图，是企业经营的蓝图。企业制定战略是为了满足两个迫切的要求：一是企业必须预先积极地规划出未来经营之路，获取顾客的忠诚度，赢得相对于竞争对手的持续竞争优势；二是企业必须将各部门、管理人员、员工做出的决策和采取的行动塑造成一种协调的、涉及全公司范围的策略规划[③]。

企业在战略管理过程中，要做出三项基础性的决策。其一，企业必须决定它想要进入何种行业以及在多少行业中展开经营。这是企业战略决策。其二，在企业决定进

① GOMEZ-MEJIA L R，WELBOURNE T M. Compensation strategy：an overview and future steps［J］. Human Resource Planning，1988，11（3）：173-189.

② 津海姆，舒斯特．打造500强企业的薪酬体系［M］．北京爱丁文化交流中心，译．北京：电子工业出版社，2004：10.

③ 汤姆森，斯迪克兰迪．战略管理：概念与案例［M］．段盛华，王智慧，主译．北京：北京大学出版社，2000：1-2.

入何种产品市场之后，它还必须决定如何在每个产品市场中展开竞争，赚取利润。这是经营战略决策。其三，虽然企业的经营战略决策主要与战略形成有关，除非战略计划得以成功实施或执行，否则一项好的战略同样不会带来增值，这一任务就落在成功的职能战略上。因此，企业战略是企业思考-反应的一体化机制，根据企业的结构层次划分，形成三个层面上的战略：企业战略、职能战略和经营运作战略。在战略的形成、执行和反馈过程中，要依赖企业整体的智慧和力量，要有效发挥各项职能作用。人力资源管理战略是企业经营战略体系的重要部分。

2）薪酬战略的制定

薪酬战略是一种行动计划，企业可以通过引导和投入资源来塑造其期望的行为。薪酬战略为企业提供了一个固定的框架，这个框架决定了怎样以及在哪里投入这些资源，反映企业在人力资源方面的投资策略。制定一套合适的薪酬战略并不容易，必须有根有据，能够取得各利益相关者的广泛赞同和认可。薪酬战略是商业沟通中一个重要工具，传达了与股东价值、财务成果、客户、市场份额、成长、产品或服务的革新、速度和成本管理等目标相关的商业价值，是赢得员工理解、认可和承诺的一种方式[①]。

形成一个薪酬战略需要四个简单的步骤[②]：

（1）评价文化价值、全球化竞争、员工需求和组织战略对薪酬的影响。

（2）使薪酬决策与组织战略和环境相适应。

（3）设计一个把薪酬战略具体化的薪酬体系。

（4）重新衡量薪酬战略与组织战略和环境之间的适应性。

这些步骤看似简单，但实施起来是复杂的。企业在制定薪酬战略的过程中，利用如下的一套成熟的思考框架[③]对于薪酬战略的成功十分必要：

（1）什么是企业成功的关键因素？例如，为了成功地完成任务或在市场上取得期望的地位，企业必须做什么？什么是企业战略？什么是业务成功的关键因素？什么是成功因素中表明进步的基本指标？什么是企业实现目标所遇到的基本问题或障碍？

（2）什么是成功执行这种竞争战略所必需的行为？例如，为取得成果，人们开始时需要做什么？多做还是少做或者停止不干？什么是全体员工都要做的？什么是特定小组成员要做的？人们对如何去做的了解要达到什么程度？人们对做这些事的重要性的了解要达到什么程度？

（3）对每个特殊的目标小组应该采用什么样的计划来表彰这些行为？表彰期望行为中的每一个计划的目的是什么？例如，基本工资计划、绩效工资计划、可变或激励工资计划、基于股权的可变工资计划、业绩管理项目、特殊认可或主要贡献者项目、其他项目等。

（4）为了成功实现目标，每个计划都需要满足哪些要求？例如，它是基于个人的还是基于团队的？它在市场上的竞争性如何？它应是高回报的还是高安全性的？它应

---

① 津海姆，舒斯特．打造500强企业的薪酬体系［M］．北京爱丁文化交流中心，译．北京：电子工业出版社，2004：2-3.

② 格哈特，纽曼．薪酬管理［M］．成得礼，译．13版．北京：中国人民大学出版社，2022.

③ 威尔逊．薪酬——以薪酬战略撬动企业变革［M］．张敏，等译．北京：中国社会科学出版社，2004：55-56.

是支持变革还是领导变革的力量？它是应用于每一个人还是按照每个团队加以制订？它应保持独立还是和其他薪酬项目相结合？

(5) 现行的薪酬计划是否适应这些要求？例如，每项计划在什么地方达到或超出了要求？这些计划在什么地方存在不足？为什么？变革过程应该从哪里开始？企业准备为获得期望的变革投入时间、精力和资源吗？这些变革对经营中所面临的战略和现行的问题是不是至关重要的？

思考上述问题有助于企业建立薪酬战略。在定义每个策略的目标和基本要求时，薪酬战略将支持和推动符合新的管理理念的改革进程，强调的不再是按照市场预先确定的水平支付薪酬，而是注重成功执行公司战略所必需的工作。薪酬战略的总体框架将强调怎样进行薪酬投资，而不是强调支付多少或者如何与市场水平保持一致。

7.1.2 企业发展战略与薪酬战略

1) 成长战略

成长战略是一种关注市场开发、产品开发、创新以及合并等内容的战略。它又可以划分为内部成长战略和外部成长战略两种类型。前者是通过整合和利用组织所拥有的所有资源来强化组织优势的一种战略，注重的是自身力量的增强和自我扩张；后者则是试图通过纵向一体化、横向一体化或者是多元化来实现一体化战略，这种战略往往通过兼并、联合、收购等方式来扩展企业的资源或者强化其市场地位。

对于追求成长战略的企业来说，它们强调的重要内容是创新、风险承受以及新市场的开发等。与此相联系的薪酬战略往往是：企业通过与员工共同分担风险，并分享企业未来的成功来帮助企业达到目标，同时使员工有机会获得更高收入。这样，企业需要采用的薪酬方案就是：短期内提供相对较低的薪酬，同时实行奖金或股票期权等计划，从而使员工在工作中获得较长期的回报。此外，成长型企业的灵活性需求很强，在薪酬管理方面比较注意分权，赋予直线管理人员较大的权力，薪酬系统对员工的技能比对他们所从事的具体职位更为关注。

2) 稳定战略或集中战略

稳定战略是一种强调市场份额或营运成本的战略。这种战略要求企业在自己已经占领的市场中选出自己能够做好的最好部分，然后把它做得更好。采用稳定战略的企业往往处于较为稳定的环境之中，企业的增长率较低，企业维持竞争力的关键在于是否能够维持自己已有的技能。从人力资源管理的角度来说，这主要是以稳定已经掌握相关工作技能的劳动力队伍为出发点，因而这种企业对于薪酬的内部一致性、薪酬管理的连续性以及标准化有比较高的要求。在薪酬管理方面，薪酬决策的集中度较高，薪酬的确定基础主要是员工所从事的工作本身。从薪酬构成上来看，采取稳定战略的企业往往不强调企业与员工之间的风险分担，因而采用较固定的基础薪酬和福利略高于市场水平的薪酬，但在长期中的薪酬水平不会有太大增长。

3) 收缩战略或精简战略

收缩战略通常被那些由于面临严重的经济困难因而想要缩小一部分经营业务的企业采用。这种战略往往是与裁员、剥离以及清算等联系在一起的。由于采用收缩战略的企业本身的特点，我们不难发现，这种企业将员工的收入与企业的经营业绩挂钩的愿望非常强烈。除了在薪酬中降低固定薪酬部分所占的比重之外，许多企业往往还力图实行员工股份所有权计划，以鼓励员工与企业共担风险。

7.1.3 企业经营战略与薪酬战略

根据几种典型的经营战略来安排人力资源战略，并据此设计企业薪酬战略的例子见表7-1。

表7-1 不同经营战略对应的薪酬战略

经营战略	商业反馈	人力资源战略	薪酬体系
·创新者： 提高产品的复杂性，缩短产品生命周期	·产品的领导地位 ·转向大众化生产和缩短创新周期	·灵敏 ·有冒险精神 ·富有创新意识	·奖励对产品创新和生产过程的改革 ·薪酬以市场为基础并高于市场 ·灵活的工作描述
·成本控制者： 注重效率	·操作精确 ·寻求节省成本的方法	·少用人 ·多办事	·重视竞争对手的劳动成本 ·提高可变工资的比率 ·重视生产力 ·重视系统控制和工作分工
·关注顾客： 提高顾客期望	·密切与顾客的关系 ·注重售后服务 ·对市场反应迅速	·取悦顾客 ·超过顾客期望	·以顾客满意为基础的激励工资 ·以与顾客交往为依据评价工作和技能

1）创新战略

创新战略是以产品的创新以及产品生命周期的缩短为导向的一种竞争战略。采取这种战略的企业往往强调承担风险和不断推出新产品，并把缩短产品从设计到投放市场的时间看成自身的一个重要目标。这种经营的目标在于充当产品市场上的领袖，并且在管理过程中常常非常强调客户的满意程度和客户的个性化需求，而对于企业内部的职位等级结构以及相对稳定的工作测评等则不是很重视。因此，这种企业薪酬系统往往很重视对产品创新、生产方法和技术创新给予足够的报酬或奖励，其基本薪酬通常会以劳动力市场的通行水平为基准并高于市场，以获得勇于创新、敢于承担风险的人。同时，这种企业会在工作描述方面保持一定的灵活性，从而要求员工能够适应不同环境的工作需要。

2）成本领先战略

所谓成本领先战略，实际上就是低成本战略，即在产品本身质量大体相同的情况下，企业以低于竞争对手的价格向客户提供产品的竞争战略。采用成本领先战略的企业非常重视效率，尤其是对操作水平的要求很高，它们的目标是用较低的成本去做较多的事情。这种企业通常会比较详细具体地对员工所从事的工作进行描述，强调员工工作岗位的稳定性。在薪酬水平方面，这种企业会密切关注竞争对手的薪酬状况，认为本企业的薪酬水平既不能低于竞争对手，最好也不要高于竞争对手，宗旨是在尽可能的范围内控制薪酬成本支出。在薪酬构成方面，这种企业通常会采取一定的措施提高浮动薪酬或奖金在薪酬构成中的比重。这是为了控制总体成本支出，不至于因薪酬成本的失控导致产品成本上升，同时鼓励员工降低成本，提高生产率。

3）客户中心战略

这是一种以提高客户服务质量、服务效率、服务速度等来赢得竞争优势的战略。采取这种战略的企业关注的是如何取悦客户，希望自己以及自己的员工不仅能够很好地满足客户提出的要求，还能够帮助客户发现一些他们自己尚未明晰的潜在需要，并设法帮助客户去满足这些潜在需要。客户满意度是这种企业最为关心的一个绩效指标。为鼓励员工持续发掘服务客户的各种途径，提高对客户需要的反应速度，这类企业的薪酬系统往往会根据员工向客户所提供的服务的数量和质量来支付薪酬，或者是根据客户对员工群体所提供服务的评价来支付奖金。

学以致用

京东：以高管降薪提升员工福利 为德邦员工交五险一金

2022年11月22日，记者从京东获悉，京东创始人、董事会主席刘强东在给全体员工的邮件中表示，要对员工和高管待遇进行“一升一降”：一方面，逐步把外包员工转化为德邦员工，为包括全体德邦在内的所有物流、客服等基层员工设立“住房保障基金”。另一方面，为了提高基层员工福利待遇，尽量减轻公司压力，自2023年1月1日起，集团高级管理人员的现金薪酬降低10%至20%不等，职位越高降得越多。

据了解，在邮件中，刘强东表示，自2023年1月1日起，集团逐步为十几万个德邦员工缴齐五险一金，确保每个德邦员工都能老有所养，病有所医。同时，按照一定条件，逐步把外包员工转化为德邦员工。

数据显示，在合并德邦之后，京东体系的员工总数已经突破了54万人。2022年前3个季度，京东为一线员工的薪酬福利支出已超过330亿元。此外，刘强东表示，集团将拿出100亿元，为包括全体德邦员工在内的所有集团基层员工设立“住房保障基金”。

资料来源 何倩．京东：以高管降薪提升员工福利 为德邦员工交五险一金［EB/OL］.（2022-11-22）［2024-01-24］. https：//new.qq.com/rain/a/20221122A03M2D00.

7.1.4 基于企业战略的薪酬管理

按照战略薪酬管理的要求，薪酬系统的设计并非一项单纯的技术层面的工作，而是持久地促进企业向战略目标方向发展的一项系统工程。该工程的设计和实施必须从三个层面进行：从公司战略层面来思考薪酬分配与战略目标的内在关系；从整体薪酬分配框架结构来考虑各项分配制度的独特作用和相互关系；从技术层面来有效设计各项分配制度，使制度能有效运用。换言之，战略、制度和技术是一个不可分割的有机整体，基于战略的薪酬系统设计必须在这三个层面上得到体现。基于战略的薪酬系统模型如图7-1所示。

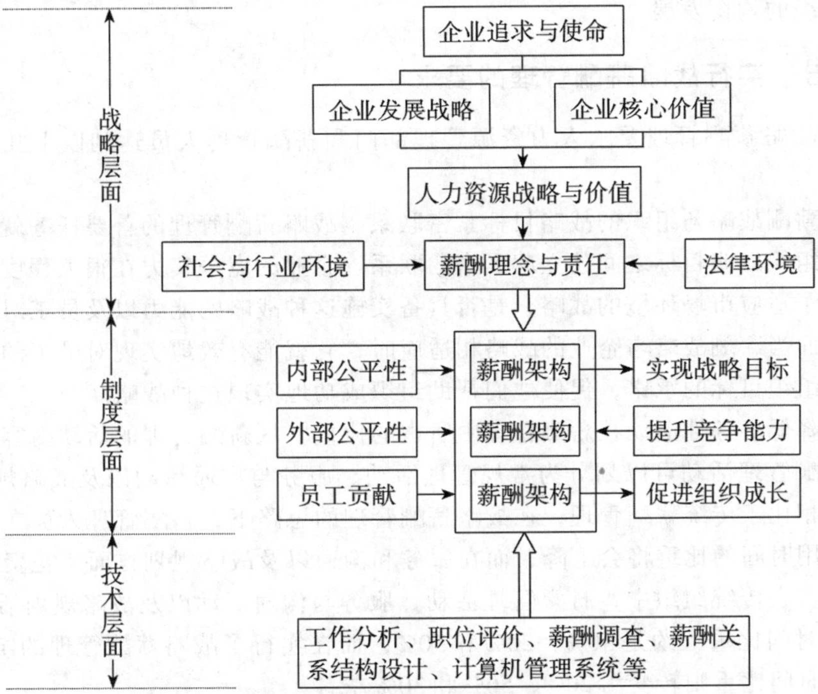

图7-1 基于战略的薪酬系统模型

一个企业的竞争实力在很大程度上取决于其是否制定了适应市场环境的发展战略，是否具备统一员工思想的核心价值观。人力资源管理和薪酬管理的战略任务就是要不断促使企业的经营层、管理层和员工适应变革与主动变革，认同企业的长期战略，在企业内形成统一的价值观，使组织资源和人的行为产生一股巨大的合力，也就是战略执行能力。当薪酬战略与企业的战略相适应时，它就能有效地实现对员工的激励，增强他们对组织目标的承诺，促使他们通过自己的努力不断为企业创造价值，成功实现企业的经营战略。因此，在战略层面的第一要义，就是要在薪酬战略和组织战略目标之间建立起一种紧密的联系。

制度是实施战略的载体。在战略指引下，制度设计的方向更明确，制度的存在有了意义。习近平总书记在中央财经委员会第七次会议上首次提出，要构建以国内大循环为主体、国内国际双循环相互促进的新发展格局。这是我国为了抓住新发展机遇，把握未来发展主动权，促进高质量发展所做出的重大战略决策。基于此，党的二十大报告指出，“构建高水平社会主义市场经济体制”“完善中国特色现代企业制度，弘扬企业家精神，加快建设世界一流企业”。

许多企业的薪酬制度都是在企业发展过程中逐步形成的，如去年设计了基本工资制度，今年设计了奖金制度，明年还要设计福利制度等。如果在设计这些制度时不能认真地考虑各项制度的关联性，不能对薪酬制度进行系统的结构化设计，就可能造成各种制度都强调一种导向，而不是发挥各自的个性化作用，因此在设计薪酬制度时，要避免孤立地考虑单个制度。各项分配制度的设计要有个性化，但薪酬系统的组合要发挥整体效能，其最终目标是：实现企业的战略目标，提升企业的外部竞争能力，促进内部组织的均衡发展。

7.1.5 实行战略薪酬管理的要求

实行战略薪酬管理要求人力资源管理部门和薪酬管理人员达到以下几个方面的要求：

（1）薪酬战略与组织的战略目标紧密联系。战略薪酬管理的首要任务就是要在薪酬战略和组织战略目标之间建立起紧密的联系。企业的竞争实力在很大程度上取决于是否制定了适应市场环境的战略，是否具备实施这种战略的能力以及员工对其战略的认同感，而当薪酬战略与企业的战略相适应时，它就能有效地实现对员工的激励，增强他们对组织目标的承诺，促使他们帮助组织成功地实现这种战略。

（2）降低事务性活动在薪酬管理中所占的比重。从薪酬管理的活动内容及其性质来看，薪酬管理活动可以划分为常规管理活动、服务与沟通活动以及战略规划活动3种类型。相比于传统薪酬管理，在战略薪酬管理的思路下，薪酬管理人员在日常管理活动上所用时间的比重将会下降，而在服务和沟通以及战略规划方面所花费的时间则有所上升。在传统组织中，日常管理活动、服务与沟通活动以及战略规划活动3者之间花费的时间比重大约是50%、20%和30%，而在实行了战略薪酬管理的组织中，3者之间的时间比重则转变为20%、50%和30%左右。

（3）实现日常薪酬管理活动的信息化。第四次科技革命浪潮席卷而来，5G迈入高速发展期，各类技术应用迅速迭代，企业的商业模式和运作模式正在发生着深刻的变革。人力资源管理作为企业管理体系的核心功能，其数字化转型能够协助企业在生产、管理、运营等各环节提质增效，从而带动数字化经济发展。在战略薪酬管理理念下，高效率的组织往往把有关职位、能力、角色、员工以及市场的数据整合到同一个计算机系统当中，在相当大的程度上实现自动化管理。常规性薪酬管理活动的自动化和系统化，是确保人力资源管理部门以及人力资源专业人员减少在日常管理活动中的时间耗费的一个主要途径。当前，许多薪酬管理软件早已超出了对工作进行对比、编写工作说明书、记录薪酬数据等功能的范畴。一些先进的薪酬管理软件还可以建立组织的薪酬模型，对不同员工和职位进行薪酬比较，从而协助管理者做出最优薪酬决策。

（4）积极承担人力资源管理新角色。在传统的组织中，薪酬管理者包括人力资源管理部门在企业中发挥的作用较小。在战略薪酬管理这一全新管理理念之下，薪酬管理与组织的其他所有管理职能都实现了整合，薪酬管理不仅是那些所谓的薪酬专家的专利，直线管理者甚至普通员工都要参与其中，企业让薪酬管理者及时和准确地获知组织中发生的所有变化（而并不仅是薪酬方面的变化），同时把他们从繁杂的管理事务中解脱出来，使他们由官僚体制的捍卫者转变为真正可以提供建议和支持的、具有全局眼光的专家。

7.2 薪酬控制

7.2.1 薪酬控制的概念

现代管理理论认为，控制就是按照计划标准衡量计划的完成情况，纠正计划执行过程中的偏差，确保计划目标的实现。在企业的实际经营中，正式的控制过程往往包括下面几步：

（1）决定控制的目标；

（2）建立控制标准；

（3）衡量实际业绩；

（4）绩效同标准进行比较；

（5）进行偏差的矫正。

具体落实到企业薪酬管理方面，可以这样认为：企业通过薪酬预算对自己在薪酬方面的具体标准和衡量指标已经有了比较清楚的认识，而薪酬控制的主要功能就在于确保这些预定标准的顺利实现。

7.2.2 薪酬控制的意义

薪酬控制对于企业来说是非常必要的。具体来说，在外部劳动力市场方面，由于企业在进行薪酬预算时通常是对市场平均薪酬水平、薪酬变动幅度等因素进行大致的估计或预测，因此在很多时候，针对实际情况进行调查、及时纠正预期薪酬是非常必要的。与此类似，企业在进行薪酬预算时采用的内部信息往往也未必准确（例如，年度流动率往往就是一个估计值），同时实际雇用状况存在随时改变的可能。在此情况下，为了保证管理人员对企业整个薪酬体系的切实监控和预定薪酬管理目标的顺利实现，实施有效的薪酬控制对于企业而言就具有相当重要的意义。另外，薪酬预算和薪酬控制应该被看成一个不可分割的整体，企业的薪酬预算需要通过薪酬控制来实现，薪酬控制过程中对薪酬预算的修改则意味着一轮新的薪酬预算的产生。在任何情况下，薪酬预算和薪酬控制都不能被简单看成企业一年一度的例行公事，它们持续不断地贯穿于薪酬管理的整个过程。

7.2.3 薪酬控制的指标

一般来说，薪酬控制的指标分为主要指标和辅助指标。

1）主要指标

（1）人均薪酬=年度薪酬总额/年度平均员工人数。

（2）人工费用比率=年度薪酬总额/年度税前收入。

（3）人工成本比率=年度薪酬总额/年度营运成本。

如果薪酬成本支出合理，这三个指标应该呈现“一高二低”，即人均薪酬成本高、人工费用比率和人工成本比率低，表示人力资源高投入、高产出、高效益。

2）辅助指标

（1）福利占薪酬的比例=年度福利项目开支/年度薪酬总额。

（2）往年移动平均薪酬：对过去相邻的每三年的薪酬水平求出算术平均数，对这些平均数进行比较，绘出薪酬平均移动趋势图，以反映近年的薪酬水平的变化趋势。

7.2.4 薪酬控制的方法

在企业的经营过程中，薪酬控制在很大程度上指的是对于劳动力成本的控制，大多数企业都存在正式的薪酬控制体系。一般情况下，企业的劳动力成本可以用下面的公式表示：

劳动力成本=雇用量×（平均薪酬水平+平均福利成本）

因此，我们可以认为劳动力成本主要取决于企业的雇用量以及在员工基本薪酬、可变薪酬、福利与服务三个方面的支出，它们自然也就成了薪酬控制的主要着眼点；同时，企业所采用的薪酬技术，例如工作分析和职位评价、技能薪酬计划、薪酬等级和薪酬宽带、收益分享计划等，在一定意义上也能够对薪酬控制发挥不小的作用。因此，我们可以从以下几个方面来关注企业里的薪酬控制：通过控制雇用量来控制薪酬；通过对薪酬水平、薪酬结构的调整以及有目的地设计企业的福利计划达到控制薪酬的目的；利用一些薪酬技术对薪酬进行控制。

1）基于雇用量的薪酬控制

企业的雇用量取决于企业里的员工人数和员工相应的工作时数。所以，控制雇用量一是控制员工数量，二是控制工作时数。控制员工数量和工作时数一直是企业控制薪酬成本的最常见的方法。在支付的薪酬水平一定的情况下，企业里的员工人数越少，企业的经济压力也就相应越小。但是，如果薪酬水平能够保持不变，员工的工作时间可以延长，那么企业就更有利可图了。

（1）控制员工数量。当员工薪酬水平相同时，员工人数越少，企业所需支付的薪酬额越低。很多企业十分强调对员工数量的管理。但是，核心员工的减少或裁员又会给企业带来人才流失的负面作用，因此企业在实践中多是通过精减或扩展临时工和替代性较强的员工来控制员工人数，而使骨干员工队伍保持相对稳定。

为了更好地管理企业的劳动力成本，许多企业会选择和不同的员工团体建立不同性质的关系：与核心员工之间的关系一般是长期的，而且彼此之间有很强的承诺；与非核心员工之间的关系则以短期居多，只局限于特定的时间段内。同时，非核心员工与核心员工相比，其成本相对较低，而流动性更强一些。因此，采用了这种方式之后，企业可以在不触及核心员工利益的前提下，通过扩张或收缩非核心员工的规模来保持灵活性并达到控制劳动力成本的目的。

（2）控制工作时数。与人数控制相比，工时控制更灵活。由于企业很多工作岗位是按工时进行计酬的，所以企业通过控制总工时，特别是需支付高薪的节假日加班工作时间，也可以有效控制薪酬成本，还能避免裁员、减员时带来的震动和麻烦，具有方便、快捷、隐蔽地降低成本的作用。

需要注意的是，这两种方法各有限制和适用条件，需要根据实际情况调整选用。另外，雇用人数、用工时数与现金报酬和福利成本是互为影响的。

2）基于薪酬水平和薪酬结构的薪酬控制

薪酬控制可以通过对薪酬水平和薪酬结构的调整来实现。这里的薪酬水平主要是指企业总体上的平均薪酬水平，而薪酬结构则主要涉及基本薪酬、可变薪酬和福利支出等薪酬的构成以及各个具体组成部分所占的比重大小。各种薪酬组合水平高低不同和其构成部分所占的份额大小不同，对于企业薪酬成本的影响也不尽相同。

（1）基本薪酬。基本薪酬对于薪酬预算和薪酬控制的最主要的影响表现在加薪方面，而原有薪酬水平之上的加薪一般是基于以下3方面的原因：原有薪酬低于理应得到的水平；依据市场状况进行的调节；更好地实现内部公平性。企业内任何一次加薪能够发挥的效用直接取决于加薪的规模、加薪的时间以及加薪的员工参与率。

由于原有薪酬不足而导致的加薪意味着企业最起码要把基本薪酬提高到其应处薪酬等级的最低水平线上，因此这种做法的成本会和以下几种因素有关：基本薪酬存在不足的员工的数量；理应加薪的次数；实际加薪的规模。例如，如果企业对每次加薪的幅度有政策规定，那么管理者就需要决定，为了弥补某员工15%的薪酬差额，究竟是进行一次加薪还是两次或更多次加薪，不同的抉择显然会对企业的财务状况产生不同的影响。根据市场状况或是企业内部的公平情况来对基本薪酬水平进行调整，更多的是为了确保和提高企业的地位，不管这种地位是相对于竞争对手的地位，还是员工心目中的地位。

（2）可变薪酬。越来越多的企业开始在企业内部使用这样或者那样的可变薪酬方案，其支付形式包括利润分享、团队奖励、部门奖励等。它们给企业带来的成本也是进行薪酬预算和薪酬控制时不得不考虑的一个重要方面。

在提高薪酬水平给企业薪酬控制带来的影响方面，可变薪酬与基本薪酬既有相同点，也有不同之处。一方面，可变薪酬所能发挥的影响同样取决于加薪的规模、加薪的时间以及加薪的员工参与率；另一方面，由于大多数可变薪酬方案都是一年一度的，通常是在每个财务年度的年底进行支付，所以它们对企业的影响也只是一次性的，并不会作用于随后的年份。因此，从劳动力成本方面来看，可变薪酬相对于基本薪酬所占的比例越高，企业劳动力成本的变化余地也就越大，而管理者可以控制预算开支的余地也就越大，这对于今天这种崇尚灵活性和高效率的企业环境来说，无疑是一种很好的选择。

（3）福利薪酬。根据对薪酬预算和薪酬控制的作用大小，我们可以把企业的福利支出分为两类：与基本薪酬相联系的福利以及与基本薪酬没有什么联系的福利。前者本身的变动幅度一般不是很大，但是由于它与基本薪酬相联系，因而会随着基本薪酬的变动而变动；同时由于它在企业整体支出中所占份额较大，因而会对薪酬预算和薪酬控制产生较大的影响。后者则主要是一些短期福利项目，例如健康保险和工伤补偿计划等。

除了我们上面提到的基本薪酬、可变薪酬以及福利支出以外，可以对薪酬预算发生影响的要素还有很多。例如，带薪非工作时间，这种额外休假时间的成本取决于劳动力本身的性质，当不享受加班工资的员工暂时离开岗位的时候，一般有其他员工来代替，因此没有什么额外损失；当享受加班工资的员工休假时，必须把他人承担其工作任务的人工成本计算在内。

（4）薪酬冻结。由于基本薪酬存在刚性，直接降薪极易遭到员工的抵制，即便强制实行，也往往会极大地挫伤员工的积极性，甚至导致业务骨干“跳槽”离去。因此，对薪酬的控制一定要谨慎行事，尽可能不要采取直接降低员工基本薪酬的做法，而是实行薪酬冻结，即让员工的薪酬在一段时间内保持不变，这一般不会引起员工的反感，有时还会使员工反思自己的业绩和表现，激励员工做出更大的努力。暂时的薪酬冻结使企业的实力增强，节省下来的一部分资金可以用于提高产品质量或开辟新的营销网络。其最根本的一点是稳定了员工的情绪，保证了企业生产的连续性，从而为战胜竞争对手提供了机会和支持。

（5）控制间接薪酬支出。适当压缩企业在一些福利项目方面的开支，达到控制薪酬成本的目的。其具体措施主要有：要求员工减少请假时间、缩短假期；缩小医疗保险范围或者要求员工自己负担一部分医药费用；调整差旅费支出；对使用长途电话的次数和时间进行适当控制等。适当压缩部分福利项目的开支，可以避免强行降薪带来的不利影响。毕竟与基本薪酬相比，人们对福利的享受或需求弹性稍大一些。

3）基于薪酬技术的薪酬控制

工作分析和职位评价、薪酬政策线、薪酬宽波段等薪酬技术除去一些比较直观的目的之外，它们对于薪酬的预算控制也能起到不小的作用。

（1）采用薪酬区间进行控制。一般情况下，每一薪酬等级都会具体规定出该级别内的最高薪酬水平和最低薪酬水平。这是因为，最高薪酬水平对于企业薪酬控制的意义非常大，规定了特定岗位能够提供的产出在企业里的最高价值，一旦因特殊情况而导致员工所得高于这一限额，就使得企业不得不支付“赤字薪酬”，而当这种情况在企业里很普遍时，对薪酬等级和工作说明书进行调整也就非常有必要。由于最低薪酬水平代表着企业中的岗位能够创造出来的最低价值，因此它一般会支付给那些尚处于培训期的员工。当然，如果员工因为绩效突出而晋升速度过快，也有可能出现这种情况。

（2）薪酬比较率。在薪酬控制过程中，一项经常用到的统计指标是薪酬比较率。这一数字可以告诉管理者，特定薪酬等级的薪酬水平中值，以及该等级内部岗位或员工薪酬的大致分布状况。该数值的表示公式为：

$$\text{薪酬比较率}=\frac{\text{实际支付的平均薪酬}}{\text{某一薪酬等级的中值}}$$

因此，当薪酬比较率为1时，意味着等级内员工的平均薪酬水平和薪酬中值是恰好相等的。我们在前面已经指出，薪酬中值是绩效表现居中的员工理应得到的薪酬水平，在理想情况下，企业支付薪酬的平均水平应该等于薪酬中值。因此，当薪酬比较率大于1时，企业给员工支付的薪酬水平偏高，这也许是因为人工成本控制不当，也许是因为多数员工的绩效表现确实突出或是因为其他别的种种原因。当薪酬比较率小于1时，薪酬支付不足的情况就显而易见了。当然，对于为什么会出现这种结果，企业需要进行进一步的深入分析。

（3）成本分析。对企业而言，数字往往是最具有说服力的，相信这也是成本分析受很多企业青睐的原因。在决定一次新的加薪之前，企业一般都会对加薪能带来的经济影响进行深入和透彻的分析，以期了解事情的全貌。同样，企业在制订像销售人员奖励计划这样的薪酬方案时，也可以通过对该计划的成本测算来达到合理控制成本的目的。

7.3 薪酬沟通

在企业制订和执行薪酬方案的时候，进行薪酬管理和薪酬控制时采取有效的沟通无疑是其中相当关键的一环。令人遗憾的是，当前仍有许多企业没能给予薪酬沟通足够的重视，许多员工对自己企业的薪酬政策和薪酬制度知之甚少。之所以会出现这种情况，根本的原因在于企业和管理人员在管理理念上存在误区。很多企业的观念陈旧，认为薪酬管理只是管理者的事情，与普通员工无关；相当数量的薪酬管理人员也没有意识到自己工作中很重要的一部分就是要向决策层和员工推销自己的薪酬体系。此外，有很多企业对薪酬沟通的认识存在偏差，对它的了解仅仅停留在媒介方面。因此，在薪酬沟通问题上采取一种系统的态度是很有必要的。

7.3.1 薪酬沟通概述

《大英百科全书》对“沟通”的定义是：用任何方法，彼此交换信息。在薪酬管理的整个流程中，薪酬沟通是其中不可或缺的组成部分，贯穿于薪酬方案由制订、实施、控制到调整的全过程。一般来说，成功的薪酬沟通应该能够与企业的整体经营战略和沟通策略相一致，能够消除员工对新生事物的顾虑和恐惧，并说服员工接受它。因此，在对当前环境下的薪酬沟通进行定位的时候，管理者通常需要注意以下几个方面的问题：

首先，在现代企业里面，随着企业经营环境的风险不断增大，薪酬方案的调整频率变得越来越高，为了顺应这种趋势，薪酬沟通就必须成为企业的一种良好习惯，很自然地贯穿于薪酬方案开发和执行过程的始终，涵盖到组织的方方面面，并处于与薪酬体系本身同等重要的位置上。只有这样，才能确保薪酬体系本身与企业的经营战略和结构体系相匹配，才能让员工接受企业做出的薪酬调整方案。

其次，薪酬沟通不可能存在于真空之中，不能是静止不动的，必须时刻保持自身的动态性和灵活性，还必须被上升到战略高度，结合企业的大环境加以考虑。有效的薪酬沟通能够很好地促进企业的战略实施和变革，并成为联系它们的纽带。

最后，也是最为根本的一点，薪酬沟通必须是公开、诚实和直截了当的。在条件允许的情况下，员工应该能够及时、准确、方便、高效地获得企业在薪酬方面的各种信息，包括企业的薪酬结构是怎样的、员工薪酬是如何决定的、在什么情况下其能够得到加薪等。

事实上，作为一种人际互动方式，薪酬沟通比其他很多的管理举措都更为复杂，对管理者的技巧和素质方面提出的要求也相对较高。但是，若想把企业经营好，赢得和保持市场上的竞争优势，薪酬沟通绝对是一个不可忽略的关键环节。有人甚至认为，在今天的企业里，沟通已经成为每一位企业成员无论是普通员工还是管理者的第一责任。

7.3.2 薪酬沟通的步骤

企业中的薪酬沟通可以采取以下五个步骤：

1）确定薪酬沟通的目标

它意味着企业需要确定就什么进行沟通以及通过沟通要达到什么目的。当企业制订新的薪酬方案或是对既有的薪酬方案进行修改的时候，企业的薪酬政策以及薪酬方案的执行方式通常也需要进行相应的变革。企业薪酬沟通的目标可以概括为以下几个方面：第一，确保员工完全理解新的薪酬体系的方方面面；第二，改变员工对于自身薪酬决定方式的既有看法；第三，鼓励员工在新的薪酬体系下做出最大的努力。在企业的经营实践中，经过这样或那样的变动，上述三个方面的目标可以适用于大多数薪酬沟通方案。此外，在这三个总的目标下，企业可以根据自己的具体情况，结合自己意欲达到的目的，再分别设计更为具体的目标。薪酬沟通的目标解析如图7-2所示。

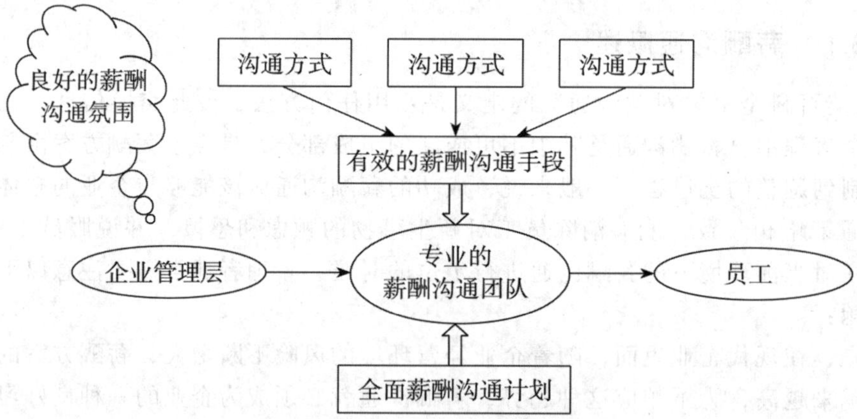

图7-2 薪酬沟通目标解析图

2）搜集相关信息

在沟通目标确定下来以后，下一个步骤是要从决策层、管理者以及普通员工中间搜集他们对于薪酬体系的看法：既包括对现有体系的评价，也包括对未来变革的设想和期望。只有把这些信息和薪酬沟通目标结合在一起，才可以确保企业和员工的需要都得到了关注与满足。另外，询问员工对于薪酬体系的观点、看法以及相关态度，这本身已经表明了企业对员工所想所思的重视。同时，员工能由此获得参与感，并增强对企业的承诺，这些对于企业薪酬战略的成功都十分重要。

3）制定沟通策略

在搜集到有关员工对薪酬方案的心理感受之后，就可以着手在既定的目标框架之下制定薪酬沟通的策略。虽然对于企业应该和员工就什么进行沟通、怎样进行沟通没有明确的限制，但我们还是能够对企业中的沟通策略进行大致的分类。

具体来说，有些企业采取的是“市场策略”，与向客户推销商品很相似，把目标员工当成客户。企业的沟通目标在于有效控制客户对于薪酬方案的预期和态度，提高客户满意度。因此，这方面的相应措施可以包括：就客户对薪酬体系的反应进行调查，准确告知客户现有薪酬制度的优势和不足，以及对企业最新的薪酬举措进行宣传。也有一些企业立足于“技术策略”。这种策略不太重视薪酬政策本身的质量或优缺点，而是着眼于向客户提供尽可能多的技术细节。这些细节可能包括企业里的具体薪酬等级、特定薪酬等级的上限和下限、加薪的相关政策等。通过这种做法，可以加深目标员工和管理者对于薪酬体系本身的认识与理解，更好地实现沟通的目的。

4）选择沟通的媒介

当企业开始着手确定沟通媒介的时候，一般都面临着多种备选方案。它们在技术复杂程度上有所差异，沟通效果也有着显著的不同。要想成功地进行沟通，最有效的方法便是在员工高度参与的设计团队和管理人员的领导下，与员工进行面对面的沟通。管理人员要积极参与，并表明自己支持薪酬方案的变化。成功沟通的含义便是利用各种有效的沟通手段传播信息。具体来说，这些媒介可以分为四大类：视听媒介、印刷媒介、人际媒介以及电子媒介。

5）评价沟通结果

薪酬沟通的最后一个步骤是要就整个沟通流程的效果进行评价。对薪酬沟通结果进行评价的最佳时期是举行正式会议之后的4~6个月，而中间的这段时间则为员工消化薪酬信息、适应新的薪酬体系提供了机会。与前面提到的信息搜集方法相似，也可以采用问卷调查法、目标群体法或面谈的方法来对沟通结果进行评价。理想的情况是，此处的调查对象和前面搜集信息的对象应该是同一群人。这样，根据调查对象在沟通前后对特定问题回答情况的不同，企业就可以从中提炼出有关沟通是否有效的丰富信息。常见的薪酬沟通问题见表7-2。

表7-2 **常见的薪酬沟通问题**

公司为何要这样做？为什么现在必须改变工资？
对我来说工资变化意味着什么？我的工资将怎样变化？对我有什么好处？
我们听到许多总薪酬和总薪酬战略的说法，它们指的是什么？我们能看到这个战略吗？
工资设计有谁参与？他们是怎样选出来的？
现行工资中有将要被减少的部分吗？什么时间减少，怎样减少，减少多少？
新的工资计划怎样实行？
在新的工资计划下我怎样做才能成功？
在新的工资计划下我所在的部门的经理是什么角色？
哪里能进一步回答我的问题？
比起你们所讨论的目标，有没有制订什么计划来让我们得知组织的运行情况？

7.3.3 薪酬沟通中的关键措施

以下是在薪酬沟通中为获得有效的理解和接受而需要遵守的几个原则：

1）反复沟通

即使你以为已经沟通得足够多了，你还有可能做得不够，等到绝大多数人都说"我真的已经明白了"，才能从初步沟通转入下一步的持续沟通阶段。经过持续沟通要让员工明白，要想在新的工资方案中取得成功，自己应该怎样做。

2）管理者培训

加深管理者对新方案的设计和实施工作的理解。让他们准备好问题的答案，帮助他们成为教练、培训者、人员配备者和变化过程的领导人员。

3）员工培训

帮助每位员工理解公司的情况和商业环境，让他们看到公司正在追求的经营目标，教给他们在新的总工资方案下工作所需的技能或能力。分阶段进行工作，争取员工的接受和支持。

4）要坚守目标

在实现目标的过程中，要进行持续的沟通。就如何达到目标以及怎样纠正失误提供培训，引导员工认识这些目标对于企业以及员工自身的重要性。

5）表扬

通过褒奖和表扬来给总工资转换工作创造一个积极的氛围。不要处处设防，要有信心，要争取支持，要相信所发生的事情是好事情。如果不是好事，那么就根本不必做了。

7.3.4 不同企业文化下的薪酬沟通

在前面我们已经提到，企业中薪酬沟通状况的好坏会受到多种因素直接或间接影响，企业文化是其中的一个重要因素。与薪酬水平和薪酬结构类似，薪酬沟通在很大程度上也取决于企业里的主流文化类型。

1）职能型文化下的薪酬沟通

在传统职能型文化的背景之下，薪酬沟通往往只是一年一度例行公事地告知员工他们本年度的加薪额度，而不再有其他内容。这种薪酬沟通通常都是正式的，通过一些静态的载体，例如备忘录、时事通讯或是大型会议加以传递。同时，它是方向单一的：企业的高层管理者全权决定沟通的有关事宜，包括员工需要知道些什么，他们应该在什么时候得知；在把这些信息传递给员工之后，很少会有基层员工向高层管理人员反馈。因此，在这种文化背景之下，管理者不需要花费很多时间对薪酬方案进行解释，也不用担心会有批评性的意见反馈上来。

2）流程型文化下的薪酬沟通

与职能型文化不同，流程型文化下的薪酬沟通往往没有那么正式，覆盖的范围也相对广泛一些。在薪酬沟通方面，由于流程型组织强调的是跨职能团队，因此沟通往往发生在团队内部和团队之间；同时，这种沟通更具有持续性和互动性，通常会强调质量和持续不断的改进。

具体地说，一方面，在团队内部，团队成员应该处于持续的沟通之中，同时由于员工的薪酬和绩效水平之间存在直接的联系，因此团队和员工个人必须得到有关本人以及团队绩效的充分信息，并了解团队绩效是如何影响企业总体绩效的。另一方面，要保证本团队与其他团队之间的沟通畅通，以加强客户满意度和本企业的质量建设。

3）时间型文化下的薪酬沟通

在时间型组织里，由于项目工作小组是最典型的工作单位，因此内部沟通频率往往较低，沟通的内容也很少直接涉及薪酬，但企业要确保员工能够与一定范围内的同事和管理者进行沟通，以保证他们在需要的时候能得到准确和充分的信息。举例来说，开发一个新产品的项目小组可能需要立即获得研发或者市场方面的数据，企业必须有稳定和可靠的沟通渠道来满足这一需求。出于同样的道理，市场部门可能也会需要产品开发部门的一些信息，从而帮助企业制定关系到生存和前途的战略性决策。尽管这些交流表面上与薪酬没什么关系，可是它们直接关系到项目小组的绩效表现，进而影响其薪酬水平。

4）网络型文化下的薪酬沟通

在网络型组织里，很少有固定的沟通模式。组织成员往往采用他们认为合适的方式进行沟通，只在自己需要的时候收发信息，并借助于这些信息来制定决策，取得自身的优良业绩和组织的经营成功。具体到薪酬沟通方面，员工之间的沟通通常都是非正式的和不定期的，还会牵扯到其他与薪酬有关的问题。员工可能对企业确定薪酬水平和薪酬结构的细节并不感兴趣，他们只需要知道如何才能使得自己的收入最大化。

思政专栏

随着国企改革的开展和不断深入，国有企业员工的薪酬体系经历了以固定工资为主、端“铁饭碗”，到推进市场化改革，逐步引入如绩效奖金等市场化因素，再到实施股份制改革，鼓励员工通过购买股份分享企业利润，直至今日引入现代化薪酬管理体系，包括绩效评估、灵活的薪酬结构和更多的激励机制的重大变化。国有企业的薪酬管理战略始终与特定历史时期国企的经营目标保持一致，有助于其更好地适应市场经济发展的需求，对于提高企业绩效、吸引人才、推动改革和提升国际竞争力都具有重要意义。

本章小结

薪酬管理与控制对任何一个组织来说几乎都是一个比较敏感、棘手的问题，原因在于薪酬管理系统一般要同时达到公平性、有效性和合法性三大目标。组织战略对薪酬管理的要求越来越高，在竞争日趋激烈的情况下，薪酬管理受到的限制因素也越来越多。薪酬管理控制要注重沟通策略的应用，一个有效的沟通体系，不仅可以解决很多薪酬管理的难题，还能够促进薪酬管理职能作用的发挥。

复习思考题

（1）什么是薪酬战略？如何制定薪酬战略？

（2）薪酬控制的内涵是什么？薪酬控制的方式有哪些？

（3）什么是薪酬比较率？

（4）薪酬沟通的意义是什么？如何进行有效的薪酬沟通？

案例分析

中国成高收入国家将是人类历史重要里程碑

2021年，中国人均GDP突破8万元人民币，按年平均汇率折算达12 551美元，超过世界人均GDP水平。这一数字与世界银行2021年最新设定的高收入国家标准（12 695美元）已经十分接近，甚至已经超过世界银行此前发布的高收入国家门槛标准（12 535美元）。中国已经跨过中等收入陷阱了吗？全国政协常委、北京大学新结构经济学研究院院长林毅夫近日在接受中新社记者采访时详解这些问题。

距离高收入国家仅“一步之遥”。中等收入陷阱的概念源自15年前世界银行发布的《东亚经济发展报告（2006）》，其中描述多数国家在达到中等收入水平后都出现了经济停滞，收入水平徘徊不前，难以实现向高收入水平的跨越，甚至重新跌落至低收入水平。

中国的情况如何？林毅夫指出，从数据来看，中国距离世界银行的高收入国家标准仅一步之遥。“我相信，在未来一年、两年或是最慢到‘十四五’规划完成之前，跨过中等收入陷阱，一定可以实现。”林毅夫说。

他指出，如果是按现在的人民币对美元的汇率计算，那么应该今年年底就能跨过12 695美元的门槛成为高收入国家，但是高收入国家的门槛是按照现价美元计算，美元汇率会波动，所以留点余地的话，可能是明年，最晚也不会晚于2025年，中国一定可以成为高收入国家。

这在人类历史上将是一个重要的里程碑。林毅夫指出，现在生活在高收入国家的人口占全世界的比重约为16%，中国人口占全世界的比重约为18%。所以如果中国顺利跨过高收入国家门槛，全世界生活在高收入国家的人口就要翻一番多。

林毅夫认为，要实现第二个百年奋斗目标，今年乃至未来相当长的一段时间，中国经济仍需保持比较高的增速。一个合理的增长目标是到2049年，中国人均GDP（按照购买力平价计算）达到美国的一半。

林毅夫指出，这意味着，从2019年到2049年的30年间，中国每年的经济增长率应该达到4.5%，“这是完全有可能的”。

林毅夫将这30年划分成两个阶段，一是现在到2035年，他认为，这一阶段，中国经济有望实现6%左右的增长。他认为，通过发挥“后来者优势”和“换道超车优势”，中国到2035年，还有8%的经济增长潜力。在8%的潜力之下，实现6%的增长是一个只要努力就可以实现的目标。

二是从2036年到2050年，相信中国经济还有6%的增长潜力，只要努力实现4%

的增长，就能实现到2049年人均GDP（按照购买力平价计算）达到美国一半的目标。

实现共同富裕目标的关键是做大“蛋糕”。中国如何靠近共同富裕目标？林毅夫指出，首先是要按照比较优势来发展经济，因为这可以在一次分配的时候就同时完成效率和公平的统一。

他解释说，如果按照比较优势发展，那么企业的生产成本可以最大限度地降低。

如果按照比较优势发展经济，可以创造最多的就业机会。低收入群体与高收入群体的一个最大的差异在于：低收入群体的收入主要来自劳动收入，而高收入群体有相当大部分的收入来自资本收益。

如果按照比较优势发展，资本积累最快，资本会从相对短缺逐渐过渡到相对丰富。这时，劳动力会变得相对短缺，劳动工资上涨就会非常快，所以低收入群体的工资上涨加快；反过来讲，资本的收益会相对降低，高收入群体的收入增长速度变慢。这就带来收入差距的缩小。

一次分配过后，如果按照比较优势发展，企业有竞争力，就不需要政府保护和补贴。政府的财政税收中可用来做二次分配的资源就会越多，这可以进一步缩小收入差距。

最后，通过一些比较合适的税收等安排来鼓励部分极高收入群体参与一些社会公益活动，进行第三次分配。这样既可以把蛋糕做大，又可以在经济发展过程当中不断解决问题，让收入分配越来越公平。

资料来源　庞无忌. 对话林毅夫：中国成高收入国家将是人类历史重要里程碑［EB/OL］.（2022-03-03）［2023-12-22］. https：//www.chinanews.com.cn/gn/2022/03-03/9691323.shtml.

案例思考题：

（1）你如何看待中等收入陷阱？

（2）在国家经济发展的背景下，企业的管理者应当如何制定有效的薪酬战略？

推荐阅读资料

［1］任康磊. 薪酬管理实操：从入门到精通［M］. 2版. 北京：人民邮电出版社，2020.

［2］胡华成. 薪酬管理与设计全案［M］. 北京：清华大学出版社，2019.

［3］陈俊梁，陈瑜. 工作分析理论与实务［M］. 北京：中国人民大学出版社，2017.

［4］晁玉方. 现代薪酬管理——理论、工具方法、实践［M］. 北京：清华大学出版社，2017.

网上资源

[1] 薪酬网，https：//www.xinchou.com

[2] 中国高等教育学会薪酬管理研究分会，https：//www.cahe.edu.cn/site/content/13198.html

第3篇　薪酬管理应用实践

薪酬管理应用实践形式多样，可以按照所处行业、职能工种以及薪酬结构等标准划分。不同分类下的薪酬管理实践体现出一定的差异性。就薪酬管理而言，其基本理论、基本操作的变化性相对较小，但应用实践是在经营变革中不断发展的。

本部分选择了三个方面进行介绍：基于绩效的薪酬制度、员工福利以及特殊人员薪酬制度。薪酬管理实践的发展趋势可以在上述三个方面得到较好的体现。在薪酬制度更加倾向于个人化的情况下，绩效薪酬制度需要在个人动机、团队凝聚以及组织绩效的平衡中不断创新。在不确定的时代中，员工福利在人才经营中的影响不断提升，员工福利制度逐渐成为薪酬管理的重心。此外，高管人员、专业技术人员以及营销人员的薪酬制度也是薪酬管理实践中的难题。

本篇包括第8章、第9章和第10章的内容。

第8章　基于绩效的薪酬制度

学习目标

第8章课件

- 重点掌握绩效薪酬的概念、类型及特点；
- 认识和理解绩效薪酬的理论依据、实施条件；
- 能够正确评价绩效薪酬在一个组织的运作中发挥的功能和作用；
- 认识和理解绩效薪酬制度在坚持多劳多得、着重增加劳动所得、提高人才活力中的重要作用。

引例

让薪酬制度改革激发高校更多创造力

2023年7月11日，中央全面深化改革委员会第二次会议召开，审议通过了《关于高等学校、科研院所薪酬制度改革试点的意见》。习近平总书记在主持会议时强调，要把推动高校教师、科研人员薪酬分配制度改革作为统筹推进教育、科技、人才事业发展的重要抓手，逐步建立激发创新活力、知识价值导向、管理规范有效、保障激励兼顾的薪酬制度，进一步激发高等学校、科研院所创新创造活力。

薪酬制度是劳动价值和工作绩效的集中体现，是稳定人才和激励人才的重要抓手。科学的薪酬制度，能够发挥正向的激励作用；反之则会阻碍组织的高质量发展。高校作为教育、科技、人才的交汇点和连接处，在教育强国建设中扮演着龙头作用。深化高校薪酬制度改革，无疑对激发人才创新活力、促进科研高水平成果产出、助推高等教育高质量发展具有重要的现实意义。

目前我国高校普遍实行三元工资制，即薪酬主要由基础工资、岗位津贴和科研绩效三部分构成。该薪酬制度结构基本合理，兼顾了效率与公平，体现了优劳优酬，在相当长的一个时期内，对高校人才培养、科学研究、社会服务等功能的实现起到了积极作用。与此同时，当前的高校薪酬制度仍然需要继续改进，比如高校薪酬总体不高，特别是基础工资偏低，分配的合理性还有优化空间，青年教师待遇普遍偏低，绩效导向容易间接导致功利化倾向以及僵化的绩效工资总量控制等。

推进高校薪酬制度改革，要认真贯彻落实此次通过的《关于高等学校、科研院所薪酬制度改革试点的意见》。既要坚持目标导向，也要坚持问题导向和效果导向，真正实现将薪酬分配制度改革作为统筹推进教育、科技、人才事业发展的重要抓手，逐步建立能够激发创新活力、以知识价值为导向、管理规范有效、保障激励兼顾的薪酬制度，最大限度激发高校的科研创新活力。

一是坚持人才为本，提升我国高校教师待遇平均水平。高校薪酬制度改革要更好地体现高校教师的知识价值和工作价值。总体来看，我国高校教师的薪酬待遇还有较大的提升空间。同时，薪酬要充分考虑高校教师所在的城市生活成本，实现待遇从“绝对薪酬”向“相对薪酬”的转变，才能真正保障高校教师的基本工作和生活条件。

二是坚持薪酬和绩效紧密挂钩，对必要人员进行倾斜。现代大学内部治理体系中的薪酬制度，必须能够在人才培养、科学研究、社会服务等多个领域保持稳定平衡，实现薪酬和绩效相匹配，这样才能发挥好薪酬的积极导向作用。在总体平衡、匹配的原则下，还需突出创新优先。特别是对长期扎根教学科研一线、承担急难险重任务、从事基础学科教学和基础前沿研究、承担国家关键核心技术攻关任务、取得重大创新成果的教师，要加大支持力度和绩效倾斜。如此，才能既保障大学教师薪酬的公平公正，又能鼓励教师开展基础、长线研究，积极投身关键领域、核心技术，最终产出建设性的成果，服务国家高质量发展。

三是重视高校青年教师的创新作用，为广大青年教师提供更好的工作条件和生活环境。青年教师是高校的骨干力量，也是教学一线、科研创新的主力军。青年教师的学术资源相对单一，薪酬待遇也有提升空间。若青年教师的合理需求长期难以得到满足，可能导致青年教师的研究出现急功近利的倾向，从事“短平快”的研究来改善生活。在最具创新活力的年龄，许多青年教师疲于应付生计以及各类考核考评。在各种焦虑中产生的“焦虑”成果，很难保证有高水平的学术创新。

四是探索突破绩效工资总额限制，建立分类灵活的薪酬体系。绩效工资有两层含义：一是对教师加强激励，使做得多、做得好的教师得到更多的报酬。二是加强对学校的激励，使尽力办学和各项工作开展得好的学校得到更多的工资总额。通常人们所说的绩效更注重前者，可如果不能突破绩效工资总额限制，可能会出现教师越努力学校的单位绩效含金量越低的现象，与绩效工资本来的含义不符。因此探索突破绩效工资总额是高校薪酬制度改革试点中的关键一环。此外，可进一步探索建立分类灵活的薪酬体系。比如年薪制具有稳定性和保障性强的特点，既适应科研工作规律又能激发人才的创造性，有利于减少学术功利化的短期行为，目前在我国部分重点高校已进行了探索。高校可在探索的基础上进一步总结经验，构建更加灵活、更富效率的薪酬制度体系。

资料来源　姜朝晖，王楚. 让薪酬制度改革激发高校更多创造力［N］. 环球时报，2023-08-03（15）.

党的二十大报告指出，“分配制度是促进共同富裕的基础性制度”。做好新时代收入分配工作，要坚持多劳多得，鼓励勤劳致富，促进机会公平，增加低收入者收入，扩大中等收入群体；深化企业工资决定机制改革；健全工资决定、合理增长和支付保障机制，积极推进工资集体协商制度，着力增加一线劳动者工资报酬；完善按劳动、知识、技术、管理等生产要素由市场评价贡献，按贡献决定报酬的机制，探索协议工资、项目工资、股权激励等多种分配形式。

美国著名组织行为学专家斯蒂芬·P. 罗宾斯（Stephen P. Robbins）认为，要使激励水平达到最高，员工个人应能看到他的绩效和报酬之间有着密切的联系。绩效薪酬最大的特点就是将报酬与绩效挂钩。本章中，我们将讨论如何把员工的实际贡献与其所得联系起来，在更深层的意义上，我们要讨论如何将员工绩效与组织绩效和组织的长期发展联系起来。

8.1 绩效薪酬概述

组织按绩效给员工支付报酬是20世纪企业薪酬实践的一个里程碑。在20世纪30年代，雇主的观念是工作资历老、任期长的员工对组织的贡献更大，因为资格老的雇员经验多、熟练程度高，于是产生了资历工资和工龄工资。随着组织面对的竞争压力不断增大，管理层越来越重视员工的显性工作绩效以及隐性的能力等，并通过多个方面判断员工的绩效水平，为绩效好的员工支付更多的工资。

在西方企业中，绩效薪酬一度应用于蓝领工作，直到20世纪70年代末以后，随着人性化管理的普及，这一付酬方式才逐渐覆盖更大范围。2008 年年末，国务院决定，从 2009 年1月1日起在全国义务教育学校实施绩效工资，推进了绩效薪酬在事业单位的推广[①]。

8.1.1 绩效薪酬的基础知识

1）绩效与绩效考核

绩效可以定义为：员工通过努力所达成的对企业有价值的结果，员工具备的与工作相关的技能或能力，以及他们在工作过程中表现出来的符合企业文化价值观，同时有利于企业实现战略目标的行为和态度。

企业关注绩效的角度不同，相应的绩效考核系统就可能是以结果为导向的、以技能或能力为导向的或者是以过程为导向的。经实践检验后，企业普遍认为，最有效的绩效考核应当采用综合的视角，即同时衡量员工的产出、胜任工作的技能或能力、行为和态度，这不仅体现了员工对企业的贡献大小，还反映了员工的价值大小，并能引导员工形成和保持良好的行为方式。

管理者在实行绩效薪酬时，力图改变的就是员工工作的行为方式。他们试图激励员工提高工作的能动性，从而提高个人绩效和组织绩效。

2）绩效与薪酬的关联

根据绩效支付薪酬的前提是将薪酬作为激发绩效的潜在力量。在竞争激烈的今天，几乎没有人会反对“贡献越多，所得就应该越多”。对组织而言，这样做可以达到两个重要的目的：激励与满足，即激励期望的行为，满足优秀的员工。组织将根据需要事先设定合理的绩效考量标准和相应的吸引人的绩效奖励，然后测度员工或者一个团队的贡献，从而将贡献与奖励关联起来。这种关联的作用在于：一方面，如果员工清楚地了解到，他们所看重的奖励与某一特定的绩效行为或结果挂钩的话，组织将

① 教育部. 教育部关于做好义务教育学校教师绩效考核工作的指导意见［EB/OL］.（2008-12-31）［2023-12-22］. http://www.moe.gov.cn/srcsite/A04/s7051/200812/t20081231_180682.html.

可能更多地收获这种行为或结果；另一方面，当个人的努力与投入为组织创造了新的利润和价值时，组织理应进行公平合理的分配，这并不意味着每个人都得到相同数量的薪酬，而是所有人进入相同的考核与薪酬系统。

3）绩效薪酬的概念和类型

绩效薪酬（pay-related performance，PRP），是将员工的收入与绩效水平挂钩的薪酬制度，目的就在于通过收入与绩效间的直接联系激励员工更加努力工作。与收入挂钩的可以是个人绩效，也可以是团队或整个组织的绩效。

绩效薪酬可以分为业绩薪酬（merit pay）与激励薪酬（incentive pay）两种类型。

业绩薪酬又称成就工资，是对员工超额工作部分或工作绩效突出部分所支付的奖励性报酬，旨在鼓励员工提高工作效率和工作质量。业绩薪酬有绩效加薪和一次性奖金等形式。

激励薪酬是一种提前将收益分享方案明确告知员工的薪酬计划。从激励对象的维度进行划分，激励薪酬又可分为个体层面的激励薪酬与集体层面的激励薪酬。此外，从时间维度进行分类，激励薪酬可分为短期激励薪酬和长期激励薪酬。实际上，这两种分类并不是割裂和对立的，针对每个层次都可以有长、短期的激励安排。

尽管业绩薪酬和激励薪酬都与绩效挂钩，但二者间是有区别的。乔治·T. 米尔科维奇等在《薪酬管理》①一书中指出，虽然两者对雇员的绩效都有影响，但激励薪酬影响的是雇员将来的行为，业绩薪酬则侧重对其过去突出业绩的认可，两者最大的区别在于这种时间上的不同。

4）对绩效薪酬制度的评价

（1）绩效薪酬的积极作用。理查德·威廉姆斯②在研究了众多绩效薪酬相关文献后，得出的结论是“总体来讲，尽管人们对绩效薪酬持怀疑态度，但关于绩效薪酬的实际证据仍是积极的”。绩效薪酬的积极作用一般表现在以下几方面：

① 绩效薪酬能够把员工的努力集中在组织认为重要的目标上，从而有利于组织通过灵活调整员工的工作行为来达成组织的重要目标。

② 有利于组织总体绩效水平的改善。绩效奖励与直接的绩效改善相联系，奖金的支付对象是那些为组织绩效的改善做出贡献的人，因此绩效奖励计划对组织绩效的改善能够产生积极的影响。

③ 绩效与薪酬间的实际联系越强，员工的平均工作满意度和激励水平就越高。这一点在高绩效员工身上表现得特别明显。

④ 有利于控制经营成本。绩效薪酬中的报酬支付实际上是一种可变成本，组织可以根据自身的经营状况灵活调整支付水平。

（2）绩效薪酬的不足。对绩效薪酬制度的批评早已存在。全面质量管理运动的领导人爱德华·戴明③就指出，对个人的绩效进行等级评定是不公平的，因为“人与人之间存在的显在绩效差异几乎全都是由他们身处其中的那些工作系统本身制造出来的，而不是由人们自己制造出来的”。工作系统要素包括同事、工作、原材料、设备、顾客、管

---

① 米尔科维奇，纽曼. 薪酬管理［M］. 成得礼，译. 9版. 北京：中国人民大学出版社，2008.
② 威廉姆斯. 组织绩效管理［M］. 蓝天星翻译公司，译. 北京：清华大学出版社，2002.
③ 戴明. 戴明的新经济观［M］. 钟汉清，译. 2版. 北京：机械工业出版社，2015.

理、监督以及环境条件等。这些系统要素在很大程度上是外在于工人的控制能力的，它们属于管理层的职责范围。戴明认为，绩效等级评价事实上是“摸彩票的结果”。

对绩效薪酬制度的另外一种批评意见集中在对绩效进行衡量的过程上。如果员工怀疑绩效评价程序的公平性，那么整个绩效薪酬制度就有可能崩溃。

总的来说，在绩效薪酬的管理中，员工会就以下两个方面对薪酬公平性进行评价：分配的公平性（依据投入和所获得的报酬数量来进行评定）和程序的公平性（根据决定报酬的过程来进行评定）。员工希望看到清楚明了且具有连续性的绩效标准，希望得到参与的机会，希望有人能够就他们的绩效与他们进行讨论，希望有机会对他们认为不正确的任何决策提出申诉等。

戴明还指出，绩效薪酬过于关注个人的绩效，这对团队工作是不利的。“每个人都在拼命往前赶，或者是为了个人的利益而去抢夺自己的救生工具。企业必然是最终的受损者。”举个例子来说，如果对采购部门的雇员进行评价的依据就是他们所谈下来的合同数量，那么他们对于原材料的质量就不会那么在乎，即使是在生产中已经出现了质量问题。针对以上问题，戴明认为应当削弱个人绩效和工资之间的联系。但是，这么做可能反映出一种企业不希望过于强调个人贡献的愿望，结果有可能导致具有个人成就导向性的员工不被吸引或者离开企业。

8.1.2 绩效薪酬的理论依据

绩效薪酬的实施必然建立在一定的假设之上，例如，人们的工作绩效是可以度量的；个人间的绩效差别是可以区分的；人们可以体会到绩效差别和工资差别间的关系；涨工资的前景将激励员工提高绩效；个人绩效和组织绩效间存在可以建立的联系，这样个人绩效的提高才能推进组织绩效的提高。

支持这些假设的激励理论一直都是研究者们感兴趣的主题，较为重要的有需要层次理论、双因素理论、期望理论、公平理论、强化理论等，其中对绩效薪酬贡献尤为突出的是在期望理论基础上发展起来的波特-劳勒模型。这些知识在前文中已经介绍，此处不再赘述。

8.1.3 绩效薪酬的实施条件

绩效薪酬计划并非适合所有的组织，只有具备了适当条件的组织才可能从中受益。这些条件不但对员工也对组织提出要求，组织应当认真准备并检查这些条件是否成熟，这有助于计划的顺利进行和得到一个预期的结果。

借鉴美国人力资源管理学家托马斯·J. 伯格曼[①]的观点，以员工为对象，可将绩效薪酬的实施条件总结为以下八个方面：

（1）员工能高水平地完成工作。这预示着企业要考查员工有没有发挥出色表现的潜力。

（2）员工相信，如果他付出努力，就能出色地完成工作。即使个人具备一定的能力，如果他本人没有认识到这种能力，他也不可能有出色表现。

（3）员工能认识到出色表现和金钱之间的关系，相信自己将因出色表现而获得回

① 伯格曼．薪酬决策［M］．何蓉，等译．北京：中信出版社，2004．

报。如果员工认为薪酬与业绩无关，则绩效薪酬不能产生相应的效果。

（4）个人视金钱为一种回报。尽管金钱能满足员工众多需求，但是在不同的员工结构和环境条件下，员工需求会产生较大的差异，因此确认需求结构及特殊需求的重要性就非常关键。

（5）工作绩效能产生差异。这里实际上是强调员工要具有在一定程度上控制自己产出的能力，而不是完全由个人不可控因素决定个人绩效。

（6）工作绩效能够被测量，测量结果也是可靠的。

（7）员工必须相信过程是公平的，他们必须感觉到程序的公正。程序公正的感受决定了员工对结果公平是否认同的问题。很多研究发现，人们似乎更愿意看到过程公平。

（8）能够识别工作结果是个人贡献还是集体贡献。

对组织而言，则需要在以下几方面采取更加谨慎的态度：第一，绩效薪酬只是薪酬体系中的一部分，只有与其他薪酬计划密切配合，才能确保绩效薪酬的作用正常发挥。不能以为只要有了设计良好的绩效薪酬，企业对员工的报酬和激励问题就可以顺理成章地得到解决。第二，绩效薪酬必须与组织的战略目标及文化保持一致，并与其他经营活动相协调。成功的绩效薪酬必须回答下面的问题：组织的服务对象是谁？组织的产品和服务是什么？组织如何完成其战略任务？组织确立了什么样的目标？第三，在实施绩效薪酬前须确保建立起了公正合理的绩效管理体系，并明确企业要实现的成果是什么，以及企业将如何对这些成果进行衡量、监督。第四，绩效薪酬必须获得有效沟通的支持。绩效薪酬要求员工承担一定的风险，企业要能够及时为员工提供做出正确决策所需要的信息。同时，企业需要就绩效进展情况向员工提供经常性的反馈，以帮助员工达到既定目标。第五，绩效薪酬需要保持一定的动态性。这是因为与绩效薪酬相关的企业经营目标、企业外部的经营环境、员工的工作内容和工作方式等是不断变化的。

8.2 业绩薪酬

业绩薪酬是在绩效评价结束后，组织根据员工的绩效评价结果以及事先确定下来的绩效薪酬支付规划，给予员工加薪或者奖励。业绩薪酬有两种常见形式，即绩效加薪和一次性奖金。

8.2.1 绩效加薪

1）绩效加薪的概念

绩效加薪是一种最为常用的奖励方式，是对已经发生的工作行为或已取得的绩效成果的认可和奖励。组织通常会根据员工的年度绩效评价结果和事先确定下来的加薪规则，决定员工第二年的基本薪酬。基本薪酬的增长幅度与绩效评价等级联系在一起，员工将得到与自己的绩效评价等级相对应的工资调整，见表8-1。

表8-1 **绩效加薪规则举例**

绩效评价等级	S	A	B	C	D
等级描述	优	良	中	及格	差
绩效加薪幅度	8%	4%	2%	0	-2%

注：调整后的工资=调整前的工资+（基本薪酬×绩效加薪幅度）。

绩效加薪使基本薪酬上涨，并且基本薪酬的这种变化具有刚性的特点，即加薪部分将固定在基本薪酬中，并随着员工在同一组织中连续服务年限的增加而得到累积。

2）绩效加薪的实施要点

（1）绩效加薪的幅度。绩效加薪的幅度主要取决于组织的支付能力。加薪幅度过高，基本薪酬的刚性特点会导致组织薪酬成本快速增加，使组织财务负担过重。但是，不能因为强调成本控制而使绩效加薪的幅度过小，从而使加薪失去应有的激励作用，而且很容易与因生活成本的上升而进行的加薪相混同。因此，组织应把握一个"最低限度有意义的加薪"幅度，即员工认为有奖励意义的最低的加薪。

一些学者认为加薪幅度为10%～15%时，对个人绩效才有正面影响。阿姆斯特朗（Armstrong）和斯蒂芬斯（Stephens）[①]提出：业绩卓著的人应该得到至少10%的薪酬增长……业绩水平和发展速率远超平均水平的人应得到8%～10%的增长，而那些按预期水平获得进步，发挥其完全能力水平的人应保证5%～7%的增长……少于3%的增长几乎不值一提。

此外，加薪的幅度还取决于员工现有的基本薪酬水平和其绩效评定结果。首先，基本薪酬水平越高，对加薪幅度越要进行一定的控制，否则支付成本将会快速增长。其次，组织应考虑各薪酬等级的浮动范围。如果绩效水平高的员工在几年内就能达到该等级的顶薪，在其职务不变的情况下，其薪酬进一步向上调整的余地就没有了，这势必会对员工的工作积极性产生影响。为了使员工的工资不会因加薪超出本岗位所能获得的最高工资额，业绩工资增长指导图是一个被广泛使用的工具，见表8-2。

表8-2 **业绩工资增长指导图**

当前报酬的四分位数（元）	加薪幅度（%）＼绩效评价等级	优秀	较好	合格	较差
第四个四分位 →	7 000 6 500 6 000	4	2	0	0
第三个四分位 →	5 500 5 000 4 500	6	4	2	0
第二个四分位 →	4 000 3 500 3 000	8	6	4	2
第一个四分位 →	2 500 2 000 1 500	10	8	6	4

① 阿姆斯特朗，斯蒂芬斯．员工薪酬管理与实践手册［M］．李剑峰，孔磊，译．北京：中国财政经济出版社，2008.

(2) 绩效加薪的时间。常见的绩效加薪时间安排是每年一次，也有些组织采取半年一次或者是每两年一次的做法。

(3) 绩效加薪的基数。不同的企业在实施绩效加薪时可能采用不同的数据作为调薪基数。

①以员工的基本薪酬为基数。员工加薪后的工资=加薪前的工资+（基本薪酬×绩效加薪幅度）。这种方式的优点在于简单易行，而且与员工沟通起来比较容易。其缺点在于会导致组织内部薪酬差距逐渐拉大，不利于员工间的团结与合作。例如，对于那些处在不同薪酬等级内的员工而言，即使他们取得了相同的绩效评价结果（优秀），可因为基本薪酬即调薪基数不同，所得到的绝对加薪值也不同。尽管这种情形可以解释为处于不同薪酬等级上的员工，对组织所做出的贡献也不同（职位评价不同），但这种不断扩大的薪酬差距最终让员工难以接受。

②以员工所在薪酬范围的中位值为基数。这种方式首先使得同一薪酬等级内的员工，因绩效评价结果相同而获得相同的绝对加薪值，从而有利于保持薪酬的内部一致性，同时放慢了那些已处于薪酬范围高端的员工的加薪速度，有利于缩小薪酬差距。

以上两种方式中，只要员工的绩效评价等级一致，绩效加薪的幅度就一致。

有些组织为了更好地控制薪酬成本，保持薪酬的内部和外部一致性，在确定了使用上述某种基数的基础上，同时考虑内部或外部市场的平均薪酬水平。

③以员工的基本薪酬为基数或者以市场薪酬水平为基数，同时考虑相对薪酬水平的加薪。在这种方式中，组织会首先判断员工的薪酬水平与内部或者外部市场平均薪酬水平之间的关系，确定员工的相对薪酬水平。如果员工的相对薪酬水平已经偏高，加薪时可采用较低的加薪幅度；相反，则使用较高的加薪幅度，见表8-3。

表8-3 **兼顾相对薪酬水平的绩效加薪**

绩效评价等级 \ 加薪幅度（%） \ 相对薪酬水平	中间值以上	中间值	中间值以下
优秀	4	6	8
胜任	3	5	7
合格	2	4	5
待改进	0	0	0

绩效加薪虽然很好地体现了报酬与绩效挂钩的关系，对员工也有一定的激励作用，可一旦加薪固定为基本薪酬以后，就难以继续发挥激励作用了。此外，其累加性会造成支付成本过度增长的问题。鉴于此，一种属于“非累积性绩效加薪”的一次性奖金（merit bonuses）越来越受到组织的欢迎，并有逐渐取代传统绩效加薪的趋势。

8.2.2 一次性奖金

从广义上来讲，一次性奖金属于绩效加薪的范围，但不存在基本薪酬的不断累加。它采用一次性支付的方式，因此能够有效地控制薪酬成本的增长。绩效加薪与一次性奖金的成本比较见表8-4。假设某员工初始基本薪酬为50 000元，每年度业绩加薪和一次性奖励幅度均为基本薪酬的5%。

表8-4 绩效加薪与一次性奖金的成本比较 单位：元

时间	绩效加薪		一次性奖金	
	基本薪酬	加薪值	基本薪酬	奖金值
第一年	50 000	2 500	50 000	2 500
第二年	52 500	52 500×5%=2 625	50 000	2 500
第三年	55 125	55 125×5%=2 756	50 000	2 500
第四年	57 881	57 881×5%=2 894	50 000	2 500
第五年	60 775	60 775×5%=3 039	50 000	2 500
⋮	⋮	⋮	⋮	⋮

一次性奖金还能很好地解决那些已处于薪酬范围高端的员工的激励问题。但需要注意的是，长期实行一次性奖金会导致基本薪酬的停滞不前，并由此引发员工的消极行为。避免这种情况较为有效的方式是将绩效加薪和一次性奖金有机地结合起来，例如在时间上做出相互配合的安排，在实行一次性奖金的同时周期性地使用绩效加薪。

8.3 激励薪酬

学者们从不同的角度给激励薪酬下了定义。有人认为，激励薪酬是指不包含在企业的基本薪酬范围内，并且随企业经营业绩的变化而改变的其他形式的直接报酬。也有人认为，激励薪酬是一种替代性的薪酬系统，将薪酬与经营业绩联系在一起考虑，并且支持一种参与式管理，其现金的支付是基于一种预先制定的标准，或者是基于团队或组织的经营业绩。还有人提出，激励薪酬是指除了基本薪酬外所获得的报酬，并随个人、团队或者企业整体的业绩而变化。虽然很多企业已经将它同基本薪酬一样看待，但是从本质上讲，激励薪酬的获得没有任何保证，而且不包含在基本薪酬内，其支付形式通常是一大笔金额的支票，还可以是现金或有关股票的投资。河南汝南县出台的村干部报酬激励管理办法中，规定凡是当年集体经济收益实现增长的，经法定程序，提取增长部分的20%对村（社区）干部进行奖励。①

尽管上述定义有所差别，但我们可以从中总结出激励薪酬的3个重要特点：第一，激励薪酬提供的现金报酬是一种奖金的形式，不包含在基本薪酬内（定义中都没有明确表明非货币形式的报酬是否被认为一种激励薪酬，因此我们将非货币性奖励排除在外）；第二，激励薪酬是与团队、经营单位或整个组织的业绩相关联的；第三，

① 郭建光，邓丹华．汝南县出台村干部报酬激励管理办法 让干部有奔头［EB/OL］．(2022-11-05)［2023-12-22］．http：//henan.china.com.cn/news/2022-11/05/content_42160816.htm.

激励薪酬基于预先制定的标准或收益方案，推动的是员工未来的行动和业绩。

根据激励对象的不同，可将激励薪酬分为个体激励计划、集体激励计划以及为那些做出特殊贡献的员工设定的特殊绩效认可计划。

8.3.1 个体激励计划

1）个人激励计划的概念

个人激励计划是针对员工个人绩效的激励形式，通过将个人收入与其绩效相联系，实现差别化的所得，以此达到激励员工的目的。

这种制度的实施基于事先确定的绩效标准，以便对员工的实际工作绩效进行评估与比较。绩效标准关注员工的工作结果和产出，如产量、质量、客户满意度、安全、出勤率等。由于这些被考核的内容在很大程度上受到员工个人的控制，因此当绩效与收入挂钩时，组织就可以实现用薪酬调控员工绩效的目的。

在互联网+的时代，网络技术与信息平台促生了一种新的商业模式，涉及各行各业的“零工经济”悄然而至。这种雇用模式使传统的个人激励方式有了新的应用场景。与传统的“打零工”不同，新的零工经济最重要的特征是对互联网的依赖，利用互联网和移动技术快速匹配供需方，平台提供用人需求，个人进行选择。电商主播、摄影师、个人媒体等通过“打赏”、点击量、广告收益分成等方式获得个人激励。

2）个人激励计划的类型

计件工资制是最古老的个人激励计划，是企业根据员工生产的合格产品的总量N（件）和事先确定的计件工资率（元/件）为员工支付报酬的方式。

（1）简单计件制。该计划下，员工的工资依据产出水平而变化，即应得工资=N×计件工资率。

（2）差额计件制。该计划主要包括泰勒制与梅里克计划。

①泰勒制：最早的差额计件制，由弗雷德里克·泰勒（Frederick Taylor，1856—1915）创立而被称为泰勒制。为了敦促员工努力提高生产效率，该计划使用了两种不同的计件工资率：一种适用于那些产量低于或等于预定标准的员工；另一种适用于产量高于预定标准的员工。例如，某服装厂对于生产率≤10件/小时的甲员工按1.0元/件的计件工资率付酬，对于生产率>10件/小时的乙员工按1.2元/件的计件工资率付酬，即：

甲应得工资=N×1.0（生产率≤10件/小时）

乙应得工资=N×1.2（生产率>10件/小时）

②梅里克（Merrick）计划：与泰勒制相近，不同之处在于，梅里克计划设定了3个档次的计件工资率，见表8-5。

表8-5 **梅里克计划**

绩效等级	实际产量	计件工资率
高	>标准产量	最低工资的120%
中	=标准产量的84%～100%	最低工资的110%
低	<标准产量的84%	最低工资

（3）累进计件制。该计划在劳动定额内使用标准计件工资率，超额部分使用累进计件工资率。例如，某服装厂设定劳动定额为80件/日，80（含）件内按1.0元/件的标准计件工资率付酬，80～120（含）件按1.1元/件的计件工资率付酬，120～150（含）件按1.2元/件的计件工资率付酬，则：

$$\text{某员工应得工资}=\begin{cases} N \times 1.0(N \leqslant 80\text{件}) \\ N \times 1.1(80\text{件} < N \leqslant 120\text{件}) \\ N \times 1.2(120\text{件} < N \leqslant 150\text{件}) \end{cases}$$

该计划体现了企业与员工共同分享生产率提高带来的收益。

（4）有保障的计件工资制。有些企业为了确保员工获得一定数量的基本收入或者收入不低于法律规定的最低工资标准，而采用了有保障的计件工资制，即不论员工的产量达到何种水平，都会付给员工固定数量的基本收入，则某员工的应得工资=基本工资+N×计件工资率。当然，这种计划下的计件工资率肯定会低于上述几种激励计划中的计件工资率。

（5）按质分等的计件工资制。该计划中，企业为不同质量等级的产品，确定了不同的计件工资率。这种制度有利于克服员工片面追求产品数量而忽视产品质量的倾向。例如，某服装厂设定一等品的计件工资率为1.2元/件，二等品的计件工资率为1.0元/件，某员工生产一等品的数量为N_1，二等品的数量为N_2，则其应得工资=$N_1 \times 1.2 + N_2 \times 1.0$。

（6）标准工时制。标准工时制首先需要确定拥有正常技术水平的工人完成某项工作所需要的时间，即劳动生产率，如生产单位产量所需消耗的标准时间（小时/件），再确定该项生产任务的标准工资率（元/小时），操作时依据工人的实际生产效率相对于标准水平的百分比付给工人同等比例的工资。例如，某工人所在职位的标准工资率是6元/小时，即每日的标准工资为48元，该职位的产量标准是每小时生产10个单位的产品，即每单位产品需要6分钟的工作时间。如果该员工一天（8小时）生产了100个单位的产品，他的生产效率可以表示为4.8分钟/件（8×60÷100）。该员工的生产效率为标准的1.25倍（6÷4.8）。因此，该员工当天的收入为60元（48×1.25）。

（7）与标准工时相联系的计件工资计划。这类计划主要有3种。

第一种是哈尔西50-50计划。该计划将员工因节约工作时间（如单位产品的生产时间）而产生的收益（成本节约）在企业和员工之间以对半的形式分享。

第二种是罗恩计件工资计划。它不同于哈尔西50-50计划的是，随着所节约的时间的增加，员工能够分享的收益所占的比例是上升的。如完成一项任务的标准时间是10个小时，某员工7个小时完成工作，则此人可得到30%的成本节约奖，若他能在6小时内完成任务，则可得到40%的成本节约奖。

第三种是甘特计件工资计划。该计划在确定标准工时的时候，有意将它定在工人需要付出较大的努力才能实现的水平上。不能在标准时间内完成工作的人将会得到一个预先确定的保障工资。但是，对于那些能够在标准时间内或者是少于标准工时的时间内完成工作的员工，计件工资率则定为标准工资率的120%。

3）个人激励计划的优势和局限性

（1）个人激励计划的优势。除了促进生产率提高这一显著优势外，个人激励计划还有以下作用：

第一，个人激励计划有效降低了薪酬成本。首先，这种激励模式不同于绩效加薪，组织给予个人的奖励性工资不会被累加到基本薪酬中去，员工想要再次获得奖励，必须同原来一样努力。其次，单纯按工时支付薪酬时，如果生产效率降低，薪酬却不能随之下降。个人激励计划按照工作结果支付薪酬，较好地改善了以上问题，从而节约了人工成本。

第二，个人激励计划有效降低了监督成本。员工的收入直接与个人绩效挂钩，激励员工去主动把握自己的工作，而无须过多地直接监督，从而降低了企业的监督成本。随着互联网的广泛应用，用工的场景更加多元化，办公模式更加多样化，也催生出了远程零工工作，如线上设计师、视频剪辑师、带货主播、游戏陪玩等。此类工作的收入与劳动者完成的单量直接挂钩，减少了企业对员工监督的劳动成本。

以网约车为例，运营公司会根据高峰期、接单数、天气情况来制定不同的奖励政策却不会监管司机是否积极接单。网约车司机虽然可以自由选择是否接单，但是会因差异化的兑奖政策而改变自己的工作行为，从而达到良好的市场反响。

第三，个人激励计划通常以可计量的工作结果作为付酬依据，很少考虑主观评价，因此操作简单方便并且易于沟通解释。

（2）个人激励计划的局限性。

第一，个人激励计划适合传统制造业，不太适合没有可衡量物质产出的现代服务业。

第二，个人激励计划不适合团队工作方式，而团队工作方式在现代企业经营中越来越受到重视。

第三，个人激励计划不利于组织文化建设。个人激励计划使得员工只做有利于本人获得报酬的事情，而对其他事情则不管不问，不利于培养员工对企业的感情。

第四，个人激励计划不利于员工掌握多种不同的技能。学习新技能会使员工短期内的工作效率降低甚至停止生产，这将影响其收入。

4）个人激励计划的适用条件

（1）员工个人的生产成果能够直接统计。

（2）企业的生产任务饱满，原材料供应和产品销售比较正常，能源供应有保证，产品属于批量生产而不是单件小批生产。

（3）有一定的企业管理水平，生产的原始记录比较完备，有较健全的工艺规程和技术操作规程，以及统计计量制度、产品检查验收制度、经济核算制度等，有合理的生产组织和劳动组织。

（4）有合理的劳动定额，有适当的技术组织措施，保证员工能够或者超额完成自己的劳动定额，有定期修订劳动定额的制度。

8.3.2 集体激励计划

近些年来，随着科学技术的不断提高以及学科的交叉渗透，随着组织结构扁平化以适应快速多变的外部环境，组织内的职位设计不再刻意要求界限分明，而是在分工的基础上越来越强调相互合作，组织的成功也更多地依赖集体的力量而不是个人英雄主义。这就要求组织把集体建设和集体激励作为工作的重点。在宁德的一次干部会议上，习近平总书记曾以球赛来比喻，论述团队合作的重要性：最重要的成功要素是整体力量的有机配合，个人的技术只是居于次要的位置，如果盲目地突出个人技术，不顾整体协调配合，往往会使总体水平下降，影响整个球队的战斗力①。为此，很多组织开发出了针对集体层面的激励计划，涉及班组、经营单元、团队或企业整体。

1）集体激励计划的概念

所谓集体激励计划，是将员工的薪酬与所在集体（班组、团队、部门或组织）的绩效相联系，并以集体为主要激励对象的激励形式。

2）集体激励计划的类型

集体激励计划的主要类型有利润分享计划、收益分享计划、成功分享计划、小团队（班组）奖励计划等。

（1）利润分享计划。利润分享计划（profit-sharing plan）是最早的也是应用最广的绩效奖励方式。当组织实现了既定的绩效指标（通常指利润、权益报酬率等）时，组织按事先设定的规则，将部分利润在所有或特定群体的员工间进行分配。利润分享的形式包括现金、年金（退休金）积累、股票等。

① 现金式利润分享。这是最常见、最传统的利润分享形式，组织从创造的利润中提取某一百分比的金额，以现金形式让员工分享，如根据组织全年经济效益而实施的年终分红。这种利润分享计划只需要确定分享百分比的大小，也不需要员工过多参与。

② 递延式利润分享。递延式利润分享采取延迟支付的方式，将给予员工的奖金存于账户或者是退休基金中，或者是用于企业补充养老保险（即企业年金）。经营好时持续注入，经营状况不佳时则停止注入。

③ 股票式利润分享。组织采用股票的形式使员工参与整体利润的分享，从而使员工具备股东身份并关心组织长远的发展。这样，利润分享计划具备了长期激励的效果。但是，当组织经营状况不佳、股价下跌时，这种方式也会给员工带来很大风险。

利润分享计划最大的优点在于：

① 利润分享计划使员工薪酬的一部分与组织的总体财务绩效联系在一起，这就促使员工更多地关注组织整体的发展并从组织的角度去思考问题，这是个人激励计划难以做到的。

② 该计划有助于提升员工的责任感、参与感、合作感，并减少员工流失率。

③ 该计划有助于组织控制劳动力成本。该计划是一种完全依赖组织利润状况的

---

① 熊玠.治国理政显露轮廓——《习近平时代》选载［N］.学习时报，2016-04-14（A3）.

个人收入补充形式，但它不会成为员工基本工资的组成部分：一是员工付出了劳动，就应享有劳动报酬，基本工资一般不应受组织盈亏的影响；二是组织的盈亏受到多种因素的影响，尤其是取决于高层管理者在投资方向、竞争战略、产品以及市场等方面做出的重大决策，员工个人甚至普通员工群体的努力和组织的最终绩效之间的联系是非常模糊的。由于利润分享计划不涉及员工的基本工资，既不会影响员工的基本收入，也不会在组织经营不景气的情况下造成额外负担；相反，在经营好的时候，又可以使员工共享组织发展带来的好处。

同时，利润分享计划存在明显的缺陷：

① 由于员工与组织利润间关系的模糊性，利润分享计划在直接推动员工改善绩效方面所起的作用不大。按照弗鲁姆的期望理论：员工受到的激励程度取决于行为和有价值的结果之间联系的紧密程度。既然影响组织利润的大多数因素都不是普通员工能够控制的，员工看不见自己的行为将如何增加利润，也就不可能因为该计划而努力工作。

② 基于上述理由，员工还会拒绝在组织经营状况不好时接受利润分享计划。该计划下，员工的基本薪酬通常低于市场水平，事实上，这也符合利润分享计划要求员工在组织经营状况不好时承担一定风险的本义，但通常员工会认为自己不应该为自己无法控制的一些因素负责，最终导致组织在困难时期想利用利润分享计划降低劳动力成本的想法无法实现。今天，更多的组织也就将利润分享计划设计成一种只有薪酬上升而没有薪酬下降风险的机制了。

在我国运用利润分享计划比较成功的有影响力的案例是河南的胖东来。胖东来虽然名气远不如沃尔玛、家乐福等国际连锁的商超，甚至至今主要市场仍在河南的许昌和新乡，但在这两地中打败了众多零售巨头，占据了90%的市场份额。胖东来被称为零售界的“海底捞”，无微不至的服务态度是其成功的关键，而这种服务态度则离不开胖东来优越的员工待遇。于东来在给员工的一封公开信中曾写道：“在工资保障的基础上至少拿50%的净利回馈给创造这些财富的员工和管理人员，按他们的付出合理分配，或发奖金或增加到每个月的工资上，无论用哪种形式只要能让员工得到就行；余下的50%回馈股东，这样才是合理的、公平的，这样你的团队会更用心，更有凝聚力。”于东来一直坚持从公司的净利润中拿出50%对员工进行财富再分配，多赚多分，少赚则少分[①]。

（2）收益分享计划。收益分享计划（gain-sharing plan）是一种当企业的某个部门（群体）因生产率提高、质量改善、成本节约而为企业创造了额外的财务收益时，企业按事先设定的规则从中提取一部分让部门分享，再由部门按某种方式二次分配给员工的集体奖励模式。

部门进行二次分配的常见方式有以下四种：

① 所有员工获得同等数量的奖励；

② 所有员工按基本薪酬的同一比例获得奖励；

① 佚名.胖东来成功背后的五大秘诀！[EB/OL].（2023-04-21）[2023-12-22]. https://zhuanlan.zhihu.com/p/623255558.

③ 不同类的员工按不同的比例分享额外收益；

④ 根据分配标准，员工因不同的表现获得不同的比例或数量。

到目前为止，收益分享计划已经历3个发展阶段：

第一代收益分享计划是斯坎伦（Scanlon）计划和卢卡尔（Rucker）计划。这些计划通常从成本控制的角度来对绩效改善进行衡量。如下例所示：

① 计算过去某一基准期内的平均月销售额（本例中假设为100万美元），通常这一基准期是指前一季度或前一年。

② 同时计算在同一基准期内的月平均工资成本（假设是20万美元）。

③ 根据以上数据，计算出工资与销售额的正常比率（本例中是20%）。

④ 假如在收益分享的第一个月，销售额为120万美元，那么根据正常比率将产生24万美元的工资成本。假如实际的工资成本是21万美元，那么将节约3万美元的开支，企业与员工之间将对半分享这部分收益。

第二代收益分享计划则是单一衡量生产率指标。米歇尔·费恩（Mitchell Tein）在1973年提出具有代表性的“提高分配计划”。该计划用“生产单位产品节约的工时”来计算员工生产率的提高，节约出来的价值由企业和员工共享。

以上两代收益分享计划都是基于单因素的，并没有考虑价格、收益量、顾客满意、顾客忠诚和一系列可能会在特定组织中起重要作用的其他因素的变化。

第三代收益分享计划结合了多种因素，这是收益分享最新的发展方向和最成功的形式。它通常综合了短期衡量指标（比如降低单位成本）和长期衡量指标（如顾客忠诚），还综合了财务指标（如每人收益）和非财务指标（如降低工伤损失时间），其中许多因素（如提高安全性）都强调组织和员工的共同利益。

收益分享计划的优点在于：

第一，它关注的不是与员工之间关系模糊的企业整体利润，而是成本、生产率、原料和库存周转率、产品质量、客户满意度等更容易被员工控制的指标。因为在行为与结果之间有了明确和必然的联系，员工受到了更强烈的引导和激励。这也正是该计划与利润分享计划的本质区别。

第二，收益分享计划具有真正的自筹资金的性质，因为用于分享的收益是组织原先未做计划的或是由部门节约出来的，并不为企业增添任何额外的负担。这是收益分享计划的一个非常重要的特征，也是其受到企业欢迎的重要原因。

第三，收益分享计划有利于增强员工的团队意识和集体主义精神，可在一定程度上化解员工间的过度竞争。

收益分享计划的主要缺点在于：既然奖励的对象是部门所有成员，就无法有效避免群体中的“搭便车”行为，这有可能影响关键员工的工作热情。在行为与结果间关系清晰的情况下，那些亲自创造了额外收益的员工很难容忍分配不公平的情况。

（3）成功分享计划。成功分享计划又被称为目标分享计划，基于目标管理的思想和平衡计分卡。首先，从组织目标出发使用平衡计分卡为各部门（经营单位）设计绩效评价指标；其次，在每一项指标上衡量部门实际绩效与预定绩效目标之间的差距；

最后，部门在一项指标上超越预定的目标，就会获得一份相应的奖励，部门所得的总奖金等于部门在所有绩效指标上获得的奖励之和。

成功分享计划最显著的特点在于：①该计划强调的重点并不是直接的利润指标，而是经营单位的绩效改善程度，这种改善分别来自财务、顾客、内部业务流程、学习与成长四个方面。其中，财务维度只是最终目标，而顾客维度是产生绩效的关键，内部业务流程是基础，学习与成长是核心。②通过目标分解使员工不断超越过往绩效，使员工认识到他们是如何对组织经营目标的达成产生影响的。

实施成功分享计划的关键在于企业要科学合理地利用平衡计分卡，为经营单位和员工设计一套公正、有效的绩效考评系统。第一，该系统包含的各项绩效指标不仅关系到组织目标和经营单位业务的关键成功要素，而且对应的绩效目标必须具有继续改善的机会；否则，成功分享计划将无法保证资金来源。第二，在制定目标的过程中，需要管理者和员工的共同参与，以使员工明确自身的努力和组织绩效结果之间的关系，并增强员工的责任感和归属感。

（4）小团队（班组）奖励计划。小团队（班组）奖励计划（team-base incentives plan）是集体激励计划中最简单的一种。在这个计划中，只有团队的绩效目标实现后，每个成员才能得到奖金，如果团队的目标没有完成，即使个人绩效很好，也不能获得奖金。

小团队的最大特点在于团队目标的实现不是任何人能够单独完成的，它需要团队内所有成员的协作和高度的相互依赖。这样的团队有以下三种类型：

① 平行团队。平行团队是为解决某一特殊的问题或是承担一项特殊的任务而组建的团队形式。这种团队可以是暂时的，也可以是长期的，但成员基本上是“兼职”的。这些兼职人员的大部分精力还是放在常规、正式的工作中。

② 流程团队。流程团队是通过其成员的共同合作来承担某项工作或者某个工作流程，一般具有“全职性”和“长期性”的特点。流程团队成员接受过正规培训，工作能力相当或者技能互补，工作目标明确。

③ 项目团队。项目团队是为了某一项目而组成的一个工作团队。项目团队成员来自不同部门，等级、能力、专长有所不同，在项目期内，要求“全职”工作。

团队的目标由组织根据整体战略需要和团队的工作任务来确定，可以是会计利润、客户满意度、质量指数、安全记录和生产记录等。组织根据目标的完成情况来确定奖励金额，与其他奖励计划不同，该计划往往持续时间不长，任务或者项目完成后奖励计划也随之消失。

团队获得奖金后需要在团队成员间分配，分配方式一般有三种选择：第一种是将奖金在班组成员间平均分配；第二种是根据班组成员对班组业绩的贡献大小来决定其奖金金额；第三种是根据每名成员的基本工资占班组所有成员基本工资总额的比例来确定其奖金分配比例。第一种平均分配的方式可以加强班组成员的合作，但可能会引起某些班组成员“搭便车”，坐享其他成员努力带来的成果。因此，如班组成员认为各自的贡献或业绩不同时，这一方式就不可取了。第二种根据贡献大小区别奖金多少的方法体现了与个人绩效挂钩的思想，但对个人的贡献评价提出了很高的要求，也可能会有损班组成员间的合作，因为一些员工可能只会重视他们个人的绩效而不是团队的绩效。第三种分配方式假设基本工资高的班组成员对班组绩效的贡献大。

3）集体激励计划的优势和局限性

（1）集体激励计划的优势。首先，适合现代服务业的发展。现代服务业的工作产出大都是集体合作的结果，很难衡量个人在工作产出中的贡献大小，个人激励计划不再适用。其次，有利于组织文化建设。集体激励计划客观上要求集体成员间通过相互协作和共同努力，取得良好的集体绩效，这有利于培养员工的团队精神和组织归属感，并避免员工因过分关心个人成绩而忽视群体利益或组织整体目标。最后，对于组织来说，群体绩效比个人绩效更容易衡量。开发群体绩效考评体系的成本相对较低，因为群体的数量显然比个人的数量少，群体绩效指标的数量也比员工绩效指标的总和少得多。

（2）集体激励计划的局限性。"搭便车"行为是集体激励计划中存在的重大隐患。这种奖励模式在一定程度上淡化了员工个人贡献与报酬之间的联系，一些群体成员可能会不付出或付出很少努力，而坐享其他成员努力的成果。群体规模越大，产生"搭便车"行为的可能性就越大。这种现象会严重损害成员的工作责任心，还会打击个人努力工作的热情，造成高绩效员工的流失。

4）集体激励计划的适用条件

集体激励计划的实施通常需要具备一定的条件：一是组织目标或工作本身要求员工之间协作配合；二是集体内每一个成员的贡献难以精确衡量；三是组织中存在良好的团队合作文化。

8.3.3 特殊绩效认可计划

组织内的各项正式的工资制度和激励计划是薪酬系统的主要内容。此外，组织需要有一些比较灵活的奖励方式作为补充，以提高薪酬系统的灵活性和自主性，实现更强效的激励和引导作用。特殊绩效认可计划是近年来被广泛采用的方式，是一项针对员工或团队的优秀表现（如付出的特别努力、重大的贡献、超出预期的绩效）设立的一次性奖励计划。奖励形式多种多样，可以是现金、股票，也可以是非现金的表扬、实物、晚餐或旅游等。

特殊绩效认可计划可分为超额绩效奖励和周边绩效奖励：

（1）超额绩效奖励是对员工或团队大大超越预期工作目标的优秀绩效实施的奖励。此时，按照传统或正式的绩效加薪等方式能够给予员工的回报有限，但员工或团队为组织创造的利益远远超出预期，超额绩效奖励能够让组织更好地感谢和鼓励员工。为切实提高义务教育教师待遇水平，重庆市政府提出加强超额绩效统筹，确保实现稳步增长；进一步完善绩效工资政策，建立超额绩效稳步增长机制，按照分类分档调控原则，实行一年一核、上下浮动，不断提高义务教育学校教师超额绩效工资水平[①]。

（2）周边绩效奖励是对那些因周边行为表现突出而被组织高度认可，或通过周边行为为组织做出重大贡献的员工或团队进行的奖励。具体形式如出勤奖、员工建议奖、伯乐奖、工作年限奖等。

“周边行为”一词最早出现在Borman和Motowidlo（1993）[②]提出的二维绩效结构模型中。该模型认为：个体绩效由任务绩效（task performance）和周边绩效（contextual performance）两部分构成。任务绩效是任职者通过直接的生产活动、提供材料和服务对组织的技术核心所做的贡献。周边绩效是指与周边行为（contextual behavior）有关的绩效，是角色外绩效，不在员工的工作说明书之中，也不在组织正式奖惩系统的覆盖范围之内，更多地依赖员工的意志或者他们的自由决定。周边绩效能够促进组织内的沟通，对工作任务的完成有促进和催化作用。为促进员工与公司的交流和沟通，方大集团达州钢铁炼钢厂在全公司开展小改小革和合理化建议活动，动员全体员工提建议，并拿出专项资金进行奖励，截至2022年12月20日全公司共收到相关方案和建议4 300余条，其中被采纳近600条，为公司的改革发展提供了重要助力[③]。

表8-6对特殊绩效认可计划下常见的奖励内容进行了归纳。

表8-6　　**特殊绩效认可计划下的奖励内容**

奖励对象分类	奖励内容	
周边绩效	能力开发（自我开发） 缩减劳动时间 强化安全与卫生意识 出勤的稳定性 为组织服务的长期性	新技术的开发与引进 提案与建议计划 节约经费 节约原材料、能源与设施改善 为组织文化做出的贡献
超额绩效	显著增加产量与销售量 新产品与新市场的开发	

特殊绩效认可计划的优势主要体现在以下几个方面：

（1）确保激励机制的完整性。利用特殊绩效认可计划对员工实施更全面的绩效奖励，持续激励那些做出特殊贡献的员工。

（2）提高报酬系统的灵活性。特殊绩效认可计划的奖励形式非常灵活，可提供符合员工主观意愿的报酬形式。此外，奖励内容、奖励的时间和频率均可根据组织需要而定，从而弥补了传统奖励手段以上方面的不足。

（3）有利于激励和引导员工的行为。组织可以通过特殊绩效认可计划向员工传达，什么样的行为是受到鼓励和提倡的，从而引导员工产生更符合组织期望的想法和

---

① 重庆市教育委员会. 重庆市坚持“四个统筹”强化义务教育教师待遇保障［EB/OL］.（2020-12-24）［2023-12-22］. http：//www.moe.gov.cn/jyb_xwfb/s6192/s222/moe_1754/202012/t20201224_507286.html.

② BORMAN W C，MOTOWIDLO S J. Expanding the criterion domain to include elements of contextual performance［M］// SCHMITT N，BORMAN W C. Personnel Selection in Organization. San Francisco，CA：Jossey Bass，1993.

③ 曹立，毛会，袁城霖. 员工立足岗位搞创新，达州钢铁拿出专项资金作奖励 这家企业采纳员工近600条“好建议”［EB/OL］.（2020-12-21）［2023-12-22］. https：//epaper.scdaily.cn/shtml/scrb/20221221/287157.shtml.

做法。

8.4 长期绩效薪酬

长期绩效薪酬是对绩效衡量周期在一年以上的既定绩效目标的达成提供奖励（主要以股票的形式）的计划。之所以将长期界定为一年以上，是因为组织的许多重要战略目标都不是在一年之内能够完成的。事实上，长期绩效薪酬的支付通常是以3~5年为一个周期。长期绩效薪酬又可分为长期现金计划和长期股权计划。

8.4.1 长期绩效薪酬的目标

绩效加薪、一次性奖金、利润分享、收益分享、特殊绩效认可计划等薪酬制度都是对员工当前劳动效果与努力程度给予的现期即时的回报，属于短期激励手段。一般来说，短期激励有利于激励对象较快提高经济绩效，但容易导致短期行为。

组织需要通过长期激励将员工的个人利益与组织的长期利益捆绑在一起，使员工对未来的收益充满希望，从而主动思考组织的长远发展，关注组织的整体利益，并通过这种模式让优秀员工与组织建立起更加紧密的长期的战略合作关系。

此外，长期激励主要覆盖的是高层管理者、专业技术人员、营销骨干等知识型、能力型员工，这部分人员的水平直接影响企业的生存和发展。长期绩效薪酬被广泛应用到企业中，也正是为了调动此类员工的积极性，挖掘他们的潜能。但是，要想证明在给定薪酬激励体系下员工的潜能会得到充分发挥，是比较困难的。对于员工潜能的发挥状况，客观上存在不可观察性、不可分离性、不可证实性（Chankong & Haimes, 1983）①。不可观察性是指对员工的当前行为，一是从操作成本考虑不可能做到全面观察，二是不可能对行为的长期影响做出准确评判。不可分离性是指员工潜能发挥状况常常复合在多人共同努力的整体表现之中，很难独立出来做评判。不可证实性是指如果指派甲员工负责并取得了较好的业绩，考虑环境变化及时机选择等问题，无法判定如果指派乙员工负责他是否会取得更好的业绩。尽管存在有效性验证比较困难的问题，但长期激励的手段仍然可以从方向上引导员工的努力并有效促进其潜能的释放与发挥。

最后，长期绩效薪酬可以影响一个组织吸引人才和留住人才的能力。在吸引人才方面，美国的林肯电气公司和惠普公司是比较好的例子，它们都有支付员工高额奖金的传统，在某种程度上正是这种高额奖金使其员工的总收入在同行中居于领先地位，从而使得这两家公司在吸引人才上有很大的优势，成为很受欢迎的雇主。

8.4.2 长期现金计划

长期现金计划用于经营成效超过一年时间才能够得到衡量的情况，而且薪酬主要以现金形式体现。这种激励方式适合于以下条件：

---

① CHANKONG V, HAIMES Y Y. Optimization-based methods for multi-objective decision-making: an overview [J]. Large Scale Systems in Information and Decision Technologies, 1983 (5): 1-33.

第一，组织不能提供普通股，却期望通过长期手段来激励关键员工或刺激组织价值观的改变，如非营利性组织；

第二，股权激励并不被员工认同，员工更期望得到现金收入；

第三，上市公司认为它们的股票跌价太多而不能够使用更多的股票期权。

长期现金计划可分为多年项目的现金计划、绩效单元现金计划、事件相关现金计划、绩效重叠现金计划。

1）多年项目的现金计划

该计划以促成一个长期的项目为目标，例如开发新产品（服务），开设一个新的工厂，一次重大的IT软件和硬件的转换。当项目取得阶段性成果的时候，组织可以支付较小的奖励以使员工将注意力集中在逐步完成短期目标上，从而最终取得长期项目的成功。最大的奖励应该放在项目完成之后，因为只有到那时候才能对最终的结果进行评估。同时，组织期望这种做法能将人才留到最后。

2）绩效单元现金计划

绩效单元现金计划是从股权计划中得出的设计方案，可看作与股权计划是平行的，但绩效单元设计中的“单元”不是股份，仅仅是用来衡量在一段时间内绩效成果变化的方法。绩效单元价值的变化取决于一项或某几项经营业绩的改善。一个绩效单元现金计划经常从一个任意的单元价值开始，比如说，在计划开始的时候是1元/单元。组织可能根据一系列的理由给予员工一定数量的单元，这些理由包括绩效奖励、年度的奖励、福利等。例如，个人获得了3 000个1元的单元，1/3在第三年年末支付，另外1/3在第四年年末支付，最后1/3在第五年年末支付。在第三年年末，员工可以将所有单元的1/3变现，比如说，现在每个单元的价值是2元，那么每单元就增值1元，那么个人就可以得到1 000元的增值部分。1年以后，单元的价值也许变为2.5元，下一个1 000单元变现时就可得到1 500元的增值部分。绩效单元现金计划可以在小组、部门或其他的组织单位中实施，而且该计划对那些无法提供股票的非营利性组织或者是实施股权计划有困难的跨国公司非常有用。

3）事件相关现金计划

事件相关现金计划是指在一年以上的时间内给予员工与有意义的事件相关的绩效奖励。例如，完成了一部分正在进行的项目。在这个例子中，事件相关现金计划与多年项目的现金计划近似，但该计划可以应用于一个员工或一个更大范围的群体身上。

4）绩效重叠现金计划

这种方法应用在重叠绩效期间，一个绩效周期通常是2~3年的时间长度。图8-1是一个绩效重叠现金计划运作的例子。

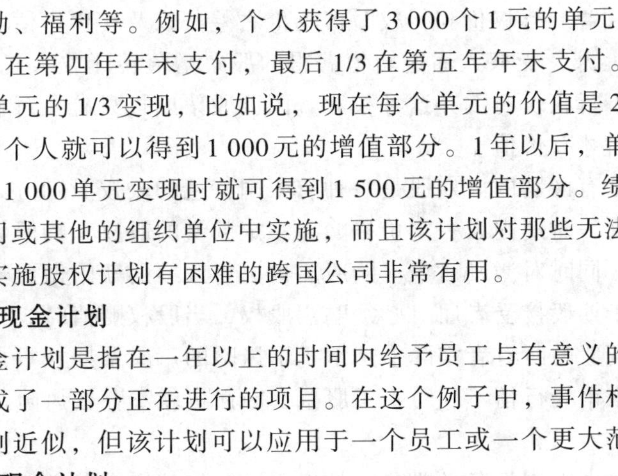

图8-1 绩效重叠现金计划举例

组织设定第一个绩效周期的目标是在第一年之前，三年后对现金计划进行决定和支付。第二年开始时，另一个绩效周期开始，并且在第四年的末尾付清奖励。只要该现金计划是有效的，这种情况就会持续下去。这种做法是考虑从一个绩效期到下一个绩效期目标可能有变化，达到绩效的标准也可能和后来的有所不同。

8.4.3 股权激励

所谓股权激励，是指企业以本公司股票为媒介，对其董事、监事、高级管理人员及其他员工进行的长期性激励。广义的股权包括现股、期股和期权等形式，具体的股权激励模式包括股票期权、虚拟股票、股票增值权、管理层收购、限制性股票等。

1）股票期权

股票期权是指企业授予激励对象（受权人）在将来某一时期内（行权期）以某一既定价格（行权价）购买一定数量的本企业流通股票（行权）的一种权利。股票期权往往是企业无偿赠予激励对象的，但行权有时间和数量限制，且需激励对象自己为行权支出现金。

股票期权本身并不是股票，只是一种购买股票的权利，受权人在行权前并不拥有股票，行权以后才会持有股票，并有权在一定时间后将所购股票在市场上出售，但股票期权本身是不能转让的。

此外，股票期权是一种看涨期权，受权人可以在股票价格上升的情况下，通过行权获得行权价差收益（行权价和行权时市场价之差）以及转售增值收益（行权后所购股票的市价继续上升，受权人通过转售获得的股票增值转让收入）。受权人也可以在股票市场价格低于行权价时放弃这种权利，因而股票期权只有在行权价低于行权时企业股票的市场价时才有价值。

期权与期股是有区别的。期股是一种有中国特色的股权激励方式，是企业和激励对象约定在将来某一时期内以一定价格购买一定数量的股权，购股价格一般参照股票的当前价格确定，同时对激励对象在购股后再出售股票的期限做出规定。期股与期权最主要的区别在于期股接受者届时必须购买股权，当股权贬值时，也意味着要承担相应的损失，因此期股的所有者实际上是承担了风险的。股票期权只是一种权利而非义务，持有者可以在市场行情不利时不买股票，因而也就不存在风险。

2）虚拟股票

虚拟股票有时也被称为名义股票，是指激励对象被授予名义上的股票，实际上仅享有相当于持有这些股票的一些收益。激励对象可以依据被授予“虚拟股票”的数量参与企业的分红并享受股价升值收益，但没有所有权，没有表决权，不能转让和出售，在离开企业时自动失效。该计划的好处是不会影响企业的总资本和所有权结构，缺点在于兑现激励时现金支出压力较大，特别是在企业股票升值幅度较大时。

3）股票增值权

企业给予激励对象在规定时间内获得规定数量的股票股价上升所带来的收益，但激励对象并不拥有这些股票的所有权，自然也不拥有表决权、配股权，当然也不用为行权付出现金。因而，股票增值权给激励对象提供了一个享受企业股票升值的无风险手段。它与虚拟股票相似，不同之处在于拥有股票增值权者不参与企业的分红。它的设计原理与股票期权也很近似，但差别在于：行权时，经营者并不需要购入股票，而是直接对股票的升值部分要求兑现。另外，股票期权的利益来源是证券市场，而股票增值权的利益来源则是企业。

4）经营者持股

该模式中，经营者持有一定数量的本企业股票并进行一定期限的锁定。经营者得到企业股票的途径可以是企业赠予、企业补贴、经营者主动出资购买、企业强行要求经营者出资购买等。

此外，这是一种现股激励方式，经营者得到的是实实在在的股票，拥有相应的表决权和分配权，并承担企业亏损和股票降价的风险，从而建立起企业、所有者与经营者三位合一的利益共同体。

5）员工持股计划

员工持股计划是由企业内部员工个人出资认购本企业部分股份，并委托企业进行集中管理的新型产权组织形式，员工既是劳动者，又是资产所有者，既有劳动收入，又有资本收入，从而形成了一种按劳分配与按资分配相结合的新型利益制衡机制。

员工持股计划的作用体现在：一是通过员工持股使员工得以分享企业发展带来的好处；二是员工的双重身份将员工利益与企业命运紧紧联系在一起，并且使员工对企业运营有了充分的发言权和监督权，从而为完善决策、经营、管理、监督和分配机制奠定了良好的基础；三是员工持股后承担了一定的投资风险，有助于唤起员工的风险意识，激发员工的长期投资行为。

6）管理层收购

管理层收购（management buy-outs，MBO）又称经理层融资收购，是指企业的管理者（个人或集体）利用借贷所融资本购买本企业的股份，从而改变企业所有者结构、控制权结构和资产结构，实现由单纯的企业管理者到股东的转变。管理层收购可看作一种极端的股权激励手段，因为其他激励手段主要是所有者（产权人）对雇员的激励，而它则将激励的主体与客体合二为一，从而实现了被激励者与企业利益、股东利益完整的统一。

管理层收购的主体必须是企业的高层管理人员，收购的结果往往是管理层完全控制了该企业，这是因为收购完成后，经理层不仅成为拥有较多股份的所有者，而且掌握着企业的经营控制权。

7）限制性股票

限制性股票是一种现股激励形式，企业事先赠予或以较低价格售予激励对象一定数量的股票，但对股票的抛售有一些特殊限制，如激励对象只有在规定的服务期限以后并完成特定业绩目标（如扭亏为盈）时，才可抛售限制性股票并从中获益，否则企业有权将免费赠予的限制性股票收回或以激励对象购买时的价格回购限制性股票。企业采用限制性股票的目的是激励高级管理人员将更多的时间精力投入到某个或某些长期战略目标之中。

8）业绩股票

业绩股票是根据激励对象是否完成了企业事先规定的业绩指标，由企业授予其一定数量的股票或从当年利润中提取一定的奖励基金为其购买企业股票。业绩股票主要用于激励经营者和工作业绩有明确数量指标的具体业务的负责人。

与限制性股票不同的是，业绩股票的兑现不完全以（或基本不以）服务期作为限制条件，激励对象能否最后得到股票主要取决于其业绩指标的完成情况，在有的计划中业绩股票兑现的速度还与业绩指标完成的具体情况直接挂钩，指标完成情况越好，则业绩股票兑现速度越快。

9）延期支付

延期支付是指企业为激励对象（管理层）设计一揽子薪酬收入计划，其中部分年度奖金、股权激励收入不在当年发放，而是按当日企业股票市场价格折算成股票数量，存入企业为管理层人员单独设立的延期支付账户，在既定的期限后或高管人员退休后，再以企业股票形式或根据期满时股票市值以现金方式支付给激励对象。延期支付计划中，如果存入延期支付账户的股票市价在行权时有增值，则激励对象可以获得收益；如果股价不升反跌，激励对象不能放弃行权，就会遭受损失。延期支付的主要目的在于激励管理层决策时考虑企业的长远利益，避免经营行为短期化。

10）账面价值增值权

账面价值增值权直接用每股净资产的增加值来激励企业高管人员和技术骨干，并且很适合于非上市公司。账面价值增值权不是真正意义上的股票，没有所有权、表决权、配股权，而且不能流通、转让或继承，员工离开企业将失去其权益，因而有利于稳定员工队伍。此模式的特色是它可以有效避免股票市场因素对股票价格的干扰。

账面价值增值权具体分为购买型和虚拟型两种。购买型是指激励对象在期初按每股净资产值实际购买一定数量的企业股份，在期末再按每股净资产期末值回售给企业。虚拟型是一种模拟认股权方式，激励对象在期初不需支出资金，企业授予激励对象一定数量的名义股份，在期末根据企业每股净资产的增量和名义股份的数量来计算激励对象的收益，并据此向激励对象支付现金。

以上股权激励模式中除管理层收购外，其他模式均可用于企业内部各个层面的人员，不过，因为高层管理者在经营战略、投资方向、制度管理等全局性问题上的决策会对企业产生更加重要而深远的影响，也更应该对企业的长期发展负责，所以股权激励的主要对象还是高层管理者。他们越是处于高层，越需要有战略实施的能力，也越有可能对企业目前的运行情况负责。对他们进行股权激励的主要目的在于：一是吸引、留住优秀人才；二是激发员工的潜能；三是通过产权的纽带把员工与企业联系起来，从而使他们以股东的身份关心企业利益，形成“利益共享、风险共担”的共同体，从而勤勉尽责地为企业的发展服务。

随着《中华人民共和国公司法》《中华人民共和国证券法》《上市公司股权激励规范意见》等相关配套文件的修订与颁布，我国企业实行股权激励已具备了更有力的法律依据和支持，今后股权激励必将在我国企业薪酬激励体系中发挥越来越重要的作用。

思政专栏

中国最早的绩效考核出自周朝。《周礼》中记载了“六计”和“大比”。“六计”是针对中央官府所辖的“群吏”而设的考核指标：“一曰廉善，二曰廉能，三曰廉敬，四曰廉正，五曰廉法，六曰廉办。”“大比”是针对“六乡四郊之吏”而设的考核指标：“平教治，正政事，考夫屋，及其众寡六畜兵器，以待政令。”可见，当时的考绩制度已经有一定的科学成分了①。考绩制度对过去的社会发展和时代的进步起到了重要的作用。应该说，实行良好的考绩制度是中华民族的一个优良传统，是中华文明的精华之一，对今天绩效评估也有借鉴意义。

本章小结

人力资源管理的根本目标是获取组织绩效，绩效薪酬正是服务于此。作为薪酬制度灵活应用的主要表现，它在不同行业、不同层次、不同职能的员工薪酬上表现出形式的多样性，其目的就在于通过薪酬支付方式的改变和适当程度的经济刺激激发出组织期望的员工行为、工作过程和结果。

本章详细阐述了绩效与薪酬之间的关系，绩效薪酬的概念、理论依据和适用条件，并从个体、集体、短期、长期的角度出发介绍了绩效薪酬的主要类型及其功能和特点，使读者对绩效薪酬有一个较系统和全面的认识。

复习思考题

（1）什么是绩效薪酬？它包括哪些类型？

（2）绩效与薪酬之间有何关联？该如何评价绩效薪酬？

（3）实施绩效薪酬必须具备哪些条件？

（4）比较集体激励计划的几种主要形式。

（5）长期绩效薪酬的目标是什么？长期现金计划和股权激励各有哪些优势？

案例分析

LJ出版社绩效考核体系改革

文化产业改制转企以来，出版行业、图书市场都发生了翻天覆地的变化，转企后的出版社如何在日益激烈的市场竞争中求得生存与发展，已经成为考验出版社经营管理团队的重要课题。

出版社实行企业化管理初期，出版集团层面也建立起绩效考核机制，加强对各出版社的绩效考核，将绩效工资与企业经营业绩直接挂钩。考核办法基本内容为：

财务绩效指标基本分为90分，其得分=利润总额指标得分（基本分40分）+营业（销售）收入总额指标得分（基本分20分）+净资产收益率指标得分（基本分10分）+个性指标得分（根据企业情况设置应收账款周转率、存货周转率等指标，基本

① 张飞. 中国古代的绩效考核［EB/OL］.（2014-03-10）［2024-01-24］. http: //www.jssjw.gov.cn/art/2014/3/10/art_30_18371.html.

分10分）+社会效益指标得分（畅销出版物完成率）（基本分10分）。

各出版社根据得分情况确定考核等级，从而确定企业绩效工资计提（扣减）比例和企业领导班子绩效奖励（扣减）额，最后以改制时绩效工资额为基数，利润增加（减少）额×计提（扣减）比例获取绩效工资增减额。

因畅销出版物完成率指标涉及编辑、营销及发行等部门，这一指标无法实现对编辑部门或个人的考核，所以为完成上级指标，出版社只能制定诸如编辑工作量完成情况、编辑图书毛利额等财务指标考核编辑人员。绩效考核指标如此设置，其缺陷显而易见。

基于出版社的发展战略，经过多番论证并征求被考核部门意见，LJ出版社决定采用关键绩效指标法和平衡计分卡相结合，设计绩效考核指标来提升出版社的核心竞争力、获得长远发展的动力，以下从平衡计分卡的4个维度分别设计编辑绩效考核指标。

1）财务维度

财务维度是其他3个维度的最终目标。财务数据能如实反映企业一段时期内经营活动成果，其结果好坏关乎企业能否继续生存，可以说财务指标是企业经营运作的"显示器"。因此，选取营业收入等作为财务维度指标。

（1）营业收入：包括该部门编辑策划、审稿、组织活动等创造的营业收入，以交付图书或已开展活动并开票结算为准。营业收入作为重要的财务指标，能体现企业的业务规模，是企业做大做强的基础。

（2）业务毛利：全年不含税收入（即营收），扣除不含税支出（社外编辑费、装帧费、排版费、校对费、纸张费、印制费、稿费或版税、出版损失、代理费等）后所得。将与业务直接相关的收入扣除成本费用后的业务毛利作为考核指标，使编辑人员将每项业务作为一个项目来管理，能全盘考虑整个业务情况，权衡利弊。

（3）部门经济增加值回报率：指部门经济增加值（业务毛利扣除部门平均占用资金成本后余额）占平均占用资金的比率。此指标旨在引导编辑部门关注资金使用效率和投入产出比，提升价值创造能力。

（4）再版重印率：是指当年再版重印的一般图书品种数占当年出版的一般图书总品种数的比率。追求再版重印率，可以将出版社谋求高质量发展、追求产品结构优化的理念传导给编辑部门及相关人员，提升其精品意识。

2）客户维度

读者是出版社的主要客户，而客户是企业利润的源泉，所以营造热爱阅读的社会环境，满足读者需求，与读者保持良好的互动，出版受读者欢迎的高质量图书是出版社的最终目标。LJ出版社选取举办读书活动次数等作为客户维度指标。

（1）举办读书活动次数：指举行新书发布会、读者交流会等活动场次。此指标旨在促使编辑人员面向市场，与读者亲密互动，了解各个读者群体的阅读需求，从而策划出更贴近市场和读者的图书。

（2）畅销书品种数：指两年内有效销量达2万册的图书品种数，4万册可折算两种，以此类推。图书销量能直观地体现其被市场接受的程度。畅销书品种越多，出版社的品牌效应越能得到体现。

（3）版权（或实物）输出品种数：此指标意在积极推动图书版权（或实物）境外输出，传播中国优秀文化。

（4）受众反映好、社会影响大的图书情况：主要关注被中央主要媒体和行业主要媒体宣传报道情况；被省部级媒体和专业领域权威报刊媒体宣传报道的情况等。此指标能体现图书被社会主流接受和关注的程度，体现出版社社会效益情况。

3）内部业务流程维度

图书出版要经历选题立项、编辑、审读（3个审次）、校对（3个校次）、排版、印制、发行等环节，每个环节要衔接紧密才能保证图书按时出版，每个环节都对图书质量负责，顺畅、高效的内部业务流程有利于提升企业的竞争力，因此LJ出版社选取图书编校质量合格率等作为内部业务流程维度指标。

（1）编校质量合格率：图书面对广大读者，质量尤为重要，若图书出现严重的政治导向错误将给出版社带来极其严重的后果，可以说编校质量是图书乃至出版社的生命线，因此将编校质量合格率作为考核指标能提醒编辑人员时刻注意严把图书质量关。

（2）新书发稿品种数：该指标能反映出版社当年的生产能力，从而影响当期乃至之后几年的销售情况，将其作为考核指标可以促使编辑人员积极创新开发新选题，壮大出版规模。

（3）计划选题完成率：指当年计划选题完成数占上报的计划选题总数比率。该指标反映出版社出版计划与实际执行情况的偏差，将其作为考核指标会督促编辑人员做好中长期出版规划。

4）学习与成长维度

编辑人员是出版社的重要资产，其业务能力和综合素质影响客户维度及内部流程维度指标完成的情况，决定出版社的财务目标能否实现。LJ出版社选取责编证书续展完成率等作为学习与成长维度指标。

（1）编辑职称提升或论文发表情况：设置此指标目的在于鼓励编辑人员加强学习、自我提升，为出版社发展提供后备力量。

（2）责编证书续展完成率：此指标用于规范编辑人员及时完成继续教育并提交责编证书续展申请。

（3）独立开发选题数量：此指标有助于鼓励编辑人员“走出去”，由文字编辑向高端的全能型出版人才转型，提高自身竞争力，为出版社的长远发展提供助力。

集团从以上4个维度分别在社会效益和经济效益两个层面设置对编辑部门的绩效考核指标。考核基本分为100分（其中社会效益为55分、经济效益为45分），并对各项指标赋予基本分值，再根据指标完成情况和评价标准进行加分和扣分（加分和扣分都做封顶设计）。最终绩效考核总得分=社会效益考核得分+经济效益考核得分。部门考核100分按图书利润的一定比例提取部门绩效奖金，得分每增减5分，提取比例增减1%；未完成利润指标的，绩效奖金在以上比例基础上按利润指标完成率折算提取。

资料来源 雷英.出版社编辑绩效考核体系构建实践研究——以LJ出版社为例［J］.就业与保障，2022（10）：12-14.

案例思考题：

（1）LJ出版社为何要采用关键绩效指标法和平衡计分卡相结合？相较于原绩效考核体系，现在所采用的新绩效考核体系有何特点？

（2）请谈谈关键绩效指标法和平衡计分卡相结合进行考评对于个人绩效与团队绩效意味着什么，有无更好的绩效考核方法？

（3）出版社的薪酬绩效导入关键绩效指标法和平衡计分卡相结合有哪些优缺点？还可以怎样优化？

推荐阅读资料

[1] 林新奇.绩效管理［M］. 5版.大连：东北财经大学出版社，2023.

[2] 李桂芬.企业绩效考核和薪酬设计实务［M］. 北京：化学工业出版社，2021.

[3] 赵国军.薪酬设计与绩效考核全案［M］. 3版.北京：化学工业出版，2020.

[4] 李涛.薪酬制度及激励机制研究［M］. 北京：经济科学出版社，2016.

网上资源

[1] HR管理世界，http：//www.hroot.com

[2] 哈佛商业评论网，http：//www.hbrchina.org

[3] 中国人力资源开发网，http：//www.chinahrd.net

第9章 员工福利

学习目标

✓理解员工福利的定义和功能；

✓掌握法定福利和企业补充福利的内容；

✓了解员工福利的发展趋势、制定方法、功能和作用；

✓认识员工福利在提高劳动者的幸福感、获得感、安全感上的重要作用。

第9章课件

引例

京东“企业福利季”助力企业优化员工体验

又到一年中秋节，企业间的福利采购“大战”也已悄然拉开帷幕。受各方面因素影响，今年企业在福利采购方面的预算有所缩减，降本增效的需求尤为迫切，但与此同时企业普遍希望通过更高效的员工激励关怀，与员工建立信任，提升员工幸福感、归属感，推进企业更好发展。在这一背景之下，如何以更低的成本和更优质的产品帮助企业做好员工福利的选择和发放，也成为此行业关注的核心问题。

为了更好地助力企业采购，提升企业在礼品定制和采购方面的便捷度，京东企业业务也全面启动京东“企业福利季”，基于对近年来企业福利采购趋势的洞察，以及京东数字化供应链的差异化服务能力，京东企业业务一方面为中小企业提供灵活、低价、商品种类多样的福利采购；另一方面则依托京东锦礼平台为大中型企业提供精细化、差异化、智能化的一站式福利采购解决方案，最终全面帮助企业在降本增效的同时，实现激励关怀效果的提升。

覆盖传统+新潮全品类品质好货、积分自由兑换，为企业提供一站式福利采购解决方案。进入9月，中秋节即将到来，企业也将陆续进入福利采购的高峰时段。除了符合中国传统节日习惯的用品之外，随着新生代员工逐渐成为职场主力，员工福利也呈现出个性化、定制化、多元化的趋势。为此，京东企业业务也联合食品、家电、数码等领域的众多合作伙伴，面向企业福利采购的不同场景，带来了更为丰富的产品选择。

其中，传统商品依然是企业中秋节福利的首选，作为中秋节福利采购的必备礼品，月饼的C位无可撼动。在今年京东“企业福利季”中，京东企业业务也与众多月饼行业的知名品牌带来了更多精选爆款产品，不仅口味选择更为丰富，也覆盖了不同价位、规格，全面满足企业对月饼的需求。如美心流心四式月饼礼盒，内含流心奶黄、蛋黄芝士、巧克力、焦糖四大口味的月饼，既有饱受欢迎的传统口味，也能满足年轻人的尝鲜需求。

在月饼占据C位的同时，随着年轻人逐渐成为职场主力，企业对于员工的个性化需求也越来越重视，对员工的关怀也逐渐向工作之外的生活领域不断渗透。基于对这一趋势的洞察，今年京东“企业福利季”的场景也更为细化。

随着新生代员工成为职场主力，潮玩、动漫周边等的销量也不断增长，京东企业业务也携手泡泡玛特、52TOYS等知名品牌，以潮玩、盲盒等新颖的玩法，让福利更多了一层趣味。与此同时，随着社会恢复常态，旅游出行需求旺盛，许多企业也将旅游、露营等品类的产品纳入了采购，鼓励员工“走出去”。京东“企业福利季”也带来了地平线8号行李箱、骆驼户外帐篷等产品，让企业可以对员工进行更为精细化的关怀。

另外，中秋节之后天气逐渐寒冷干燥，护肤产品成为众多女性员工的“刚需”，为此，在京东“企业福利季”中，欧舒丹护手霜（礼盒）精选高品质天然植物成分，具有超强修复滋养功能。对于男性员工来说，数码、运动等方面的产品更受欢迎，结合了数码与运动健康功能的华为WATCH GT2智能手表，平时用于查看时间、查看消息、蓝牙通话都是不错的选择。

根据观察发现，企业对弹性福利平台灵活发放形式的诉求增长明显，不同于以往企业直接将福利产品发放给员工的传统方式，更多企业选择在控制成本的同时让员工选择自己喜欢的福利及更为便捷的发放方式。在企业福利预算范围内，企业可灵活应用福利积分发放方式，赋权员工自主选择，自由兑换喜欢的、需要的福利商品。

在今年“企业福利季”中，依托京东锦礼平台，企业可将福利预算以积分的形式打入员工个人的京东锦礼账户，并依托京东海量优质商品池，任由员工根据个人偏好和需求自由选择心仪商品、自由配送到指定地址，最大限度满足员工的多样性需求及优化个人体验，实现员工满意度与采购人工作效率的“双重提升”。

服务升级为福利采购提供更多便利，覆盖福利采购全链路助力企业降本增效。在节庆福利采购中，履约交付也是企业用户长期以来的痛点之一。尤其是以央企、国企及大型民营企业为代表的大型企业，因其业务范围广、分公司众多，企业通常需要集中采购、签收后再进行发放，不仅耗时费力，也容易出现错误。京东企业业务以完善的供应链服务体系，提供了更便捷的履约交付方案。企业用户在采购时可以直接批量导入地址，之后即可交由京东进行配送。京东企业业务打造的企业级供应链能够提供多点同时配送、多次采购集中送、一次采购分批送等多种配送方式，满足企业的差异化需求。

对于企业而言，福利采购也是一笔不小的支出，这将会对企业的资金周转造成一定影响，尤其对于制造业企业而言，其生产运营的特点决定了其资金周转周期较长、资金压力更大。针对此，京东“企业福利季”中，借助京东企业金采提供的“先采购，后付款”的账期服务，企业最长可享受21天的免息。有贷款需求的企业，则可以申请京东的企业贷，最高可获得100万元的授信额度。

近年来，随着企业对于员工福利重要性的认知不断增强，越来越多的企业选择在节日定制礼品，以期提升员工满意度和幸福指数，尤其近两年中小企业专属“定制礼盒”需求上涨明显。对此，京东“企业福利季”提供的礼品定制解决方案，为中小企业的差异化定制提供了更多可能。

目前，京东礼品定制已服务大量不同行的企业。从面向年轻人打造的集玩偶、背包、飞盘、潮玩等多个品类于一体的专属节日礼包，到专为白领打造的移动硬盘、同传专用耳机、钢笔、热敷眼罩等产品礼盒……这些礼盒不仅经过了严格的选品，而且包装设计巧妙、融入了大量企业文化元素，受到了员工的一致好评。在过去，想要定制这样的礼盒，需要采购人逐一沟通不同供应商、谈价格、做设计，不仅流程繁琐筹备周期也很长。如今只需要在京东提交需求，并在商品池内选择商品进行组套，即可快速获得专属定制礼盒。

随着京东“企业福利季”的持续推进，京东企业业务还将与更多合作伙伴面向更多场景，通过发挥京东的商品资源、采购技术和供应链能力，为企业智能推荐专属采购清单、帮助企业降低采购门槛，为企业提供“商品+服务”的一体化解决方案，让企业更放心、让采购人更省心、让员工更暖心，也让福利采购成为企业降本增效和加速成长的助力。

资料来源 佚名. 丰富商品多维任选、福利可自选、激励更实在 京东“企业福利季”助力企业优化员工体验［EB/OL］.（2023-08-30）［2023-12-22］. http://www.chinadevelopment.com.cn/zxsd/2023/0830/1856133.shtml.

党的二十大报告提出，“增进民生福祉，提高人民生活品质”。新时代新征程，我们要把提高人民生活品质摆在为民造福突出位置，不断实现人民对美好生活的向往，为扎实推进共同富裕打下坚实的物质基础。

如何在企业可承受的范围内保障员工的生活质量，这是一个值得深思的问题。员工面临的社会风险会影响其行为选择，建立帮助他们应对社会风险的员工福利体系，自然就成为人力资源管理的一个核心部分，在企业管理中起着重要的作用。本章将从法定福利、企业补充福利、福利的发展趋势及福利计划的制订等几个部分来讲解员工福利的主要内容。

9.1 员工福利概述

随着经济发展与商业竞争的加剧，福利作为薪酬体系的重要组成部分，越来越受到企业的青睐，有时甚至比高薪更能激励员工。在这种情况下，对员工福利的理解和掌握也就愈发重要。

9.1.1 员工福利的概念和功能

过去，员工福利在发达国家员工个人收入安排中一直处于不重要的地位，常作为“边缘”项目而存在，只是作为员工薪酬的补充项目，不具有法定性。时至今日，提供更具竞争力的员工福利，成为越来越多的企业人力资源管理战略中至关重要的一个环节。"员工福利计划中每投入1美元就能促进公司经济效益增长6美元"的观念已经成为国外企业界的一种共识。目前主流的薪酬管理思想已经把员工福利与基本工资和奖金并称为薪酬体系的三大支柱，并且开始从战略的高度对福利进行研究。

1）员工福利的概念

在现代企业中，福利在整个报酬体系中所占的比重越来越大，对企业的人工成本产生了十分重要的影响。员工福利是一个综合的概念，其内涵包括以下几方面：

（1）员工福利是总报酬的一个部分，相对于企业提供给员工的工资、奖金等直接报酬而言，福利属于间接报酬。

（2）员工福利是企业向员工支付的、不以员工向企业供给的工作时间为单位来计算的非劳动收入。

（3）大多数的员工福利是提供给全企业员工的，是大家可以享用的。这也是福利不同于工资与奖励的一个重要区分点。

（4）员工福利的给付形式多样，大多为非现金收入，如实物、带薪假期以及各种服务，而且可以采用多种组合方式，要比其他形式的报酬更为复杂，更加难以计算和衡量。

（5）员工福利通常采取延期支付方式，当期表现为一种承诺，有些福利项目可能要在若干年后才能享受。

（6）员工福利分为法定福利和企业补充福利。福利中某些项目的提供要受到国家法律的强制性约束，如基本的社会保险、法定休假等。

综上所述，本书认为员工福利是薪酬的重要组成部分，是企业基于雇佣关系，依据国家的强制性法令及相关的规定，以企业自身的支付能力为依托，向员工所提供的、用以改善其生活质量的、各种以非货币收入和延期支付形式为主的、间接性的报酬与服务。

2）员工福利的功能

把福利当作总薪酬的一部分来看待会产生一个根本的问题：为什么企业会选择将薪酬中的一部分拿出来由工资和薪水转变为福利呢？人们不是更偏好现金吗？员工福利到底有什么样的功能，使之在总薪酬中所占的比重越来越大？

（1）员工福利能够使企业获得人才竞争优势，吸引和保留员工。员工福利以其丰富灵活的方式，加上公平与效率有效结合的运作计划，可以极大地发挥出对员工的物质激励作用。通过员工福利计划，企业能够为员工提供一个能够发挥所长及与企业并肩发展的环境，福利计划已成为企业体现其管理特色的一种工具。越来越多的求职者在选择工作时，已将福利作为重要的考虑因素。因此，对企业来说，能否提供有吸引力的福利，已成为其获得和保留人才十分重要的因素。

（2）员工福利具有低成本的优势。

① 企业通过提供员工福利可以获得税收优惠。为鼓励雇主对员工提供福利，以减轻政府的负担，很多国家的政府都会对提供员工福利的雇主给予税收减免的优惠。同时，对于员工来说，由于福利没有折算成现金计入工资，可以在获得福利的同时获得税收的减免。

② 员工福利以延期支付为主，当其仅表现为承诺，而不需要立即如数提供现金时，延期支付的货币可以获得投资收益。

③ 团体机制的效益较高。代表较大群体员工的企业可以因规模经济而以较低的费用购买商品或保险，因为它可以将固定成本分散到较多的员工身上，从而降低每个人所承担的成本。同时，较大的人口群体在与保险服务商或医疗服务商进行谈判时，还具有较强的谈判力量。

（3）员工福利可以传递企业的文化和价值观。企业为了在当前以及未来员工心中确定自己的形象，展示自身的文化和价值观，会提供一些独特的福利计划，以传递企业对员工的关怀。在这种情况下，企业实际上是在告诉大家能够将自己与其他企业区分开的关键文化特征。经验证明，那些成功的企业无一不重视文化建设，无一不向员工提供富有吸引力的福利计划。

（4）员工福利可以为劳动者提供更充分的保障。党的二十大报告提出，“健全覆盖全民、统筹城乡、公平统一、安全规范、可持续的多层次社会保障体系”。员工福利与基本薪酬和浮动薪酬相比，具有更强的稳定性，对于追求稳定和安全感的劳动者，员工福利是其选择工作时重要的考虑因素。企业所提供具有吸引力的员工福利，能在极大程度上提高劳动者的幸福感、获得感、安全感。

9.1.2 员工福利的发展历史

员工福利历史悠久，其起源可以追溯到19世纪初甚至更早的时期。纵观员工福利的发展历史，主要可以总结为以下四个阶段：

1）员工福利的起源

罗伯特·欧文（1771—1858）是发展早期员工福利的主要贡献者和主要代表人物之一。他在自己管理的工厂采取一系列保护员工的措施：缩短日劳动时间和增加员工休息时间；开办工厂小学、澡堂和食堂等。他在18世纪末和19世纪初的社会思想与实践，对保护和发展员工福利起到重要的推动作用。

随后，在1802年，英国颁布的《学徒健康和道德法》被视为劳动和保障立法的开端。这些早期的思想和实践唤醒了工人阶级的权利意识与进行维权斗争的觉悟，也使得保障劳动者就业和基本生活的法律与制度缓慢地发展起来并得到普及[①]。

2）员工福利的早期发展

19世纪向20世纪过渡的这段时期，被称为“家长式管理时代”。雇主开始为雇员及其家庭的福利状况承担更多的责任。德国是这一时期发展员工福利的世界先驱：德国政府在1883年颁布了《疾病保险法》，在1884年颁布了《劳工伤害保险法》，然后在1889年通过了《老年和残废保险法》。进入20世纪之初，英国仿效德国于1906年颁布了《工人赔偿法》，1908年颁布了《养老金法案》，1911年制定了全面的《国民保险法》[②]。中华民国时期，国民党政府在20世纪20年代首先在中国举办了疾病保

① 肇越，杨燕绥，于小东.员工福利和退休计划［M］. 北京：中信出版社，2004：8.
② 程延园.劳动法学［M］. 北京：中国劳动出版社，1998：78.

险，并于1929年颁布了《工厂法》《工会法》和一些区域性的职工待遇暂行规则。1929年通过了《保险法》；1935年以后又举办了老年、残疾、遗属保险，并陆续实施了除失业保险和家庭津贴之外的所有社会保险项目。由于旧中国的特殊国情，即使是在大都市，真正的社会保险并未被广泛实施[①]。

3）员工福利的中期发展

各国员工福利的全面发展，是在第二次世界大战以后，尤其是20世纪70年代末期以来出现的。其发展主要经历了以下三个阶段[②]：

（1）战后重建与发展阶段。第二次世界大战后大多数工业化国家在重建社会保险制度的同时，开始重建与发展员工福利。例如，美国在20世纪50年代对《补充养老保险法案》进行重大改革，补充保险计划成倍增长；法国、荷兰、丹麦及瑞典等国都在20世纪50年代建立或恢复了各自的补充养老保险制度，并取得一定程度的发展。1954年9月，第一届全国人民代表大会第一次会议通过的《中华人民共和国宪法》第九十三条明确规定："中华人民共和国劳动者在年老、疾病或者丧失劳动能力的时候，有获得物质帮助的权利。"促使其发展的主要原因可归结为重建第二次世界大战后经济的需要，弥补社会保障计划尤其是国家普遍养老保险之不足。

（2）20世纪70年代的重要发展时期。由于受经济萧条等因素的影响，福利国家的政策主张已显露出种种潜在的问题。主要工业化国家都进行了补充保险的重大改革。例如，法国于1972年建立全国统一的强制性补充养老保险制度；英国建立起收入关联的补充养老保险制度；美国和其他国家都实施了重大改革措施。中国的社会保障事业也于1976年10月后，随着各行各业开始了拨乱反正和恢复重建的工作，在职工福利方面修改和增设了取暖补贴、上下班交通费补贴、职工探亲假等各种补贴制度。1978年6月国务院发布了《国务院关于工人退休、退职的暂行办法》（国发〔1978〕104号），要求各地先行试点，总结经验，然后普遍实行。经过这一时期的发展，与各国特定的社会保障模式相联系的补充保险模式形成了。

（3）20世纪80年代以来异乎寻常的发展时期。自20世纪80年代以来，工业化国家普遍面临社会保障制度的危机，为缓和这一危机和应对日趋严重的老龄化问题，大力发展补充养老保险计划成为备受各国重视的重要政策主张，其发展势头大大超过以往任何时期。我国在1991年国务院颁布的《国务院关于企业职工养老保险制度改革的决定》（国发〔1991〕33号）中，首次提出"国家提倡、鼓励企业实行补充养老保险，并在政策上给予指导"。1994年的《中华人民共和国劳动法》规定，"国家鼓励用人单位根据本单位实际情况为劳动者建立补充保险"。

4）员工福利的现代发展

20世纪末期到21世纪初期，员工福利伴随知识经济和全球化的时代特征继续发展，其现代发展主要体现为"以人为本"的理念和动态管理的技能[③]。

（1）体现以人为本的理念。如今，员工福利计划的设计、管理和实施更加体现人力资源开发、利用和保护的理念，将企业发展动机和员工需求紧密地结合起来。例

---

① 《社会保障概论》编写组．社会保障概论［M］．北京：高等教育出版社，2019：90.
② 林义．养老保险改革的理论与政策［M］．成都：西南财经大学出版社，1995：173-174.
③ 肇越，杨燕绥，于小东．员工福利与退休计划［M］．北京：中信出版社，2004：11-12.

如，红柠铁路公司为解决员工子女入托难、孩子难以接送等问题，建立了红柠幼儿园。优美的校园环境、完备的教学设施、优秀的师资力量，为红柠铁路公司职工的孩子打造了一处幸福的学习园地，切实解决了职工的后顾之忧，从心出发解决职工生活问题，提升职工幸福感和归属感。此外，因员工提出看病挂号排队麻烦的问题，公司医务室就被纳入了公司民生项目清单，2021年年底红柠铁路公司医务室正式揭牌成立。该医务室与神木市中医院合作，充分发挥医疗资源优势，为广大职工及其家属提供方便、快捷、优质的医疗服务。红柠铁路公司"一切为了员工"的发展理念鲜明体现出员工福利以人为本的理念和发展趋势。

（2）动态管理的技能。既然员工福利是企业发展动机和员工需要的共同产物，那么动态管理就是以人为本理念的伴生现象。动态管理即根据企业发展动机和员工需要的不断变化，对员工福利计划的设计、管理和提供进行改善，有效地实现公平和效率的有机结合。

5）我国员工福利的发展

在我国，企业员工福利按照福利项目的内容、发放形式、福利对象的范围的不同特点，大致可以分为以下三个发展阶段：

（1）统包阶段。这一阶段大致包括计划经济时期和改革开放初期，即社会保障制度改革前（1997年以前）。这一时期，员工福利的主要内容几乎囊括了衣食住行、生老病死伤等各个方面，其福利的形式是以物资发放和费用报销为主，包括福利分房、公费医疗、免费教育、抚恤金等，费用完全由国家或企业承担，员工享受比较全面的、高层次的福利待遇。这样一来，不仅企业长期背负沉重的负担，而且整齐划一的模式很难发挥员工福利的激励功能。我国国有企业改革的重要目标之一就是剥离原本由企业承担的社会福利和保障职责，打破"企业办社会"的格局，让企业轻装上阵，平等参与国内外竞争。

（2）过渡阶段。在计划经济向市场经济体制转轨的过渡阶段，企业员工福利的形式主要是货币给付，其内容包括各种奖金、津贴、补贴和救济金等。在这一阶段，企业和员工的福利意识明显增强，但传统体制的惯性在延续，整个福利体系还未建立，因此经营效益较好的企业主要以货币的形式向员工发放福利。这个阶段，企业的员工福利缺乏层次性，形式单一，企业市场化的福利分配机制尚未形成，部分企业尤其是国有企业分配制度不健全，短期行为普遍存在，轻视长远利益而注重现实利益，分配形式较为单一，福利货币化倾向严重。

（3）综合服务和人性化阶段。目前，我国有不少企业的福利发展已基本经历了前两个阶段，正在逐步走向综合服务和人性化阶段。随着人们收入水平的提高，货币收入的边际效用递减，人们更注重生命健康，注重风险保障。同时，随着现代企业制度的建立，人力资源管理的理念被逐步引入企业管理中。因此，这个阶段企业员工福利的特点是向员工提供服务型产品，包括意外伤害保险、企业年金、附加医疗保险、旅游、培训、带薪假期等。

9.2 法定福利

员工福利按照其制定依据的不同，可以分为两类：一类为法定福利，是根据国家的法律法规和政策，企业必须为员工提供的各项福利，在中国主要是企业必须为员工缴纳的各种社会保险，包括养老保险、失业保险、医疗保险、工伤保险、生育保险，以及住房公积金。另一类为企业补充福利，是企业根据自身的管理特色、财务状况和员工内在的需求，向员工提供的补充性保障计划以及向员工提供的各种服务、实物、带薪休假等。

学以致用

我国社会保障事业的发展状况

目前，我国养老保险制度实行社会统筹与个人账户相结合的模式，覆盖城镇企业职工、机关事业单位职工、个体工商户、灵活就业者和城乡居民。2022年，基本养老保险基金收入68 933亿元，支出63 079亿元，年末基金累计结存69 851亿元。全国有12.80万户企业建立了企业年金，参加职工人数为3 010万人。截至2022年年末，全国参加城镇职工基本养老保险的人数为50 355万人，参加城乡居民基本养老保险的人数为54 952万人。

“保基本、广覆盖”是医疗保险事业可持续发展的必要条件。近年来，医疗保险参保人数快速增长，目前已基本建立起覆盖全民的医疗保险制度。2022年，基本医疗保险（含生育保险）基金总收入30 697.72亿元，支出24 431.72亿元，年末基金累计结存42 540.73亿元。截至2022年年末，参加职工基本医疗保险人数为36 242万人，参加城乡居民基本医疗保险人数为98 328万人。2022年全年生育保险参保人数达24 608万人，比2021年年底增加856万人，生育保险基金待遇支出891.82亿元，同比增长4.7%。

我国失业保险坚持的是“广覆盖、低水平”的原则，失业保险金按照“以收定支、略有结余”确定给付水平。2022年为领取失业保险金人员代缴基本医疗保险费152亿元。全年失业保险基金收入1 596亿元，支出2 018亿元，年末基金累计结余2 891亿元。2022年参加失业保险人数为23 807万人，2022年年末全国领取失业保险金人数达297万人。2022年全年共为616万名失业人员发放不同期限的失业保险金，比上年增加8万人。

工伤保险与其他社会保险项目相比较，一个最大的区别是工伤保险费只由雇主缴费，雇员不承担任何费用。工伤保险待遇分为医疗待遇、伤残待遇、死亡待遇3类。2022年全年享受工伤保险待遇人数为204万人，全年工伤保险基金收入1 053亿元，支出1 025亿元，年末基金累计结存1 440亿元（含储备金127亿元）。2022年参加工伤保险人数为29 117万人。

社会救助是社会保障体系的最后一道防线，是解决贫困问题、帮助弱势群体的重要制度安排和措施。2023年，我国社会救助体系建设实现新突破，不断健全对象分层、内容分类、动态监测、综合救助的机制，完善全国低收入人口动态监测信息平台，增强预警功能；强化特困人员救助供养服务；全面推行由急难发生地直接实施临时救助，有力保障受灾困难群众基本生活。截至11月底，全国动态监测低收入人口6 600多万人，保障低保对象4 044.9万人，城市低保平均标准为779元/人·月，农村低保平均标准615元/人·月，分别较上年同期增长4.5%、7.7%；截至10月底，保障特困人员470.6万人，实施临时救助543.8万人次。

改革开放后，我国社会保障制度进行了全面的改革和重构，社会保障体系建设趋于完善，社会保障制度框架构建逐步成熟，社会保障发展成就举世瞩目。

一是社会保障制度体系基本建成。当前，我国建立的社会保障体系囊括了社会保险制度、社会救助制度、社会福利制度以及军人保障、住房保障、教育保障等特殊保障制度，使我国人民抵御不同社会风险的能力大大提升。

二是社会保障制度的覆盖面持续扩展。改革开放前，社会保障的对象主要是国有企业职工，之后逐步扩展到所有城镇职工。进入21世纪之后，建立了城乡居民社会保险制度，使得社会保障对象从工薪劳动者扩展到全体劳动者。

三是社会保障项目不断增加。针对城市和农村贫困人口的最低生活保障制度与多项专项救助项目结合，形成了一套新型社会救助制度体系。社会保险制度体系不断扩展和完善，近几年对长期护理保险制度的研究步伐加快，理论依据与实践探索都得到了扩展。在社会福利方面，提供公共卫生与老年护理服务，增加了住房补贴与残疾人补贴等福利项目。

四是社会保险制度的统筹层次不断提高。从《中华人民共和国劳动保险条例》的企业内部统筹扩大到独立于用人单位之外的新型社会保险制度的地区统筹，逐步从县级、市级统筹扩展到省级统筹，目前正在积极完善城镇职工基本养老保险全国统筹。我国社会保障管理机制不断完善，逐步设立社会保障管理部门和运行规则。2010年10月28日，第十一届全国人民代表大会常务委员会第十七次会议通过了《中华人民共和国社会保险法》（2018年修正），国务院于2014年2月发布了《社会救助暂行办法》，这些法律法规的颁布，有效保障了社会保障事业的持续发展。

五是社会保障基金规模不断扩大。2022年，全国社会保险基金预算收入101 522.98亿元，为预算的101.2%。其中，保险费收入73 169.74亿元，增长5.9%；财政补贴收入23 682.17亿元，增长4.8%。全国社会保险基金预算支出91 453.11亿元，完成预算的99%，增长5.5%；当年收支结余10 069.87亿元，年末滚存结余114 789.46亿元。我国日益重视采用科学的管理机制，遵循精算平衡的原则，建立可持续的社会保障基金管理制度。

在看到成绩的同时，对于未来的挑战必须有清醒的认识。我国社会保障建设面临着经济新常态、新型城镇化和人口老龄化带来的巨大压力，新的发展阶段对我国社会保障事业的发展重点提出了新的要求，同时我国社会保障事业发展面临的挑战也越来越大。

资料来源 ［1］邓大松，李芸慧．新中国70年社会保障事业发展基本历程与取向［J］．改革，2019（9）：5-18．［2］央视新闻客户端．2023年所有省份均出台基本养老服务清单 多组民生数据公布［EB/OL］．（2024-01-16）［2024-02-05］．https：//www.mca.gov.cn/zt/n2782/n2788/c1662004999979997236/content.html．［3］财政部．关于2022年中央和地方预算执行情况与2023年中央和地方预算草案的报告［EB/OL］．（2023-03-16）［2024-02-05］．https：//www.gov.cn/xinwen/2022-03/13/content_5678838.htm．［4］人力资源和社会保障部．2022年度人力资源和社会保障事业发展统计公报［EB/OL］．（2023-06-20）［2024-02-05］．http：//www.mohrss.gov.cn/SYrlzyhshbzb/zwgk/szrs/tjgb/202306/t20230620_501761.html．［5］国家医疗保障局．2022年医疗保障事业发展统计快报［EB/OL］．（2023-03-09）［2024-02-05］．http：//www.nhsa.gov.cn/art/2023/3/9/art_7_10250.html．

9.2.1 养老保险

法律规定的养老保险是社会保障系统中的一项重要内容。所谓养老保险，是国家和社会根据一定的法律法规，为解决劳动者在达到国家规定的解除劳动义务的劳动年龄界限，或因年老丧失劳动能力退出劳动岗位后的基本生活而实行的社会保护和社会救助措施。《中华人民共和国社会保险法》（以下简称《社会保险法》）第十条规定：职工应当参加基本养老保险，由用人单位和职工共同缴纳基本养老保险费。无雇工的个体工商户、未在用人单位参加基本养老保险的非全日制从业人员以及其他灵活就业人员可以参加基本养老保险，由个人缴纳基本养老保险费。

我国目前的养老保险由三个部分组成：基本养老保险、企业补充养老保险（企业年金）和职工个人储蓄性养老保险。其中，前两部分属于员工福利，职工个人储蓄性养老保险属于个人行为，与企业无关，不是员工福利，企业补充养老保险由企业自愿建立，不属于法定福利。本节重点介绍第一部分。

1）基本养老保险

基本养老保险也称国家基本保险，是最主要的养老保险，是按国家统一规定强制实施的为保障广大离退休人员基本生活需要的一种社会保险，具体是指劳动者年老或丧失劳动能力后，具备领取养老金的资格时，按月或一次性以货币形式按国家基本养老保险计划领取基本养老保险金。按照国家对基本养老保险制度的总体规划，未来基本养老保险的目标替代率是58.5%，以保证广大退休人员的晚年基本生活。

基本养老保险覆盖城镇所有企业及其员工，有企业缴费、职工缴费、财政补贴和保障基金储备等4种资金来源，以保证基本养老保险这种社会保障和员工福利得以正常实施。

根据我国的具体国情，在借鉴国外养老保险制度的基础上，我国的基本养老保险创造性地提出了“社会统筹与个人账户相结合”的模式。

（1）社会统筹。社会统筹是由社会保险管理机构在一定范围内统一征缴资金、统一管理账户、统一调剂基金和支付养老金的制度安排。从2001年开始，建立省级调剂金，由各市根据当期征缴基本养老保险统筹基金的5%，按时足额上缴省社会保障基金财政专户，专项用于当年各市养老保险基金缺口调剂。调剂金实行季度上缴、年度核算。社会统筹基金由企业缴费部分组成。企业缴纳部分的比例一般不得超过企业工资总额的20%（包括划入个人账户的部分）。

（2）个人账户。个人账户是在个人名义下进行养老储蓄，按本人缴费工资的11%的数额，为职工建立基本养老保险个人账户。个人缴费全部计入个人账户，其余部分从企业缴费中划入。个人缴纳基本养老保险费的比例，1997年不得低于本人缴费工资的4%，1998年起每两年提高一个百分点，最终达到本人缴费工资的8%。城镇灵活就业人员按当地职工平均工资的20%缴费，其中12%计入社会统筹基金，8%计入个人账户。随着个人缴费比例的提高，企业划入的部分要逐步降至3%。从2006年1月1日起，城镇职工基本养老保险的个人账户的规模统一由本人缴费工资的11%调整为8%，全部由个人缴费形成，单位缴费不再划入个人账户。个人账户中的储存额，每年参考银行同期存款利率计算利息。个人账户储存额只用于职工养老，不能提前支取。职工调动时，个人账户随同转移。职工或退休人员死亡，个人账户中的个人缴纳部分可以继承。

这种模式的养老保险体系既体现了社会保险的社会互济、分散风险、保障性强的特点，又强调了职工的自我保护意识和激励机制。截至2022年年底，全国基本养老、失业、工伤保险参保人数分别为10.5亿人、2.4亿人、2.9亿人，同比增加2 430万人、849万人、825万人。全年基金收入7.1万亿元，支出6.6万亿元，年底累计结余7.4万亿元，基金运行总体平稳。我国基本养老保险参保率达到95%以上，实现全覆盖的发展目标。从我国城镇职工基本养老保险来看，2018—2022年全国城镇职工基本养老保险参保人数持续增长。

《社会保险法》第十六条规定：参加基本养老保险的个人，达到法定退休年龄时累计缴费满15年的，按月领取基本养老金。参加基本养老保险的个人，达到法定退休年龄时累计缴费不足15年的，可以缴费至满15年，按月领取基本养老金；也可以转入新型农村社会养老保险或者城镇居民社会养老保险，按照国务院规定享受相应的养老保险待遇。

对于跨地区流动就业的劳动者，尤其是流动性较强的农民工而言，缴费年限不能累计计算，保险关系无法转移接续，降低了他们参保的积极性。2009年12月，国务院召开会议通过了人力资源和社会保障部、财政部制定的《城镇企业职工基本养老保险关系转移接续暂行办法》。该办法规定包括农民工在内的参加城镇企业职工基本养老保险的所有人员，其基本养老保险关系可在跨省就业时随同转移；在转移个人账户储存额的同时，转移部分单位缴费；参保人员在各地的缴费年限合并计算，个人账户储存额累计计算。2017年颁布的《人力资源和社会保障部、财政部关于机关事业单位基本养老保险关系和职业年金转移接续有关问题的通知》规定，机关事业单位养老保险参保人员在同一统筹范围内的机关事业单位之间流动的，只转移基本养老保险关系，不转移基金；在机关事业单位养老保险制度内跨统筹范围流动的或流动至企业的，在转移基本养老保险关系的同时，转移基金。

2）企业补充养老保险

企业补充养老保险又称企业年金计划，是指企业及其职工在依法参加基本养老保险的基础上，自愿建立的补充养老保险。因此，企业年金在国外也被称为“雇主养老金”（employer’s pension）、“职业养老金”（occupation pension）或“私人养老金”（private pension），是多层次养老保险体系的组成部分，由国家宏观指导、企业内部决策执行。企业年金实行市场化运营，应选择经劳动保障部门认定的运营机构管理。目前企业通常将企业年金作为吸引、留住、激励和开发员工的重要途径，构成企业招聘过程中关键的组织诱因之一。

时事点击

2022年企业职工基本养老保险覆盖面进一步扩大

人力资源和社会保障部（以下简称人社部）2023年1月18日举行2022年第四季度网上新闻发布会。会上，人社部养老保险司副司长亓涛指出，2022年1月，全国统筹启动实施企业职工基本养老保险以来，人社部会同相关部门认真贯彻落实党中央决策部署，稳步推进各项改革，养老保险覆盖面进一步扩大，基金收支总体平衡，制度运行平稳。

对于企业职工基本养老保险进展情况，亓涛介绍了以下几点：

一是在全国范围内基本实现政策统一，劳动者与退休人员的养老保险权益得到更好保障。指导各地逐步放开灵活就业人员参保户籍限制，将更多灵活就业人员纳入养老保险保障范围。

二是加大省际互济力度。2022年全年共跨省调剂基金2 440亿元，有效均衡了地区间基金当期收支压力，资金使用效率更高。通过资金调剂使用，养老金发放更有保障，增强了养老保险制度的公平性和可持续性。

三是建立了中央和地方养老保险支出责任分担机制，中央财政补助力度进一步加大，地方财政养老保险投入机制更加完善。

四是不断提高养老保险管理服务水平和公共服务可及性。建成了与全国统筹相适应的信息系统，实现了数据集中管理、部省经办联动，更好做到“记录一生、保障一生、服务一生”。不断完善全国统一的社会保险公共服务平台功能，已开通83项全国性、跨地区社会保险服务，比2021年增加了30多项，操作更加简便，方便了参保企业和参保人员“跨省通办”“一网通办”，累计访问达43亿多人次。

此外，亓涛提到，下一步，人社部将不断完善全国统筹制度，进一步提高制度统一性、规范性，提升制度整体保障能力，更好确保养老金按时足额发放，切实发挥好社会保障人民生活安全网和社会运行稳定器作用。

资料来源　中国新闻网.人社部：2022年企业职工基本养老保险覆盖面进一步扩大［EB/OL］.（2023-01-18）［2023-12-22］. http：//www.chinanews.com.cn/gn/2023/01-18/9937971.shtml.

3）职工个人储蓄性养老保险

职工个人储蓄性养老保险是我国多层次养老保险体系的一个组成部分，是由职工自愿参加、自愿选择经办机构的一种补充保险。由社会保险机构经办的职工个人储蓄性养老保险，由社会保险主管部门制定具体办法，职工个人根据自己的工资收入情况，按规定缴纳个人储蓄性养老保险费，计入当地社会保险机构在有关银行开设的养老保险个人账户，并应按不低于或高于同期城乡居民储蓄存款利率计息，以提倡和鼓励职工个人参加储蓄性养老保险，所得利息计入个人账户，本息一并归职工个人所有。职工达到法定退休年龄经批准退休后，凭个人账户将储蓄性养老保险金一次总付或分次支付给本人。

2022年11月25日，人力资源和社会保障部会同财政部、国家税务总局印发《关于公布个人养老金先行城市（地区）的通知》。个人养老金制度在36个先行城市（地区）启动实施，首月开户超1 700万户。

个人养老金是指政府政策支持、个人自愿参加、市场化运营、实现养老保险补充功能的保险金。个人养老金实行个人账户制，缴费完全由参加人个人承担，自主选择购买符合规定的储蓄存款、理财产品、商业养老保险、公募基金等金融产品（以下统称个人养老金产品），实行完全积累，按照国家有关规定享受税收优惠政策。

9.2.2　失业保险

失业保险是指国家通过立法强制实行的，由社会集中建立基金，对因失业而暂时中断生活来源的劳动者提供物质帮助的社会保险。它是社会保障体系的重要组成部分，是社会保险的主要项目之一。

1）失业保险的特征

失业风险包括丧失就业机会和劳动损失。失业保险待遇包括向失业人员提供基本生活救济和再就业机会。因此，失业保险具有如下几个主要特征：

（1）普遍性。它主要是为了保障有工资收入的劳动者失业后的基本生活而建立的，其覆盖范围包括劳动力队伍中的大部分成员。因此，在确定适用范围时，参保单位应不分部门和行业，不分所有制性质，其职工应不分用工形式，不分家居城镇、农村，解除或终止劳动关系后，只要本人符合条件，都有享受失业保险待遇的权利。我国失业保险的适用范围呈逐步扩大的趋势，从国营企业的4种人到国有企业的7类9种人和企业化管理的事业单位职工，再到《失业保险条例》规定的城镇所有企业事业单位及其职工，充分体现了普遍性原则。

（2）强制性。它是通过国家制定法律法规来强制实施的。《社会保险法》第四十四条规定：职工应当参加失业保险，由用人单位和职工按照国家规定共同缴纳失业保险费。根据有关的规定，不履行缴费义务的单位和个人都应当承担相应的法律责任。

（3）互济性。失业保险基金主要来源于社会筹集，由单位、个人和国家3方共同负担，缴费比例、缴费方式相对稳定。筹集的失业保险费，不分来源渠道，不分缴费单位的性质，全部并入失业保险基金，在统筹地区内统一调度使用以发挥互济功能。

我国的失业保险制度自1986年建立和实施以来，取得了明显的成效。1999年1月22日，国务院发布了《失业保险条例》，对失业保险的覆盖范围、资金缴纳、领取条件、待遇、享受期限等问题进行了明确的规定。2011年7月1日起施行的《社会保险法》第五章也针对失业保险制定了相关规定。

2022年年末全国参加失业保险人数为23 807万人，比上年年末增加849万人，全国领取失业保险金人数为297万人，增加38万人。全年共为616万名失业人员发放了不同期限的失业保险金，比上年增加8万人。延续实施阶段性扩围政策一年，向当年新发生的415万个参保失业人员发放失业补助金①。

2）失业保险的覆盖范围

从单位来讲，城镇的国有企业、集体企业、外商投资企业、港澳台投资企业、私营企业等各类企业，以及事业单位都必须参加失业保险并按规定缴纳失业保险费。从个人来讲，上述单位的职工也要按规定缴纳失业保险费，失业后符合条件的可以享受失业保险待遇。社会团体及其专职人员、民办非企业单位及其职工、城镇中有雇工的个体工商户及其雇工是否适用《失业保险条例》，由各省级人民政府确定。

3）失业保险的资金缴纳

失业保险所需资金来源于4个部分：失业保险费，包括单位缴纳和个人缴纳两部分，这是资金的主要来源；财政补贴，这是政府负担的一部分；资金利息，这是资金存入银行和购买国债的收益部分；其他资金，主要是指对不按期缴纳失业保险费的单位征收的滞纳金等。《失业保险条例》规定：失业保险费由城镇企业事业单位按照本单位工资总额的2%缴纳，城镇企业事业单位职工按照本人工资的1%缴纳。城镇企业事业单位招用的农民合同制工人本人不缴纳失业保险费。

4）失业保险的领取条件

《失业保险条例》所指失业人员只限定为在法定劳动年龄内有劳动能力的就业转失业的人员。根据有关的规定，我国目前的法定劳动年龄是16周岁至退休年龄，体育、文艺和特种工艺单位按照国家规定履行审批程序后可以招用未满16周岁的未成年人。所谓有劳动能力，是指失业人员具有从事正常社会劳动的行为能力。失业人员享受失业保险待遇的条件，除了原单位和本人按规定履行缴费义务满1年外，还必须符合失业不是因本人意愿造成的、失业后办理了失业登记手续并有求职要求这些条件。失业人员在领取失业保险金期间重新就业、应征服役、移居境外、享受基本养老保险待遇、被判刑收监执行、无正当理由拒不接受当地人民政府指定的部门或者机构介绍的工作的，以及有法律、行政法规规定的其他情形的，应停止领取失业保险金，同时停止享受其他失业保险待遇。

5）失业保险待遇

具体来说，失业保险待遇包括按月领取失业保险金，领取失业保险金期间的医疗补助金，领取失业保险金期间死亡的失业人员的丧葬补助金及供养的配偶、直系亲属的抚恤金。另外，还可以为失业人员在领取失业保险金期间开展职业培训、职业

---

① 人力资源和社会保障部．2022年度人力资源和社会保障事业发展统计公报［EB/OL］．(2023-06-20)［2024-02-05］．http: //www.mohrss.gov.cn/SYrlzyhshbzb/zwgk/szrs/tjgb/202306/t20230620_501761.html.

介绍的机构或接受职业培训、职业介绍的本人提供补贴，以帮助失业人员实现再就业，并减轻失业人员的经济负担。失业保险金的标准由省级人民政府确定，原则是低于当地最低工资标准，高于城市居民最低生活保障标准。医疗补助金的标准由省级人民政府规定。丧葬补助金和抚恤金的标准应参照对当地职工的规定办理，一次性发放。

6）失业保险的领取时间

失业保险的领取时间是由失业人员失业前所在单位和本人按照规定累计缴费时间决定的，缴费满1年不足5年的，领取时间最长不超过12个月；缴费满5年不足10年的，领取时间最长不超过18个月；缴费10年以上的，领取时间最长不超过24个月。

7）再次失业人员缴费年限和失业保险金的领取

失业人员在领取失业保险金期间重新就业后再次失业的，缴费时间重新计算，其领取失业保险金期限与前次失业应领取而尚未领取的期限合并计算，但最长不超过24个月；重新就业后不满一年再次失业的，可以继续申领其前次失业应领取而尚未领取的失业保险金。

9.2.3 医疗保险

医疗保险是国家和社会根据一定的法律法规，为向保障范围内的劳动者提供患病时基本医疗需求保障而建立的社会保险。我国的社会医疗保险由基本医疗保险、企业补充医疗保险和个人补充医疗保险3个层次构成。其中，企业补充医疗保险和个人补充医疗保险统称补充医疗保险。目前企业补充医疗保险已经成为一种很典型的企业补充福利。

1）基本医疗保险

我国在20世纪50年代初建立的公费医疗和劳保医疗统称为职工社会医疗保险。它是国家社会保障制度的重要组成部分，也是社会保险的重要项目之一。基本医疗保险具有社会保险的强制性、互济性、社会性等基本特征。因此，基本医疗保险制度通常由国家立法强制实施，建立基金制度，费用由用人单位和个人共同缴纳，医疗保险费由医疗保险机构支付，以解决劳动者因患病或受伤害带来的医疗风险。

我国的基本医疗保险自实施以来在保障职工身体健康和维护社会稳定等方面发挥了积极的作用。但是，随着社会主义市场经济体制的确立和国有企业改革的不断深化，这种制度难以解决市场经济条件下的职工基本医疗保障问题。

国务院于1998年12月下发了《关于建立城镇职工基本医疗保险制度的决定》（国发〔1998〕44号），部署在全国范围内全面推进职工医疗保险制度改革工作，要求1999年内全国基本建立职工基本医疗保险制度。之后又启动了新型农村合作医疗制度试点，建立了城乡医疗救助制度。从2007年起开展城镇居民基本医疗保险试点，并于2010年在全国铺开。2013年11月，党的十八届三中全会提出整合城乡居民基本医疗保险制度。2016年1月3日，国务院印发《国务院关于整合城乡居民基本医疗保险制度的意见》，提出整合城镇居民基本医疗保险和新型农村合作医疗两项制度，建立统一的城乡居民基本医疗保险制度。截至2022年年底，全国基本医疗保险参保人数为13.46亿人，参保率稳定在95%以上。2018—2022年我国人口参保率稳定在95%左右，农村低收入人口和脱贫人口参保率稳定在99%以上①。

（1）覆盖范围和缴费办法。《社会保险法》第二十三条规定：职工应当参加职工基本医疗保险，由用人单位和职工按照国家规定共同缴纳基本医疗保险费。无雇工的个体工商户、未在用人单位参加职工基本医疗保险的非全日制从业人员以及其他灵活就业人员可以参加职工基本医疗保险，由个人按照国家规定缴纳基本医疗保险费。《国务院关于建立城镇职工基本医疗保险制度的决定》规定，基本医疗保险原则上以地级以上行政区（包括地、市、州、盟）为统筹单位，也可以县（市）为统筹单位，北京、天津、上海3个直辖市②原则上在全市范围内实行统筹（以下简称统筹地区）。所有用人单位及其职工都要按照属地管理原则参加所在统筹地区的基本医疗保险，执行统一政策，实行基本医疗保险基金的统一筹集、使用和管理。铁路、电力、远洋运输等跨地区、生产流动性较大的企业及其职工，可以相对集中的方式异地参加统筹地区的基本医疗保险。

《国务院关于建立城镇职工基本医疗保险制度的决定》规定，基本医疗保险费由用人单位和职工共同缴纳。用人单位缴费率应控制在职工工资总额的6%左右，职工缴费率一般为本人工资收入的2%。随着经济发展，用人单位和职工缴费率可做相应调整。

（2）基本医疗保险统筹基金和个人账户。基本医疗保险基金由统筹基金和个人账户构成。职工个人缴纳的基本医疗保险费，全部计入个人账户。用人单位缴纳的基本医疗保险费分为两部分：一部分用于建立统筹基金，另一部分划入个人账户。划入个人账户的比例一般为用人单位缴费的30%左右，具体比例由统筹地区根据个人账户的支付范围和职工年龄等因素确定。

（3）医疗保险的支付。统筹基金和个人账户要划定各自的支付范围，分别核算，不得互相挤占。要确定统筹基金的起付标准和最高支付限额，起付标准原则上控制在当地职工年平均工资的10%左右，最高支付限额原则上控制在当地职工年平均工资的4倍左右。起付标准以下的医疗费用，从个人账户中支付或由个人自付。起付标准以上、最高支付限额以下的医疗费用，主要从统筹基金中支付，个人也要负担一定比例。超过最高支付限额的医疗费用，可以通过商业医疗保险等途径解决。统筹基金的具体起付标准、最高支付限额以及在起付标准以上和最高支付限额以下医疗费用的个人负担比例，由统筹地区根据以收定支、收支平衡的原则确定。

2）补充医疗保险

补充医疗保险不是通过国家立法强制实施的，而是由用人单位和个人自愿参加的，是在单位和职工参加统一的基本医疗保险后，由单位或个人根据需求和可能原则，适当增加医疗保险项目，来提高保障水平的一种补充性保险。补充医疗保险与基本医疗保险不同。基本医疗保险具有国家强制、政府承办、普遍保障、公平、政府承

---

① 新华社. 国家医保局：近年来我国基本医保参保率稳定在95%左右［EB/OL］.（2023-05-18）［2023-12-22］. https://www.gov.cn/govweb/lianbo/bumen/202305/content_6874798.htm.

② 该文件颁布时，重庆已经是直辖市，但原文件未列入。

担最终责任等特征，而补充医疗保险则依据特殊需要设立，根据权益享受相应待遇，依法独立承办，自负经营风险。

我国的基本医疗保险制度只能满足较低水平的基本医疗需求，而且尚未覆盖全部农村人口和全部城镇人口，因此在建立基本医疗保险制度的同时，应同步发展补充医疗保险。发展补充医疗保险，既是建立多层次医疗保障体系的需要，也是保证基本医疗保险制度顺利实施的重要条件。

9.2.4 工伤保险

工伤保险是指国家和社会为在生产、工作中遭受事故伤害和患职业性疾病的劳动者及亲属提供医疗救治、生活保障、经济补偿、医疗和职业康复等物质帮助的一种社会保险。它是社会保险制度中的重要的和最早的组成部分。工伤保险具有强制性、保障性、非营利性和互济性的特点。

工伤是职业伤害造成的，其直接后果是伤害到职工的生命健康，并由此造成职工及家庭成员的精神痛苦和经济损失，也就是说劳动者的生命健康权、生存权和劳动权受到影响、损害甚至被剥夺了。劳动者在其单位工作、劳动，必然形成劳动者和用人单位之间相互的劳动关系，在劳动过程中，用人单位除支付劳动者工资待遇外，如果不幸发生了事故，造成劳动者伤残、死亡或患职业病，此时，劳动者就自然具有享受工伤保险的权利。

为了使劳动者切实享受到工伤保险待遇，国务院新修订的《工伤保险条例》和《社会保险法》已经分别于2011年1月1日和2018年12月29日施行，是现阶段实施工伤保险制度的政策措施，也是落实工伤待遇的主要依据。数据显示，近年我国工伤保险参保人数基本保持稳定增长。2022年，全国工伤保险参保人数为2.9亿人，同比增加830万人。

1）工伤保险覆盖范围

中华人民共和国境内的各类企业、有雇工的个体工商户（以下称用人单位）应当按规定参加工伤保险，为本单位全部职工或者雇工（以下称职工）缴纳工伤保险费。各类企业的职工和个体工商户的雇工，均有依照条例规定享受工伤保险待遇的权利。《社会保险法》第三十三条规定：职工应当参加工伤保险，由用人单位缴纳工伤保险费，职工不缴纳工伤保险费。

2）工伤保险的资金缴纳

工伤保险基金由用人单位缴纳的工伤保险费、工伤保险基金的利息和依法纳入工伤保险基金的其他资金构成。

工伤保险费根据以支定收、收支平衡的原则，确定费率。国家根据不同行业的工伤风险程度确定行业的差别费率，并根据使用工伤保险基金、工伤发生率等情况在每个行业内确定费率档次。行业差别费率和行业内费率档次由国务院社会保险行政部门制定，报国务院批准后公布施行。统筹地区经办机构根据用人单位工伤保险费使用、工伤发生率等情况，适用所属行业内相应的费率档次确定单位缴费费率。

用人单位按时缴纳工伤保险费，职工不再缴纳工伤保险费。这是工伤保险与养老、失业、医疗保险的区别之处。

3）工伤保险基金管理

工伤保险基金存入社会保障基金财政专户，用于《社会保险法》和《工伤保险条例》规定的工伤保险待遇，劳动能力鉴定，工伤预防的宣传、培训等费用，以及法律法规规定的用于工伤保险的其他费用的支付。任何单位或者个人不得将工伤保险基金用于投资运营、兴建或者改建办公场所、发放奖金，或者挪作其他用途。工伤保险基金应当留有一定比例的储备金，用于统筹地区重大事故的工伤保险待遇支付；储备金不足支付的，由统筹地区的人民政府垫付。

值得特别关注的是，工伤保险有一个很关键的“无过失补偿”原则，即无论职业伤害责任主要属于雇主或者第三者或员工个人，受伤害者都要得到一定的经济补偿，但是雇主不承担直接补偿责任，而是由社会保险机构统一组织工伤补偿。这一原则基本消除了雇主责任制的弊端。

9.2.5 生育保险

生育保险是国家通过立法，在怀孕和分娩的妇女劳动者暂时中断劳动时，由国家和社会提供医疗服务、生育津贴和产假的一种社会保险，国家或社会对生育的职工给予必要的经济补偿和医疗保健。我国生育保险待遇主要包括两项：一是生育津贴；二是生育医疗待遇。人力资源和社会保障部《生育保险办法（征求意见稿）》从2012年11月21日起面向社会公开征求意见。意见稿明确，生育险待遇将不再限户籍，单位不缴生育险须掏生育费。2017年年初国务院办公厅下发《关于印发生育保险和职工基本医疗保险合并实施试点方案的通知》，在河北省邯郸市、山西省晋中市、辽宁省沈阳市、江苏省泰州市、安徽省合肥市、山东省威海市、河南省郑州市、湖南省岳阳市、广东省珠海市、重庆市、四川省内江市、云南省昆明市开展两项保险合并实施试点。2017年6月底前启动试点，试点期限为一年左右。2019年3月6日，国务院办公厅印发《关于全面推进生育保险和职工基本医疗保险合并实施的意见》，推进生育保险和职工基本医疗保险合并实施，实现参保同步登记、基金合并运行、征缴管理一致、监督管理统一、经办服务一体化。截至2022年年底，生育保险参保人数为24 608万人，比2021年年底增加856万人，同比增长3.6%。生育保险基金待遇支出891.82亿元，同比增长4.7%。

中国的生育保险立法始于1951年，目前我国生育保险的现状是实行两种制度并存：第一种是中华人民共和国成立以来延续下来的旧制度，即由女职工所在单位负担生育女职工的产假工资和生育医疗费。根据2012年4月28日起施行的《女职工劳动保护特别规定》，女职工产假期间的生育津贴，对未参加生育保险的，按照女职工产假前工资的标准由用人单位支付；女职工生育或者流产的医疗费用，按照生育保险规定的项目和标准，对未参加生育保险的，由用人单位支付。产假期间工资照发。

第二种是改革以后的新制度，即生育社会保险。劳动部1994年颁发的《企业职工生育保险试行办法》规定，参加生育保险社会统筹的用人单位，应向当地社会保险经办机构缴纳生育保险费，生育保险费的缴费比例由当地人民政府根据计划内生育女职工的生育津贴、生育医疗费支出情况等确定，最高不得超过工资总额的1%，职工个人不再缴费。参保单位女职工生育或流产后，其生育津贴和生育医疗费由生育保险基金支付。生育津贴按照本企业上年度职工月平均工资计发；生育医疗费包括女职工生育或流产的检查费、接生费、手术费、住院费和药费（超出规定的医疗服务费和药费由职工个人负担），以及女职工生育出院后，因生育引起疾病的医疗费。《社会保险法》第五十三条规定：职工应当参加生育保险，由用人单位按照国家规定缴纳生育保险费，职工不缴纳生育保险费。第五十四条规定：用人单位已经缴纳生育保险费的，其职工享受生育保险待遇；职工未就业配偶按照国家规定享受生育医疗费用待遇。所需资金从生育保险基金中支付。

9.2.6 住房公积金

近年来，由于工业和人口在城市的高度集中，产生了对城市土地和住房供给的巨大需求，导致房价大幅上涨，住房绝对短缺，产生了一系列严重的社会问题。住房是公民生活的条件，因此保障住房就成为社会保障的重要组成部分。发展住宅经济和住房保障制度是促进经济持续发展与社会稳定的最佳选择。

住房公积金是指国家机关、国有企业、城镇集体企业、外商投资企业、城镇私营企业及其他城镇企业、事业单位及其在职职工缴存的长期住房储金。它是住房分配货币化、社会化和法治化的主要形式。住房公积金制度是国家法律规定的重要的住房社会保障制度，具有强制性、互助性、保障性的特点。

1）住房公积金的缴纳规定

职工和单位住房公积金的缴存比例均不得低于职工上一年度月平均工资的5%；有条件的城市，可以适当提高缴存比例。具体缴存比例由住房公积金管理委员会拟订，经本级人民政府审核后，报省、自治区、直辖市人民政府批准。单位不办理住房公积金缴存登记或者不为本单位职工办理住房公积金账户设立手续的，由住房公积金管理中心责令限期办理；逾期不办理的，处1万元以上5万元以下的罚款。单位逾期不缴或者少缴住房公积金的，由住房公积金管理中心责令限期缴存；逾期仍不缴存的，可以申请人民法院强制执行。

2006年7月财政部和国家税务总局下发的《关于基本养老保险费、基本医疗保险费、失业保险费、住房公积金有关个人所得税政策的通知》中明确单位和个人分别缴纳的住房公积金的免税部分由原来的10%上调到12%。该通知规定，单位和个人分别在不超过职工本人上一年度月平均工资12%的幅度内，其实际缴存的住房公积金，允许在个人应纳税所得额中扣除。单位和职工个人缴存住房公积金的月平均工资不得超过职工工作地所在设区城市上一年度职工月平均工资的3倍，具体标准按照各地有关规定执行。该通知同时规定，对企事业单位和个人按规定的缴费比例缴付的基本养老保险费、基本医疗保险费和失业保险费，免征个人所得税。

2）住房公积金的用途

住房公积金应当用于职工购买、建造、翻建、大修自住住房，任何单位和个人不得挪作他用。职工有下列情形之一的，可以提取职工住房公积金账户内的存储余额：

（1）购买、建造、翻建、大修自住住房的；
（2）离休、退休的；
（3）完全丧失劳动能力，并与单位终止劳动关系的；
（4）出境定居的；
（5）偿还购房贷款本息的；
（6）房租超出家庭工资收入的规定比例的。

依照第（2）、（3）、（4）项提取职工住房公积金的，应当同时注销职工住房公积金账户。

时事点击

贵州改革推送凯里市探索运用“三办”机制打造住房公积金服务新样板工作经验

2023年以来，凯里市以全州“受托银行住房公积金服务网点”试点为契机，探索运用“三办”机制打造住房公积金“15分钟便民服务圈”，不断提高服务质量。目前，全市归集公积金资金31.5亿元，提取2.85亿元，发放贷款3.15亿元，居全州首位。

一是数字赋能，强化“网上办”。构建集住房公积金业务网上大厅、政务服务网、手机公积金App、7×24小时自助设备等于一体的住房公积金综合服务体系，实现公积金账户转移、提前结清贷款等10项高频业务“全程网办”“跨省通办”。深化数据融通，身份证、结婚证、营业执照等要件可通过电子证照复用、数据共享、信息互通和业务协同的方式，实现系统数据直接调用，最大限度减少由企业群众提供的证明材料。目前，已有898家单位在线自助办理单位缴存登记业务6 282次，不见面归集率为93.19%，手机公积金App成功办理业务2 383笔。

二是精简程序，做优“一窗办”。全面推广“2+2”政务服务模式，积极打造“前台综合受理、后台分类审批、统一窗口出件”审批服务模式，变公积金专窗为政务中心综合受理窗口，实现所有柜台通办缴存、提取、转移等业务。联合市场监督管理局、医保局等7个部门合并关联办理事项，企业开办实现“一窗通办”，公积金企业开户由原来的7个要件减至平台0要件和柜台1个要件。公积金办结时间由原来3个工作日缩短至0.5个工作日，减少办事时间80%以上。

三是端口前移，推行“就近办”。借助银行“点多面广”的优势，联合中国建设银行、中国农业银行等9家受托银行打造住房公积金便民服务点，开通住房公积金业务专线，配备综合服务设备，住房公积金37项业务均可办理，打通了惠企便民服务“最后一公里”。充分利用受托银行周末轮班不休的工作特点，推行“周末不打烊”服务，方便缴存人就近随时办理公积金业务，实现企业、群众“少跑腿”。目前，9家受托银行共办理住房公积金业务73笔。

资料来源　凯里市委改革办.贵州改革推送凯里市探索“三办”机制打造住房公积金服务新样板工作经验［EB/OL］.（2023-09-09）［2023-12-22］. https：//mp.weixin.qq.com/s？ __biz=MzAxNzE4OTkxNg==&mid=2651248854&idx=4&sn=5f83abfddee31118cb53cb989328c382.

9.3 企业补充福利

和中国现行的福利制度相比较，欧美国家员工福利制度的一个重要亮点就在于完善的补充福利计划。随着中国企业传统“铁饭碗”的彻底消失，人才管理的市场化对国家和企业的薪酬福利管理提出了挑战，与传统的“终身包办”的福利制度不同，市场化的福利政策既要考虑员工的需求，也要考虑结构的合理性和科学性。

一般而言，企业提供的主要补充福利包括补充养老保险（企业年金计划）、补充住房计划、补充医疗保险、团体人身与意外险、带薪假期等。其中，补充养老保险（企业年金计划）是补充福利的核心组成部分。

9.3.1 企业年金计划

学以致用

华为最新分红出炉：14万人“瓜分”720亿元

2023年4月4日，据北京金融资产交易所官网，华为投资控股有限公司发布关于分配股利的公告。

公告显示，经（华为）公司内部有权机构决议，拟向股东分配股利约719.55亿元。上述股利分配系公司正常利润分配，对公司生产经营、财务状况及偿债能力无不利影响。

持股分红是华为员工收入的重要组成部分，目前华为员工薪酬主要包括3部分：工资、奖金和分红。截至2022年12月31日，华为员工持股计划参与人数为14.23万人。

华为董事会首席秘书江西生此前在接受第一财经记者采访时表示，华为股权分配计划不单是一个利润分享计划，更是一个股权计划。华为由员工持股有助于保持华为公司决策的独立性。

每股分红1.61元意味着什么？

4月3日，华为内部论坛“心声社区”显示，华为常务董事会公布了2022年ESOP（虚拟受限股）和TUP（奖励期权计划）分红数据。

2022年华为ESOP每股分红为1.61元，同比2021年的每股分红1.58元略有增加，但分红后每股价值人民币7.85元保持不变。2022年单个TBU（在TUP计划中的时间单位）年度收益为1.14元，2023年单个TBU年度值为人民币7.85元。

而工商资料显示，华为投资控股的总股本为4 469 246.3883万元，华为创始人任正非作为自然人股东持有公司股份，也参与了员工持股计划，目前的持股数占总股本的比例为0.73%，持股比例相较于往年进一步降低。

江西生此前在接受记者采访时表示，华为由员工持股有助于保持华为公司决策的独立性。他认为，由于华为每一分钱的资本都来自员工，所以这些员工不会允许外部影响来损害员工和公司长远发展的利益。

目前，华为分红中，主要由ESOP和TUP构成。前者需要员工购买，具体分红多少与公司盈利直接挂钩；后者是采取授予模式，无需购买，但收益需要在未来几年内兑现。员工一般在授予5年有效期内的每一年可获得年度收益，并在5年有效期满后获得期末收益。

华为每年ESOP的回报率在20%至25%之间，以2022年为例，华为内部股价7.85元/股，以1.61元/股分红计算，持股收益率达到了20.5%。而TUP主要基于绩效的现金激励计划，这一激励措施覆盖了更多没有配股的华为员工，本质上是一种利润分享计划。

持股员工并非没有风险。公司的发展与员工的收入在一定程度上捆绑，参与投资的员工每年可以参与利润分配，但如果公司出现亏损，股票的价值也会降低，持股员工也要承担相应的减值风险。

"公司的利润完全由持股员工享有，也可以不分配，也可以分配一些，也可以留一些用于以后年度发展。如果华为亏损，股票价值就会降低。"江西生说。

以近10年的股价为例，分红最高的是2010年，每股2.98元，不过当时的股价只有5.42元/股。2018年以来，华为的股价每年均维持在7.85元/股。根据过往数据，2017—2021年，华为每股分红分别为1.02元、1.05元、2.11元、1.86元、1.58元，有起有伏。

求存与发展

在分红数据披露前，华为也对外发布了去年全年财报数据。

"严峻的外部环境和非市场因素，继续影响着公司经营。身处暴风雨中，我们继续在雨中奔跑，努力保障业务连续。我们也努力多打粮食，使自己既能生存下来，也能为未来的发展打下基础。"3月31日下午，华为轮值董事长徐直军在深圳总部对眼下华为的现状做出了最新表态。

当天，华为对外发布了2022年业绩情况。数据显示，2022年华为全年营业收入为6 423亿元，增长0.9%，基本净利润下滑68.7%至356亿元；经营活动现金流同比下降70.2%至178亿元，净现金同比下降26.9%至1 763亿元。

对于净利润的下滑，华为CFO孟晚舟在财报会上总结了两个原因：一方面是终端营收大幅下滑；另一方面是为了保持业务连续性，华为进行了高强度研发投入。据悉，华为去年研发费用总额为1 615亿人民币，研发费用率达到了25.1%。

值得注意的是，虽然在研发以及经营上仍有较大资金需求，但从此次公布的分红金额来看，华为除了356亿元的利润外，还动用了其他收益来增加今年的整体分红比例，以保证员工分红激励措施落地。

据华为最新公布的2022年财报，目前华为员工持股计划参与人数为142 315人，均为华为在职员工或退休保留人员。按此计算，华为持股员工平均分红约50.56万元/人。这一金额与往年相比，并无太大变化。

一位华为内部员工对记者表示，从目前公司经营策略来看，对于“能打粮食”的业务以及员工的奖励措施并没有减少，反而在增加，鼓励大家去争抢利润，但对于非主营赛道的业务，已经明确有了收缩的信号，整体回归主业和盈利业务上来。

2021年8月22日，华为在内部发文《整个公司的经营方针要从追求规模转向追求利润和现金流》，文中提到“把活下去作为最主要纲领，边缘业务全线收缩和关闭”。

而据上述内部人士表示，从去年下半年开始，不盈利的业务确实在收缩，比如部分军团业务有所调整甚至直接撤销，而在内网的最新发文中，公司也提到了终端业务线中主要以手机、PC等为主赛道和副赛道，不要再把摊子铺设得更大。

此前，任正非在内部讲话中提到：“这两年来，尽管外部环境在不断变化，但我们（华为）要清楚，打造ICT（信息与通信技术）基础设施才是华为公司肩负的历史使命，越是在艰苦时期，越不能动摇。”

徐直军也在财报会上强调，2023年是华为生存与发展的关键之年，面向未来几年，华为有五大战略关键方向：开创增长机会、提升发展韧性、构筑差异化优势、以质取胜，以及确保高质量的业务连续性和产品竞争力。

从华为披露的业务架构调整图来看，ICT基础设施业务、终端业务、华为云计算、数字能源、智能汽车解决方案业务、海思六大模块成为目前支撑华为整体业务的关键。

资料来源　李娜.华为最新分红出炉：14万人“瓜分”720亿元［EB/OL］.（2023-04-04）［2023-12-22］. https：//www.yicai.com/news/101721689.html.

职工退休后，如果能在正常领取社会养老保险金的同时，再多领取一份企业年金，那么退休后的生活质量一定会好得多，在心理上，也会多一份踏实安逸感。近年来，有一种由企业与职工个人共同缴费的补充性企业职工养老金融保障计划——企业年金计划——正在推广，这种企业年金计划也就是我们在第二节介绍的企业补充养老保险。

企业年金计划的类型，就给付方式来看，基本可以分为DB计划与DC计划两种类型，还有一种是二者的混合模式即混合型计划。DB计划是收益确定型（defined benefit）模式的简称；DC计划是缴费确定型（defined contribution）模式的简称。

1）收益确定型

DB计划是由企业出资建立养老基金，定期向退休职工按固定金额支付退休金的一种退休金计划。该计划事先确定职工的退休金水平，然后根据基金的运营情况、职工年龄、职工离职率、工资增长情况以及管理费用等因素，逐年计算企业的缴费额。企业缴纳的这部分金额在规定限度内享受免税待遇。该计划筹集所需的资金金额往往是不确定的，退休金的投资决策权完全掌握在企业手中，风险也由企业承担。收益确定型模式有如下优势：一是对职工个人来讲，收入稳定，待遇较高，不用为投资收益率而操劳，便于稳定职工队伍、招聘高管和特殊人才；二是对企业来讲，财务缴费较为灵活，投资自主权较大，投资政策和投资收益也较灵活，资产分布的余地大一些，劝说年老工人退休比较容易实施；三是对国家来说，可以分担国家基本保险的某些责任，甚至可以发挥某些残障和遗属保险的待遇功能，从而国家无须为之制定税优政策等。

2）缴费确定型

DC计划是由企业设立，为职工建立个人账户，并按个人账户积累额支付退休金的一种退休金计划。这种计划事先确定每期的缴费金额或比例，职工对个人账户拥有投资决策权，并承担由此导致的投资风险。投资回报全部计入个人账户，退休金水平取决于职工退休时个人账户积累的缴费额及其投资收益，因此退休金并不确定。一般来讲，企业和职工缴费额符合条件的部分均可以享受免税待遇。我国的试点方案规定企业缴费在工资总额以内的部分，可从成本列支。

虽然缴费确定型模式大规模的发展是20世纪70年代以后的事情，但它的许多优势是收益确定型所不具备的，所以很快吸引了很多雇主和雇员。一般来说，缴费确定型模式的优势包括：一是对职工来说，它简单易懂，一目了然，缴费与待遇联系紧密，方便计算，收入待遇虽没有承诺，随投资回报而变化，但收益率往往高于收益确定型，并且容易“跳槽”，便携性很好，多缴多得，产权明晰，可以继承，透明度高，可以随时查询，发生经济困难时一般还可以申请贷款；二是对企业来说，它无须精算，缴费水平比较低，不用对员工做任何给付的承诺，裁员行动比较容易执行，没有很严重的后果需要负责，负担比较小，省却了单独承担投资增值保值责任的麻烦，没有“最低融资条件”的强制性要求；三是对国家来说，监管相对比较容易和单纯，不必设立一个担保机制，国家没有财政风险，资金余额规模很大，并大多以信托制的形式出现，对资本市场的繁荣与发展具有较大的促进作用等。

收益确定型与缴费确定型模式各有优缺点，其比较见表9-1。

表9-1 **收益确定型和缴费确定型模式的比较**

模式	优　点	缺　点	举　例
收益确定型	对个人： 1.收入更稳定 2.不用为投资收益率而操劳 3.在公司工作时间越长越有利 4.受到年龄偏大、风险承受力较低、流动性不大的职工的欢迎 对企业： 1.缴费较为灵活，自主权较大 2.投资政策和投资收益也较灵活 3.容易让职工退休	对个人： 一般不设立个人账户，资产没有分配给职工个人，基金的积累受经济影响很大 对企业： 1.财政风险和投资风险等所有风险全在雇主身上 2.融资计划非常复杂	传统的退休金计划

续表

模式	优 点	缺 点	举 例
缴费确定型	对个人： 1.收益率往往高于收益确定型 2.优惠的税收政策，税前列支 3.适合年龄结构较年轻的企业 4.采用个人账户形式 对企业： 1.不容易引发制度矛盾和职工矛盾 2.企业成本事先确定，减轻企业负担 3.缴费年限随工作年限递增，有利于留住职工	对个人： 1.职工保障可能不确定 2.风险较高 对企业： 按照比例缴费，弹性小	利润分享计划 员工持股计划 401K计划

总的来说，DC计划适合年龄结构较年轻的企业，例如生物制药企业、IT企业、金融保险企业等，其原因是年轻人承担风险的能力较强，金融理财知识也比较丰富，愿意拥有部分投资决策权，符合年轻职工流动性强的特点。因为DC计划为职工建立了个人账户，并由第三方托管，独立于企业的资产与运营，所以职工更换工作时，对个人账户并没有影响，自己仍然可以继续缴费。每个职工都有个人账户，可以清楚地知道自己退休金的积累情况。DC计划颇受年轻职工的欢迎，年轻职工距离退休的时间长，可以充分利用资本市场工具在一个较长的时间里使自己的个人账户增值。由于DC计划可以最大限度地分享国民经济增长的成果，因此可以预计，DC计划将成为我国企业的主选计划。2006年7月5日，联想集团成为第一个在劳动和社会保障部（现人力资源和社会保障部）进行企业年金计划备案的企业，采取员工与企业共同缴费的方式，基金的投资与管理以员工自愿为原则，具有安全性、稳定性和收益性的特点，经预测，实行企业年金计划后，联想员工收入将达到退休前3年平均工资的60%～70%[①]。

由于企业年金计划的福利成本具有较强的刚性，即其福利的减少或收回可能会对激励水平和工作满意度产生负面影响，而社会保险福利支出已经相当于工资的30%～40%，在此基础上实行企业年金计划势必会加大雇主的福利成本。一旦建立企业年金计划，无论成本发生何种变化，雇主都得继续提供。因此，如果雇主决定为员工建立企业年金计划，要考虑以下几方面的因素：

（1）企业的经济状况。企业持续良好的经营状况是保证其正常缴费的物质条件，因此企业不仅需要确定当前的经营状况，还要对企业的预期经济走势进行分析。企业盈利则表明企业处于正常的运转状态，也保证了当期企业年金的缴费来源。企业年金的延期支付以长期缴费为基础，这对企业的经营状况提出了新的考验，即要求企业具

① 敖晓波，王京．联想5 000万元启动全国首个企业年金计划［EB/OL］．（2019-07-04）［2023-12-22］．https：//news.eeany.cn/news/595880-27.html.

备长期稳健的筹资能力，这样才能维持持续的企业年金计划成本。因此，企业还需考虑未来的经济状况。

（2）企业薪酬体系的状况。企业薪酬体系的各项开支，包括给予员工的直接和间接报酬，都属于人工成本的范畴。在企业人工成本一定的情况下，薪酬体系的各项目之间存在一种隐含的相互制约、此消彼长的关系，而不同的薪酬福利项目具有各自不同的激励效应，因此薪酬体系中各项目如何合理组合才能达到最佳的总体激励效应，要视企业实际状况如企业发展的不同阶段、企业员工的年龄结构等加以权衡和选择。企业不同发展阶段下的薪酬管理形式见表9-2。由于企业要对一个总量人工成本进行控制，而若想达到整体薪酬的最佳总体激励效应，成本往往是很高的，因此明智的企业一般都追求在既定的人工成本下的最佳总体激励效应。作为自愿性福利的一种，企业年金计划的建立与否和建立水平的高低应该放在企业整个薪酬体系的框架内加以考虑。当薪酬体系的激励效应出现问题，需要兼具长期激励和较高弹性的工具时，在成本允许的范围内，企业年金计划无疑是一项很好的选择。

表9-2　企业不同发展阶段下的薪酬管理形式

企业发展阶段		开创	成长	成熟	稳定	衰退	再次创新
薪酬形式	基本薪酬	低	有竞争力	有竞争力	高	高	有竞争力
	激励薪酬	高	高	有竞争力	低	低	高
	间接薪酬（福利）	低	低	有竞争力	高	高	低

资料来源　何娟.人力资源管理［M］.天津：天津大学出版社，2000：222.

（3）企业的人力资源管理战略。建立企业年金计划可以提高企业凝聚力和竞争力的原因在于，它能进一步实现职工参与企业效益分配和管理，从而将企业和职工的利益更紧密地结合起来。企业年金计划的分配方案可以是多样的、有差别的，与效率工资制度结合使用，是企业鼓励竞争、奖励忠诚和贡献的手段。企业年金计划的建立不仅要有利于调动职工的劳动积极性，而且要有利于促进企业提高经济效益，并在提高经济效益的基础上，增加职工的年金待遇。

学以致用

完善我国多层次养老保障体系建设　如何打破第二支柱企业年金发展瓶颈？

随着我国老龄化程度逐渐加深，养老问题日渐突出，如何保障我国大规模老龄人口养老的问题受到社会各界的高度关注。目前我国正在推进建立多层次养老保障体系，主要包括三大支柱，第一支柱是由政府主办的基本养老保险，第二支柱是由单位建立的年金，第三支柱是个人储备的个人养老金。只有健全和完善多层次养老保障体系，才能有效提高养老保障水平和促进养老保障可持续发展。

然而，多年以来，我国多层次养老保障体系中一直存在发展失衡的问题，第二支柱和第三支柱养老保障体系建设严重滞后。近年来，我国积极推进多层次养老保障体系建设。其中在第三支柱建设方面，2022年11月25日起，在北京、上海等36个城市和地区实施个人养老金制度试点工作，参加人每年缴纳个人养老金的上限为1.2万元，并享受政府提供的递延型税收优惠政策。

相较于与群众距离更近的个人养老保障体系建设和覆盖更广泛的基本养老保险，第二支柱养老保障体系的建设作为我国多层次养老保障体系的重要组成虽然早已经过了数十年的发展。然而事实上，长期以来，我国企业年金发展不及预期，只有极少数企业建立企业年金，覆盖率较低。相关数据显示，截至2022年年末，我国约有12.80万企业建立企业年金，参加职工数为3 010万人，积累基金2.87万亿元。而参加企业职工基本养老保险的总人数已经超过4.44亿人。

企业年金发展滞后的5个主要原因

中国社会保障学会副会长、中国养老金融50人论坛学术委员会主席、浙江大学国家制度研究院副院长金维刚近日出席由上海证券报、中国金融信息中心主办，平安养老保险股份有限公司承办的养老金投资管理发展论坛时表示，基本养老保险在三大支柱的养老保障体系中呈现出“一枝独大”的局面；第二支柱中的企业年金仍然是一块短板；作为第三支柱的个人养老金制度正处于初创试点阶段，参与人数和资金规模还比较小。此外，近年来虽然一些商业保险公司自主经营商业性养老保险业务，但商业养老保险发展规模不大，其他与养老金相关金融业务还处于探索之中。

金维刚认为，导致企业年金发展滞后的原因主要表现在5个方面：一是企业年金制度规定由企业自愿建立企业年金，企业为降低人工成本，一般不会积极主动建立企业年金；二是长期以来企业为职工缴纳基本养老保险费的负担较重，企业年金将进一步加重企业的负担；三是现行制度规定企业建立的企业年金应当覆盖本企业全体职工，但许多企业内部人员构成复杂、员工流动性也比较大；四是有关企业年金的税收优惠政策的力度不够，激励作用不足；五是由设立年金的企业对委托的投资管理机构进行年度考核和筛选，通常要求投资实现正收益并实行末位淘汰，造成投资管理机构不得不实行过于保守的投资策略，导致企业年金投资收益率偏低。

金维刚认为，针对我国多层次养老保障体系建设发展失衡的问题及其主要原因，应当高度重视企业年金在多层次养老保障体系建设中的重要地位和作用，从战略高度把大力促进企业年金迅速发展作为构建多层次养老保障体系、促进养老保障高质量发展的一个重点。同时适当借鉴国际经验，研究制定并实施有利于推广建立企业年金的政策措施，其中包括适当借鉴英国实行自动加入机制的成功经验，并且在实行企业职工基本养老保险全国统筹之后可以选择合适的时机进一步适当降低企业基本养老保险费率。

为促进企业年金发展，金维刚建议采取以下措施：一是适当降低企业基本养老保险费率的同时，协调推进企业年金发展；二是加大对企业年金缴费的税收优惠政策；三是大力发展企业年金集合计划；四是建议允许企业为部分群体先行建立企业年金；五是树立长期投资理念，提高长期投资收益；六是促进企业年金与职业年金的整合和统一；七是加强年金立法，完善年金监管体系。

企业年金投资收益和基金稳健运行是企业关注重点

目前，我国企业年金区别于社会保险的行政管理模式，采取信托制的基金管理模式。其管理结构与信托类似，主要管理人分为委托人、受托人、托管人以及账户管理人和投资管理人。

企业年金通过建立个人账户的方式，由企业和职工定期按一定比例缴纳保险费，职工退休时的企业年金水平取决于资本积累规模及其投资收益。

建立企业年金有利于树立企业良好形象并有助于企业吸引和留住优秀人才。然而，在企业年金的运行过程中，要真正为公司和员工获取更好的保障与福利，企业年金能否抵抗通胀形成企业年金的增值与受托机构的管理和投资水平息息相关。

因此如何提高长期投资收益是企业选择受托人和投管人的重要依据，企业可以从受托历史数据、养老金公开数据、人社部公开数据等多个维度对受托人进行评估分析。

近年来，我国年金投资环境出现了不少重大变化，对年金受托资管形成了不小的挑战。平安养老险年金管理部受托资管团队负责人罗庆忠总结了近10年来的三大显著变化。一是固收静态收益率显著下行，年金组合的到期收益率（YTM）也从10年前的4.50%以上下降到现在的3.50%以下。二是业绩中枢下移，中长期收益率水平从10年前的“保五争六”迈向现在的“保三争五”。三是对年金战略资产配置提出新的要求，从多层目标规划出发，实现年金投资业绩稳健增长，保障委托人和受益人的利益；资产配置有效边界往右下侧回移，无法突破2015年的有效边界；业绩波动加大，受托人的投资监督和投管人都需要采用有效的回撤管控机制进行风险管控。

针对如何衡量受托人的投资管理水平，金维刚表示，选择优秀的投管人是年金投资成败的关键因素之一，是年金受托资管工作的难度与痛点。在投管人的动态管理方面，要把握“四把尺子”：业绩评估、资产配置、权益投资和固收投资。通过专业对标、对话各投资经理，全视角地衡量年金计划下投管人的投资能力输出，动态管理投管人的投资运作。

资料来源　孙诗卉.完善我国多层次养老保障体系建设 如何打破第二支柱企业年金发展瓶颈?［EB/OL］.（2023-04-17）［2023-12-22］. https: //www.163.com/dy/article/I2H78PJ005199NPP.html.

9.3.2　带薪假期

1）公休假日

公休假日是指劳动者通常的周末休息日。我国实行的是每周40小时工作制，所以劳动者可以每周享受两天公休假日。

2）法定休假日

根据国务院发布的《全国年节及纪念日放假办法》，我国节假日包括3类，其中有两类为法定节假日。

全体公民放假的节日：

（1）元旦，放假1天（1月1日）；

（2）春节，放假3天（正月初一、初二、初三）；

(3) 清明节，放假1天（农历清明当日）；

(4) 劳动节，放假1天（5月1日）；

(5) 端午节，放假1天（农历端午当日）；

(6) 中秋节，放假1天（农历中秋当日）；

(7) 国庆节，放假3天（10月1日、2日、3日）。

部分公民放假的节日及纪念日：

(1) 妇女节（3月8日），妇女放假半天；

(2) 青年节（5月4日），14周岁以上的青年放假半天（15~34岁的人为青年）；

(3) 儿童节（6月1日），不满14周岁的少年儿童放假1天；

(4) 中国人民解放军建军纪念日（8月1日），现役军人放假半天。

少数民族习惯的节日，由各少数民族聚居地区的地方人民政府，按照各该民族习惯，规定放假日期。

3) 个人带薪假

一般来说，雇主会同意员工在一些特殊情况下带薪享有假期，包括病假、婚假、产假、丧假等。

9.3.3 其他福利项目

国内学者孙海法在其编著的《现代企业人力资源管理》[①]一书中，对员工福利的形式进行了较系统的总结和归类。他认为，福利主要包括以下一些具体形式：

(1) 额外金钱收入，比如在年终、中秋、端午、国庆等特殊节日的加薪、过节费、分红、物价补贴、小费、购物券等。

(2) 超时酬金，如超时加班费、节假日值班费或加班优待的饮料和膳食等。

(3) 住房性福利，为员工提供低租价或低售价或免费的住宿设施，如家属住宅、集体宿舍、倒班宿舍等。在我国，这也是一项主要的员工福利。

(4) 交通福利，如企业接送员工上下班的班车服务，市内公交费补贴或报销，个人交通工具（自行车、摩托车或汽车）购买的低息（或无息）贷款及补贴，交通工具的保养费、燃料补助等，交通部门向员工提供的折价票购买权或者内部签票权等。

(5) 饮食性福利，如免费或低价的工作餐、工间休息的免费饮料、餐费报销、免费发放食品、集体折扣代购食品等。

(6) 教育培训性福利，如企业内部的在职或短期的脱产培训、企业外公费进修（业余、部分脱产或脱产）、报刊订阅补贴、专业书刊购买补贴、为本企业员工向大学进行捐助等。

(7) 医疗保健福利，如免费定期体检、免费防疫注射、药费或滋补营养品报销或补贴、职业病免费防护、免费或优惠疗养等。

(8) 意外补偿金，如意外工伤补偿费、伤残生活补助、死亡抚恤金等。

(9) 离退休福利，包括退休金、公积金（按月抽取员工基薪的一定比例，企业同时提供一定补贴，积累至退休时一次性发还；若提前离职，企业发还其已供款额，还

① 孙海法. 现代企业人力资源管理［M］. 广州：中山大学出版社，2002：265.

可能按规定对不同服务年限发给不同程度企业补贴额及长期服务奖金（工龄达规定年限时发给））等。

（10）带薪休假，除周末、法定节假日、病假和产假外，每月或每年向员工提供若干带薪休假日，其长短按照工龄等的不同而进行区别对待。

（11）文体旅游性福利，如有组织的集体文体活动（晚会、舞会、郊游、野餐、体育竞赛等），企业自建文体设施（运动场，游泳池，健身房，阅览室，书法、棋、牌、台球等活动室），免费或折扣电影、戏曲、表演、球赛票券，旅游津贴，免费提供的车、船、机票的订票服务等。

（12）金融性福利，如信用储金、存款户头特惠利率、低息贷款、预支薪金、额外困难补助金等。

（13）其他生活性福利，如洗澡、理发、降温、取暖津贴，按优惠价提供本企业产品或服务等。

9.4 员工福利的发展趋势

员工福利的基本目的是为员工提供各种必需的保障，解除其后顾之忧，让他们感受到企业的关怀，安心工作。但是，由于员工福利往往以非现金形式发放，与其他薪酬形式相比更具有复杂性，一般人很难像基本工资一样理解各种福利组合的价值，经常是雇主在福利上花了很多的钱，员工却并不理解或并不认为这有多大的价值，这样，雇主的福利投资所产生的收益就少得可怜；同时由于人才竞争加剧，为了吸引和保持一支高素质的员工队伍，企业在福利方面的投资越来越大。因此，传统的福利制度在今天已不能满足企业的需要，为了节约福利成本，充分发挥员工福利的激励价值，少花钱多办事，许多企业逐渐创新了企业的福利项目和福利管理方式，使员工福利产生了一些新的变化和发展趋势。

9.4.1 从“普惠制”到“差别对待”

过去的福利制度常常是面向企业所有或大多数员工，与员工对企业的贡献或工作绩效并不直接挂钩，从而具有普惠性质，使福利成为薪酬中的保健因素，有它不多，无它不行，员工渐渐地将福利看成企业必备的和常规的薪酬部分，不再因为福利而感受到企业的关怀，福利的目的也就难以实现，但企业的福利成本在不断攀升。因此，现代企业越来越倾向于放弃“普惠制”，而实施“差别对待”，将福利作为对核心人才和优秀员工的一种奖励来发放，要求员工通过努力工作来赚取，以充分发挥福利的激励效率。目前，不少企业区分了经理层和普通员工的福利组合，区分了不同类别员工的福利组合，例如，对销售人员、技术人员和职能管理人员的福利待遇差别对待等。当然，福利的“差别对待”在实践中有一定的困难，很容易导致普通员工的不满，从而破坏组织的团结。因此，企业在实行福利差别化管理时，首先应该确保自己的普惠项目较多并达到一定的水平，然后才对其中的一小部分“特色项目”差别对待。

9.4.2 弹性福利计划

福利是雇主全额或部分提供给员工，有别于法定的工资或企业自愿的利益给付，有别于财务性薪资、奖金以外的补助性支付，包括金钱方式的利益，如津贴、贷款等，和非金钱方式的服务，如育婴托儿、健身房、工作环境、工作方式等。随着时代的发展，传统的统一福利形式已不能满足员工的不同需求，而以人性化管理为指导思想，在企业总体分配框架内向员工提供多种福利组合，充分体现全新福利发放形式的弹性福利计划能够较好地解决这一问题。

弹性福利计划就是在固定的福利费用预算内，企业针对不同层次员工的个性化福利保障需求，有针对性地设计和实施多样化的福利项目供员工选择，使每个员工的福利保障需求得到最大限度的满足。弹性福利计划的实施方法主要有以下四种：

1）自助式福利计划

自助式福利计划就是由员工自行选择福利项目的福利计划模式。在实践中，通常是由企业提供一份列有各种福利项目的“菜单”，然后由员工自由选择其所需要的福利。福利“菜单”一般包括社会保险、法定休假、收入保障计划、健康保障计划和员工服务计划等福利项目。事实上，员工的选择也并不是完全自由的，如法定社会保险等项目是必选的。对于其他的项目，企业会根据员工的工资、工作年限、家庭背景等因素来设定其拥有的福利限额，同时在福利清单上列出的福利项目旁边附一个金额，员工根据自己的限额购买所需福利。一般而言，自助式福利计划的实施可以分为以下几个步骤：

第一步，企业根据自身经济实力和发展策略，确定合理的总福利支出，通过问卷调查、访谈等方法对员工展开调查，收集他们所需物品或服务的信息，并将所收集的信息加以分类汇总，确定员工需求的种类、层次。

第二步，根据福利项目的现实价格，将其折算成相应的福利点数；对于那些不易衡量的项目，如带薪休假等，则需要根据一定的标准折算成现值确定点数。

第三步，通过资历审查、绩效考核等手段，确定一定的标准，评定出员工的购买点数。在确定点数的时候，应当加大能动因素的权重，以更好地强调福利的激励功能。国内有的企业采用了王码电脑公司软件中心开发的比较先进的关键绩效指标点数法。如果要采取简单化的方法，可以直接按照工资的一定比例确定福利点数，比如20%，不过，这种做法的前提条件是工资体制具有合理性。

第四步，员工根据自己的福利点数选择福利项目。在选购过程中，有可能出现员工本身所积点数不足以购买福利物品的情况，即购买力不足，也有可能出现员工暂时不购买，而把点数储存起来以备下次购买的情况，即点数储蓄。对于员工购买力不足的情况，企业可以考虑实行分期付款的方法，实行预支，但应当采取各种会计方法加以管理，以减少损失；对于员工的“储蓄”行为，企业应当参照现实的银行储蓄利率，对员工的储蓄点数支付当期利息。此外，企业中的相关部门要针对福利实施过程中发生的各种意外情况采取处理措施，如员工跳槽时的点数处理、福利商品的定期调整等。

2）核心加上选择计划

这种弹性福利计划是指对所有员工来说核心福利是强制的，在核心福利之外，员工可以从适合他们个人需要的最优组合中选择自己的计划。完全成熟的自助性计划最普通的类型是，提供一个核心的基本福利给所有员工，再加上可选择的计划，使其能选择他们想增加的福利。这个方法的一个变化是使核心计划成为“平均的”计划，员工对这个计划不用额外支付。

3）组合计划

在组合计划下，由企业同时推出不同的“福利组合”，每一个组合所包含的福利项目或优惠水准都不一样，员工只能选择其中一个组合。在规划此种弹性福利制时，企业可依据员工群体的背景（如婚姻状况、年龄、有无眷属、住宅需求等）来设计。此计划的优点是行政作业比较简单，缺点为选择弹性较小。

4）弹性支用账户

员工每一年可从其税前总收入中拨取一定数额的款项存入自己的“支用账户”，并以此账户去选择购买雇主所提供的各种福利措施。拨入支用账户的金额不需要扣缴所得税，不过账户中的金额如未能于年度内用完，余额就归公司所有，既不可在下一个年度中并用，亦不能够以现金的方式发放。各种福利项目的认购款项一经确定就不能留用。这种制度的优点是福利账户的钱免缴税，可相对增加净收入，对员工极有吸引力。不过其缺点是行政手续较为烦琐，每一个员工的支用账户必须随时录入资料，以保证其正确性。

近年来员工福利成本占企业薪酬支出的比例不断上升，因此员工福利成为员工薪酬中的一个重要组成部分已经是一个不争的事实。目前中国一线城市如北京、上海、广州等地白领员工的薪资已经经历了大幅度上涨的过程，未来大幅度提升员工工资的空间将变得越来越小。要在控制薪资增长的前提下，提高企业总体报酬的吸引力和市场竞争优势，从而吸引和留住关键员工，在福利计划的设计上不断创新将是唯一的出路。因此，弹性福利计划在今后必定是一个福利计划的发展趋势。

对企业而言，采用弹性福利计划有一定的益处，但是有一定的弊端，并不是每一个企业都能适用，企业应根据自身的特点灵活运用，认真衡量福利制度的激励作用，从正面和负面加以分析。弹性福利制度的优缺点见表9-3。

表9-3 **弹性福利制度的优缺点**

	优　点	缺　点
企业方面	1.便于控制福利成本 2.易于编制企业年度福利预算 3.提升企业形象与竞争力 4.调整人力结构并减少福利规划人员的心理负担 5.作为激励制度的新方法 6.最有效利用企业福利资源	1.员工因对福利制度了解不够而做出错误的选择 2.产生逆向选择，福利高度使用会增加成本 3.复杂的行政作业 4.实施初期行政费用可能会上升 5.国内法定福利项目较多
员工方面	1.满足员工个人福利需求 2.增进员工对福利制度的了解 3.提升员工的工作满意感 4.节税	

因此，企业在采取弹性福利计划时，要注意以下几点：

（1）要适应企业的实际承受能力和发展策略。员工福利支出是企业雇用成本的一个重要组成部分，福利水平的确定将影响企业劳动力成本的支出，进而影响企业的竞争力。因此，员工福利的水平一定要以企业自身的经济实力为依托，不可不切实际地追求高福利、全福利，而影响企业的正常经营和发展。

（2）福利项目要符合员工的实际需要，切忌华而不实。企业在制定福利项目时一定要深入调查，所选项目尽量现实，既要在企业承受能力之内，也要在员工的需求范围之列，以实现供需平衡。

（3）应采取员工参与机制，及时与员工沟通，了解员工需求。福利接受的对象是员工，在福利计划的设计及实施过程中，只有员工参与进来，才能真正了解员工的需求，实现福利的激励和保障功能。让员工在某种程度上享有对自己所需福利形式的发言权，其工作满意度和对公司的忠诚度都会得到提升。

（4）弹性福利管理是一项相对复杂的管理，企业在准备实施此福利模式时应事先做好相关的人员及机构安排。在需求分析、调查，物品的采购、保管等一系列管理过程中，应保持各阶段的协调和衔接，避免出现管理的混乱。此外，应注意到弹性福利管理是一个动态的管理过程，企业应不断调节福利水平，调整福利项目，随时应对员工的需求变动。

学以致用

去哪儿网发布福利政策

2023年8月31日，在线旅行平台去哪儿宣布，即日起为员工设立生育补贴福利——“驼二代成长礼金”。所有司龄满3年及以上的正式员工，在2023年9月1日及之后新生育“驼二代”，每个孩子在1周岁至5周岁的生日时，均可获得一份1万元的成长礼金。除了生育补贴外，去哪儿此前还向员工发放旅游基金。

去哪儿表示：“感谢每一位员工对公司的付出，和背后家属们的默默支持。公司将持续关注提升对员工的福利关怀，我们鼓励员工更好地享受生活，同时更好地关爱家人。”

除了生育补贴外，去哪儿此前还向员工发放旅游基金。今年7月，去哪儿宣布在现有千万级员工旅游基金福利的基础上，向入职的应届生发放旅游激励金。入职的应届生第一年可获得1 000元，每年递增1 000元，可与全员旅游基金累计，入职满5年的应届生最多第5年可获得7 400元的旅游基金。

旅游出钱、生娃补贴，去哪儿此举在秋招抢人季来临之时可谓“放大招”了，实打实地成了“别人家的公司”。

据潮新闻客户端，如果一名本科生毕业即入职去哪儿，入职5年且在职期间生一胎，福利最多的一年可以获得1.74万元（成长礼金1万元+旅游基金7 400元），拿满所有福利金最高可达7.74万元（成长礼金5万元+旅游基金2.74万元）。

去哪儿表示，成立18年来，公司一直保持着创业公司的活力与创造力。希望通过福利不断完善，让员工更加安心工作，同时吸纳更多优秀的伙伴，一起为用户创造价格更低、性价比更高的旅行体验。

资料来源 杜宇.孩子1岁到5岁，每年1万元，还有旅游基金！去哪儿网发布福利政策［EB/OL］.（2023-08-31）［2023-12-22］. https：//www.nbd.com.cn/articles/2023-08-31/2997490.html.

9.4.3 商业团体保险

20世纪50年代初期，为了配合劳动保险的实施，中国人民保险公司对尚未实施劳动保险或已实施了劳动保险但希望多增加一些福利的单位职工，开办了多种以职工为对象的团体人身保险，作为国家实施劳动保险的辅助或补充。1958年以后，国内保险业务出现停顿，团体保险也停止了销售。自1982年中国人民保险公司恢复开办人身保险业务以来，团体保险业务从1982年到90年代初期经历从无到有的市场恢复期，各家保险公司积极探索商业团体人身保险，为职工提供配套福利。

外国保险公司于1992年开始进入我国保险市场，率先开放的是上海。外资保险机构进入上海市场后，个险代理人营销模式开始大行其道，推动了个险的繁荣，中资寿险公司紧随其后，把营销制度扩展到全国范围，但带来了团体保险市场的急剧衰退，团体保险比例下降到20%。

2002年是团体保险转型的分水岭，团体保险进入寻求新生的阶段。2001年中国加入世界贸易组织后，保险市场逐渐向外资开放。2002—2007年，新修正的《中华人民共和国保险法》《企业年金基金管理试行办法》《企业年金试行办法》《关于党政机关及事业单位用公款为个人购买商业保险若干问题的决定》《中华人民共和国反洗钱法》《金融机构反洗钱规定》，以及《金融机构报告涉嫌恐怖融资的可疑交易管理办法》（现已废止）等法律法规相继出台。这一系列变化增加了传统团体保险业务开展的难度，挤压了业务发展的空间，导致了传统团体保险的困境。近年来团体保险一直在寻找新的出路，其中最重要的就是重新寻找行业的角色定位，把员工福利计划市场的开展作为团体保险的主要发展方向。

随着我国社会保险制度的改革和人才竞争的日趋激烈，员工福利计划成为企业人力资源战略中至关重要的一个环节。随着我国现代企业人力资源管理对团体员工福利的需求日趋成熟，单一的保险已经不能满足企业的需要，已经有越来越多的企业在福利方面放弃了自给自足的做法，开始向一些专业的福利机构或商业保险公司购买所需要的福利产品。商业团体保险的主要形式是在工作场所为员工提供团体价格优惠、保费月缴、员工和企业可以分担保费的自愿性保险计划。它因为手续简便、费率低廉而成为企业补充福利保障的一种良好方式。商业保险公司可以依据自身的精算优势和专业服务优势，为不同行业、不同经济水平、不同年龄结构的企业量身定做适合企业切身发展利益的、定制式的或弹性的员工福利计划。这些立足于企业员工福利的团体保险计划，力求满足未来企业人力资源关于员工福利计划的所有需求，以体现其与传统团体保险的区别。

9.4.4 员工福利的社会化趋势

员工福利的社会化趋势是指企业通过签订合同把自己的福利计划外包给其他专业性公司来做，由他们负责企业福利制度的设计，以及员工福利的购买、发放和管理。这种福利社会化的优点是可以为企业省去许多设计和管理方面的麻烦，使企业能够集中精力专注于核心业务，而且专业公司做出来的方案一般专业化程度较高、设计更合理，资金的利用率也更高。但是，完全外包的缺点很明显，作为“外脑”的专业公司对企业的了解程度一定不如企业自己的人力资源部门，对企业员工的需求也不是很清楚，所以必须经过深入的调查和沟通才可能设计出适合企业的福利制度。另一种做法是专业公司提供经过精心设计的模块化的福利产品供企业选择，企业人力资源部根据企业发展战略确定福利预算，制定福利政策，自行设计简单的福利项目，同时向专业公司购买模块化的福利项目，通过科学组合最终形成企业需要的弹性福利计划。这种半外包的操作方式避免了完全外包的弊端，将企业人力资源管理人员对自身战略的深刻理解和专业公司的专业能力进行完美的结合，使福利计划的优越性得到最大限度的发挥。

学以致用

转型智慧型团险，打造企业保险业务高质量发展新引擎

随着我国经济的长足发展和人民对健康保障要求的重视，员工福利计划已成为国内企业人力投资战略中的重要一环，而团体保险则是实现员工福利计划的最为主要的手段，团体保险几乎等同于员工福利计划，这为保险业带来了新的业务增长点。

在美国的保险市场，团险占比已经非常高，并在雇员福利计划中扮演着重要角色。权威数据显示，截至2020年，约有1.56亿美国人受团体健康保险的保障，约占总人口的49%。在中国，企业团险作为一项员工福利，成为企业与员工之间的黏合剂，提升了企业竞争力。同时，推动团险的发展，可以有效提高我国全民保障水平，在多层次医疗保障体系中发挥重要作用。在人口老龄化加速、医疗通胀等压力下，以补充医疗为主的企业团险，可以充分运用政府、社会、市场等各方资源，实现医疗保障制度的可持续发展。因此，企业团险市场正迎来新的发展机遇。

传统团险市场依赖线下渠道，人工录单、审核、保全、理赔等流程繁杂效率低，人工成本高，产品保障方案固化，企业及员工参与度低。对企业而言，各企业间性质不同，需求不同，差异化明显，保障方案个性化要求高，大中企业对保单的日常保全操作需求大。对员工而言，则要求投保简单方便，理赔服务速度快，体验好。

在市场完全竞争保险产品日益趋同的情况下，如何通过建立服务化优势成功突围，如何利用金融科技，为企业及员工提供差异化、个性化、智能化、便捷化的保险保障和服务体验，其重要性日益凸显。

科技赋能，区别于传统保险的智慧型团险

保险业内人士对此分析，数字化转型已经成为保险业转型的核心路径之一。从工具到平台，从赋能到驱动，科技正在重构保险业的生态体系和商业模式。

据业内人士的透露，不少头部保险企业都在经历着数字化转型。据悉，梧桐树企业保险一直专注提供团体员工福利保险和健康管理解决方案，上线了国内首套完整的团险SaaS系统，把团险业务从线下搬到线上，率先推出"梧优理赔"协赔服务等。目前，梧桐树企业保险已经贯通了从前端销售到中后端服务、风控、核保、协助理赔等完整的企业团险服务链条。

"梧桐树企业保险做的事情，更像是为数字化团险'打地基'的事情。底层的核心系统，一方面与保险公司在数据上打通；另一方面与健康系统打通，这样能够满足企业员工在医疗与健康管理方面的需求。"梧桐树企业保险相关负责人表示。

全套解决方案，企业与员工的双向赋能

梧桐树企业保险的整体技术架构是一套完整的底层核心系统，覆盖了产品的设计和风控，以及理赔服务体系。在精准营销和客户关系管理上提供了一整套的解决方案。

基于复杂的底层核心之上，是梧桐树企业保险的创新团险解决方案，服务于B和C两端的业务。对于B端，它帮助B端企业HR定制满足企业需求的方案，了解企业员工的健康状况。在C端，满足个人的自选升级和全面的家庭保障，包括父母、配偶和子女。在C端还可以实现智能化完成理赔，并享受线上化的保单管理服务。梧桐树企业保险技术升级后，数字化团险整体解决方案具备更强能力。

梧桐树企业团险平台运用互联网科技，打造出一个业务标准化、服务化的服务架构系统，通过配置化、运营化实现业务需求的快速上线。利用大数据生成客户画像，洞悉客群需求，智能定制保险产品，进行个性化推荐，实现不同客户群体的精细化管理，定点精准营销。利用营业执照、身份证OCR识别技术，识别客户风险，加强业务风控能力。通过全线上化处理，解决了原来人工成本高、效率低的运营瓶颈，给企业HR、员工提供了便捷的操作体验，使得客户的持续运营成为可能。

毫无疑问，如今所有的保险公司都在围绕客户、渠道、产品、服务甚至生态，探索更加高效的业务运营模式，重新思考战略重构和业务延展。而梧桐树保险经纪在过去探索中，源于最佳实践所沉淀出来的保险科技创新方案，无疑为国内企业团险市场提供了未来数字化转型和升级新方式、新路径，相信必将会引领和推动国内保险科技领域实现新一轮的变革与创新。

资料来源 佚名.转型智慧型团险，打造企业保险业务高质量发展新引擎［EB/OL］.（2022-12-27）［2023-12-22］. http://www.cb.com.cn/index/show/gd/cv/cv1361806101490.

9.5 员工福利计划制订

尽管法律法等规环境对企业的福利决策施加了某些重要的约束，企业在福利决策方面仍然拥有很大的自主权。但是，企业在制定这些员工福利时，很多都是凭空想象，或是生搬硬套其他企业的福利制度，没有切合企业的实际状况来制定福利制度，在员工福利计划的制订上缺乏科学性和严谨性。因此，企业需要在符合国家法律等法规的基础上，改进福利决策，以提高其核心竞争力，吸引和留住核心员工。具体来说，要考虑以下几方面：

1）福利计划符合企业的目标与战略

福利计划的制订要与企业发展的阶段以及战略目标相匹配，企业在发展的初期、中期与末期，扩张期与收缩期，盈利期与亏损期，其福利方案应该是有所区别的。同时，社会经济发展形势的变化、劳动力市场的变化等也要求企业的福利方案做出响应。不顾企业实际情况的照搬照抄行为只会导致失败。

结合迈克尔·波特的战略理论，企业的基本外部战略分为低成本战略、差异化战略、目标聚集战略。根据这三种战略企业可以采取不同的福利计划，如图9-1所示[①]。

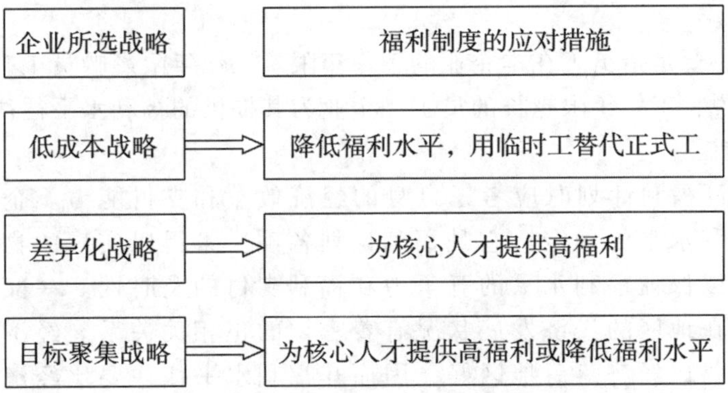

图9-1 不同战略对应的福利计划

2）福利调查

竞争对手的福利状况对企业制订福利计划的影响是最直接的，这是员工进行横向的公平性比较时非常重要的一个参照系，几乎可以影响福利计划的所有内容。当竞争对手的福利水平、福利内容、福利形式等发生变化时，为了保证外部的公平性，企业也要对自己的福利计划做出相应调整，否则往往会造成在职员工的不满，当不满比较严重时甚至会造成员工的流失。目前，在企业的招聘过程中，企业所能提供的员工福利已成为应聘者进行决策时非常重要的一个考虑因素。

3）福利给予的对象

虽然从整体上来讲，福利实施的对象应当是企业全体的员工，但这并不是说每一项具体的福利都要针对全体员工来实施。由于不同的福利项目具有不同的特点，其适用的对象也是不同的，因此企业应当根据福利的具体内容来选择实施对象。此外，为了增强福利的激励作用，也需要对员工享受福利的资格条件做出规定，这同样会产生选择福利实施对象的问题。

4）员工队伍的性质

除了企业自身的一些因素之外，员工个人的一些因素也会对福利计划的制订产生

① 文跃然．薪酬管理原理［M］．2版．上海：复旦大学出版社，2013：219.

影响。虽然按照劳动经济学的观点，员工福利是一种小额优惠，具有准固定成本的性质，但在实践中，企业制订福利计划时，往往都会考虑员工个人的因素。这些因素主要有员工的需求、员工的绩效、工作年限等。

员工的需求会影响福利内容的确定。按照激励理论的解释，人们的行为都是受一定动机支配的，而动机又来源于需求，因此为了更好地激发员工的工作动机，企业就要根据员工的需求来提供福利，这样才能提高福利的针对性和有效性。有些企业并不重视这一问题，从而导致福利计划的实施效果不佳。

员工的绩效主要影响福利提供对象的确定。虽然与激励薪酬相比，福利并不完全以绩效为基础来支付，但是这并不意味着福利就与绩效完全没有关系，采取平均主义的方式向员工提供福利，只会削弱福利的激励效果。计划经济体制下国有企业工资福利管理的弊端就很好地说明了这个问题。因此，为了提高福利实施的效果，福利还是应当在一定程度上与绩效挂起钩来，目前越来越多的企业在福利管理中采取了这种做法。

工作年限主要是指员工在本企业的工作年限。工作年限影响员工个人福利水平的确定。一般来说，工作年限越长的员工，企业为其提供的福利水平往往也越高。

5）成本控制

企业在制订福利计划时应考虑自身的经济效益和支付能力。企业的经济效益直接制约着福利水平的确定。它是福利计划各项决策得以实现的物质基础。良好的经济效益可以保证福利水平的竞争力和福利支付的及时性。一般来说，企业的经济效益与所在地区的经济发展状况有着密切的正相关关系。经济发达地区企业的整体效益就要比经济落后地区好，因而其福利水平往往要比经济落后地区的企业好。

同时，企业要注意利用税收等优惠措施。从世界上大多数国家的情况来看，一般都以个人和公司所得作为征税对象，这样，设立员工福利计划就可以得到相应的税收优惠。其中主要的优惠有两方面：一是企业或员工用于设立福利计划的缴费可以抵减当期的税额；二是福利计划的参与人及受益人所获得的给付可以延期纳税或不需纳税。我国对于员工福利的税收优惠也有相应的规定，所以企业可以从员工福利计划中获得一定的税收优惠，但根据我国税法的规定，这种优惠是有一定的限度的。因此，在具体实施员工福利计划的过程中，企业必须注意其所计划的税收上的优惠不能超过税法规定的范围，以避免财务处理上的错误和偷漏税行为的发生。

6）福利政策评价

很多企业采取各种福利政策后，却没有收到理想的效果，它们都没有搞清楚，自己到底希望本企业的福利系统达到何种目的，并且没有对福利计划实施之后的状况进行评价。研究表明大多数企业没有对其福利计划实施之后的状况进行评价。显然，如果福利计划缺乏清晰的目标，对福利计划的衡量就会十分困难。下面提供了一个将福利计划的目标明确写下来的企业的例子。

某公司的书面福利目标描述：

建立和维持一项福利计划的主要目的在于：满足员工对闲暇时间的需要以及降低

员工在退休、健康不佳以及死亡等情况下面临的风险。

建立和维持一项福利计划的原则是：对员工个人不足的福利储备提供适当的补充。

每年根据流动率、未填补职位空缺数量、出勤率、员工申述以及员工意见等因素，评价员工福利计划对于员工的士气和生产率所产生的影响与效果。

每年将本公司的员工福利计划与本领域中的领头公司进行比较，以员工人均福利水平为依据，将本公司的总体员工人均福利水平维持在领头公司所处百分位的下一级百分位上。

将未加入工会的员工的福利水平，维持在与加入工会的员工的福利水平相同的费用支出水平上。

每年对新订的、维持和修订的以及现存的各种福利计划的成本占薪资总额的比重进行核算，并且将这种比重维持在一个尽可能高的水平上。

从福利计划能够为企业带来长期成本节约以及避免重大损失的角度来说，福利计划能够实现基金的自我筹集。

根据企业参与缴费的那些社会保险计划来对所有的福利计划进行协调。

除了那些必须由员工缴纳一部分费用的福利之外，一般不根据员工的缴费提供福利。

与所有的员工保持福利计划方面的持续沟通。

思政专栏

社会保障体系是人民生活的安全网和社会运行的稳定器。党的十八大以来，以习近平同志为核心的党中央高度重视社会保障工作。党的十九大报告提出：“按照兜底线、织密网、建机制的要求，全面建成覆盖全民、城乡统筹、权责清晰、保障适度、可持续的多层次社会保障体系。”党的十九届五中全会强调：“健全覆盖全民、统筹城乡、公平统一、可持续的多层次社会保障体系。”

针对目前社会保障基金收支规模不断扩大，基金运行安全风险更加凸显的实际，党的二十大报告指出，“健全覆盖全民、统筹城乡、公平统一、安全规范、可持续的多层次社会保障体系”，第一次把“安全规范”作为今后一个时期社会保障体系建设的重要目标，这是对社会保障体系建设做出新的重大要求和部署，具有十分重要的意义[①]。

本章小结

员工福利是薪酬的重要组成部分，具有帮助企业获得人才竞争优势、吸引和保留员工、传递企业的文化和价值观的作用。

员工福利按照其制定依据的不同，可以分为两类：一类为法定福利，是根据国家的法律法规和政策，企业必须为员工提供的各项福利，在中国主要是企业必须为员工

① 共产党员网. 二十大报告辅导百问丨怎样理解健全覆盖全民、统筹城乡、公平统一、安全规范、可持续的多层次社会保障体系？［EB/OL］.（2023-03-06）［2023-12-22］. https://www.12371.cn/2023/03/06/ARTI1678092925712842.shtml.

缴纳的各种社会保险，包括养老保险、失业保险、医疗保险、工伤保险、生育保险和住房公积金。另一类为企业补充福利，是企业根据自身的管理特色、财务状况和员工内在的需求，向员工提供的补充性保障计划以及向员工提供的各种服务、实物、带薪休假等。

目前员工福利正朝着综合服务和人性化的方向发展，切实站在员工的角度去设计和发展，以发挥员工福利真正的价值和作用。

复习思考题

（1）什么是员工福利？

（2）员工福利包括哪些内容？

（3）员工福利有哪些发展趋势？

（4）制定员工福利政策时要考虑哪些因素？

案例分析

员工福利管理需利用智能化数字化技术、理念 ——借助弹性福利外包解决激励难题

对企业来说，如何通过合规化、智能化、人性化的福利吸引和留住优秀员工，激发员工工作积极性，从而为企业降本增效，是企业在实际运营中必须面对的课题，越来越多的企业正在通过灵活多样的员工福利计划有效吸引和留住优秀员工。

如今，在企业数字化转型浪潮下，企业和员工对福利的需求已经从传统的物质层面变为追求物质与精神层面福利一体化，员工福利管理创新在数字化、智能化的道路上逐步进入新的阶段。同时，员工福利平台在向数字化、智能化员工激励和体验平台进行演进、延伸与转移。

福利管理中面临的问题

员工福利在现代企业管理中已被视为企业员工报酬的重要组成部分，同时是企业文化与雇主品牌的重要体现。好的员工福利是提高员工忠诚度与团队凝聚力的重要手段。希望塑造更好企业文化的雇主，必须考虑注重福利与报酬、工作环境之间的关系，正视福利制度的问题，顺应时代的潮流，从一个全新多维度的角度思考员工福利的问题，从而达到多方共赢。

调查发现，在员工福利管理中，很多企业HR都普遍面临如下几点难题：

福利品类单一，难以满足员工多样化需求。此问题是员工对企业福利持“不满意”态度的主要原因，占比81.79%。“所提供的福利产品对个人实用性较低”相对占据较高比例，为49.48%。企业与员工所站角度不同，同时由于员工的性别、生活环境、家庭背景等各不相同，员工在福利选择方面各自有自己的需求，企业在福利发放的过程中很难摆脱众口难调的困境。

福利发放工作复杂、琐碎，难以管理。企业HR从收集员工福利需求、根据企业预算挑选符合需求的福利产品、与供应商比价和议价，再到进行验收和发货，或安排场地、人员进行发放，整个福利发放流程繁琐、周期长，充满不可控因素，需要花费

大量的时间、人力和场地，大大增加企业成本。

福利设置缺乏弹性，一成不变。很多企业在福利项目的设置上基本上是“老一套”，多年不变，除法定福利外，很少有创新之处。同时，已有福利项目的具体数额和比例长期固定，福利设置缺乏弹性，无法在福利项目的安排上体现针对不同层级人才的灵活性。

员工缺乏对福利项目设置的参与权和选择权，一般是被动地接受。企业福利发什么、发多少、怎么发等决策权全在企业，没有达到福利发放应该起到的正面效应，反而会使企业遭遇员工管理难题。

弹性福利外包可解决难题

弹性福利是一种福利发放和享用的创新形式，又称自助餐式福利，即企业根据福利预算和每个员工的薪酬层级设定相应福利金额预算，福利平台根据企业需求制订该企业专属的多样化个性福利套餐，员工根据自己喜好、个人福利额度在福利平台自主选择和组合福利产品。常见的弹性福利包括年节福利（如传统节日、妇女节、儿童节、员工生日福利等），生活服务（如提供出行打车、电影票、酒店预订、周边美食等），激励津贴（如支付餐补车补、加班奖励、通信补贴、团队旅游津贴等），健康管理（如提供员工体检、口腔管理、慢性职业病指导、健康讲座等），保险保障（如办理商业保险、医疗保险、团队意外险等），培训发展机会（如提供教育培训、学历提升、能力提升、资格认证）等。

目前，随着网络技术和业务外包形式的飞速发展，运用福利平台进行弹性福利外包，已成为福利管理的重要趋势。作为企业人力资源管理外包的一部分，弹性福利外包除了具有人力资源管理外包模式的一些共性优势外，从福利管理的具体职能出发，还拥有其独特的优势。

为企业节省财力。根据国家关于企业所得税的法律法规，企业的一些支出允许按照规定的范围、标准，在税前予以扣除。其中，员工福利支出、职工培训支出、工会福利额度都可按工资的一定比例在税前扣除。通过弹性福利平台，可以合理统筹企业整年度员工福利方面的支出和发放规划，降低企业成本，提升员工满意度，并能够保障发放的物质福利的品质。

为企业节省大量人力和时间。传统企业福利管理模式是企业HR完成制订福利方案、挑选服务商、选品、比价、跟进发货进度、收货、发放、员工确认签收等一系列流程，每一环节都需要花费大量的时间和精力，严重影响企业效率。使用弹性福利平台可以让企业HR省去上述大部分流程，只需要确定预算后付款给平台，平台根据设定，自动将福利金额发放到员工在平台的账户；员工根据自己专属的福利兑换码在平台兑换自己喜欢的商品或者直接使用自己的福利额度进行选品购买，填好地址后寄到自己家里。HR可通过后台查看每位员工的福利使用情况。

多维度提升员工满意度。每位员工有自己的需求和喜好，因此对福利有各自的要求，众口难调。弹性福利外包可以让员工通过福利平台自由选择，还可选择是自购使用还是挑选好物送给亲朋好友，福利经费使用面更广，员工满意度自然更高。

以红海商城弹性福利平台为例。隶属于红海人力集团的红海商城平台是一家集商品生产、销售、配送和个性化定制于一体的数字化企业弹性福利平台。该平台聚集全品类商品，在售商品量达10万多个，种类包括企业个性化定制礼品、地方特产、办公用品、劳保用品、日常用品、食品酒水、数码家电、生活旅行、美妆个护、服饰箱包等，在全国多个地区设立智能配送云仓库，携手电商行业巨头，整合丰富的商品供应链渠道资源，品类多、品质好、价值感强，可以满足员工差异化需求。

如何选择弹性福利外包平台

随着弹性福利外包市场的不断成熟，越来越多的企业从战略高度来认识弹性福利外包的重要性，并引入弹性福利外包平台，改善福利管理、减少管理成本。

值得注意的是，对于企业而言，将福利管理外包出去，选择靠谱、专业的合作伙伴是最为重要的。完善的福利平台有以下几个要素：拥有专业的服务团队和强有力的企业背景，能够有效保障服务质量和福利费用安全；能够实现网站、小程序等多平台操作，福利发放流程简单快捷，企业只需要规划好员工福利费用，后期发放全由平台负责，还能轻松查询员工福利领取情况；能够满足丰富产品种类和高质量服务的需求，与知名品牌、主流服务渠道有合作，提供涵盖购物、娱乐、餐饮、出行各方面的消费服务。

红海商城弹性福利平台依托红海人力集团在人力资源服务行业扎根23年的丰富经验，始终致力于让企业福利发放更加数字化、智能化和人性化，节省企业更多时间、人力成本，提高员工福利满意度，实现多方共赢。同时，红海商城弹性福利平台紧跟国家乡村振兴战略，在全国建立180多个劳务合作社，打通多地特色农副产品购销渠道，不断丰富服务供应资源；还能根据企业需求精心定制专属福利套餐，为不同行业不同员工群体提供全方位的弹性福利解决方案。

资料来源　曾夏欢．员工福利管理需利用智能化数字化技术、理念——借助弹性福利外包解决激励难题［EB/OL］．（2022-08-04）［2023-12-22］．https：//www.clssn.com/2022/08/04/999047.html.

案例思考题：

（1）你如何看待福利计划外包互联网企业的商业前景？

（2）外包福利企业应当如何为客户企业提供定制化的产品？

（3）结合本章内容预测传统福利管理方式的发展趋势。

推荐阅读资料

［1］康士勇，于绍君．薪酬与福利管理实务［M］．5版．北京：中国人民大学出版社，2022.

［2］仇雨临．员工福利管理［M］．2版．上海：复旦大学出版社，2023.

［3］卢亮．员工福利［M］．武汉：武汉大学出版社，2016.

［4］刘钧．员工福利与退休计划［M］．北京：中国劳动社会保障出版社，2015.
［5］中华人民共和国社会保险法．
［6］中华人民共和国劳动法．

网上资源

［1］人力资源和社会保障部网站，http：//www.mohrss.gov.cn
［2］HR管理世界，http：//www.hroot.com
［3］中国人力资源开发网，http：//www.chinahrd.net

第10章 特殊人员薪酬制度

学习目标

✓重点掌握高层管理人员长期激励与短期激励的平衡；
✓重点掌握营销人员薪酬方案的主要类型及其特点；
✓掌握专业技术人员的双重职业发展路径的设计方法；
✓掌握外派人员薪酬管理中的困难和解决方案；
✓理解高层管理人员的管理特征；
✓理解技术人员的成熟曲线与薪酬决定之间的关系；
✓理解营销人员薪酬决策的影响因素。

第10章课件

引例 光迅科技推进股权激励留人，741名获授员工已浮盈超3亿元

2023年6月6日，光迅科技发布公告，向741名员工授予2 014.08万股限制性股票激励，授予价格为每股10.99元。

当日，光迅科技股价报收26.02元/股，741名激励对象所获股票市值为5.24亿元，按照授予成本2.21亿元计算，账面浮盈3.03亿元。

光迅科技是全球领先的光电器件及模块厂商，专门从事光电芯片、器件、模块及系统产品研发、生产，市场份额位列国内第一、全球第四。2022年，公司实现营业收入69.12亿元、净利润6.08亿元。

随着业绩增长，光迅科技加码高端产能扩张。今年3月，公司15.73亿元定增事项落地，不到3个月，光迅科技高端光电子器件产业基地初见雏形。日前，位于武汉市东湖高新区综合保税区的武汉光迅高端光电子器件产业基地建设项目一期厂房全面封顶，比预定工期提前15天。

6月6日，光迅科技发布公告称，2022年限制性股票激励计划规定的限制性股票授予条件已经成立，公司董事会审议通过了《关于向2022年限制性股票激励计划激励对象授予限制性股票的议案》，限制性股票的授予日为2023年6月5日，以10.99元/股的授予价格向741名员工授予2 014.08万股限制性股票。

此次激励对象主要是光迅科技的核心骨干人员，此前2022年限制性股票激励计划授予的763名激励对象中，公司高级管理人员徐勇因在授予日2023年6月5日前6个月内存在卖出公司股票的情形，被暂缓授予。3名激励对象因离职放弃认购限制性股票，18人因个人原因自愿放弃认购，董事会同意取消授予这21人的激励对象资格，合计64.95万股限制性股票取消授予。因此，本次公司授予的激励对象人数由763名

变更为741名，授予的限制性股票数量由2 093.13万股调整为2 014.08万股。

2022年，光迅科技实现营业总收入69.12亿元，同比增长6.56%；归属于上市公司股东净利润6.08亿元，同比增长7.25%；扣除非经常性损益的净利润为5.46亿元，同比增长16.16%。光迅科技表示，业绩驱动因素是行业市场容量的增长和新产品的贡献。

近年来，光迅科技在研发投入上相对稳定，2018年至2022年，公司的研发投入分别为3.95亿元、4.4亿元、5.56亿元、6.61亿元、6.6亿元。

新产品的研发离不开人才，业绩稳定增长的同时，光迅科技在用真金白银“留人”。长江商报记者梳理发现，2022年年报显示，研发费用中，职工薪酬达到了3.16亿元，上年同期为2.91亿元，增长8.59%。值得关注的是，2022年前3季度，公司应付职工薪酬达到了1.3亿元，而2021年全年职工薪酬仅为7 125.8万元，光迅科技表示，主要系本期计提奖金所致。

资料来源 刘倩雯.光迅科技推进股权激励留人 741名获授员工已浮盈超3亿［N］. 长江商报，2023-06-07（A07）.

党的二十大报告明确指出“实现全体人民共同富裕”“以中国式现代化全面推进中华民族伟大复兴”。习近平总书记指出：“共同富裕是社会主义的本质要求，是人民群众的共同期盼。我们推动经济社会发展，归根结底是要实现全体人民共同富裕。”薪酬分配是企业薪酬管理的重要部分，不仅与企业自身的经营成效有关，还与社会分配的公平和稳定息息相关。因此，企业要根据自身经营发展的特点和实际情况，尽可能缩小企业内部的薪酬差距，制定一个较为公正、合理的薪酬体系。

有的组织中存在一些特殊的群体，他们的薪酬结构总是别具一格，某些特殊的薪酬制度总是为少数特殊群体所享有。那么，哪些群体属于特殊群体？划分这些特殊群体的标准和依据到底是什么呢？事实上，由于不同的组织使命、经营战略、发展历程以及构成其竞争优势的要素存在较大差异，不同的组织中存在的特殊群体也各不相同。本章着重对组织中可能存在的主要的特殊群体的薪酬管理问题进行讨论，这并不意味着所有这些特殊群体都会出现在同一个组织中。

在大多数关于薪酬管理的研究中，研究者通常对高层管理人员（总裁）、董事会、专业技术人员、营销人员、外派人员以及临时工的薪酬管理问题进行专门研究。著名学者米尔科维奇认为，这些特殊群体都具有两个特征：一是这些群体在组织中处于矛盾冲突的交接位置，而这些矛盾冲突是由不同派系对特殊群体成员的要求不一致而引起的；二是仅仅面对矛盾冲突还不够，关键在于解决这些冲突以及冲突的解决结果对于组织的成功运营具有重要影响。根据这两个特征，米尔科维奇把一线管理人员、高层管理人员、董事会成员、研发人员、工程师、营销人员与临时工列入了特殊群体的范畴，而外派人员则列入了国际薪酬管理的范畴。其他学者的研究表明，对一线管理人员是否属于特殊群体还有一定争议。事实上，如果把一线管理人员作为特殊群体，那么中层管理人员就不特殊吗？严格来讲，组织中各类人员都有各自的特殊性，在薪酬管理中或多或少都存在一定的差异，如果严格划分，几乎每类人员都属于特殊群体。在这里，我们从工作类别着手，将具有一定共性的群体划分在一起，重点针对几类有代表性的特殊群体进行讨论，主要包括高层管理人员（包括经营者、董事会成员）、专业技术人员（包括工程师）、营销人员、外派人员等四类。结合米尔科维奇的研究，这四类特殊群体所面临的冲突类型见表10-1。

表10-1 特殊群体面临的冲突类型

特殊群体	面临的冲突类型
高层管理人员	股东们希望投资收到良好的回报；政府希望企业遵守法律；总经理必须在二者之间做出取舍，即牺牲长期利益来保证短期利益最大化的组织战略，或注重长期利益的组织战略等
专业技术人员	专业人员的目标、理想追求、职业道德标准（如即使会影响企业利润，一个工程师也应当把产品缺陷透露出去）和图利的老板要求专业人员注重利润之间的矛盾，这会使他们备受折磨
营销人员	经常在几乎无监督的情况下超时工作，在合同很少或者缺乏监督的情况下始终积极工作，坚持拨打销售电话，这对他们是一种挑战
外派人员	长期在文化差异较大的异国他乡开展工作，既要贯彻组织战略，也要适应当地的法律法规和政策以及工作方式，还要克服语言、思维方式等方面的障碍，实现组织目标，这对他们是一种挑战

10.1 高层管理人员的薪酬制度

高层管理人员的薪酬对企业的经营业绩与管理效能都具有极其重要的影响，其实质上是追求代理成本最低化和业绩最大化之间的平衡，也涉及兼顾企业长期发展和权益人短期利益的均衡。高层管理人员位于组织层级结构的最高层，虽然在组织员工数量中所占比例往往不超过1%，但由于他们是组织所有者的委托代理人，行使着组织的日常管理权力，他们在组织中处于领导层，扮演着领导者角色，担负着领导责任，其薪酬水平和薪酬结构与其他层次的员工之间存在较大差异，薪酬管理制度存在较大的特殊性。

10.1.1 高层管理人员及其薪酬制度的特殊性

从本书前面的章节中，我们已经知道，在组织内部决定薪酬的因素主要包括工作本身的价值（贡献）和对任职者的要求，而高层管理人员薪酬管理的特殊性正是由其工作本身的特殊价值和对任职者的特殊要求所决定的。

1）高层管理工作的特殊性

高层管理工作具有系统性、动态性、权威性、综合性等特点。高层管理工作主要包括：明确组织发展方向与目标；协调组织内外环境变化；建立健全组织管理体系；指导并控制组织运行；确保组织目标顺利实现。高层管理工作实质上就是进行重大决策：这些决策必然涉及整个组织的运行状态，决定组织中各种要素之间的结构关系，即具有系统性特征；这些决策会随着组织内部、外部环境的变化而变化，保证组织的适应性和协调性，是一种根据变化而展开的动态决策，即具有动态性特征；要保证这些动态的决策能够适应瞬息万变的外部环境，就必须保证决策的超前性，通过寻找出关键影响因素变化的规律，对外部环境的变化进行预测和判断，从而保证决策的科学性和持续性；这些重大的决策一旦确定，就会成为组织的发展方向或者发展目标，会以组织命令的方式在组织内部强制执行，即具有权威性特征；同时，这些决策会因为组织所处的生命周期阶段、决策时间、决策地点、决策对象、决策者自身资源与能力等因素的不同而不同，需要在事实、经验、预测、判断、创新的基础上随机应变，具有复杂性和综合性特征。高层管理工作的这些特征，是组织内部其他管理层级不具备的，对任职者提出了非常高的要求（尤其是决策能力），具有很强的特殊性，这决定了高层管理人员跟一般的组织成员，甚至一般管理人员有着很大的差异，这种差异必然要在薪酬制度上进行体现。

2）高层管理人员的特殊性

与其他员工群体相比，高层管理人员可能是企业在进行薪酬管理时需要关注的各种特殊群体中最重要的一类，因为高层管理人员受激励的程度直接关系到组织的整体经营绩效和员工的工作满意度，进而影响整个组织的竞争力。高层管理人员在组织中的特殊地位，决定了他们不仅直接作用于企业的经营方向和营销策略，而且其自身的工作方式和领导风格会对组织的工作氛围、人际关系等方面产生举足轻重的影响。同时，高层管理人员往往都有很长的工作年限和丰富的工作经验，他们和外部市场沟通交流多，追求外部公平性的意识较强，而且他们作为特殊的人力资源在市场供给上相对紧张。因此，高层管理人员的薪酬水平需要具有一定的市场竞争力。

根据明茨伯格（Mintzberg）提出的管理者角色理论，管理人员主要在人际关系方面、信息传递方面、决策制定方面扮演10种高度相关的角色：挂名首脑、领导者、联络者、监听者、传播者、发言人、企业家、混乱驾驭者、资源分配者和谈判者①。不同管理层级的管理者分别扮演不同的管理角色，高层管理人员在扮演上述10种角色方面体现尤为充分，而这些角色相对其他管理层级而言，对任职者提出了更高的独特要求，体现出高层管理人员的特殊性。

同时，从心理学的角度来说，高层管理人员表现出若干相同或相近的心理特征。管理层大多会表现出3个方面的共性，即对组织的承诺、行为取向和对权力的需求②。对组织的高度承诺是组织对高层管理人员的客观要求，也是高层管理人员认同组织经营战略和核心价值观的具体体现。组织的高层管理人员要把自己融入组织，时刻把自己与组织联系在一起，随时随地思考组织工作，他们的这种高投入要求组织对其提供补偿。行为取向是指组织根据管理层的行为表现和结果来向其支付报酬。这是因为高层管理的决策过程和管理行为过程直接影响组织绩效，组织需要对高层管理人员的行为过程和结果两方面进行评价与付酬。另外，管理层对权力的需求表现得比其他群体

---

① 罗宾斯，库尔特．管理学［M］．刘刚，程熙鎔，梁晗，等译．13版．北京：中国人民大学出版社，2017.

② 刘昕．薪酬管理［M］．6版．北京：中国人民大学出版社，2021.

更为明显，他们更乐于控制事态发展并对其结果产生影响，这种心理上的需求也要求组织在薪酬结构和薪酬制度中加以满足。

3）高层管理人员薪酬制度的特殊性

（1）薪酬差距明显大于其他组织层级。通常来讲，不同职位的高层管理人员之间的薪酬差距远远大于组织的其他层级，尤其是组织的最高领导者与其他高层管理人员相比。这种差异可以从两个角度来理解：一方面，跟决策的重要程度和影响程度相关。高层管理人员决策的重要性和对组织影响的广泛性，要求相应的薪酬作为回报。另一方面，是为了提高对高层管理人员的激励程度。高层管理人员处于组织的领导位置，薪酬不仅是对他们付出努力、取得绩效的回报，还是其个人价值的一种象征，这使得高层管理人员的薪酬水平较高，这种不断靠近组织顶端的职业晋升，必然要求薪酬增长相对其现有薪酬水平成一定比例，同样的比例必然体现为薪酬差距的绝对数字明显大于其他层级。

2022年，商务部积极应对超预期因素的冲击，统筹商务发展，扎实推动稳经济一揽子政策和接续措施落实落地。2022年社会消费品零售总额达到44万亿元，新型消费发展态势较好，实物商品网上零售额增长6.2%，占社零总额比重进一步提升，达到27.2%。实体零售保持增长，限额以上零售业实体店商品零售额增长1%。各大上市零售企业2022年度报告和《2022年零售上市企业高管薪酬排行榜》相继出炉。联商网零售研究中心统计了405位年薪酬超100万元的零售上市企业高管2022年的薪酬情况（税前年薪且不含股权分红），涵盖了百货、服饰、超市等业态。整体上看，405位高管薪酬总和达到了117 516.43万元，薪酬中位数达到290万元。其中，李宁公司创始人兼董事会主席李宁以7 265.5万元位列榜首，而2021年其薪酬为6 589.1万元，同比增长10.27%；李宁公司联席行政总裁高坂武史以6 564.7万元位居次席，而2021年其薪酬为6 600.3万元，同比下降0.54%；中国有赞首席执行官朱宁以4 226万元位居第三，同比上升527.19%。405位上榜高管中，女性有88位，占比21.7%%，在这88位女性高管中，江南布衣行政总裁吴华婷以2 094.5万元连续第四年夺魁，也是榜单中唯一年薪酬超过千万元的女高管。

时事点击

新旧势力车企高管薪酬分化：有的年薪过亿元，有的只有40万元

随着“新四化”给行业带来的活力，汽车界的创富神话接连不断，高管薪酬也在持续刷新人们的认知，甚至有时连公认高薪的互联网、高科技行业都望尘莫及。

在2021年媒体公布的中国高新技术公司高管薪资排行榜中，小鹏汽车副董事长兼总裁顾宏地以4.34亿元的年薪成为“最强打工人”，超过了腾讯总裁刘炽平。此后，一条“威马年亏82亿，创始人年薪12亿”的词条也占据了热搜，引发了广泛讨论。

随着2022年财报季的过去，车企高管薪酬再一次成为业内关注的热点话题。第一财经记者统计了包括跨国车企、A股和港股上市整车企业在内的共15家车企32位高管2022年的薪酬情况。这些车企高管薪酬既能侧面体现公司经营和财务状况，也能反映汽车市场资本的流动趋势。

新、旧势力高管薪酬分化

2022年，全球汽车市场都遭受了地缘政治加剧、新冠肺炎疫情反复、供应链危机等挑战。但“危”中也有“机”，2022年是属于新能源汽车的一年，全球新能源汽车销量首次突破1 000万辆，中国占比超六成。

经第一财经记者统计，2021年车企高管薪酬几乎跟整个汽车行业形式一样，呈现出结构性分化，其中，传统燃油车车企高管薪酬呈现基本持平甚至下降态势，而不少新能源汽车企业高管薪酬则是出现了同比大涨的现象。

以薪酬一向傲视国内高管的美国车企高管为例，虽然玛丽·博拉2022年薪酬高达近2亿元，但较2021年依旧减少了0.5%。而吉姆·法利年薪也从2021年的1.5亿元下降至1.45亿元，唐唯实则是从4.65亿元降至1.77亿元。

就国内车企高管而言，国企掌门人2022年薪酬同比变动幅度不大，广汽集团曾庆洪、长安汽车朱华荣薪酬小幅上涨，而上汽集团陈虹、北汽蓝谷刘宇则是出现了微降。这基本和2022年其所在公司的销量涨跌变动相一致，其中，北汽蓝谷2022年销量虽然上涨，但难掩连续大额亏损的颓势。

而2021年薪酬出现大幅上涨的高管基本集中在造车新势力。其中理想汽车CFO李铁薪酬同比大涨超36倍。2022年，理想汽车虽然亏损超20亿元，车辆毛利率也出现了1.5个百分点的下降，但它依旧是“蔚小理”中亏得最少的，且亏损主要源于研发费用的大幅增加。

零跑汽车CEO朱江明2022年薪酬同比大增了近5倍至5 636.1万元，公司总裁吴保军薪酬同比上涨12%至4 382.3万元，公司高级副总裁曹力薪酬也近2 000万元。2022年9月底，零跑汽车成功在港交所主板挂牌上市，这或许是其高管薪酬同比上涨的主要原因之一。2022年，零跑汽车交付量为11.12万辆，较2021年的4.37万辆增加154%，但它没有逃脱“越卖越亏”的命运，2022年净亏损进一步扩大至51亿元。

除新势力外，在2022年彻底舍弃燃油车的比亚迪高管薪酬也迎来了一波普涨。其中，比亚迪高级副总裁罗红斌薪酬涨幅最大，上涨了68%至887万元；公司执行副总裁李珂薪酬上涨了二成至960.2万元，他也是比亚迪薪酬最高的高管。根据东方财富Choice数据，比亚迪也是A股整车企业中对高管最大方的企业，2022年高管薪酬总额达到了9 265万元，是第二名广汽集团的2.4倍。

这与比亚迪2022年斐然的成绩脱不开干系。2022年，比亚迪新能源汽车销量超185万辆，夺下全球新能源汽车销冠宝座；净利润也达到了166亿元，超过了上汽集团的161.18亿元，成为国内最赚钱的整车企业。

资料来源　第一财经．新旧势力车企高管薪酬分化：有的年薪过亿，有的只有40万．[EB/OL]．(2023-05-09)[2023-09-27]．https://baijiahao.baidu.com/s?id=1765401985046493940&wfr=spider&for=pc.

试图解释CEO为何能够赚得巨额薪酬的一种理论是社会比较理论。其观点是，总裁的工资与低层员工的工资之间有一种强相关关系，当低层员工的工资在市场压力下上升时，总裁的工资也会上升，以维持二者的相关关系不变。按该理论，总裁的工资是低层员工努力争取提高收入的结果。但现实的这些信息说明，社会比较理论在解释为什么现在总裁的工资竟如此之高方面还有所欠缺。事实上，高层管理人员的工资水平是多方面原因造成的结果。

从薪酬结构设计来讲，高层管理人员的薪酬变动比率一般会明显高于其他管理层级，通常在50%以上，这意味着高层管理人员的薪酬区间跨度或薪幅超过50%。不同职位类型及其薪酬变动比率见表10-2。

表10-2 **不同职位类型及其薪酬变动比率**

薪酬变动比率	职位类型
20%~30%	生产、维修、服务等职位
30%～40%	办公室文员、技术工人、专家助理
40%～50%	专家、中层管理人员
50%以上	高层管理人员、高级专家

资料来源 刘昕．薪酬管理［M］．6版．北京：中国人民大学出版社，2021.

（2）薪酬水平与组织规模、市场薪酬紧密结合。对组织规模和组织绩效的研究（Tosi，Werner，Kats，Gomez Mejia，2000）发现，组织规模对CEO总薪酬变动的解释能力几乎是与总薪酬最相关的（会计）绩效度量指标的9倍。组织规模的扩大意味着组织根据外部环境和自身资源与能力制定成长战略的难度成倍增加，在组织内部持续进行技术创新和管理创新的难度成倍增加，组织内外的协调工作在范围、冲突类型上的难度成倍增加，从而要求组织高层管理人员具有高超的判断能力、决策能力、执行能力和控制能力，这需要相应的薪酬水平与之匹配。另外，企业高层管理人员薪酬与市场薪酬的结合度相对更为紧密。很多企业高层管理人员的薪酬通常是参照并高于当时的市场标准来制定的，这里的“市场”往往指的是同行业中具有竞争关系的组织相应职位的薪酬标准，或者是高层管理人员自己曾经获得的薪酬水平。在多数情况下，薪酬委员会首先确定市场中的主要竞争对手，然后找出竞争对手相应职位的薪酬标准区间，并在该区间中确定一个组织认为较为恰当的水平作为制定本公司总裁的薪酬水平的基础。我们可以把这看作社会比较理论在企业外部的具体例证。

（3）薪酬水平与组织绩效和风险状况紧密关联。根据代理理论，组织高层管理人员的薪酬应当主要取决于组织绩效。因此，在确定组织高层管理人员薪酬时，大部分组织都将组织绩效作为薪酬决策的主要依据之一。年度奖金和长期激励之间比例的逐渐增加就是一个很好的例证。另一个研究的结论是，领导者薪酬中的绩效工资水平与风险程度相关。也就是说，组织绩效的变动范围提高了代理人员（高层管理人员）承担的风险，这就要求向代理人员提供更高的风险溢价。在过去30年中，无数研究成果表明，CEO工资与企业绩效存在相关关系。

10.1.2　高层管理人员薪酬管理的重点与难点

1）薪酬政策由管理层自身操控

高层管理人员的薪酬管理一直是一个非常敏感的问题，由于整个组织的各种决策，包括薪酬决策，都是由管理层做出的，他们必须让员工相信自己没有以权谋私的嫌疑。同时，高层管理人员在数量上只占组织中员工总数的很小部分，但组织支付给他们的薪酬往往要占组织薪酬总额中的很大部分。薪酬制度的合理性，内部一致性、外部竞争性之间如何科学、合理地进行规划，的确是薪酬管理中的一大难题。

2）短期激励与长期激励的平衡

组织的长期性与高层管理人员任期的短期性这本身就是一对矛盾。任何组织都要经历不同的产品生命周期阶段，在高层管理人员的薪酬激励计划中，必须考虑生命周期的任一阶段与组织当前所处的位置并相应调整这一组合。从本质上而言，基本工资和短期与长期激励间的组合必须符合组织的战略行动计划。对高层管理人员而言，他们往往具有自我保护倾向，他们决策时必然要考虑如何使自己的地位更加稳固，并使自己的回报最大化；对组织而言，组织希望作为代理人的企业高层管理人员在决策时考虑股东们的最大利益或者组织长期发展的战略利益。在组织利益与个人利益之间，长期利益与短期利益之间，必须取得平衡，具体到代理人的薪酬制度上，体现为短期激励与长期激励的平衡。

3）确定正确的绩效评价方法

我们知道，衡量战略行为是一件困难的事情，高层管理人员本身的特殊地位决定了其本身的价值与组织绩效之间的密切关系。可问题在于，目前很多组织过分强调一套有限的经济指标，如每股收益或投资回报率等，使高层管理人员过于关注短期目标，从而忽视提高组织长期成就的行动。许多专家建议将衡量高层管理人员的绩效的经济指标扩大到包括现金流、市场份额、产品创新以及账面价值等的绩效指标。这并不是说组织应该漠视每股收益或投资回报率等，而是它应该拓宽绩效指标，使之包括更大范围的经济指标和管理团队的战略行为（例如，市场扩张、新产品创新、产品多样化、结构重组）。但是，其他专家认为，组织成功的关键往往依赖一到两个主要因素，所以他们不赞成扩大绩效指标的范围。不同的绩效指标反映出的绩效水平和价值会产生很大差异，对薪酬水平会产生重大影响。这样的现实状况使得科学合理地确定高层管理人员的薪酬制度更加困难。更为现实的是，在薪酬管理实践中，每个企业的经营规模、经营战略以及高层管理人员自身的差异性之间的复杂关系，使得高层管理人员的薪酬制度呈现出明显的多样性和差异性特征。

4）对股权制的控制与约束

目前，无论在美国、欧洲国家还是在中国，为了更好地解决组织经营长期性和经营目标短期性的矛盾，很多企业采用股份作为主要的经济激励，应该说这种激励方式在理论上具有很多优点，甚至可以解决长期经营与短期利益之间的问题，但在具体的应用实践中，如果过分依赖这种激励方式，或者认为这样的方式就能真正解决这对矛盾，那可能是有问题的（特别是股票价格变化带来的影响）。过分强调股份，如通过所有权增加员工的参与，是有多种原因的，但是它可能引起大股东所有权和每股收益的减少，也可能使员工的关注点远离长期战略和目标。期权计划内在的困难包括高层管理人员行使期权的时限及出售这些股票的相应限制。许多计划要求接受激励的高层管理人员是当前公司的员工，并且只能按事先设定的方式实施购买。这种规定实现了薪酬计划的目标之一——挽留人才，但它有可能因既有益于组织也有益于个人的利益折中而放宽对这一规定的限制。

在现实的薪酬实践中，组织为了确保其部分高层管理人员的报酬得到保障而修改薪酬计划。这有可能是因为管理层控制，也有可能是组织在一些特殊的情况下需要挽留或者引进一些特殊的高层管理人员。例如，当组织采用期权激励计划但股票价格在下跌时，期权的价格可能因高于股票市场价格而导致激励毫无价值。要使激励计划有效，组织就不得不采用一种新的期权计划使期权的价格低于股票市场价格。采用这种激励方式的结果就是高层管理人员获利而组织绩效面临无法保证的威胁，这意味着激励作用大大降低，股权激励方式的初衷已经因高层管理人员而失去了根本意义。当然这可能是股权激励中的少数情况，但在一个科学的薪酬管理体系中也是我们不得不面临的困难之一。

10.1.3 高层管理人员的薪酬结构

大多数高层管理人员的薪酬由五个基本部分构成：①基本薪酬；②短期奖励或奖金；③长期奖励及股票增值计划；④福利；⑤（工资外所得的）职位特权。由于税收法律内容的不断变化，在不同时期，以上几种薪酬形式在高层管理人员薪酬体系的设计中，都曾经受到重视。表10-3总结了在过去几十年中总裁薪酬构成的变化趋势。

表10-3 **总裁薪酬构成的百分比分类**

薪酬构成	20世纪70年代（%）	20世纪80年代（%）	20世纪90年代（%）
基础工资	60	40	27
福利	无	15	7
额外津贴	无	5	不清楚
短期激励性工资	25	20	43
长期激励性工资	15	20	23

资料来源 米尔科维奇，纽曼，格哈特. 薪酬管理［M］. 成得礼，译. 11版. 北京：中国人民大学出版社，2014.

从这些数据可以看出，高层管理人员的薪酬结构有比较明显的变化趋势：固定薪酬的比例呈递减趋势，而与组织绩效相关的激励性薪酬的比例呈增长趋势，这说明企业越来越重视激励性报酬，而不是基础工资。这种变化表明，企业越来越重视能够保证企业盈利和继续生存的决策。当然，这种变化趋势并不是说固定薪酬越少越好，激励薪酬越多越好，而是要实现薪酬结构中各类要素的科学组合。这就需要在薪酬设计过程中，充分理解各薪酬要素的作用及影响，从而确定各薪酬要素的组成比例。

1）基本薪酬

基本薪酬是薪酬结构中较稳定的部分。在马斯洛需要层次理论中，这部分薪酬主要是为了满足人的基本需求；在双因素理论中，这部分薪酬属于保健因素，主要是为了消除人的不满意。虽然高层管理人员的主导需求更多表现为受到尊重和实现自我价值的需要，但满足基本需要仍然是满足其他高级需要的重要基础。同时，按照双因素理论，基本薪酬虽然无法让高层管理人员产生满意的感觉，但可以有效地消除不满意感。因此，认真设计高层管理人员薪酬结构中的基本薪酬，仍然是一个非常重要的前提和基础。总体来说，绝大多数的企业都会选择让基本薪酬水平超过或至少等于外部市场的平均水平，体现一定的外部竞争性，这与高层管理人员的特殊性密切相关。当然，在薪酬管理实践中高层管理人员个人的薪酬水平在很大程度上还是取决于其实际的管理能力和绩效水平的高低。

在决定高层管理人员的基本薪酬时，虽然正规的职位评价仍然发挥着一定作用，但其他因素的影响更为重要，尤其是薪酬委员会的态度。薪酬委员会通常由公司董事会成员或部分董事会成员组成。一般情况下，它会接手人事主管所做的前期数据分析工作，甚至去分析工资调查资料，以及规模相近企业中高层管理人员的业绩记录。结合高层管理工作以及人员本身的特殊性，在确定高层管理人员的基本薪酬的过程中，往往需要考虑组织规模、盈利水平、销售状况、组织的层级结构、其他员工的薪酬水平等内部因素，还需要考虑所占市场份额、竞争对手薪酬水平、行业特殊性等外部因素。通常，高层管理人员的基本薪酬不超过其薪酬总额的30%。

2）短期奖励或奖金

一般情况下，企业向高层管理人员支付短期奖金，是对其在特定的时间段里（通常是一年）为组织总体绩效做出的贡献程度给予的奖励。在具体计算方面，短期奖金取决于其本身对经营效果的实际贡献大小。当然，上年度的企业利润水平、组织的生产率高低、具体管理行为的成本控制情况、资本和资产回报率等因素也会对短期奖金产生影响。在短期奖励的具体实践中，企业往往会预先在相应的绩效维度上与高层管理人员达成具体的预期目标，一旦这些目标得以实现或超过，即可获得短期奖励。

年度奖金通常在高层管理人员薪酬构成中占有很大比重，主要用以激励高层管理人员去创造更好的业绩。为了更明确地体现短期奖励的吸引力，在管理实践中组织往往将基本薪酬与短期奖励合称为年薪。这种报酬形式的普及速度快得惊人。仅仅是20年前，只有36%的企业采用年度奖金形式，而今天这个比例上升到了90%以上。此外，这种激励性报酬的数额平均可占高层管理人员薪酬总额的72%。当然，不同行业的激励性报酬存在显著差别。在金融行业，它们高出基础工资的2.5倍，而在公共事业领域，平均只占到基础工资的38%。具体的比例需要结合行业、企业的具体实际来最终确定。

3）长期奖励和股票增值计划

短期奖金大多是在一年时间到期的时候及时支付的，而长期奖金则通常是延期支付的，它与组织的长期经营绩效密切关联。长期奖励的目的在于通过经济上的利益关系促使企业管理层与企业的长期经营目标保持一致，或者说使得企业经营管理者与企业所有者保持一致，从而激励高层管理人员关注企业的长期发展并持续地提高企业经营绩效。通常长期奖励报酬占高层管理人员总报酬的25%～35%。

至今为止，最为常用的长期奖励形式是给予高层管理人员股票期权。股票期权指的是公司保证个人拥有在某一特定时间段以事先确定的价格购买公司股票的权利。比如，一个CEO或一个员工可以获得一个期权许可，按照许可当日的股票市价在一段时间（比如10年）内实施期权购买股票。理论上，在实施期权购买股票之前，股票期权允许员工在未来分享公司价值的增加而无须承担任何资金风险。在许多情况下，一个人的股票期权所得比其年薪多得多。目前全球排名前500名的大公司，有89.4%实施股票期权制度。美国公司进入20世纪90年代后，来自股票期权的收入在经理人员的总收入中成为增长最快和比重最大的部分。之所以如此，是因为与高层管理人员实际持有股票相比，持有股票期权具有更小的风险，因为高层管理人员在未来股票行情不好时可以不行权，而如果实际持有股票则可能因为行情不好遭受巨大损失，所以股票期权是一种更好的风险分担合约①。

当然，股票期权并非完美无缺。大多数高层管理人员极高的薪酬可以追根溯源到股票期权，因此批评者把注意力集中在股票期权的使用和滥用上。其中一个明显的反对意见就是，股票期权与高层管理人员的业绩并不直接相关，因为股票市场的变化受太多因素的影响，牛市和熊市的股票价格与价值之间差异巨大，处于熊市时高层管理人员可以不行权来化解风险，而处于牛市时整个市场形势高涨，而非高层管理人员的某种具体行为造成，高层管理人员就会获得“不应当获得的回报”。因此，高层管理人员的薪酬需要结合其他类型的长期奖励形式，要求高层管理人员“战胜市场”或达到某些与企业业绩密切相关的目标。

4）福利

高层管理人员通常能得到名目众多的福利和服务。由于许多福利都是与收入水平捆在一起的（如人寿保险、伤残保险、养老金计划等），高层管理人员的福利通常比大多数其他员工高得多。企业的福利一部分是针对企业所有员工的，还有一部分则是专门针对高层管理人员的。比如，除了第9章所描述的主要福利外，许多总裁还享受额外的人寿保险，不承担医疗健康费用，还享有“金色降落伞”的保障。“金色降落伞”是指高层管理人员与企业事先签署雇用协议：如果企业拒绝向其提供数额较大的经济补偿，就无权直接解雇高层管理人员。这为高层管理人员提供了坚实的就业保障。

5）职位特权

职位特权或称“额外津贴”，也许与“等级自有特权”的说法同源。由于高层管理人员在组织中扮演着挂名首脑、领导者、企业家、资源分配者等角色，企业必然为其提供特殊待遇。一种类型的特权具有内在性，他们在企业内部可以享受一些额外的优待，如豪华办公室、专用餐厅、特殊的停车位置等。另一种类型的特权主要用于企业外在的商务活动，如企业支付的俱乐部/协会会员费、住宿费、旅游费、机票费及用车费等。虽然职位特权在薪酬体系中较难以按某一标准量化为报酬金额，但这些特殊的额外津贴对组织来讲是实实在在要支付的，也有人把它归入福利的范畴。无论怎么划分，不可否认的是，职位特权是高层管理人员薪酬的组成部分。

---

① 卿涛，罗键. 人力资源管理概论［M］. 2版. 北京：清华大学出版社，北京交通大学出版社，2015.

10.2　专业技术人员的薪酬制度

10.2.1　专业技术人员的界定

专业技术工作通常是指利用既有的知识与经验、专业工具与条件，创造性地解决各种技术或管理问题，帮助组织实现目标的工作。专业技术工作以脑力工作为主，需要特定员工在工作过程中充分发挥自己的创造性和主动性，利用已掌握的知识和工作经验做出决策或进行创新。美国《公平劳动标准法案》把专业技术人员界定为那些受过科研方面或智力方面的专门训练，而且工作时间分配在管理事务上的部分不超过20%的人。联合国教科文组织根据成员（特别是发展中国家）开展科技统计工作的需要，对专业技术人员的界定如下：从事专业技术工作和专业技术管理工作的人员，即企事业单位中已经聘任以及未聘任专业技术职务但在专业技术岗位上工作的人员，包括工程技术人员，农业技术人员，科学研究人员，卫生技术人员，教学人员，经济人员，会计人员，统计人员，翻译人员，图书资料、档案、文博人员，新闻出版人员，律师、公证人员，广播电视播音人员，工艺美术人员，体育人员，艺术人员及企业政治思想工作人员，共17个专业技术职务类别。

10.2.2　专业技术人员薪酬管理的特殊性

专业技术人员通常会认为自己的工作比金钱更加重要。这一群体对创造和发现有最大的兴趣，他们往往与物（比如数据、材料、实验室、机器设备等）打交道多，与人打交道少。该群体成员对组织的责任可能主要基于他们在最好的工作条件下选择做一类工作的能力。如果另一个组织提供更新的设备、更多的自主权，或者是对创造或发现给予更大的认可，他们可能会被吸引而离开现在的组织。一些公司提供设备激励来挽留这类员工。例如，华为为了最大限度激发员工的创新热情和创造力，坚持将不低于年收入10%的资金用于高精尖领域的研发。2022年华为在研发上的支出为1 615亿元，占全年收入的25.1%，投入的研发费用及占比均为历史新高。近10年来，华为已累计投入的研发费用超过9 773亿元。

专业技术人员的特殊性可以归纳为如下几点：一是对专业技术的认同度高，对组织的认同度较低；二是工作专业化程度高，创造性强，工作过程无法监控；三是决定工作成果的专业技术水平难以准确衡量；四是衡量工作成果的长期性。这些特殊性使得专业技术人员的薪酬设计过程面临两大难点：一个是如何提高组织对他们的激励水平，激励他们不断掌握组织需要的新技术，并增强对组织的承诺，尤其是防止职业高原效应带来的职业转换。职业高原被看作个体职业生涯的峰点，是向上运动中工作责任与挑战的相对终止，是个体职业上的一种“停滞期”，与个体的工作晋升和变动密切相关。另一个是如何合理评价专业技术水平与技术成果，体现专业技术人员价值，激励他们不断致力于新技术的创造与转化，使薪酬结构和激励方式能够与其专业技术水平及技术成果相匹配。

10.2.3 专业技术人员的薪酬设计方法

1）双重职业发展路径

对于专业技术人员，差别化的工资体系似乎是必要的，但在传统的职能型组织中，决定员工薪酬水平的主要依据之一是其所处的职位或职务在组织中的行政级别。这种行政级别差异集中体现在管理层级阶梯上，使得专业技术人员成长到一定阶段后，为了克服职业高原效应带来的影响，不得不转入管理岗位或暂时离开工作岗位去更新自己的知识。近年来，一些企业努力去应对职业高原效应，为成熟的专业技术人员提供双重职业发展路径，以提高他们的激励水平。

双重职业发展路径实际上提供的是在组织中发展的两种不同路径，每条路径反映着对组织使命的不同贡献。第一条路径，或称管理晋升阶梯，通过监督或指导责任的加重而获得晋升机会。管理阶梯一方面为专业技术人员提供了由技术、技术管理、职能管理到高层管理这样的发展路径，另一方面为专业技术人员提供了扩展专业能力之外（尤其是人际技能）的能力，从而提高工作满意度和忠诚度的路径。第二条路径，或称技术晋升阶梯，是通过专业贡献的增大而获得晋升机会，而且这种专业贡献不以监督、管理员工为主要内容，着重鼓励专业技术人员提高自身的专业技术能力而获得组织的认可，体现其个人价值，如图10-1所示。对于专业技术人员来讲，双重职业发展路径提供的不仅是更大的晋升机会，而且技术路径的最高基础工资可以接近高层管理职位的最高基础工资。

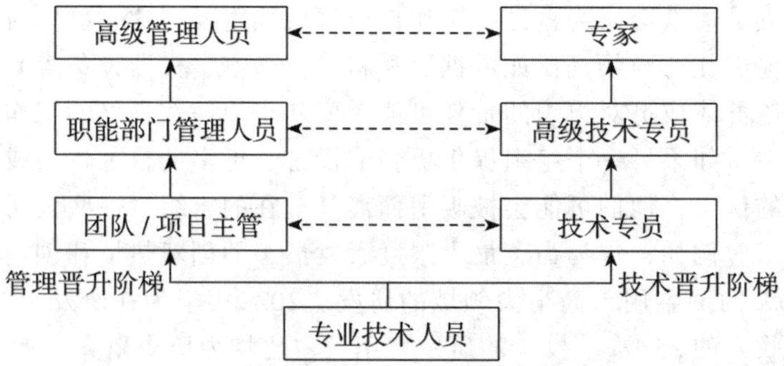

图10-1　专业技术人员的双重职业发展路径

2）专业技术人员的事业成熟曲线

企业向专业技术人员支付的薪酬实际上是对他们所接受的特殊科学性或智力性训练以及所积累的专业技术经验的价值的一种认可与回报，因此专业技术人员的技术水平就成为决定其薪酬水平的重要因素。专业技术人员的技术水平可以从两方面来衡量，一方面是其接受过的正规教育和训练水平，另一方面是其在所处领域的工作经验年限和实际工作能力。因此，学历（接受过的正规教育和训练水平的证明）和专业技术职称（工作经验年限和工作能力的证明）往往成为衡量专业技术人员技术水平高低的重要因素，而且二者相互关联。在专业技术教育和训练水平一定的情况下，工作经验年限是专业技术人员技术水平的一个重要的决定因素。这一方面是因为很多专业技术知识需要在实践中不断深化，另一方面是因为专业技术人员在工作的过程中可以继续学习甚至创造新的知识。这些知识的深化以及对知识的应用在实际工作中成为解决专业技术问题的关键能力。因此，在具体实践中，根据专业技术人员的事业成熟曲线来确定专业技术人员的薪酬水平是一种常见的做法，如图10-2所示。

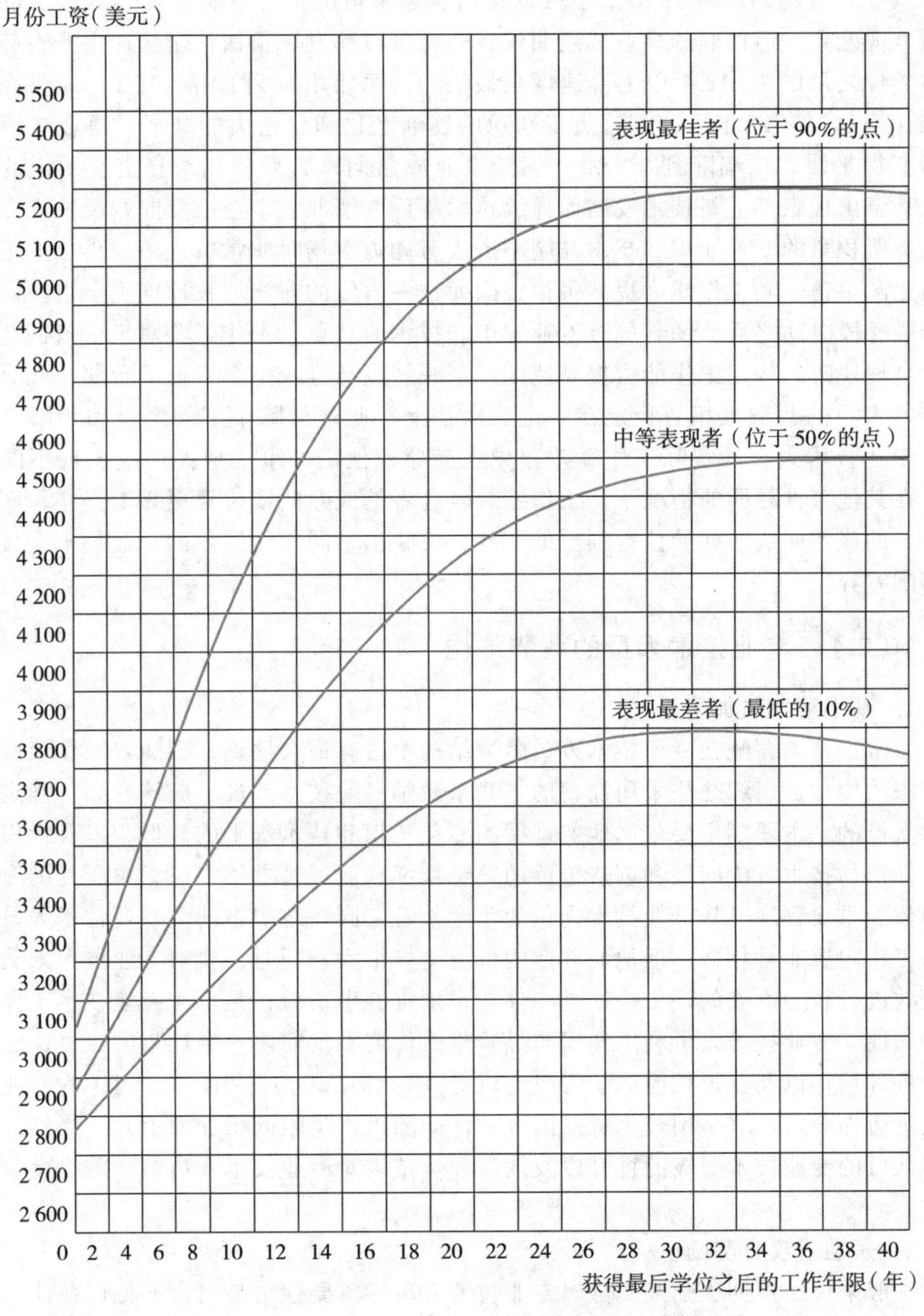

图10-2 成熟曲线：取得最终学位后年限与薪酬的关系

资料来源 格哈特，纽曼．薪酬管理［M］．成得礼，译．13版．北京：中国人民大学出版社，2022.

事业成熟曲线反映的是专业技术人员报酬与在劳动力市场上的工作年限之间的关系，实际上就是从动态的角度说明了专业技术人员的技术水平随着工作时间而发生变化的情况，以及它与技术人员的薪酬变化之间的关系。事业成熟曲线依据的数据来源于对外部劳动力市场的薪酬调查，多数情况下是从专业技术型员工取得最后一个学位的时点开始收集的。从图10-2中可以看出，通常情况下，尽管专业技术人员的工作业绩呈现差异，但他们的事业成熟曲线在初始阶段都发展很快，呈快速上升态势，在取得学位之后的2～12年中上升速度是最快的，每年增幅为10%～15%，属于高速成长期；经过18～28年后，随着员工知识的逐渐老化和创造力的减弱，事业成熟曲线开始变得平缓，增幅降到0～5%，属于事业成熟期；其后便相对稳定在一定的水平上，甚至出现跟不上新技术发展而导致技术落后的情况。事业成熟曲线反映出专业技术人员所积累的专业知识和技术在刚刚进入劳动力市场时非常有优势，再加上工作经验的逐渐丰富，其工作能力提高很快，因而这一阶段的薪酬增长速度也会很快。但是在经过一段时间之后，随着原有专业知识和技术的老化，工作经验对于价值创造的作用也呈现递减趋势，工作能力提高速度逐渐减缓直至进入一个事业平台期。此时，专业技术人员的薪酬也相对稳定在一定的水平上。此外，除了工作经验和年限因素以外，专业技术人员的实际工作绩效差异也会导致他们的事业成熟曲线出现不同的变化。在其他条件相同的情况下，工作绩效较高者的成熟曲线位置更靠上一些，而绩效较差者的成熟曲线所处的位置则更低一些，反映出不同工作绩效的专业技术人员之间的薪酬差异。

10.2.4 专业技术人员的薪酬结构

1）基本薪酬与加薪

通常，基本薪酬在专业技术人员薪酬结构中占有最大比重，而随着工作经验和工作年限的增加，组织往往采用加薪的方式来激励专业技术人员。应该看到，确定专业技术人员的基本薪酬主要依据他们掌握的专业知识和技术水平的高低，以及运用这些专业知识与技术解决问题和创造价值的熟练程度，而不是具体在组织中所处的专业技术岗位的重要程度。从专业技术岗位的角度来看，同一组织中同类专业技术人员所从事的工作内容非常相似，但他们创造的价值差异很大。同时，要对专业技术人员的工作绩效进行较为准确的评价往往是一件非常困难的事情。正是基于专业技术工作自身的特殊性，专业技术人员利用知识与经验创造价值不仅需要一个积累的过程，还需要接受各种培训以及获得相应的学习机会以提高自身知识水平和能力。组织为专业技术人员进行加薪时，多采用较为特殊的方式，即随工作年限的增加而上升。当然，获得组织认可的专业技术等级的提升以及绩效评价结果对专业技术人员的加薪也会有一定影响。

2）短期或项目奖励

一般来说，短期奖励或奖金对专业技术人员的重要性不是很大，他们往往会有较高的基本薪酬，即使有一定的短期奖励，所占的比重通常也比较小。为了提高专业技术人员的激励水平，组织往往需要对使项目取得成功的专业技术人员或团队给予一定金额的一次性奖励，或者让他们分享新产品上市后一段时期内一定比例的利润分成。

3）福利与服务

专业技术人员自身的特性使得这一群体对常规性的福利与服务项目兴趣不大，但他们对工作条件与设施、继续接受培训与教育的机会等组织支持方面则非常看重。为了提高这一群体的激励水平，组织除了要尽力提供各种专业技术工作所需的物质条件外，还应尽力为专业技术员工提供进一步提升自身能力、更新专业知识的机会，如提供进修深造、参加专业性学术交流活动的机会等，这样不仅能满足员工个人发展的需求，也能提高其对组织的忠诚度，更能增强组织的专业技术实力。

10.3 营销人员的薪酬制度

企业经营能否成功的关键就在于吸引和保留客户的能力。营销人员作为企业和客户之间的联系纽带，是影响企业成长和盈利的重要因素，尤其是在经营环境多变、客户需求日益个性化的市场上，企业能否培养一支目标明确、士气高昂、训练有素、经验丰富的营销队伍，有效地激发他们在恰当的时间以恰当的方式和恰当的价格，向恰当的客户提供恰当的产品，对于企业的市场竞争来说无疑是重要的挑战之一。虽然企业产品本身（尤其是质量和功能）也是吸引客户的重要原因，但在多数情况下，企业仍然需要通过营销工作来获得经营业绩。设计合理的营销人员薪酬制度，有效地提高营销人员的激励水平，成为营销工作的重要基础和保障。

10.3.1 营销人员工作的基本特点

与企业其他岗位的工作相比，营销工作具有以下几方面的基本特点：

1）工作时间和工作方式灵活，工作过程难以监督

营销激励计划的方式与生产激励计划非常相似，而且有相同的理论背景。但是，营销人员的成功不同于生产线员工的成功，在他们之间，决定激励的标准是不同的，执行激励计划的原因也不相同。生产线上的员工都守在工作岗位上，而多数营销人员的工作地点则在公司以外的地方。由于外部市场环境以及客户、竞争对手的情况瞬息万变，营销工作本身的灵活度非常高，营销人员工作的时间、地点及工作方式往往需要随机应变，管理部门很难对其行为过程实施直接的监督和控制。营销人员需要基于个人的知识、经验、营销技巧及社会资源展开工作，而且由于产品和服务本身的差异、营销方式的差异以及营销对象的差异，营销工作本身的差异性也相当大，有一部分营销工作需要营销人员独立完成，而另外一些工作则需要整个营销团队通力协作。所有这些差异，使得营销人员的薪酬激励呈现较大的特殊性。

2）工作绩效能够用明确的结果指标衡量

虽然营销人员的工作时间、工作态度以及工作方式难以控制，但营销人员的工作结果通常比较容易衡量，这一点与从事日常行政事务工作、职能管理工作甚至技术工作的其他员工存在相当大的差异。营销人员的工作结果通常可以用销售额、回款率、客户流失率、销售利润率、销售费用及售后服务等方面的绩效指标来衡量。这就决定了营销人员的绩效评价自然以结果为导向。因此，跟生产人员一样，用激励工资方式给营销人员支付薪酬可以直接将工资与绩效联系在一起。从行为的角度来看，佣金激励计划提供了最明确的报酬-绩效关系。如果员工有产出，他或她就该得到报酬，没有绩效就没有收入。

3）工作本身的综合性、风险性和挑战性强

市场环境和客户的不确定性决定营销人员在日常工作中面临的很大一个挑战就是应对风险和不确定性。通常情况下，营销人员的工作和努力所获得的结果不具有一致性和持续性，有时候营销人员能够顺利地完成甚至超额完成目标任务，有时候营销人员即使付出了大量的时间与精力也得不到相应回报。同时，完成营销目标任务往往需要营销人员综合运用各方面的知识和技巧，除了需要深入了解企业，精通产品、营销技巧，还需要通过提高自身的修养、与人沟通、把握谈判时机、营造氛围等各方面的经验和努力才能实现目标。

营销工作的风险性和挑战性决定了从事这种工作的员工是一群特殊的人，他们通常都是具有高成就动机的群体，会给自己制定富有挑战性的业绩目标，倾向于得到及时反馈，并能够在营销和实现目标的过程中得到享受，并极为关注公司的营销人员薪酬计划。因此，在确定营销人员薪酬的时候，企业应当力图设计出一种既让营销人员乐于承担风险，又能够对他们所承受的风险提供合理回报的薪酬制度。

4）营销人员进入壁垒低，流动性大

岗位进入壁垒就是非本岗位人员转换到本岗位从事工作的难易程度。与企业财务人员、技术研发人员、生产人员等岗位相比，营销人员的进入壁垒要低得多。无论员工之前从事何种工作，只要身体健康，年龄适当，能够与人沟通，就可能转到营销岗位上来。较低的岗位进入壁垒，使目前并没有从事营销工作的人员或新生劳动力随时可能转移到营销队伍中，使得营销队伍日益庞大。但是，要成长为合格的、有成就的营销人员则是比较困难的事情。现有营销人员如果长期难以取得较为理想的成就，或者长期难以完成营销目标，就会产生动摇，进而选择离开，这也会增加为营销人员制订合理的薪酬激励计划的难度。

总的来看，组织必须将激励计划与组织目标、战略整合在一起。人们越来越关注的一个问题是如何在营销激励计划中整合客户服务与客户满意度，最困难的方面是营销绩效衡量标准的制定。组织营销战略强调的重点决定了薪酬设计中的绩效衡量标准，也就决定了营销人员的薪酬结构。

10.3.2 营销人员薪酬管理的影响因素

1）营销人员薪酬政策的战略导向性

在建立营销人员薪酬制度时，应该把薪酬战略有效地融入企业的整体经营战略中。对于追求成长战略的企业或追求集中战略的企业而言，薪酬战略与企业整体战略的匹配见表10-4。一般情况下，成长战略强调创新、承担风险和拓展市场，与之匹配的薪酬战略就是与营销人员共同承担风险，也使营销人员分享在未来取得成功时的较高收入。采取集中战略的企业由于市场较为稳定、员工队伍较为稳定，因而在薪酬决策中更强调连续性和规范性。

表10-4 **薪酬战略与企业整体战略的匹配**

薪酬战略范畴	企业战略	
	集中战略	成长战略
承担的风险（绩效薪酬）	低	高
时间	短期	长期
薪酬水平（短期）	市场水平以上	市场水平以下
薪酬水平（长期）	低于市场水平	高于市场水平
福利水平	高于市场水平	低于市场水平
薪酬决策的集中度	集中化	分散化
薪酬的分析单位	工作	技能

资料来源 陈晓东. 销售人员薪酬激励研究［M］. 北京：经济管理出版社，2008.

2）营销人员薪酬结构的内部一致性

营销人员薪酬结构的内部一致性主要通过以下几个方面表现出来：

（1）营销薪酬结构中的固定部分与浮动部分的比例。在营销人员的薪酬结构中，固定部分是保健性的，而浮动部分则具有激励性。表10-5列举了美国、日本、韩国的薪酬结构中固定部分和浮动部分的比例。处于初创期和快速成长期的企业通常会加大浮动部分的比例，以更好地激励营销人员，而处于成熟期的企业，或生产经营相对稳定的大型企业，适当加大固定薪酬部分的比例则能更好地稳定营销团队。

表10-5 **美国、日本和韩国的薪酬结构比例**

薪酬结构	美国	日本	韩国
固定薪酬	30%	50%	50%
浮动薪酬	70%	50%	50%

（2）薪酬的组成部分及其比例。营销绩效是制定整个营销薪酬体系的基础，企业要合理制定营销人员总薪酬中各项报酬的种类及其比例，就应该做到：营销人员的薪酬与营销绩效及企业绩效紧密相连，同一等级营销岗位之间的薪酬保持公平，不同等级营销职位之间的薪酬具有差异。

（3）物质性报酬与非物质性报酬的比例。物质性报酬并不是企业能保留营销人员的唯一原因。随着社会的进步，营销人员工作生活质量不断提高，对精神生活和其他非物质性内容的追求越来越重视，他们的薪酬观念变得更加理性，更强调个人价值的体现与提升，如成长机会、荣誉、升职、工作生活质量、和谐劳动关系等，都成为营销人员追求的目标。因此，营销人员薪酬计划的设计要重视物质性报酬与非物质性报酬资源的合理配置。

3）营销薪酬水平的外部竞争性

营销薪酬水平的外部竞争性，要求企业必须具有比竞争对手更高的薪酬水平，才能吸引到优秀的营销人才，但这并不意味着营销人员的薪酬越高，激励效果就越好。由于营销人员薪酬水平的制定依据存在差异，各国、各地区、各行业、各企业之间很难进行绝对的比较，单纯用薪酬高低这一标准难以全面衡量或比较不同企业之间的差异。所以，有竞争性的营销薪酬水平是在能够吸引到足够的优秀营销人员和控制人力成本支出之间达成平衡。营销薪酬的外部竞争性体现为营销人员将本人的薪酬与在其他企业从事同样工作的营销人员所获得的薪酬进行比较，所以企业往往借助营销薪酬调查来避免营销人员产生强烈的外部不公平感。

为了确保自己的薪酬体系具备行业内竞争力而又不会带来过高的运营成本，我们可以从诺基亚（NOKIA）薪酬比较率（comparative rate）的例子中找到一些思路。诺基亚在其薪酬体系中引入一个重要的参数——比较率，它等于诺基亚员工的平均薪酬水平/行业同层次员工的平均薪酬水平。为了让比较基数——行业同层次员工的平均薪酬水平——能保持客观性和及时性，诺基亚每年都会拨出一定的经费让专业的第三方市场调查公司进行大规模的市场调查。根据这些客观的数据，诺基亚再对企业内部不同层次的员工薪酬水平做适当调整，务求每一层次的比较率都能保持在1～1.2的区间内（即从等于行业内同层次薪酬水平至高于平均水平两成左右）①。这样既客观有效地保持了薪酬体系在行业内的竞争力，又不会带来过高的运营成本。

4）营销人员计酬方式的公平性

为了保证营销人员计酬方式的公平性，企业在进行薪酬设计时应该从个人价值、岗位价值和工作绩效3个方面来考虑，即遵循这样3条原则：一是营销薪酬要反映营销人员的个人价值，应该以人才市场的价格为基础，使营销人员作为单独的个体在个人比较过程中产生公平感。二是营销薪酬应反映营销人员的岗位价值，依据不同的营销岗位所对应的知识、能力、经验等要求，各个营销岗位在企业中的相对重要性和贡献度来确定薪酬，从岗位的复杂性、责任大小、控制范围、所需知识和能力等方面，对岗位的价值进行量化评估。三是营销薪酬应该反映营销人员的工作绩效。营销薪酬与绩效相结合往往是充分发挥营销薪酬激励作用的最重要环节，也是薪酬分配过程中最容易产生不公平感从而影响激励效果的环节。

10.3.3 营销人员的薪酬构成与类型

1）营销人员的薪酬体系构成

这里，我们从物质性报酬、非物质性报酬的角度来看营销人员的薪酬体系。物质性报酬包括工资、奖金、福利、津贴、利润分享、员工持股计划等具体形式；非物质性报酬是指营销人员获得的成就感、满足感以及良好的工作环境等，包括职务晋升、参与决策、更多的责任、个人成长机会、客户肯定、完成工作的满意心理、更大的工作自由和权限、活动的多样化、满意的办公设备、有魅力的头衔、满意的工作分工、满意的午餐时间等具体形式，具体结构如图10-3所示。

---

① 陈晓东．销售人员薪酬激励研究［M］．北京：经济管理出版社，2008.

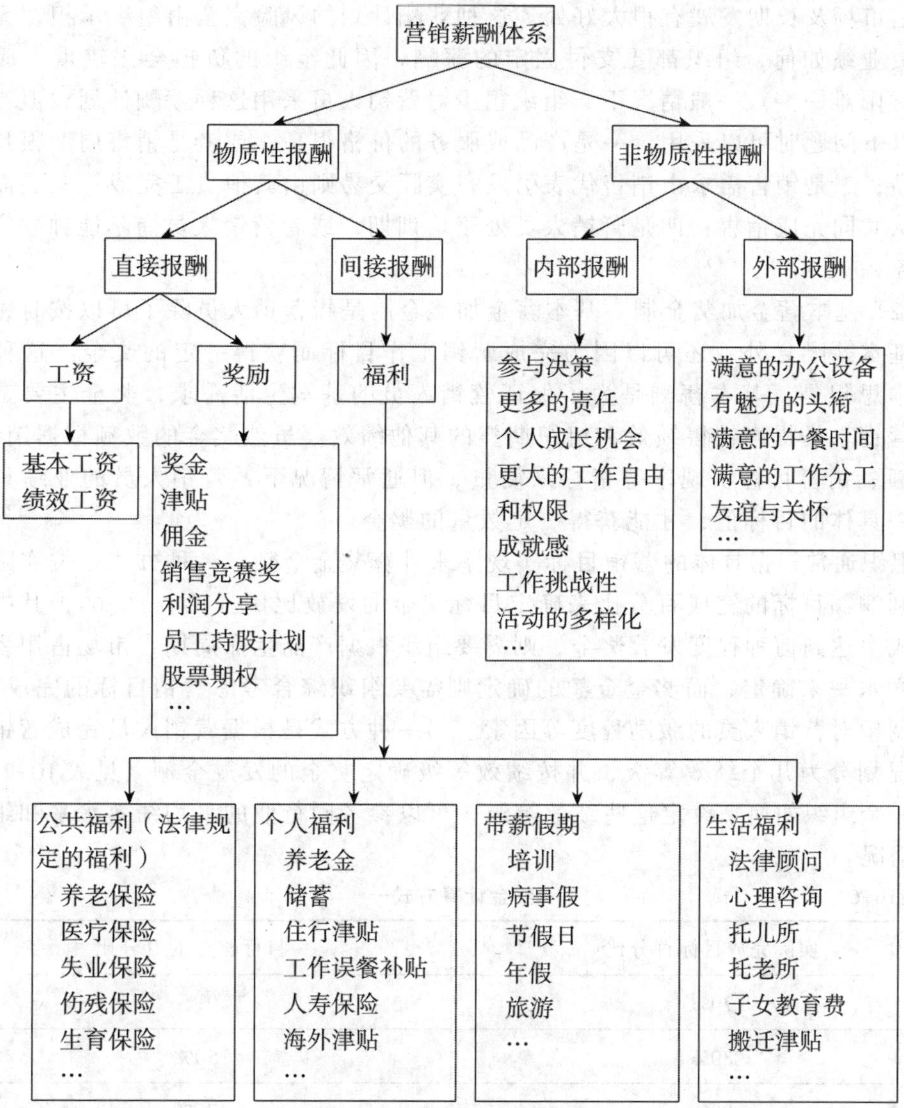

图10-3　营销薪酬体系模型

资料来源　陈晓东，谭伟，田利华．销售薪酬管理［M］．北京：经济管理出版社，2003.

2）营销人员薪酬方案类型

营销人员的薪酬方案一般是在基本薪酬计划的基础上略有变化，主要包括纯薪金制、基本薪金加奖金制、基本薪金加佣金制、基本薪金加奖金加佣金制、纯佣金制等类型。

（1）纯薪金制。纯薪金制是指营销人员的收入是按固定的基本薪酬支付的，不随销售数量、市场份额的增加或其他销售业绩指标的变化而变化。在这种方案下，营销人员偶尔也可能获得红利、销售竞赛奖之类的奖励，但这种额外的奖励并不是组成薪酬的固定部分，而是带有一定的随机性或临时性特征。使用纯薪金制的主要目的是鼓励营销人员着重培养组织的长期客户或者提高营销人员的技能，这对组织长期稳定市场及长期发展有很大好处。这种薪酬计划的风险完全由组织承担，无论营销人员业绩如何，组织都要支付固定的薪酬，因此组织的负担会比较重，成本控制相对困难一些。一般情况下，组织很少对营销人员采用这种薪酬计划，但当组织面临以下问题时可以采用：一是产品或服务的价格很高，或者是销售周期很长的科技产品；二是销售需求由销售代表引发，实际交易则由其他员工完成；三是需要销售团队共同完成销售；四是营销人员处于培训期，或者营销人员尚不能独立完成营销任务。

（2）基本薪金加奖金制。基本薪金加奖金制是指营销人员除了可以按时领取一定的基本薪酬之外，还可以因为完成营销工作目标而获得一定的奖金。这种制度的基本思想是：基本薪酬是为了保证营销人员的基本生活需求，奖金主要是为了激励营销人员提高销售绩效和组织期望的其他绩效。虽然奖金的数额根据销售额、利润额、销售目标实现率等指标来衡量，但通常情况下，营销人员的业绩只有超过某一具体的目标值，才能获得一定数量的奖金。

组织通常根据具体的营销目标实现率来计算奖金金额。一种方式是按实际销售额或利润额目标的完成百分比来确定目标奖金的发放比例（见表10-6），其中，目标完成率达到何种程度发放奖金，则需要组织根据产品生命周期、市场占用率、产品利润水平来确定，而奖金金额的确定则需要组织综合考虑营销目标的完成难度、组织期望对营销人员的激励程度等因素。另一种方式是根据营销人员完成营销目标的情况划分为几个绩效等级，并按绩效等级确定奖金的发放金额（见表10-7）。具体到一个组织如何来设定这些绩效等级，可以参考同行业的平均绩效水平和组织的实际情况。

表10-6 **奖金计算方式一**

实际完成目标百分比	目标奖金的百分比
70%	0
80%	50%
90%	75%
100%	100%
110%	125%
120%	150%

表10-7 **奖金计算方式二**

绩效评价等级	奖金比例
S	150%
A	125%
B	100%

续表

绩效评价等级	奖金比例
C	50%
D	0

（3）基本薪金加佣金制。在这种薪酬制度下，营销人员每月领取一定数额的基本薪酬，然后按营销业绩领取相应的佣金。这种制度一方面为营销人员提供了最基本的薪酬收入，起到稳定营销队伍的作用，另一方面采用佣金的方法起到对营销人员的激励作用。这种薪酬制度目前在营销人员薪酬制度中使用最为普遍。设计这种制度的最困难之处在于如何决定基本薪酬与佣金的正确组合。根据托马斯·J. 伯格曼（2004）的观点，组织应当考虑以下几个因素：销售者技术的重要性、公司的规定、广告与促销的费用、产品的价格与质量、客户服务的数量、团队销售的重要性、组织的市场目标。例如，如果出售一项产品需要采取相当多的非销售活动去满足客户的需求，如产品技术特性很重要、产品质量影响大、组织为客户提供的整体服务很重要、客户乐意接受该产品或者市场竞争不激烈等，那么整体薪酬中佣金部分的份额就较小，基本薪金的份额就较大。但是，如果组织的市场份额很小，而市场很大且没有具有支配地位的产品，组织的销售绩效主要取决于营销人员的销售技能，则佣金的比例就应该大于基本薪金的比例。同样，如果工作任务需要销售人员拥有特殊的技术，公司也不算有名，组织向客户提供的服务也较少，且没有什么团队工资，那么佣金在整体薪酬中就应该占有较大的比例。

（4）基本薪金加奖金加佣金制。这种薪酬制度的特殊性在于，它将佣金制和奖金制结合在一起。营销人员除了按时获得基本薪酬外，每个月还能获得按销售额固定比例提取的佣金。此外，每个季度或半年或一年，他们还可以根据本人的营销目标实现率来获得一定百分比的奖金。这种制度不仅鼓励营销人员实现更高的销售额，也鼓励他们去实现组织期望的其他营销目标（如利润率）。这种薪酬制度可以看作从佣金中分离出一定比例的金额，延期到一个季度或半年或一年后，在集中考评后一次性发放，本质上是基本薪金加佣金制的一种扩展。

（5）纯佣金制。所谓纯佣金制，是指营销人员的薪酬中没有基本薪酬部分，其全部收入都由佣金构成。在设计纯佣金的薪酬计划时，组织需要提前考虑以下几个问题：

第一，如何确定佣金的计算基础，也就是佣金的计量指标。最常见的方式有两种：一种是按总销售量或者总销售金额来计算佣金。这种计量方式操作简单，执行容易，没有任何争议，只要佣金的比例确定，组织与员工双方对佣金的金额都能够准确计算。但是，这种方式并没有核算成本要素，如销售成本、生产成本、管理成本等，因成本要素变化而产生的风险全部由组织来承担，甚至造成销售业务明明亏损，还要向营销人员支付佣金的局面。另一种是按销售利润或净利润或者利润率来计算。这种计算方式能够很好地规避组织的利润风险，但计算起来相对复杂，而且在有关成本核算项目或计算比例上，组织与营销人员之间容易产生分歧（原因可能是信息不对称，也可能是双方看待问题的立场有差异），这种分歧会对营销人员产生较大的负面影响，从而导致激励水平下降。为了鼓励销售人员做出更大的工作业绩，组织应该根据销售增长情况、市场份额比例、各产品的利润率等因素为营销人员提供更有利可图的产品组合计划。

第二，如何确定佣金的比例。确定佣金的具体比例时，可以考虑按固定比例、递增或递减的比例，或者某些比例的组合。佣金比例的高低往往取决于产品的价格、销售量以及产品销售的难度等。在选择佣金比例时，组织的理念与目标有助于做出最好的安排。例如，有些组织不允许销售人员的薪水超过某些管理职位，这样，按照比例增加的薪酬计划就会向这一要求妥协。

第三，销售人员什么时候拿到佣金。佣金的发放是在销售完成、货物运走之时，还是在货款已全额收清之时？很明显，站在组织的角度，佣金最好是在货款已全部收清时支付。这一政策在经济上很明智，规避了组织的收款风险，但是违背了以金钱作为强化因素来鼓励销售的行为原则。那么，佣金是不是应该在销售完成时就支付呢？也不一定，因为收款的风险将由组织来承担，而收款本身就应该是营销工作的一部分。具体支付佣金的时间，还是要根据销售工作的具体特点决定。如果收款风险较大，那么佣金应该等到货款全部收清之时支付；如果收款风险很小，销售完成就可以支付；如果风险情况难以衡量，那么折中的方式就是在销售完成和货款收清这两个阶段各支付一定的比例。

第四，佣金是与他人共享还是归销售人员个人所有。在有一些组织中，销售经理或辅助人员要一起分享佣金，因为从最终的结果来看，任何营销工作都是团队工作的结果，而非完全的个人努力，因此我们很难说营销工作中其他人就没有贡献，只是程度大小不同而已。佣金的分享问题其实关键就在于组织如何确定完成营销工作的直接主体。如果直接主体是营销团队，客户的满意来自组织内其他人的协作，那么分割佣金就很合理。组织还必须能够确认哪些人属于该团队、每个人为长期的客户满意度做出了多少贡献。

应该注意的是，虽然纯佣金制使营销人员的薪酬与营销绩效完全直接相关，能够极大地调动营销人员的积极性，激励作用非常明显，佣金的计算也非常简便，但是这种情况下营销人员的收入往往缺乏稳定性，容易受环境和其他外部因素的影响，容易导致营销人员缺乏归属感而流失，也会导致营销人员过分强调与佣金直接相关的绩效指标而忽视其他因素，从而导致营销活动的短期化。

3）特殊的营销激励计划

（1）临时销售促进奖励。在一些特殊的时期，组织会特别强调某些产品或服务，并通过短期或临时特价销售的方式来实现营销目标。这些目标可能包括出清存货、提高市场渗透率、平衡营销组合、导入新产品等。与之对应的销售激励计划是临时的也是短期的，在实现阶段性营销目标后立即被取消，但在一些特殊时期，这种临时的而且非常具有激励性的措施往往对完成短期目标有着很大影响。例如，公司为了配合新产品上市，对在一定时期内以特定数量或比例增加老产品销售量的销售人员给予25%的奖励。值得注意的是，临时激励的价值应该足够大，对营销人员要有足够的吸引力，才能真正激发营销人员的销售积极性，但不能大到使销售人员忽视工作的其他方面或其他工作，这也是需要考虑的。

（2）销售荣誉。在营销实践中，荣誉是销售激励计划中的重要因素。尽管组织在物质层面需要向营销人员支付一定的薪酬，但组织对他们工作绩效的认可和表扬，往往能够产生巨大的精神激励。《销售与营销管理》（Sales and Marketing Management）杂志的一项调查证明，正式的认可计划（荣誉）与销售成功高度相关。有人认为，成功的荣誉奖励包括5个因素。第一，组织必须具备或发展一个长期的、易辨认的认可象征（例如，公司标识或商标）。第二，组织必须准备一个作为载体的标志性礼物（如证书、流动红旗、其他纪念品等），以流动的形式传达该项荣誉。第三，组织必须以一种正式的方式向个人表示奖励，如颁奖宴会、公司正式文件等公开通告方式。第四，颁奖人的地位必须能够增强员工的荣誉感。第五，组织必须定期检查奖励计划，以确保它所指向的行为符合当前的组织目标，且奖励本身是被员工看重的。

（3）辅助人员的激励。对于最终的客户满意来说，辅助人员也很关键。比如，为了保留客户，在销售环节之后，公司必须提供出色的售后服务。很多组织正在多方面寻求激励辅助员工的方式。施乐公司给行政人员和高级操作人员建立了服务目标并将其与整体的客户满意度结合起来。例如，每次正确并及时地处理完一桩生意之后，广告部的经理就可以得到一定的积分。对大约200个企业的调查显示，过去10年间，对销售辅助人员的激励增长迅速。最普遍的激励之一就是旅游，大大小小的企业都在用这一方式奖励他们的技术人员、办公室文员或电话推销员。

10.4 外派人员的薪酬制度

10.4.1 外派人员概述

经济全球化拉近了国与国之间的距离，世界变得越来越小，然而这种距离的变短并不意味着世界大同，文化差异仍大量存在。市场的全球性要求企业必须站在全球的角度来配置资源并解决全球性的管理问题，全球营销、全球采购、全球雇用等行为成为企业获得竞争力的重要方式，向其他国家和地区派遣员工便成为必然。当公司努力使自己在新的全球市场具有竞争力时，确定在其他国家分支机构工作的员工的薪酬也就成为一个极为重要的管理问题。在国外运作的公司雇用员工面临3种选择：本国驻外员工、第三国员工、当地员工。本国驻外员工是母公司所在国家的居民，他们通常在国外工作过多年。第三国员工（TCN）既非母公司祖国的居民，也非国外子公司所在国家的居民，而是第三国的居民，他们通常因为自己的职业而不断地从一个国家转移到另一个国家。当地员工是国外子公司所在国家的居民。图10-4说明了派遣本国和第三国员工到另一个国家承担工作的原因，针对这些特点设计薪酬体系将是一种挑战。

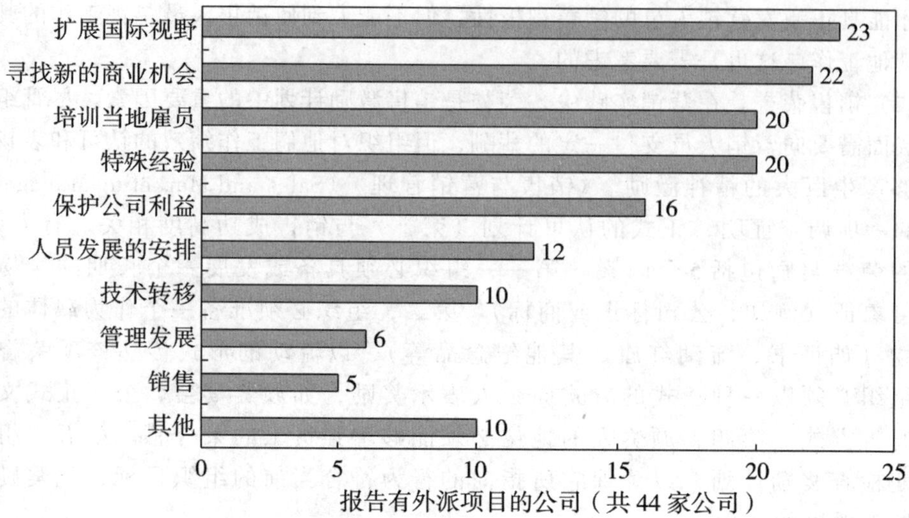

图10-4 选择外派雇员的原因

资料来源 格哈特，纽曼．薪酬管理［M］．成得礼，译．13版．北京：中国人民大学出版社，2022.

10.4.2 外派人员薪酬管理的难点

1）成本较高

外派人员的薪酬体系设计的难点之一是这类雇员的人工成本较高。例如，一家公司派一位带有妻子和两个小孩的美国雇员（基本工资80 000美元）到伦敦工作3年，预计要花费80万～100万美元，这种高成本必然要由雇员所做的贡献来弥补。据估计，美国公司为驻外执行官所花费的薪酬成本是他们在本国薪酬的3～5倍。

2）公平

公平是在设计这类薪酬体系时需要考虑的重要因素。对于外派人员而言，要体现两个公平性：一是要体现其派到国外后所得到的薪酬与其在国内所得到的薪酬水平相比较的公平性；二是要体现其派到国外后所得到的薪酬与当地雇员的薪酬水平进行比较的公平性。处理这类公平问题时，一方面，要通过薪酬体系的设计使公司雇员有接受外派任务的兴趣，另一方面，外派人员的薪酬又不能与当地雇员的薪酬水平差距过大。当本国与东道国在经济发展状况、收入水平、生活水平等方面差异较大时，外派人员薪酬的公平问题会尤为突出。

3）雇员偏好

由于地区差异以及市场地位的不同，某些雇员担心去国外工作会对自身的职业生涯产生不同程度的影响，再加上个人的家庭情况、生活因素等，雇员对于被派到国外去工作的态度会不一样，而这种态度在外派期间也可能会改变。相关的调查表明：大部分的外派员工不知道他们回到本国后工作将变得怎样；超过半数的外派员工回国后，要么还是从事比较低级的工作，要么在一年内选择了离职；只有少量的归国人员认为公司重视他们的海外工作经验并得到提升。因此，雇员对外派工作的疑虑或者偏好给组织带来了更大的薪酬设计压力。

10.4.3 外派人员的薪酬结构

通常，设计外派人员的薪酬体系要处理好基本薪酬、福利、税收、津贴和激励奖金等方面的内容。总薪酬的设立目标是提高组织吸引、挽留和激励最佳员工的能力。研究表明，文化的差异极大地影响了外派人员薪酬各组成部分在总薪酬中所占的比率，产品的市场表现是总薪酬水平的主要决定因素，而当地的文化强烈地影响了基本薪酬、福利和激励的组合。

1）基本薪金

外派人员的基本薪金有三种选择基准：母公司薪酬标准（母国）、国外子公司薪酬标准（所在国）、参照薪酬标准（第三国）。我们先来看看这样的一个极端的情况：国外子公司内包含了来自上述三国的员工，三种员工都按各自母国的薪酬标准设计基本薪金，也就是采用不同的标准，那么在三种员工中就存在严重的平等问题，因为他们中的一类或更多的员工的薪金远远高于其他类员工。如果他们所从事的工作非常类似，那么公平性的问题更为突出。为了解决这个问题，所有员工的基本薪金通常按照母公司（所在国）或者是国外子公司（所在国）的薪酬政策和实践而设定，只有在一些特殊的情况下（如试图在供不应求的劳动力市场中吸引并挽留有特殊技能的员工），才可能基于第三国标准而设计。

（1）选择之一：基于母公司（母国）的薪酬结构和政策。这种选择尤其适用于下列情况：外派的期限较短（3～5年）；极少有来自其他国家的员工在同一地点工作；外派员工是高层（执行官）且拥有特殊的技能；员工计划完成任务后返回母公司所在国家等。这种薪酬制度使得员工返回母公司更为容易，因为薪金在暂时的任务完成之后不会有较大的变动。这种方式存在两个主要的缺陷：首先是成本可能较高，如果公司不对住房（如在日本租一套不错的房屋一年可能要花费150 000美元以上）等事务进行一些限制，情况更是如此；其次，可能导致驻外员工和当地雇员或第三国雇员之间的工资不平等。

（2）选择之二：基于子公司（所在国）的薪酬结构和政策。这种选择主要适用于下列情况：员工来自多个国家；员工外派的时间较长（长于5年）；国外居住的成本比较高（薪金必须基于当地的生活成本）；维持子公司内部平等很重要等。同时，当员工主要是当地居民时，这种薪酬制度的选择比较合理，因为与他们相应的劳动力市场也是本地的，薪酬必须与当地的风俗和实践保持一致。当然，如果组织以子公司为基础支付员工（除了当地居民外）薪酬，组织还必须关注币值波动，因为货币价值的变化可能会对雇佣关系产生破坏性的影响。

（3）选择之三：支付给员工两个地点中的最高工资。这种方式仍然以母公司薪酬和子公司薪酬为基础，但在二者中选择薪酬水平最高的一种，如此一来，被派往国外的员工的生活标准就不会低于当地的生活标准。这种方式（也称国际方式）将员工（多数是高层管理人员）的工资与一般的参照点联系起来，不管被派往哪个国家，他们的工资和福利都能保持公平。

2）福利

在福利项目设计中，组织必须仔细观察所在国当地的实践、风俗和法律，也必须考虑当地的经济条件，还必须考虑当地所有的法定福利。这一点应该引起中国企业足够的关注和重视。给予驻外员工和大多数的第三国雇员的边缘福利计划通常包含在母公司的福利项目中。对于一些关键的第三国雇员，组织可能有必要为了税收的原因而规划一些独立的浮动福利计划，尤其是在低税负国家的养老金领域。税率、经济发展水平的不同，可能导致组织设计的福利项目的成本发生波动，而专家建议，在所有国外的经营机构中，福利计划应该都是固定出资计划。例如，提供给具有高通货膨胀历史的巴西的雇员的固定福利计划可能使组织承担巨大的长期成本义务。同时，不同国家在法律上对法定福利的规定存在较大差异，如果不能很好地理解并满足这些差异，将给组织带来麻烦。例如，许多欧洲国家对员工退休、伤残和解雇有特别要求，与其他国家相比，这些要求不仅范围要宽得多，而且成本更高，这使得向欧洲国家派遣员工的组织在设计外派员工福利时不得不加倍小心和谨慎。另外，为了使外派员工适应当地的日常生活，组织经常为他们的孩子提供私立学校教育，为其住房、食物和其他日常花销提供补助，在某些地区，组织还需提供住房或公寓等。

3）激励

从全球范围来看，在以美国企业为首的组织中，大部分执行官和管理人员的工资已经从以基本薪金为主转移到以短期和长期激励为主，这种薪酬制度的发展趋势越来越明显地影响驻外员工的薪酬设计。

在短期激励方面，组织在使用一次性的激励奖金奖励员工接受海外任务方面变得更有兴趣，越来越多的组织更倾向于一次性的支付方式，而非递增工资的方式。一次性激励可以按年度也可以按外派次数来设计。按年度设计的一次性激励其实就是年薪的概念，是根据完成目标绩效的程度支付报酬。当然，这种一次性政策在未来的年度可能会体现一定的连续性，但年薪的计算是独立的。按次数设计的一次性激励计划是基于外派的时间长短确定的，外派的任务目标比较明确也比较稳定，只要外派人员完成任务目标就能获得相应的激励。一次性激励的支付时机有两种选择：为了招募的目的而预先支付，或者是在任务完成的末期为了挽留的目的而支付。

在长期激励方面，以期权或赠予的方式给予国外分支机构执行官（或高层管理人员）一定数目的股票是必要的，因为这能够有效地提高对执行官（或高层管理人员）的激励价值。这种激励计划将执行官（或高层管理人员）的报酬与整体绩效紧密联系起来。为了提供更有意义的激励，更多的公司正在规划基于绩效的激励计划，但绩效是在战略经营单位的层面上进行衡量的。激励计划能扩展到组织的多大范围取决于组织的理念和经营机构所在国家的风俗。

最后，在激励计划中特别需要考虑的是税收问题，尤其是驻外员工和第三国员工在这方面的问题。税收问题既涉及组织承担的税收义务（也就是组织成本），也涉及员工纳税后的实际激励程度，因此需要组织审慎考虑。从这个角度讲，获得擅长国际税收问题的专业人士的帮助很重要。由于派遣员工到国外要花费高额的总薪酬成本（薪金、福利、激励、补助和税收等），所以实现雇员本土化、减少驻外员工数目的趋势正不断增强。

思政专栏

月薪制起源于南朝宋政权，南朝宋虽然是个偏安江南的小朝廷，但在布衣开国皇帝刘裕的领导下，做了不少有利于本国人民的事。刘裕三儿子刘义隆即位后（史称“宋文帝”），继承和推进了他父亲的一套改革，如不需要百姓偿还欠官府的税租债款，即免去“通租宿债”，受到百姓的衷心拥护。当年刘义隆也对工资制度进行了“按月分俸”改革，这个可以说是我国现代“月薪制”的雏形，对我国工薪阶层影响巨大。《南史·阮长之传》记载，宋政权实行“月薪制”的具体实行时间是元嘉末年（公元450年左右）①。

本章小结

特殊群体主要包括高层管理人员、专业技术人员、营销人员、外派人员等几类人员。

高层管理人员承担着比较重大的责任，其工作具有系统性、动态性、权威性、超前性、综合性等特点，在薪酬管理中，其薪酬差距明显大于其他组织层级。他们的薪酬水平与组织规模、市场薪酬、组织绩效和风险状况紧密关联。其薪酬构成通常包括基本薪酬、短期奖励、长期奖励以及福利等内容，尤其是短期奖励和长期奖励在总薪酬中占较大比重。

专业技术人员通常需要利用一定的知识、技能和经验来解决组织中存在的各种专业技术问题。专业技术人员薪酬设计的关键在于专业技术水平的认定、薪酬结构的合理设计，以及双重职业发展路径的建立。

营销人员的工作方式和工作时间较为灵活，营销工作本身的综合性、风险性和不确定性较高，但工作结果比较容易衡量。营销人员的工作特性决定了以奖励为主的薪酬制度最公平合理，但不能忽视组织的其他目标。

外派人员主要是由于跨国经营而从母国派往其他国家的员工。经济条件、生活水平、文化等差异使组织不得不深入考虑成本、公平以及员工偏好等因素。在平衡外派人员与本土人员之间的薪酬水平时，还需要在相关福利、补贴方面给予外派员工足够的补偿和支持。

复习思考题

（1）高层管理人员的薪酬管理中重点需要处理好哪些问题？

（2）高层管理人员的工作特征有哪些？

（3）专业技术人员的双重职业发展路径有何意义？

（4）什么是专业技术人员的事业成熟曲线？该曲线与他们的薪酬水平之间有什么关系？

---

① 佚名.中国古代月薪制始于哪个朝代［EB/OL］.（2021-04-15）［2023-09-28］. https：//www.yuwenmi.com/baike/930839.html.

（5）营销人员的薪酬方案主要有哪些类型？各自的特点是什么？

（6）影响营销人员薪酬决策的主要因素有哪些？

（7）外派人员薪酬设计中的难点是什么？如何解决？

案例分析

销售薪酬分享制设计

传统销售薪酬实行的是以个人销售量为基础的可变薪酬模式，虽然有些企业引入了团队薪酬形式，但一般会先根据个人销售量确定提成或奖金额度，然后参考团队整体业绩做相应调整；或者采用总额分解制，先确定团队提成或奖金总额，再进行二次分配，但二次分配的主要依据还是个人销售量。

1）传统销售薪酬模式的弊端

（1）限制了销售绩效的提升

一是以个人销售量为基础的薪酬模式更适合传统交易式销售，销售过程与方法相对简单，销售人员更多依靠“拼价格、拉关系”来获取业务。然而企业经营模式正从外延式、数量化、粗放型、成本驱动向内涵式、质量化、集约型、创新驱动转变，“价值、品牌、关系、整合、创新”等已成为新时代营销的关键词。新的营销背景下，销售工作的目标任务及绩效内容更加丰富，不只是简单的业务推销，还包含信息收集、示范推广、技术支持、客户维护等一系列职能活动，需要集成各领域的专家优势为客户提供问题解决方案。但是，个人薪酬导向不利于团队合作，难以形成集约化优势。

二是个人薪酬导向鼓励销售人员相互竞争而不是合作。销售人员各自为战，不愿意他人插手自己的业务，甚至把客户资源视为已有，为争抢市场明争暗斗，扰乱了市场销售秩序，导致在大项目、大客户攻关中难以形成合力。过度竞争造成了人际关系压力，销售人员不愿意分享自己的经验，阻碍了知识的共享与整合，不利于营造积极向上的协作文化。

三是销售绩效评价与奖励“重数量、轻质量，重结果、轻过程”。个人薪酬高低主要取决于销售量，对于质量绩效（如客户满意度、利润率、回款率等）和行为绩效（如销售拜访、信息反馈、方案设计、服务水平、学习创新等）的激励作用有限。以结果为导向的薪酬机制把销售人员的工作努力局限在短期业绩范围内，有些销售人员甚至出现了串货、压货、贿销、骗销等损害企业利益的做法。

（2）阻碍了销售人员的职业发展

销售人员招聘难、流失率高的问题长期困扰着企业，其中一个关键原因就在于销售绩效评价及奖励“唯销售量论”。

对新销售人员而言，他们经验欠缺、能力不足、资源匮乏，即使很努力也难以争取到更多订单，自己的努力投入得不到补偿，也就无法形成积极的职业效能感和职业承诺。对老销售人员来说，一方面组织内部向上晋升的空间有限，另一方面基于个人销售量的薪酬政策让他们不愿意分享多年积累起来的业务资源，自己被长期禁锢于业务推销工作中，要么抱着现有资源不思进取，出现职业倦怠，要么带走资源自行创业或跳槽。

特别是目前企业面对着更多知识型销售人员的管理，他们受教育程度高、具有专业技术，在职业发展方面与一般销售人员有着显著区别，更希望在自己所擅长的专业领域施展才华，并取得高绩效和高回报。但是，基于个人销售量的绩效薪酬政策并没有对销售人员的能力和表现进行全面评价，知识型销售人员的专业价值得不到肯定与奖赏，不利于人才脱颖而出。急功近利的激励制度使他们缺乏知识更新和发展信心，无助于在销售工作的相关专业职能领域深化发展或者在组织内部进行横向工作转换。

所以，有必要通过销售薪酬分享来调动企业销售资源，促进销售人员之间的知识共享和工作协作，保证销售绩效目标的有效实现，并且为不同发展阶段、不同能力类型的销售人员提供更多收入增长、能力提升、成就感知和职业发展的机会。

2）销售薪酬分享设计

销售薪酬分享是指按照一定的规则和标准在销售业务参与者之间进行薪酬分配，一般采取总额分解制，即先根据整体销售业绩确定可分配薪酬总额，然后进行二次分配。制度设计的难点在于如何进行二次分配，既要促进团队合作，又要防止出现“搭便车”“大锅饭”行为。赵海霞等（2012）认为，应该根据团队成员对团队绩效和目标的贡献大小按比例分配，这样会增强团队成员的公平感，促进团队成员的互动和团队绩效的提高。

公平分配的关键在于怎样确认业务参与者的贡献大小。由于最终的销售绩效是大家共同努力的结果，也就无法通过销售量来直接衡量每个人的贡献大小，因此制度设计应该关注销售结果的达成过程以及参与者的行为。业务参与者的绩效贡献=工作价值×行为表现。

① 工作价值。每位参与者在销售过程中都承担了相应的工作任务，而任务不同，相应的责任大小、重要程度、实施难度、任职要求就有差别，由此反映了相关参与者对销售绩效的潜在（应有）贡献。

② 行为表现。工作价值代表的是潜在的而不是现实的绩效贡献，换言之，工作价值评价的是工作本身，而不是工作承担者的实际表现，所以还必须对参与者的行为进行评价，确认潜在绩效的实际发挥度。

（1）基于职责分工的分享方案

目前销售工作日益精细化、专业化，售前、售中、售后需要资源整合，前台与后台必须密切配合，在一些销售业务的拓展中会组建跨职能的项目团队。项目团队强调知识技能的协同互补，团队内部存在岗位分工，每位成员都承担着特定的工作职责，那么就可以通过岗位价值评估来反映团队成员的工作价值。

例如，在某项目团队中，项目经理负责项目推进、资源协调、客户关系维系；技术顾问负责技术交流，提供技术方案；实施顾问负责产品介绍、演示，制订产品安装调试方案；商务顾问负责投标书文件制作、合同谈判与签订。表10-8以“岗位价值贡献比”来衡量工作价值，假设团队可分配薪酬总额为2万元，并比较了3种不同的分配方案。

表10-8 基于职责分工的销售薪酬分享

团队岗位	岗位价值贡献比	行为表现考核分数	方案①：按岗位价值贡献比分配（元）	方案②：按绩效考核分数占比分配（元）	方案③：综合分配（元）
项目经理	30%	95	6 000	5 672	6 826
技术顾问	30%	70	6 000	4 179	5 030
实施顾问	25%	85	5 000	5 075	5 090
商务顾问	15%	85	3 000	5 075	3 054
合计	100%	335	20 000	20 000	20 000

方案①仅考虑岗位价值，即个人收入=可分配薪酬总额×岗位价值贡献比；方案②仅考虑个人行为表现，即个人收入=可分配薪酬总额×（个人考核分÷∑个人考核分）；方案③则综合考虑了岗位价值（V）和个人行为表现（P）因素，并按公式Ⅰ进行核算。

公式Ⅰ：$DS = S \times \frac{V \times P}{\sum (V \times P)}$

显然方案③更加合理，项目经理和技术顾问的岗位价值贡献比都是30%，但是他们的行为表现不同，因此个人收入反映了相应比例的考核分数差距；实施顾问与商务顾问的行为表现考核分数都是85分，但由于岗位价值贡献比不同，所以个人收入体现了相应比例的工作价值差异。

现实操作中企业应根据自己的销售业务特性确定"岗位价值贡献比"，并视项目实际情况适当加以调整，同时依据各岗位的职责要求制定行为表现考核指标，对相关岗位人员的履职情况进行考评。

（2）基于参与程度的分享方案

跨职能项目团队可以根据岗位职责衡量参与者的价值贡献，但是在很多销售业务中，各项工作是由大家共同来完成的，并没有严格区分岗位及职责差异，也就无法从岗位角度评价每个人的价值贡献。如果大家所从事的工作相同或相近，可以依据销售参与者在不同销售环节中的努力程度和作用大小来评价其价值贡献，并进行薪酬分配，操作步骤如下：

第一，首先，把销售过程细分为几个主要环节（见表10-9），并根据相关工作环节的重要性、实施难度、所需投入的努力程度等因素确定其"价值贡献比"。

表10-9 基于参与程度的销售薪酬分享

主要销售环节	销售各环节价值贡献比	分值	A员工		B员工		C员工	
			评分	加权分	评分	加权分	评分	加权分
获取销售信息	5%	10	0	0	10	0.5	0	0
建立客户关系	30%	10	1	0.3	6	1.8	3	0.9

续表

主要销售环节	销售各环节价值贡献比	分值	A员工		B员工		C员工	
			评分	加权分	评分	加权分	评分	加权分
设计销售方案	20%	10	7	1.4	1	0.2	2	0.4
商务合同谈判	30%	10	6	1.8	3	0.9	1	0.3
执行订单合同	10%	10	0	0	2	0.2	8	0.8
收取销售款项	5%	10	0	0	2	0.1	8	0.4
合计	100%	—	—	3.5	—	3.7	—	2.8
总加权分			3.5+3.7+2.8=10					
个人收入（元）			7 000		7 400		5 600	

第二，评价每位销售参与者在各工作环节中的行为表现。表10–9采用了分值分配法，即每个销售环节均赋予了10分的分值，然后依据参与者在相关环节中的努力程度和作用大小进行分值分配，实质上是对参与者的行为表现进行相对比较，以客观反映并有效区分每位参与者对不同工作环节的价值贡献。

第三，以各环节的“价值贡献比”为权重，分别计算加权分，加总后得到个人加权总分。

第四，根据个人加权分在总加权分中所占比例分配薪酬。表10–9中假设可分配薪酬总额为2万元，则A员工个人收入=（3.5÷10）×20 000=7 000元。

从表10–9可以发现，A员工主要参与了销售方案设计、商务合同谈判等关键环节，应该是销售经验丰富、能力水平高的销售人员；B员工在客户关系建立方面更具有优势，并协助相关环节的关系沟通；C员工可能是新销售人员，在关键销售环节中承担辅助性工作，并主要负责合同执行和收款工作。

资料来源　蒋迎辉．销售薪酬分享制设计［J］．人力资源管理，2017（1）：117–119.

案例思考题：

（1）结合本章学习的内容，分别分析案例中的两种销售薪酬设计方案。

（2）基于职责分工的分享方案和基于参与程度的分享方案的主要区别在哪里？

（3）相对于传统的销售薪酬设计方案，这两种新方案有哪些改进？

推荐阅读资料

［1］刘昕．薪酬管理［M］．6版．北京：中国人民大学出版社，2021.

［2］格哈特，纽曼．薪酬管理［M］．13版．北京：中国人民大学出版社，2022.

［3］李涛．薪酬制度及激励机制研究［M］．北京：经济科学出版社，2016.

[4] 孙宗虎. 薪酬体系设计实务手册 [M]. 4版. 北京: 人民邮电出版社, 2017.

网上资源

[1] 美国薪酬协会, http: //www.worldatwork.org
[2] 美国人力资源管理协会, http: //www.shrm.org
[3] 中国人力资源开发网, http: //www.chinahrd.net
[4] 薪酬网, http: //www.xinchou.com.cn

主要参考文献

［1］罗宾斯，库尔特．管理学［M］．刘刚，梁晗，程熙镕，等译．15版．北京：中国人民大学出版社，2022.

［2］格哈特，纽曼．薪酬管理［M］．成得礼，译．13版．北京：中国人民大学出版社，2022.

［3］刘昕．薪酬管理［M］．6版．北京：中国人民大学出版社，2021.

［4］陈维政，程文文，廖建桥，等．人力资源管理与开发高级教程［M］．3版．北京：高等教育出版社，2019.

［5］诺伊，霍伦贝克，格哈特，等．人力资源管理：赢得竞争优势［M］．刘昕，柴茂昌，译．9版．北京：中国人民大学出版社，2018.

［6］彭剑锋．人力资源管理概论［M］．3版．上海：复旦大学出版社，2018.

［7］刘洪．薪酬管理［M］．2版．北京：北京师范大学出版社，2018.

［8］刘银花．薪酬管理［M］．3版．大连：东北财经大学出版社，2016.

［9］伊万切维奇，科诺帕斯克，赵曙明，等．人力资源管理：中国版［M］．12版．北京：机械工业出版社，2015.

［10］康士勇．工资理论与工资管理［M］．3版．北京：中国劳动社会保障出版社，2015.

［11］苗宏慧，于桂兰．人力资源管理［M］．2版．北京：清华大学出版社，2013.

［12］文跃然．薪酬管理原理［M］．2版．上海：复旦大学出版社，2013.

［13］李新建，孟繁强，苏磊．企业薪酬管理概论［M］．2版．北京：中国人民大学出版社，2012.

［14］冯宪．薪酬管理［M］．杭州：浙江大学出版社，2011.

［15］周斌．现代薪酬管理［M］．2版．成都：西南财经大学出版社，2011.

［16］马尔托奇奥．战略薪酬管理［M］．杨东涛，钱峰，译．5版．北京：中国人民大学出版社，2010.

［17］武欣．绩效管理实务手册［M］．2版．北京：机械工业出版社，2009.

［18］亨德森．知识型企业薪酬管理［M］．何训，张立富，安士辉，译．10版．北京：中国人民大学出版社，2008.

［19］陈晓东．销售人员薪酬激励研究［M］．北京：经济管理出版社，2008.

［20］王健．薪酬管理［M］．北京：科学出版社，2007.

［21］梁晓勇，苗振林．建立宽带薪酬体系的要求与方法［J］．人力资源开发与管理，2007（12）.

［22］王发清．薪点表法下的企业宽带薪酬体系设计［J］．经济管理，

2007（16）.

［23］闫大海．薪酬管理与设计［M］．北京：中国纺织出版社，2007.

［24］余泽忠．绩效考核与薪酬管理［M］．武汉：武汉大学出版社，2006.

［25］卿涛，罗键．人力资源管理概论［M］．北京：清华大学出版社，北京交通大学出版社，2006.

［26］卿涛，郭志刚．多重视角下企业薪酬制度的解析与构建［M］．成都：西南财经大学出版社，2006.

［27］黎彩眉．知识工资——学习型组织薪酬体系的核心［J］．企业研究，2006（9）.

［28］赵文祥，杨菘．人力资源管理前沿理论与实践［M］．哈尔滨：黑龙江人民出版社，2005.

［29］刘军胜．薪酬管理实务手册［M］．2版．北京：机械工业出版社，2005.

［30］格哈特，瑞纳什．薪酬管理——理论、证据与战略意义［M］．朱舟，译．上海：上海财经大学出版社，2005.

［31］王长城，姚裕群．薪酬制度与管理［M］．北京：高等教育出版社，2005.

［32］王雁飞，朱瑜．绩效与薪酬管理实务［M］．北京：中国纺织出版社，2005.

［33］盖勇，马恿．薪酬管理［M］．济南：山东人民出版社，2004.

［34］威尔逊．薪酬：以薪酬战略撬动企业变革［M］．张敏，等译．北京：中国社会科学出版社，2004.

［35］伯格曼，斯卡佩罗．薪酬决策［M］．何蓉，等译．北京：中信出版社，2004.

［36］陈思明．现代薪酬学［M］．上海：立信会计出版社，2004.

［37］劳勒三世．卓越的价值：基于绩效的薪酬方案设计［M］．北京爱丁文化交流中心，译．北京：电子工业出版社，2004.

［38］津海姆，舒斯特．打造500强企业的薪酬体系［M］．北京爱丁文化交流中心，译．北京：电子工业出版社，2004.

［39］肇越，杨燕绥，于小东．员工福利和退休计划［M］．北京：中信出版社，2004.

［40］索普，霍曼．企业薪酬体系设计与实施［M］．姜红玲，等译．北京：电子工业出版社，2003.

［41］王长城，等．薪酬案例诊断与推介［M］．北京：中国经济出版社，2003.

［42］马尔托奇奥．战略薪酬［M］．周眉，译．2版．北京：社会科学文献出版社，2002.

［43］王学力．企业薪酬设计与管理［M］．广州：广东经济出版社，2002.

［44］迈斯玛．激励雇员［M］．刘国平，等译．北京：企业管理出版社，2002.

［45］特鲁普曼．薪酬方案——如何制定员工激励机制［M］．刘吉，张国华，译．上海：上海交通大学出版社，2002.

[46] 石金涛. 现代人力资源开发与管理 [M]. 上海：上海交通大学出版社，2001.

[47] 威尔逊. 薪酬框架：美国39家一流企业的薪酬驱动战略和秘密体系 [M]. 陈红斌，刘震，尹宏，译. 北京：华夏出版社，2001.

[48] 鲍恩. 激励员工 [M]. 范国艳，译. 北京：企业管理出版社，2001.

[49] 孙剑平. 薪酬管理——经济学与管理学视觉的耦合分析 [M]. 2版.长春：吉林人民出版社，2005.

[50] 程延园. 劳动法学 [M]. 北京：中国劳动出版社，1998.

[51] 林义. 养老保险改革的理论与政策 [M]. 成都：西南财经大学出版社，1995.

[52] 国际劳工组织. 岗位评价 [M]. 芮立新，朱振国，译. 北京：中国劳动出版社，1993.